# *Program Music*
# 标题音乐

[英] 乔纳森·克雷格尔（Jonathan Kregor） 著
孙胜华 译

华东师范大学出版社
·上海·

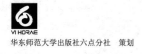

华东师范大学出版社六点分社　策划

# 缘　　起

自中国全面卷入现代性进程以来,西学及其思想引入汉语世界的重要性,已是有目共睹的事实。早在晚清时代,梁启超曾写下这样的名句:"今日之中国欲自强,第一策,当以译书为第一事。"时至百年后的当前,此话是否已然过时或依然有效,似可商榷,但其中义理仍值得三思;举凡"汉译世界学术名著丛书"(北京:商务印书馆)、"现代西方学术文库"(北京:三联书店)等西学汉译系列,对中国现当代学术建构和思想进步的重大意义和深远影响,无人能够否认。

中国的音乐实践和音乐学术,自20世纪以降,同样身处这场"西学东渐"大潮之中。国人的音乐思考、音乐概念、音乐行为、音乐活动,乃至具体的音乐文字术语和音乐言语表述,通过与外来西学这个"他者"产生碰撞或发生融合,深刻影响着现代意义上的中国音乐文化的"自身"架构。翻译与引介,其实贯通中国近现代音乐实践与理论探索的整个历史。不妨回顾,上世纪前半叶对基础性西方音乐知识的引进，五六十年代对前苏联（及东欧诸国）音乐思想与技术理论的大面积吸收，改革开放以来对西方现当代音乐讯息的集中输入和对音乐学各学科理论著述的相关翻译，均从正面积极推进了我国音乐理论的学科建设。

然而，应该承认，与相关姊妹学科相比，中国的音乐学在西学引入的广度和深度上，尚需加力。从已有的音乐西学引入成果看，系统性、经典性、严肃性和思想性均有不足——具体表征为，选题零散，欠缺规划，偏于实用，规格不一。诸多有重大意义的音乐学术经典至今未见中译本。而音乐西学的"中文移植"，牵涉学理眼光、西文功底、汉语表述、音乐理解、学术底蕴、文化素养等多方面的严苛要求，这不啻对相关学人、译者和出版家提出严峻挑战。

认真的学术翻译，要义在于引入新知，开启新思。语言相异，思维必然不同，对世界与事物的分类与看法也随之不同。如是，则语言的移译，就不仅是传入前所未闻的数据与知识，更在乎导入新颖独到的见解与视角。不同的语言，让人看到事物的不同方面，于是，将一种语言的识见转译为另一种语言的表述，这其中发生的，除了语言方式的转换之外，实际上更是思想角度的转型与思考习惯的重塑。有经验的译者深知，任何两种语言中的概念与术语，绝无可能达到完全的意义对等。单词、语句的文化联想与意义生成，移植到另一种语言环境中，不免发生诠释性的改变——当然，这绝不意味着翻译的误差和曲解。具体到严肃的音乐学术汉译，就是要用汉语的框架来再造外语的音乐思想与经验；或者说，让外来的音乐思考与表述在中文环境里存活。进而提升我们自己的音乐体验和思考的质量，提高我们与外部音乐世界对话和沟通的水平。

"六点音乐译丛"致力于译介具备学术品格和理论深

度、同时又兼具文化内涵与阅读价值的音乐西学论著。所谓"六点",既有不偏不倚的象征含义(时钟的图像标示),也有追求无限的内在意蕴(汉语的省略符号)。本译丛的缘起,来自"学院派"的音乐学学科与有志于扶持严肃思想文化发展的民间力量的通力合作。所选书目一方面着眼于有学术定评的经典名著,另一方面也有意吸纳符合中国知识、文化界"乐迷"趣味的爱乐性文字。著述类型或论域涵盖音乐史论、音乐美学与哲学、音乐批评与分析、学术性音乐人物传记等各方面,并不强求一致,但力图在其中展现对音乐自身的深度解析以及音乐与其他人文/社会现象全方位的相互勾连和内在联系。参与其中的译(校)者既包括音乐院校中的专业从乐人,也不乏热爱音乐并精通外语的业余爱乐者。

综上,本译丛旨在推动音乐西学引入中国的事业,并借此彰显,作为人文艺术的音乐之价值所在。

谨序。

杨燕迪
2007年8月18日于上海音乐学院

# 目 录

译序 / 1

插图 / 1

谱例 / 1

表格 / 1

致谢 / 1

行文说明 / 1

引 言 / 1
    音乐与意义 / 1
    作品与范围 / 4
    历史学与结构 / 7

第一章　性格、话题与标题战场 / 9
    标题音乐的基石：话题与性格小品 / 11
    迪特斯多夫的"奥维德"交响曲 / 16

音乐中的战争艺术（Ⅰ）：历史战争 / 26

音乐中的战争艺术（Ⅱ）："回击" / 34

第二章　表达、音乐描绘与音乐会序曲 / 45

贝多芬与序曲 / 46

历程：莎士比亚的《哈姆雷特》 / 58

A. B. 马克斯、门德尔松和音乐描绘 / 67

第三章　柏辽兹与舒曼：音乐与文学 / 83

柏辽兹与标题交响曲 / 84

《罗密欧与朱丽叶》与"半交响曲" / 96

音乐评论的标题路径 / 99

舒曼与标题性钢琴套曲 / 107

第四章　李斯特与交响诗 / 121

从序曲到交响诗 / 122

交响诗中的交响曲与诗歌 / 129

神话与历史之间：李斯特的性格练习曲 / 137

"绘画与音乐"中的历史与文学 / 152

第五章　新德意志乐派及其他 / 156

"未来的贝多芬"：李斯特的《但丁交响曲》 / 156

新德意志乐派 / 163

汉斯立克：音乐与意义 / 165

巩固传统：李斯特的标题守护者 / 168

醒悟的学生们：约阿希姆、彪罗和拉夫 / 176

李斯特的"新德意志"遗产 / 183

新俄罗斯乐派 / *184*

**第六章　补论：浮士德** / *196*
　　歌德的《浮士德》：起源、主题、遗产 / *197*
　　交响变形（Ⅰ）：瓦格纳、李斯特 / *203*
　　交响变形（Ⅱ）：鲁宾斯坦、梅耶尔 / *216*
　　《浮士德》之概览：格雷戈尔、阿尔康 / *225*

**第七章　世纪末的标题路径：马勒与施特劳斯** / *235*
　　"新德意志乐派"的继承人——施特劳斯 / *236*
　　马勒与标题交响曲的终结 / *246*
　　施特劳斯与"性格作品"的终结 / *259*

**第八章　民族音乐的标题化** / *273*
　　门德尔松的复合"苏格兰"与李斯特的德式"匈牙利" / *273*
　　波希米亚 / *279*
　　波士顿六人团 / *288*
　　西贝柳斯 / *299*

**第九章　"高卢艺术"** / *306*
　　圣-桑与交响诗 / *308*
　　弗兰克与他的"团伙" / *317*
　　器乐叙事曲的挑战 / *322*
　　音乐描绘的再现？德彪西与拉威尔 / *331*

**延伸阅读** / *338*
**索引** / *348*

# 译 序

孙胜华

"标题音乐"是19世纪浪漫主义音乐时期的重要潮流。然而,何为"标题音乐",看似一目了然,实则内藏周章。自以为,它既指向一种音乐类型,又深刻卷入西方美学观念,并在浪漫主义音乐的历史语境中,彰显出独特、复杂的内涵与外延。

一

"标题音乐"一词译自"program music",术语为李斯特首次引入,并在其文论①与交响诗中确立了标题音乐的理论与实践。何为"program",李斯特将它定义为"一首器乐作品的序言,作曲家用以引导听众的诗意诠释"。② 浪漫主义音乐中,言明作品诗意内容的方式多种多样。或乐曲、乐章的标题,或作品的文字注解,它们出现在乐谱中,成为作品不可或缺的一部分。甚至,它们是音乐外的文字解

---

① 李斯特关于标题音乐理论的文论主要指"柏辽兹和他的《哈罗尔德》交响曲",参见李斯特,《李斯特论柏辽兹与舒曼》,张洪岛、张洪模、张宁译,人民音乐出版社,1962年。
② 参见 Roger Scruton, "Programme music", in *The New Grove Dictionary of Music and Musicians*, ed. Stanley Sadie, Oxford University Press, 2001。

释或者文学来源，为作曲家的言论所暗示，乃至评论者、研究者所推测。因而，宽泛意义上，"program"是指与乐曲相关的"文字说明"。当然，"标题"是最为常见、乐曲最核心的"文字说明"，是此类音乐最为突出的外在表征。

正是借由这种"文字说明"，标题音乐才能凸显出其最为独特的体裁特征。音乐与文字毕竟属于两个不同的语义系统，二者之间的巨大张力，既构成了标题音乐的最大契机，也形成了其所面临的最大挑战。

柏辽兹、李斯特、理查德·施特劳斯乃至门德尔松、舒曼等，他们是浪漫主义标题音乐的代表作曲家；标题交响曲、交响诗、音诗、标题性序曲及相应作品乃浪漫主义标题音乐的核心体裁与曲目，自不必赘述。作者克雷格尔以作品为主要对象，试图揭示标题音乐的兴起与衰落，阐明这些作曲家的标题音乐观念与实践的发展及差异，这正是本书最重要的理论贡献。

克雷格尔指出，标题音乐的基准线是器乐作品在"性格"或"话题"[①]基础上，附入明确的外在指涉；20世纪，当音乐美学潮流转向"客观、自足"时，标题音乐的传统大门就被关闭了。[②] 然而，当我们把视野放宽，事情便并非完全如此。肖邦的叙事曲几乎与柏辽兹、舒曼的标题作品同期，略早于李斯特的交响诗。它虽没有标题，但具有明确的"话题"因素与外在指涉，我们似乎可以称之为"标题音乐"，但又总会心存疑虑。浪漫主义时期前后的作品，乃至贝多芬的某些交响曲，亦是如此。它们具有标题音乐的基本特征，却不能像对待李斯特交响诗这类典型标题作品那样，进行作品诠释、审美判断与史学批评。尽管作曲家有不同的个人风格，每个音乐断代的创作观念殊异，

---

[①] "话题理论"（topic theory）是拉特纳（Leonard Ratner）发展的一种符号学理论，参见 Leonard Ratner, *Classic Music: Expression, Form and Style*, Schirmer Books, 1980。所谓"话题"，指古典浪漫主义时期一种具有语意指向的音乐单元，例如，田园、狩猎、暴风雨。

[②] 参见克雷格尔，《标题音乐》第一章与第九章。

但原因恐怕是它们并不具备后者那样内在与外在的历史语境。

除了"文字说明"这个表征之外,标题音乐常常具有某些共同的创作方式。比如,它们以某个或几个音乐主题代表外在形象,通过音乐各要素概括外在形象的典型特质,从而具有明确的意义指向;再以变形、展开等手法呈现主题的逻辑发展,形成类似于文学叙事的音乐叙事。这些相似的音乐方式,在内在层面上维系着标题音乐的"身份认同"。更大层面上,这些作曲家又自觉或不自觉地、直接或间接地卷入浪漫主义标题音乐的创作、史学、美学语境。因而,在这个意义上,标题音乐与否、标题音乐的兴起与消亡,不是取决于标题音乐作品本身,而是标题音乐所存在的语境。

标题音乐的起源上,李斯特指出,序曲是标题音乐的真正前身。[①] 克雷格尔以此为据,梳理了歌剧序曲-戏剧序曲(贝多芬的戏剧配乐)-门德尔松标题性序曲的演变脉络,尤其是贝多芬的序曲,揭示了序曲如何从文学性源头逐渐独立的过程。[②] 其洞见敏锐,历史脉络清晰详实。然而,我们也应该同时观察到一个反向过程,那就是器乐作品(尤其是交响曲)逐渐融入文学性内容。古典时期,器乐作品以前所未有的姿态蓬勃发展。从海顿到贝多芬,交响曲的标题因素益发明显。最终,在浪漫主义文学运动的背景下,标题音乐潮流登上了音乐历史舞台。应该注意到,两者方向相反,但实际具有相同的创作基础,那就是,器乐思维(尤其是交响思维)的成熟与发展。

标题音乐的这种体裁属性决定了其核心命题是如何用音乐来传达"标题文字"所指示的内容。然而,音乐是非语义性语言,至少它不能像文字那样表达具体形象、准确意涵、抽象概念。那么,意义传达的程度与方式就反映了浪漫主义标题音乐作曲家创作观念的差异。再者,音乐与"标题文字"的这种关系必然会引发音乐形式的变化,那么,继承传统与形式创新之间的张力就会加剧这种创作观念的差异,

---

① 李斯特,《李斯特论柏辽兹与舒曼》,第21页。
② 参见克雷格尔,《标题音乐》第二章。

乃至引发浪漫主义时期长久、剧烈的争论。

自以为,音乐传达意义的方式有描绘、表情、隐喻、叙事。

应该说,描绘是最直接、最易理解的音乐表达方式。音乐本质上是声音,通过相似的声响特征和运动状态产生意义联觉,当是音乐应有之义。风声、鸟鸣等,音乐直接描摹自然之声。音乐也能以旋律轮廓、节奏描摹自然之物的运动形态,如门德尔松《芬加尔山洞》序曲第一主题描绘了海浪拍岸之动态。音乐还可以进行间接、抽象地描绘。比如,柏辽兹《哈罗尔德在意大利》第二章以朝圣队伍的远去描绘哈罗尔德的孤独注视;理查德·施特劳斯《查拉图斯特拉如是说》以音高、配器描绘太阳的喷薄而出。

情感应该是音乐表达的基本方式之一,对浪漫主义的标题音乐作曲家来说,尤为如此。音乐与情感的质态不同,但构态相同,两者都是看不见、摸不着的无形状态,音乐的紧张与放松类似于情感之变化。巴洛克时期的音乐美学家基于这种"异质同构"理论阐明音乐与情感之间的紧密关系,从而推动着情感学说的建立与发展。浪漫主义时期,李斯特认为,音乐是情感的容器,[①]进一步指出了情感内容与音乐形式的依存关系。确实,许多情况下,音乐并不是在表达事物本身,而是事物所激起的情感心理。

隐喻指此事物喻义着彼事物。这里,此事物自然指音乐,彼事物就是音乐所要表达的内容。两者以某些相似性展现了多种多样的联系,它可以是音乐自身,也涉及广阔的社会历史文化语境。比如,长笛暗示"田园",圆号意指"狩猎",这来自乐器的音色与渊源;"减七和弦"在浪漫主义早期指向"恶魔",它依赖于此时的作曲共性。当然,它们不是绝对的,既取决于作曲家的个性,又随历史变化。比如,贝多芬的铜管常常用来表现辉煌胜利,而柴可夫斯基的铜管往往代表恶势力。许多标题音乐中,作曲家引用已有的、具有明确文本意义的旋律,如声乐作品,来指示明确的音乐内容,也属于此列。例如,柴可

---

① 参见李斯特,《李斯特论柏辽兹与舒曼》。

夫斯基《1812序曲》用"马赛曲"代表法军；马勒的交响曲大量引用自己的艺术歌曲。

叙事是事物变化的过程，音乐叙事则以音乐事件的变化形成叙事结构。因此，它以音乐的描绘、表情、隐喻为基础，通过音乐主题的发展、变形、对立等构建叙事内容。标题音乐中，音乐叙事的形成既依赖古典传统，又突破古典传统。古典奏鸣曲式的二元对立统一，呈示、展开、再现的逻辑，古典交响曲四个乐章的交响构建，是标题音乐叙事的基础。浪漫主义标题音乐作曲家融合这些古典传统与"标题内容"，展现出各具特色的标题音乐创作观念。门德尔松以主题的间接联系"编织"各种叙事角色，如序曲《仲夏夜之梦》；柏辽兹以固定乐思及其与周围主题的关系反映叙事过程；李斯特以主题变形展示叙事结构；理查德·施特劳斯以逼真的描摹贴近叙事情景。

音乐意义的这些表达尤其是叙事，必然引起音乐语言、形式结构的变化。这既是标题音乐遭人诟病之处，也是标题音乐创新之所。以传统曲式范型来看，李斯特的交响诗、理查德·施特劳斯的音诗常常结构模糊、形态异常，这导致汉斯立克批评李斯特的交响诗乃"拼图、马赛克"。[①] 但确实，标题音乐带来了和声、调性、配器、结构上的诸多创新，比如，李斯特《但丁交响曲》末尾的"全音音阶"，理查德·施特劳斯《堂·吉诃德》中的"音色旋律"，它们预示了20世纪音乐的新技术。这正是标题音乐在浪漫主义时期显赫一时的重要原因之一。

即便标题音乐竭尽所能表达"文字内容"，但它仍存在问题。其一，如果听众不能充分感觉或认同音乐主题与叙事形象之间的意义关联，标题音乐的意义表达就会产生偏差乃至完全失效。其二，纯器乐语言具有自身特点，它使创作更加自由，留给审美更多想象空间。那么，对于创作与审美，"标题文字"究竟是一种便利，还是一种障碍？

---

[①] 关于汉斯立克对标题音乐的批评，参见 NicoleGrimes, Siobhán Donovan and Wolfang Marx, ed., *Rethinking Hanslick: Music, Formalism and Expression*, University of Rochester Press, 2013.

由此,"标题文字"并不能与作品内容画等号。

最终,标题音乐的价值判断,不在于是否具有标题文字,它与声乐作品、纯器乐作品一样,基于其艺术审美与创新。

二

如前所述,标题音乐是器乐与"标题内容"的结合。正是这两大因素指出了标题音乐所卷入的两种美学:内容美学,或者说,情感美学、器乐美学。

音乐内容问题一直是西方音乐美学关注与争论的主要对象。古希腊时期,哲学家就提出了音乐模仿论。巴洛克时期,"异质同构"理论为情感学说的盛行提供了理论基础。浪漫主义时期,德国哲学家黑格尔指出,艺术作品是内容与形式的二元统一,内容决定形式,形式乃内容的外在显现。这种内容与形式的辩证关系对浪漫主义的情感美学产生了直接影响。

舒曼论道:"只能够发出空洞的音响,没有适当的手段来表达内心情绪的艺术,乃渺小的艺术。"[1]李斯特说道:"情感在音乐中独立存在,放射光芒,既不凭借比喻的外壳,也不依靠情节和思想的媒介";"艺术中的形式是放置无形内容的容器,只有容器中充满了情感内容,它对于艺术家来说才是有意义的"。[2]他们既指出了音乐中存在情感内容,又强调内容的决定性意义。由此,内容取得了其美学上的本体论地位。

然而,就像西方艺术哲学长久以来内容与形式的论争一样,内容美学遭到了其美学论敌的强烈反击,尤其在浪漫主义音乐语境中,两者的尖锐对立前所未有。它以音乐理念论与形式自律论为代表。

浪漫主义初期的音乐理念论主要体现在让·保尔、瓦根罗德、蒂克、霍夫曼等美学家的思想中。他们既强调形式的重要作用,又认为

---

[1] 舒曼,《论音乐与音乐家》,陈登颐译,音乐出版社,1960年,第223页。
[2] 参见李斯特,《李斯特论柏辽兹与舒曼》。

音乐表达了"内容"。不过,这个内容不是人类情感,而是"无可名状、无限、永恒的精神王国"。因而,它是超越尘世的抽象的"形而上",一种唯心理念。后来,叔本华的"意志哲学"将音乐作为世界本原"意志"的直接体现,正是这种理念论的延伸。

汉斯立克的形式自律论①与浪漫主义初期的理念论渊源颇深。但他将音乐内容完全从形式剥离,囿于形式本身。音乐美的本质在于乐音及乐音的艺术组合,汉斯立克的断言宣告了形式的根本美学地位。当然,汉斯立克并没有否定情感内容的存在。不过,它是音乐产生的效果,不是音乐本质所在。或者说,它是听众对于音乐的反应,不为音乐自身所有,存在于听众脑海中,因人而异。

无论理念论,还是形式论,它们都从根本上否定情感论的美学根基,进而质疑标题音乐的合法身份。如果说标题音乐在内容美学的滋养下蓬勃生长,那么,它也要经受理念论与形式论的风吹雨打。浪漫主义时期,两者的针锋相对构成了音乐美学语境中最富智趣的思想景观。

从内容与形式的关系来看,理念论、形式论与内容美学截然相对,但从器乐美学的角度而言,情况就完全不一样了。

自中世纪至浪漫主义时期,器乐地位发生了根本性转折。中世纪,声乐占据宗教音乐的绝对主导,器乐代表世俗激情,为宗教所排斥。文艺复兴时期的模仿论美学,器乐需要模仿外在之物,才能获得其存在意义。巴洛克时期的"情感学说"中,器乐可以独立表达情感。由此,器乐地位开始逆转。② 古典、浪漫时期的器乐发展达到历史高峰。正是在这种历史语境下,理念论、形式论与内容美学共同阐明了器乐美学地位的不断提高。

理念论认为音乐纯粹于"超验意象",而器乐的独立品格恰恰是

---

① 参见爱德华·汉斯立克,《论音乐的美——音乐美学的修改刍议》,杨业治译,人民音乐出版社,1980年。
② Bellamy Hosler, *Changing Aesthetic Views of Instrumental Music in 18$^{th}$-Century Germany*, UMI Research Press, 1978.

这种纯粹的最佳载体。器乐不与文字等非音乐之物混杂,纯粹于自身。器乐无需借助具象与概念,表达了纯粹的精神。因而,理念论美学家认为,器乐是真正的独立艺术,是最高的诗意语言。① 形式论认为音乐纯粹于"形式",同样,纯器乐的形态最好地诠释了这种纯粹。因此,汉斯立克指出,只有器乐音乐才适用于音乐艺术的本质;只有器乐音乐才是纯粹的、绝对的音乐艺术。② 器乐因纯粹成为了理念论与形式论美学本体论意义上的承载者。

浪漫主义时期,由于"标题文字"乃音乐中的新异之物,因而,标题音乐理论家们往往站在纯器乐的反面,着力论证"标题文字"、"情感"的合法性。然而,李斯特清晰地将"标题文字"称为序言、附言、聆听线索。言下之意,器乐本身才是"标题文字"的塔基。音乐实践中,正是古典器乐语言的成熟使得音乐具体内容的表达成为可能。巴洛克之前,器乐需模仿外物而存在。浪漫主义时期,器乐无需外物就能表达具体内容。这完全反转了模仿美学的逻辑。因而,标题音乐的美学前提是,器乐可以言说具体内容。只不过"标题文字"的"突兀",遮蔽了这种美学前提,掩盖了器乐在标题音乐中的重要地位。

在此意义上,浪漫主义的理念论、形式论与内容美学虽在内容与形式的关系上截然对立,但在器乐美学地位的提高上则是完全一致的。

三

标题音乐潮流的形成与发展基于两大历史语境:浪漫主义的交响曲与民族乐派。

贝多芬交响曲的伟大成就使其成为音乐历史上一座难以逾越的高峰,甚至为浪漫主义作曲家投下了后来音乐史家所谓的"贝多芬阴影"。继承与创新贝多芬交响曲遗产,是浪漫主义作曲家必须直面的

---

① Mark Evan Bonds, "Idealism and the Aesthetics of Instrumental Music at the Turn of the Nineteenth Century", in *Journal of the American Musicological Society*, No. 2/3, 1997, pp. 387—420.
② 爱德华·汉斯立克,《论音乐的美——音乐美学的修改刍议》,第34—35页。

问题。然而,面对贝多芬的艺术成就,浪漫主义作曲家发生了重大分歧。这种分歧贯穿整个浪漫主义,形成纯音乐与标题音乐的世纪论争,①从而成为滋养标题音乐的肥沃土壤。

19世纪30年代,也就是贝多芬去世之后,传统交响曲创作陷入"沉寂"。正当传统交响曲面临困境之时,1830年,巴黎上演了柏辽兹的标题交响曲《幻想》。这部具有明确标题与乐章文字说明的交响曲,既引发巨大非议,又获得极高赞誉。显然,这部作品受到贝多芬交响曲与浪漫主义文学的双重影响。对于作曲家法国人柏辽兹来说,他没有继承德奥古典交响曲遗产的压力,也无意开创一个标题音乐潮流。但对于李斯特等作曲家来说,它承接贝多芬戏剧配乐、"田园"交响曲的诗意、《第九交响曲》器乐与声乐结合的道路,找到了一条不同于传统交响曲的标题音乐新路。

如果说柏辽兹30年代标题交响曲的创作是浪漫主义标题音乐的导引的话,那么,40、50年代,李斯特的观念与实践就形成了标题音乐的中坚。其论文《柏辽兹和他的〈哈罗尔德〉交响曲》构筑起标题音乐理论基础,十三首交响诗成为浪漫主义标题音乐的典范,他的指挥和教学活动积极推广和传播标题音乐的观念与实践。李斯特与其学生们的标题音乐活动似乎解决了浪漫主义的交响困局,从而继承贝多芬之遗产,引领浪漫主义音乐的发展潮流。

然而,众多理论家、作曲家强烈质疑标题音乐创作,更为反感将它们视为贝多芬的继承者、未来音乐之方向。他们认为,贝多芬的伟大成就基于器乐思维,传统交响曲的发展应该遵循纯器乐的方向,而不是诉诸"怪异"的标题文字。汉斯立克以自律论美学动摇标题音乐的美学根基,以音乐评论批评标题音乐的形式混乱。舒曼虽赞扬标题音乐的新异,但在论文《新的道路》中将纯器乐交响曲的希望寄托给年轻的勃拉姆斯。标题音乐与纯音乐的对立开始趋于尖锐。

1859年,音乐评论家布伦德尔将柏辽兹、李斯特、瓦格纳引导的

---

① 孙胜华,《纯音乐与标题音乐的历史论争》,《音乐研究》,2020年,第一期。

潮流称为"新德意志乐派"，以此比肩贝多芬为代表的"老德意志乐派"。随即，勃拉姆斯等作曲家发表"宣言"，予以反击。60年代，瓦格纳的乐剧创作瓜熟蒂落，开始点燃浪漫晚期的瓦格纳狂热。70年代，勃拉姆斯的前两部交响曲终于成形。随之，彪罗将勃拉姆斯与巴赫、贝多芬相提并论，据他们名字首字母冠之以"3B"。于是，瓦格纳阵营与勃拉姆斯阵营开始形成。显然，这是浪漫主义以来交响曲创作分歧、纯音乐与标题音乐对立的进一步加剧。不过，正当双方对立处于"白热化"之时，它们开始认可对方的艺术成就，并共同影响浪漫晚期的音乐景观。

浪漫晚期，标题音乐在理查德·施特劳斯的音诗中迎来又一高峰，标题交响曲在马勒的创作中继续闪光，它们与勃拉姆斯、西贝柳斯、德沃夏克、布鲁克纳、柴可夫斯基的交响曲一同形成了交响音乐的灿烂星空。正是这种共同繁荣弥合了浪漫早期的交响分歧，消解了纯音乐与标题音乐的论争。

应该说，标题音乐的发展与浪漫主义交响曲的命运紧紧交织在一起。

19世纪中下叶，标题音乐在民族乐派中同样兴盛。如果说标题音乐在德奥浪漫主义的发展是为了摆脱"贝多芬阴影"，寻找一条交响新路；那么，它在德奥之外的繁荣，则是为了摆脱德奥音乐中心，寻求民族音乐的崛起与独立；甚至，它卷入东欧、北欧国家的民族解放进程，渗透强烈的身份认同和民族意识。

19世纪中叶以来，东欧、北欧国家的民族意识不断觉醒，民族解放运动日益高涨。在此背景下，标题音乐成为唤醒民众意识、传递民族价值的重要载体。德沃夏克、西贝柳斯等作曲家，在标题音乐中融合本土音调、讴歌民族历史、描绘自然风景，有力地表达了民族情感，凝聚了民族精神，从而助推民族解放运动。俄罗斯与法国的作曲家并没有迫切的政治诉求，但他们突破德奥音乐控制、发出民族音乐声音的愿望同样强烈。"强力集团"、圣桑等作曲家以标题音乐为重要媒介，试图建立自己的民族音乐文化，就像政治上的独立自主一样，与德奥音乐分庭抗礼。

标题音乐能够成为民族乐派的重要音乐表达方式,其独特的体裁属性是一个重要原因。形式结构上,就像标题音乐对于古典奏鸣曲式、古典交响逻辑的突破,它不易受到传统结构范型的束缚,灵活多变。既易于融入民族音调与节奏,又便于适应标题作品表达内容的需要。内容上,标题音乐的"标题文字"有利于作曲家将音乐与历史题材、民族故事等相结合,更为直接了当地抒发民族情感,其"标题文字"的具象又易于为人民群众所理解、接受,利于引发广泛共鸣与影响。

于是,标题音乐在标题性与民族性的融合中焕发出新的生命力。

故此,标题音乐是器乐与"标题文字"的结合,它贴切反映了内容美学与器乐美学的观念,并在浪漫主义交响曲与民族乐派的历史语境中成长、繁荣。

# 插　　图

**0.1**　米哈伊·齐奇,《从摇篮到坟墓》。感谢布达佩斯歌剧院档案室的重印。

**3.1**　泰纳,《恰尔德·哈罗尔德游记》,意大利(1832)。泰特美术馆,伦敦;艺术资源(Art Resource),纽约。

**4.1**　欧仁·德拉克罗瓦,《玛捷帕》(1824)。艺术收藏馆;Alamy图片网。

**4.2**　考尔巴赫,《卡达隆尼平原之战》(1837)。普鲁士文化遗产图书馆,柏林;斯图加特州立绘画馆,德国;艺术资源,纽约。

**5.1**　《丽诺尔》,钢版画,可能出自纽伦堡的卡尔·迈耶。选自《德国经典全集》(斯图加特:卡尔·格佩尔,1847)2:80。照片为作者所摄。

**6.1**　谢弗,《浮士德与那杯毒药》(1852)。斯卡拉博物馆;艺术资源,纽约。

**7.1**　莫里茨·冯·施德温,《动物如何为猎人送葬》(1850)。选自奥托·魏格曼所编《施德温:1265张插画中的大师作品》(斯图加特与莱比锡:德意志出版社,1906),296。照片为作者所摄。

**9.1** 葛饰北斋,《神奈川的巨浪》。传统图片合作公司。Alamy图片网。

## 谱　　例

1.1　亨特塞,"如果我是一只小鸟,我将飞向你!",mm. 1—4

1.2　迪特斯多夫,《"奥维德"第四交响曲》,Ⅱ,mm. 1—36

1.3　迪特斯多夫,《"奥维德"第四交响曲》,Ⅲ,mm. 1—8

1.4a　迪特斯多夫,《"奥维德"第五交响曲》,Ⅰ,mm. 94—101

1.4b　迪特斯多夫,《"奥维德"第五交响曲》,Ⅱ,mm. 17—20

1.4c　迪特斯多夫,《"奥维德"第五交响曲》,Ⅳ,mm. 54—57

1.5a　波厄,《奥德修斯的旅行》,"奥德修斯"主题

1.5b　波厄,《奥德修斯的旅行》,"佩内洛普"主题

1.6　科契瓦拉,《布拉格之战》,"攻击",mm. 9—12

1.7　施波尔,《第四交响曲》,第三乐章(mm. 337—342)和第四乐章(mm. 1—16,46—53)的动机变形

1.8　巴托克,《柯树特》,mm. 1—6

1.9　巴托克,《柯树特》,mm. 454—461

1.10　德彪西,《白键与黑键》,Ⅱ,mm. 161—173

1.11　德彪西,《白键与黑键》,Ⅱ,mm. 1—6

2.1　贝多芬,《命名日》序曲,mm. 17—21

2.2　贝多芬,《科里奥兰》序曲,mm.46—55,弦乐组

2.3　贝多芬,《科里奥兰》序曲,mm.296—314

2.4　贝多芬,《爱格蒙特》序曲,mm.1—9,缩谱　梅茨多尔夫

2.5　贝多芬,《爱格蒙特》序曲,mm.82—100,缩谱　梅茨多尔夫

2.6　贝多芬,《爱格蒙特》序曲,mm.307—310,缩谱　梅茨多尔夫

2.7　约阿希姆,《哈姆雷特》,mm.205—208

2.8　李斯特,《哈姆雷特》,"生存还是毁灭"主题的"战斗"变形,mm.105—108,缩谱　斯特拉达尔

2.9　盖德,《哈姆雷特》序曲,mm.20—21

2.10　盖德,《哈姆雷特》序曲,mm.211—232

2.11　门德尔松,《仲夏夜之梦》序曲,mm.198—201

2.12　门德尔松,《仲夏夜之梦》序曲,mm.663—682

2.13a　门德尔松,《寂静的海和幸福的航行》,mm.1—4

2.13b　门德尔松,《寂静的海和幸福的航行》,mm.99—108

2.14　门德尔松,《寂静的海和幸福的航行》,mm.29—40

2.15　门德尔松,《寂静的海和幸福的航行》,mm.49—99 的和声缩谱

2.16　门德尔松,《美丽的梅露辛娜》序曲,mm.343—360

2.17　门德尔松,《美丽的梅露辛娜》序曲,mm.1—8

2.18　门德尔松,《美丽的梅露辛娜》序曲,mm.394—396

3.1　柏辽兹,《幻想交响曲》,V,mm.241—248("安息日圆舞曲"),缩谱　李斯特

3.2　柏辽兹,《哈罗尔德在意大利》,"哈罗尔德在山中",mm.38—45,中提琴(哈罗尔德的主题)

3.3　柏辽兹,《哈罗尔德在意大利》,"朝圣者的行进",mm.56—76,缩谱　李斯特

3.4　莫谢莱斯,《十二首"性格"练习曲》,op.95,no.11("梦"),

mm.119—129

**3.5** 舒曼,《狂欢节》,"弗罗列斯坦",mm.7—24

**3.6** 舒曼,《大卫同盟曲集》,第一卷,no.2,mm.1—8

**3.7** 舒曼,《大卫同盟曲集》,第一卷,no.9,mm.1—8

**3.8** 舒曼,《大卫同盟曲集》,第二卷,no.9,mm.41—59

**3.9** 舒曼,《大卫同盟曲集》,第二卷,no.7,mm.1—8

**4.1** 李斯特,《山间所闻》,赞美诗(m.479)融合了自然(m.3;"x")和人类(m.209;"y")

**4.2** 李斯特,《前奏曲》,核心动机的演变

**4.3** 李斯特,《奥菲欧》,mm.204—215,缩谱 斯特拉达尔

**4.4** 洛伊,《玛捷帕》,mm.271—314

**4.5** 李斯特,《玛捷帕》,mm.122—129

**4.6** 李斯特,《塔索》,mm.54—61,缩谱 福克海默

**4.7** 李斯特,《塔索》,mm.165—174

**4.8a** 李斯特,《塔索》,mm.6—7,缩谱 福克海默

**4.8b** 李斯特,《塔索》,mm.501—504,缩谱 福克海默

**4.9** 李斯特,《匈奴之战》,mm.271—274,缩谱 斯特拉达尔

**5.1** 李斯特,《"但丁"交响曲》,Ⅰ,mm.22—24,缩谱 斯特拉达尔

**5.2** 李斯特,《"但丁"交响曲》,Ⅰ,mm.630—646,缩谱 斯特拉达尔

**5.3a** 李斯特,《"但丁"交响曲》,Ⅱ,最后的和声进行,尾声一

**5.3b** 李斯特,《"但丁"交响曲》,Ⅱ,最后的和声进行,尾声二

**5.4** 陶西格,《幽灵船》,mm.79—92

**5.5** 陶西格,《幽灵船》,mm.99—104

**5.6** 陶西格,《幽灵船》,mm.521—538

**5.7** 彪罗,《消亡》,mm.1—10

**5.8** 巴拉基列夫,《塔玛拉》,mm.136—139

**5.9** 巴拉基列夫,《塔玛拉》,m.2

5.10　穆索尔斯基,《荒山上的圣约翰节之夜》(1867),mm.109—112

6.1　瓦格纳,《浮士德》序曲,mm.1—9,缩谱　彪罗

6.2a　瓦格纳,《浮士德》序曲,mm.31—36,缩谱　彪罗

6.2b　瓦格纳,《浮士德》序曲,mm.63—66,缩谱　彪罗

6.3　瓦格纳,《浮士德》序曲,mm.118—125,缩谱　彪罗

6.4　瓦格纳,《浮士德》序曲,mm.148—166,缩谱　彪罗

6.5　瓦格纳,《浮士德》序曲,mm.423—447,缩谱　彪罗

6.6　鲁宾斯坦,《浮士德》,mm.1—2,缩谱　霍恩

6.7　鲁宾斯坦,《浮士德》,mm.29—34,缩谱　霍恩

6.8　鲁宾斯坦,《浮士德》,mm.45—48,缩谱　霍恩

6.9　鲁宾斯坦,《浮士德》,mm.65—68,缩谱　霍恩

6.10　鲁宾斯坦,《浮士德》,mm.190—213,缩谱　霍恩

6.11　鲁宾斯坦,《浮士德》,mm.362—369,缩谱　霍恩

6.12　鲁宾斯坦,《浮士德》,mm.441—443,缩谱　霍恩

6.13　梅耶尔,《浮士德》序曲,主要主题

7.1　拉夫,《莎士比亚"麦克白"的管弦乐前奏曲》,mm.26—29

7.2　拉夫,《莎士比亚"麦克白"的管弦乐前奏曲》,mm.192—198

7.3a　施特劳斯,《麦克白》,mm.6—18,麦克白主题

7.3b　施特劳斯,《麦克白》,mm.67—73,麦克白夫人主题

7.4　施特劳斯,《死与净化》,mm.306—310

7.5　施特劳斯,《死与净化》,"理想"和"童年"主题的联系

7.6　门德尔松,《"意大利"交响曲》,op.90,Ⅲ,mm.55—75

7.7　李斯特,《夜间游行》,mm.307—334

7.8　舒曼,《第三交响曲》,op.97,Ⅴ,mm.99—105

7.9　马勒,《第一交响曲》,Ⅲ,mm.135—145

7.10a　盖斯勒,《蒂尔的恶作剧》,mm.9—12

7.10b　盖斯勒,《蒂尔的恶作剧》,mm.31—34

**7.11** 鲁宾斯坦,《堂·吉诃德》,mm. 197—204

**7.12** 施特劳斯,《堂·吉诃德》,mm. 230—233

**8.1** 李斯特,《匈牙利》,主要主题

**8.2** 德沃夏克,《我的祖国》,Ⅰ,mm. 208—222,缩谱 绍尔茨

**8.3** 德沃夏克,《正午女巫》,母亲主题的变形

**8.4a** 麦克道维尔,《拉米亚》,mm. 1—5,缩谱 麦克道维尔

**8.4b** 麦克道维尔,《拉米亚》,mm. 250—256,缩谱 麦克道维尔

**8.5a** 比奇,《四首素描》,"梦",mm. 19—23

**8.5b** 李斯特,《诗与宗教的和谐》,"孤独中上帝的祝福",mm. 18—23

**8.6** 查德威克,《交响素描》,"狂欢",mm. 21—23,弦乐部分

**8.7** 西贝柳斯,《芬兰颂》,mm. 24—38,缩谱 西贝柳斯

**8.8** 西贝柳斯,《图奥内拉的天鹅》,mm. 1—22,缩谱与分析

**9.1** 圣-桑,《法厄同》,mm. 45—60

**9.2** 圣-桑,《法厄同》,mm. 175—182,缩谱 本菲尔德

**9.3** 圣-桑,《法厄同》,mm. 123—136,缩谱 本菲尔德

**9.4** 圣-桑,《法厄同》,mm. 277—293,缩谱 本菲尔德

**9.5a** 弗兰克,《神灵》,mm. 1—12

**9.5b** 弗兰克,《神灵》,mm. 135—138

**9.6** 弗兰克,《神灵》,mm. 353—360

**9.7** 弗兰克,《可憎的猎人》,mm. 129—136

**9.8** 杜帕克,《丽诺尔》,mm. 21—33,缩谱 圣-桑

**9.9** 丹第,《魔法森林》,mm. 145—151

**9.10** 丹第,《魔法森林》,mm. 283—298

**9.11** 拉威尔,《夜之幽灵》,"水妖",mm. 80—82

**9.12** 拉威尔,《夜之幽灵》,"绞刑架",mm. 1—7

# 表　格

1.1　亨特塞《十二首性格练习曲》,op. 2
1.2　迪特斯多夫《"奥维德"交响曲》的题材
1.3　科契瓦拉,《布拉格之战》,结构与事件
2.1　贝多芬的序曲
3.1　柏辽兹《幻想交响曲》:标题文字与"固定乐思"的变形
3.2　柏辽兹,《哈罗尔德在意大利》,"强盗的狂宴",引子结构,mm. 1—117
3.3　舒曼钢琴作品的引用范围(opp. 1—23)
3.4　舒曼,《大卫同盟曲集》(op. 6)的结构
4.1　李斯特的交响诗
4.2　李斯特《前奏曲》的若干结构
4.3　李斯特《玛捷帕》的创作年表
5.1　李斯特学生的标题作品选编
6.1　歌德,《浮士德》第一部场景
6.2　格雷戈尔,《浮士德》,段落与作者描述
6.3　格雷戈尔,《浮士德》的循环动机

**6.4** 阿尔康,"准浮士德","人物性格"与音乐

**7.1** 拉夫,《麦克白》,结构与主要主题

**7.2** 施特劳斯,《死与净化》的结构

**7.3** 舒曼《第三交响曲》第三乐章主要旋律的节拍增值,mm. 1—7、24—27、44—50

**7.4** 李斯特《夜间游行》的诗歌题文

**8.1** 查德威克,《交响素描》"狂欢"的结构

**9.1** 圣-桑,《法厄同》,空间结构

**9.2** 弗兰克的交响诗

**9.3** 雨果,"神灵",结构与内容

**9.4** 弗兰克,《可憎的猎人》的结构

**9.5** 杜帕克,《丽诺尔》的结构

# 致　　谢

感谢以下人士的建议与意见：Kathy Abromeit、Aaron Allen、Ben Arnold、David Cannata、David Celenza、Zsuzsanna Domokos、Kyle Gould、SigrunHaude、James Johnson、Adrienne Kaczmarczyk、Helen Kopchick-Spencer、Matthew Kregor、Shay Loya、Evan MacCarthy、Mary Sue Morrow、Rena Mueller、Jordan Newman、Dolores Pesce、Jesse Rodin、Patrick Rucker、Alex Stefaniak、Mark Tomas、Bob Zierolf。

著作顺利进行有赖于大学研究委员会教师研究津贴的大力资助，完稿得到约翰逊（Larry Johnson）院长准许的公休假和系主任兰格伦（Peter Landgren）的支持。同时，辛辛那提大学的馆际互借工作人员找到了大量罕见资料。库珀（Vicki Cooper）、琼斯（Fleur Jones）、考克斯（Rachel Cox）和贝顿（Janice Baiton）使想法的最终实现变得更容易。感谢每个人的帮助。

我的家人，尤其是艾米丽（Emily）、艾萨克（Isaac）和卢克（Luke），坚定不移地支持和始终如一地鼓励我，故以挚爱和感恩之情将此书献给他们。

# 行文说明

- 小节参照学术评注版本。如没有，则遵循第一版和作曲家认可的其他版本。
- 除特别说明外，所有翻译来自作者本人。
- 表格和谱例中，小写字母和大写字母分别指示小调与大调。
- 作曲家的姓名拼写据《新格罗夫音乐与音乐家辞典》(*New Grove Dictionary of Music and Musicians*, ed. Stanley Sadie, 2nd edn., London: Macmillan, 2001) 词条。

# 引　言

## 音乐与意义

1936年出版的自传中,斯特拉文斯基(Igor Stravinsky)断言:

> 本质上,音乐无力表达任何东西,如情感、思想倾向、心理感受、自然现象……,"表达"从未是音乐的内在属性,也绝不是它存在的目的。如果说音乐表达了什么(人们常常如此认为),那只是一种幻想,而非事实。不言而喻,这仅仅是人们假借、强加于它的额外品性。或为了辨识,或习惯使然。简言之,在无意识或习惯驱使下,我们常常把它与音乐的本质相混淆。①

关于音乐的本质、局限及其对感觉和认知的影响,这些观点极具争议,却并不新鲜。20年前,作家科克托(Jean Cocteau)、作曲家萨蒂(Erik Satie)、剧目经理贾吉列夫(Sergei Diaghilev)合作的芭蕾舞

---

① Igor Stravinsky, *Chronicle of My Life*, trans. Anon. (London: Victor Gollancz, 1936), 91—92.

剧《游行》中就有意识地实验无情感、无意义的艺术。① 此前60年，评论家汉斯立克(Eduard Hanslick)坦言"音乐的内容就是声音的运动形式"。再往前约半个世纪，作家霍夫曼(E. T. A. Hoffmann)为器乐的优越性声言："它鄙视一切帮助、一切其他艺术的混合——纯粹的表达赋予其独具一格的艺术本性……为了拥抱无可言说，它将智者卷入的所有情感抛弃。"②

恰恰与之相反的是，漫长的19世纪(1789—1914)中，音乐同样被视为情感的代言者、确切意义的传达者。一定程度上，这归因于标题音乐的兴起。标题音乐寻求与其他艺术尤其是文学对话，由此引来描绘性的性格小品、标题交响曲、交响诗和音画。但是，在评论家眼中，这些体裁"混血"消解了音乐的独特性，超越了其与生俱来、由来已久的诠释界线。标题音乐的争议一如既往，正如卡尔·达尔豪斯(Carl Dhlhaus)所言："标题音乐的战斗已经展开……争论的变更取决于不断变化的前提。"③

无论标题与否，音乐不拒绝诠释。不过，某些诠释分析的前提与方式更值得怀疑。以音乐是叙述工具来说。至少约1700至1900年的西方器乐音乐中，调性体系与结构如回旋曲式、主题与变奏，尤其是奏鸣曲式(呈示部、展开部、再现部的三部性设计)，它们孕育了麦克拉蕊(Susan McClary)称之为"叙述效果"的一整套期待。④ 由于结构、调性、配器等诸如此类的因素常常参与到作曲家与听众衡量"已听到"和"期待听到"的活性过程之中，当作曲家积极有效地运用

---

① 这部作品的相关详细论述及哲学思想，参见 Daniel Albright, *Untwisting the Serpent: Modernism in Music, Literature, and Other Arts* (University of Chicago Press, 2000), 185—197。

② Julian Rushton, "Music and the Poetic", in *The Cambridge History of Nineteenth-Century Music*, ed. Jim Samson (Cambridge University Press, 2001), 151—177, at 151.

③ Carl Dahlhaus, *The Idea of Absolute Music*, trans. Roger Lustig (University of Chicago Press, 1989), 128.

④ Sunsan McClary, "The Impromptu That Trod on a Loaf: Or How Music Tells Stories", *Narrative* 5, 1 (1997): 20—35, at 29.

这些惯常方式时,"叙述效果"就进一步强化了。①

从效果蹿为事实常涉及一系列超出音乐权限的活动,它充满危险。麦克拉蕊把这称为"口头传说"。就像大部分传说一样,它们极易添油加醋、夸大其词,其飘渺的家族踪迹甚至无法回溯到作曲家本人。可能,最著名的例子来自贝多芬抄写员与早期传记作家申德勒(Anton Schindler)那个似是而非的"标题说明"。他声称,贝多芬《第五交响曲》开始于"命运敲门"。② 确实,纳蒂埃(Jean-Jacques Nattiez)强调:"严格来讲,叙事不在音乐之中,而在听众从相应对象想象和构建的情节中。"③总之,不论某种特定意义是否为音乐所固有,音乐意义的争论一直是开放的。

这正是标题音乐"搅浑水"的关键之处。至少,正如柏辽兹、舒曼、李斯特和施特劳斯的实践,标题音乐不仅仅是音乐,而是音乐与标题、诗歌、人物的叠加——某种程度上,它并非音乐本身所固有。因而,分析者和聆听者要决定的事情成为,是否接受音乐外成分作为音乐本身的一部分。进而,它又如何卷入到作品意义的追寻当中。确实,就像海波科斯基(James Hepokoski)提到的那样:

> 我们认同乐思与各种特定角色或情景的对应关系:动机 A、B、C 代表叙事形象 X、Y、Z。因而,本质上,标题性音乐场景的产生是作曲家和听众之间假定的一个"通用合同"。没有音乐隐喻的最初共识,音诗前提就将崩塌。但如果认为这些作品更宜

---

① James Hepokoski, "Back and Forth from *Egmont*: Beethoven, Mozart, and the Non-resolving Recapitulation", *19th—Century Music* 25, 2—3 (2002): 127—154, at 135.

② Matthew Guerrieri, *The First Four Notes: Beethoven's Fifth and the Human Imagination* (New York: Alfred A. Knopf, 2012). 柴可夫斯基《第四交响曲》为他的赞助人提供了一个文字说明,详述"命运动机",因而,这个故事也可用于柴可夫斯基。"文字说明"重述于 Richard Taruskin, *On Russian Music* (Berkeley and Los Angeles: University of California Press, 2009), 136—138。

③ Jean-Jacques Nattiez, "Can One Speak of Narrativity in Music?" trans. Katherine Ellis, *Journal of the Royal Musical Association* 115, 2 (1990): 240—257, at 249.

作为纯音乐①来聆听或者纯器乐来理解,这无疑是对音诗在历史中所导致的富于争议和智趣的美学"游戏"的熟视无睹。②

严格意义上,海波科斯基的观察限于理查德·施特劳斯(Richard Strauss)的音诗(参见第七章),但略加修正,并可延伸至整个19世纪的标题潮流。

## 作品与范围

可以肯定,标题音乐在18世纪晚期之前就已存在。最著名的例子之一是维瓦尔第(Antonio Vivaldi)的《四季》(《和声与创意的实验》的前四首小提琴协奏曲,op. 8,1725年问世)。在四季流转中,维瓦尔第描绘了各种鸟、暴风雨、吠犬和入睡的醉汉——每个事件和角色引自一组完整的十四行诗(可能是维瓦尔第自己创作)。协奏曲问世同年,一位法国同代人——马雷(Marin Marais)——发行了他的第五册《中提琴作品集》。其中,第108首冠有标题《膀胱结石手术》,对于逼真的音乐有一段生动的文字描述:可怜的病人在手术台前颤抖不已;当助手缚住他,恐惧之情在脑中盘旋;手术开始,他的声音在支吾,鲜血在流淌;他从手术台下来,被送至病床。

由于这些例子既不是作曲家全部作品的典型特质,也不是当时盛

---

① 长久以来,这个术语与汉斯立克所提倡的音乐观念相联系,详见第五章。然而,严格意义上,这并不是"纯音乐"的开端。显然,1846年,瓦格纳在分析贝多芬《第九交响曲》时第一次运用它。根据瓦格纳,开始三个器乐乐章表现了"不确定和模糊的情感",而在末乐章开端,贝多芬引入一个"动人的宣叙调,它……几乎打破了纯音乐的局限"。因而,问题不是器乐音乐缺乏表现潜能,而在于它的表现形式。参见 Sanna Pederson, "Defining the Term 'Absolute Music' Historically", *Music & Letters* 90, 2 (2009): 240—262, esp. 243—244,这里探讨了瓦格纳的贡献。

② James Hepokoski, "The Second Cycle of Tone Poems," in *The Cambridge Companion to Richard Strauss*, ed. Charles Youmans (Cambridge University Press, 2010), 78—104, at 92.

行的艺术趣味,因而相当引人入胜,却乃稀奇之物。然而,后贝多芬时代包括门德尔松(Felix Mendelssohn)、柏辽兹(Hector Berlioz)、舒曼(Robert Schmann)、李斯特(Franz Liszt),他们的大量音乐已是标题性的。此后,这一代的标题探索要么被发展,要么遭到严重质疑,其中包括19世纪60年代以后的新德意志乐派,勃拉姆斯(Johannes Brahms)的古典四乐章交响曲或70、80年代的圣-桑(Saint-Saëns)和民族音乐协会,以及世纪末理查德·施特劳斯的音诗。

19世纪,大量标题音乐及相应理论显现了几大趋势,这也构成了本书的研究范围:

- 标题音乐发展于对待贝多芬遗产和音乐未来方向这一问题的迫切需要,尤其是贝多芬《第九交响曲》诞生之后。舒曼提出了一个交响曲危机问题,一个价值评判问题,它们被交响康塔塔(门德尔松)、标题交响曲(柏辽兹)、交响诗(李斯特)和乐剧(瓦格纳)的出现所强化。所有这些新体裁以贝多芬音乐为范式,又进一步挑战形式与内容的传统观念。

- 引申开来,标题音乐开始于一种德奥现象,但随之被改变,以适应本土需要。应该说,20世纪初,法国和俄罗斯的作曲家无论在标题音乐的质量还是数量上已使他们的德国同行黯然失色,但是,他们各自标题传统的根并不在本土文化之中。

- 显然,斯美塔那(Bedřich Smetana)两部弦乐四重奏和弗兰克(César Franck)的《神灵》是标题性的,但19世纪绝大多数标题音乐是为管弦乐或钢琴独奏而作。19世纪中叶,交响曲的声誉和整体建构能力依旧,同时,作曲家引入英国管、竖琴、低音大号、低音单簧管、打击乐组和其他新的或长久以来被忽视的乐器,以产生多层次的音响和丰富的音色变化,进而直接影响一部作品的结构、特性和标题内容。与此类似,钢琴发展为现今的结构设计和尺寸规模,并成为家庭乐器的首选。

插图 0.1 米哈伊·齐奇,《从摇篮到坟墓》

- 关于标题音乐的素材来源,文学作品占据首位,自然世界次之(比如,四季或类似高山、海洋的自然现象)。视觉艺术,比如绘画、雕塑,较少被采用。一旦采用,也常是文学的伴随物,[①]或者赋予这个艺术模型强烈的动态过程,比如齐奇

---

① 例如,可参见 Carlo Caballero's discussion of Saint-Saëns's *Le rouet d'Omphale* in "In the Toils of Queen Omphale: Saint-Saëns's Painterly Refiguration of the Symphonic Poem", in *The Arts Entwined: Music and Painting in the Nineteenth Century*, ed. Marsha L. Morton and Peter L. Schmunk (New York: Garland Publishing, 2000), 119—141。

(Mihály Zichy)的画作《从摇篮到坟墓》(图0.1)就是李斯特最后一部交响诗的灵感所在。虽说如此,但当德莱赛克(Felix Draeseke)《海市蜃楼:一组抒情诗》和拉威尔《钢琴三重奏》"潘多姆"乐章吸取神秘的文学性过程来改变作品结构轮廓时,并没有显地将它们作为标题前提。

- 最后,标题音乐与歌剧、戏剧作品的发展紧密相联。它体现在迪特斯多夫、巴托克、德彪西的话题运用中,19世纪贝多芬、门德尔松、李斯特、约阿希姆和其他作曲家连续不断的戏剧性序曲的创作中,或者围绕文本与音乐关系的越来越广泛的美学争论之中。

## 历史学与结构

标题音乐既是一种观念,又指特定作品,但迄今为止,相关出版物仍仅仅聚焦其中的某一方面。比如,奥雷里(Leslie Orrey)《标题音乐概览:从16世纪至今》(1975)较少关注音乐本身,而集中于作品的音乐外文本(更严重的是,它的文献节选沿用原文,没有翻译)。卡斯勒(Lawrence Casler)两卷本《交响标题音乐及其文学来源》(2001)与其说是风格与历史的综合,不如说是一部分析合集。

英语世界最好的标题音乐研究仍是最早的著述之一:尼克斯(Frederick Niecks)《近四个世纪的标题音乐:音乐表达的历史文稿》(1907)。尼克斯采用一个相当宽泛的标题音乐概念,以纳入门德尔松、亨德尔、莫扎特甚至勃拉姆斯的作品。他的材料呈现遵循19世纪的哲学模式(取自黑格尔),即16世纪见证"早期尝试";17、18世纪"在小型作品中大获成功,在大型作品中艰苦探索";19世纪"实现"。除了这个老套的历史框架,他的论域在1900年左右就结束了,文稿完全没有音乐实例,引用和参考书目根本不存在。新德意志乐派和随后施特劳斯-马勒一代的大部分文献可以在德国出版物中找到,而其余文献几乎没有关于标题音乐本身的专题论著。

　　此书大体仍以19世纪的时间顺序为结构线索,但为了突出跨越时代和地域界线的一些论题与实践,偶尔也打断时间线。因而,第二、第七章主要以《哈姆雷特》、《麦克白》器乐创作的多样风格,简要考察标题音乐作曲家们如何处理莎士比亚的作品。第六章,歌德《浮士德》的补论意在阐明作曲家如何在一个横贯整个时代、极具标题潜质的主题中挥霍神思。

　　纵然保守估计,标题音乐的作品也极其庞大,数以千计。因而,即便它们极易获得,本书也无意面面俱到。当然,亦不要走向反面,仅仅概略标题"名作"。相反,我们注重那些呈现出创新趋向与(或)重大影响的标题音乐作曲家和作品。因此,由于方法新颖,盖德(Niels Gade)、拉夫(Joachim Raff)之类的作曲家也赫然在列。李斯特那些名声略逊的管弦作品也是如此,它们在当时受到激烈争论,但此后滑向"无名"。同样,一些名字和作品的出现只是为了将其他著名作品置于更宏大的语境中来考察。我希望,这种设计能使消瘦已久的历史与作品添加急需的"血肉"。

# 第一章　性格、话题与标题战场

德国理论家科赫（Heinrich Christoph Koch）厚重的《音乐百科全书》中，他如是描述"标题交响曲"这一奇特又颇有前途的体裁：

> 一种仍未深入探索的音乐类型，它无需诗歌艺术的帮助，仅仅通过音乐描述一定的历史事件，而达到作曲家自己所设定的表现或描绘目标。显然，它为德国人所创造——迪特斯多夫（Carl Ditters von Dittersdorf）、罗塞蒂（Antonio Rosetti）、海顿（Joseph Haydn）无疑是最初的尝试者——但是，为这一体裁找到一位具有代表性的德国艺术家的名字还未能取得一致。甚至，除了迪特斯多夫《四个时代》《法厄同》与《"奥维德"交响曲》，罗塞蒂《忒勒马科斯》，海顿《耶稣的临终七言》之外，至少在公众熟知的范围内，找不到其他例证。

然而，这一体裁要想得到应有的尊重，就必须先回答如下问题：它是否在音乐范畴内表现历史话题，或者说，在不借助诗歌艺术的前提下，一个历史事件至少在何种程度上可以作为音乐情绪（由历史事件激发）的表达基础。①

《音乐百科全书》出版于 1802 年,恰处于一个十字路口:它评估过往音乐的发展,尤其是最近 50 年。此间,交响曲和弦乐四重奏进入全盛时期、严肃歌剧历经剧烈变革、音乐抛弃感觉和模仿转向情感和修辞。同时,科赫的巨著又预示了 19 世纪乃至更远时代困扰音乐家和批评家的诸多问题,包括诗乐关系,器乐(尤其与歌剧相联系时)的美学和社会地位,民间、民族音乐在艺术中的角色,等等。

与此类似,科赫对于标题交响曲的看法也是双向的。在交响重头人物那里,他看到它们的美好前途,迪特斯多夫尤其是海顿适宜创作它们。但他又怀疑器乐能否恰当叙述具体事件,尤为重要的是,这种音乐能否实现情感描述,并引起听众共鸣这个最重要的作用(比如,罗塞蒂的《忒勒马科斯》就令人费解)。甚至,为了有益于读者,他勉强为此现象取了一个试验性的名字,这说明它已涉及一个 19 世纪初确定标题音乐范围的基本性问题。不过,受困扰的并非他一人。1800 年 7 月,在《大众音乐报》关于近来法国音乐发展的一篇匿名报道中,"标题交响曲"被翻译为"描绘性交响曲",虽然编辑组认为有必要注明"也可称为历史交响曲(尽管可能太过狭隘)"。②

科赫的自相矛盾也指出了当时重新评价音乐现状的一个普遍问题。约 1800 年,以德国为主的一些哲学家、作家和音乐家,得出如下结论:通过一种无言的修辞,纯器乐尤其是交响曲,更加接近纯粹思想、崇高"王国"。因此,在表达的纯粹上,它优于声乐。这些辩护者对准的首要目标是歌剧,其次为清唱剧,但他们也卷入到关于新近"标题交响曲"合法性的小型论战之中。上述《大众音乐报》提到的文

---

① Heinrich Christoph Koch, *Musikalisches Lexikon* (Frankfurt am Main: August Hermann, 1802), cols. 1384—1385.
② 此次报道及所有引用均来自 Anon., "Gegenwärtiger Zustand der Musik in Paris... Zweyter Brief", *Allgemeine musikalische Zeitung* 2, 43 (23 July 1800): cols. 745—747。

章就是例证。它的作者急不可耐地列出这一体裁的缺点,揭露它在诠释上恶劣的雪球效应:

- 不论音乐作品如何成功,如果没有标题文字的存在,听众可能完全意识不到交响曲的具体叙述内容。
- 评论家陷入错误的评论习惯之中,他们着意寻找海顿交响曲所表现的具体对象或历史事件,或者"挖掘作品中不存在的细枝末节"。然而,如果有必要提供诠释线索,海顿本人更能胜任,也会乐意去做。因此,对于作曲家来说,这样的评论"热情"无异于一种伤害。
- 评论者强调,将海顿视为"德国最著名的交响作曲家之一",主要源于民族自豪感。但是,为了支撑或完善一首作品,而使用标题或其他补充手段,这应看成一种文化或民族恶习。

海顿有百余部交响曲,创作跨越近40年,作品遍及欧洲各地,无疑,他是18世纪下半叶繁荣、发达的音乐交流网络的主要建筑师,并为19世纪早期器乐美学的重新评价奠定了基础。确实,评论家和他的对手都认同,海顿以音乐为工具进行艺术交流和表达的能力无与伦比。但是,问题仍然存在:他或同时代作曲家的交响曲如何传达内容?或者换言之,当时的听众如何从交响曲中获取意义?在评论者看来,不是增补的标题,而是作曲家对音乐关联物的娴熟运用,产生了音乐的所有表情。于他而言,海顿的音乐是"严肃的、自豪的、强烈的;愉快的、惬意的、华丽的;庄重的、崇高的"。

## 标题音乐的基石:话题与性格小品

在术语"话题"涵盖下,学者们将各种效果、姿态和风格标识进行分门别类。"话题"既顾名思义,又外延丰富,它是音乐表达和产生意义的通道。拉特纳(Leonard G. Ratner)的经典定义中,话题就是指"音乐话语的主题"。① 比如,话题"法国序曲"意味着二部性结构,第一部分大量运用附点节奏,第二部分为赋格,且音乐性格高贵、沉静。即便如此,它也常含有强烈的戏剧成分。然而,"狂飙突进"这一话题就没有结构维度,因为它的主要特征无可预知,并适用于各种音乐。"话题"分类不可避免地会限制它的自由发散和诠释潜质。比如,为了获得充分效果,一些话题会运用其他话题。正如一位匿名评论者所言,最优秀的作曲家能在一个作品、乐章甚至段落中巧妙融合几个话题,如海顿。

以评论者眼中的新作为例,即海顿的《第一百交响曲》,俗称"军队"交响曲。"军队"话题主要来自著名的第二乐章:三角铁、钹和低音鼓的出现,丰富的二拍子进行曲节奏,m.152 开始的小号以及定音鼓回应,将诧异的听众引到战场之上。但是,交响曲同样提供了许多其他话题,比如,第一乐章的歌唱风格、第三乐章三声中部(mm.69—73)的附点节奏像"狂飙精神"一样反常,或者第四乐章中的学究式风格(mm.189—198 的连续延留音;mm.312—318 的模仿对位)。甚至,当第二乐章增补的乐队部分在末乐章再次出现时,它的军队成分已大大降低。相反,它在更欢快、和善的气氛中扮演辅助性角色。当评论者批评观众诠释时的胡作非为,他可能认为,他们喜好抓住作品更表面的话题并推断意义或事实。确实,为标题所持续吸引可以理解,如莫扎特《"狩猎"弦乐四重奏》(k458)或海顿《"军队"交响曲》。但是,常常基于少量难忘的小节或单个音乐主题对整个作品进行"话题"分类,那么,这些标题的存在对于音乐诠释的帮助可能不会多于局限。

---

① Leonard G. Ratner, *Classical Music: Expression, Form, and Style* (New York: Schirmer, 1980), 9.

最纯粹的话题形态出现在性格小品中。性格小品的个别例证可以追溯至最早记谱的器乐音乐,大库普兰(François Couperin)的 4 卷本《羽管键琴作品集》(1713—1730)和 C. P. E. 巴赫(Carl Philipp Emanuel Bach)的各类键盘作品也证明了这一体裁在 18 世纪的活力。① 然而,直到 19 世纪,性格小品才真正充斥音乐市场的各个角落。门德尔松的 8 卷《无词歌》(1829—1845)、李斯特的《安慰》(1840 年代末)、阿尔康(Charles-Valentin Alkan)的大部分钢琴作品、格里格(Edvard Grieg)的《抒情作品集》(1867—1901)、勃拉姆斯作品第 10 号之后的大部分钢琴独奏作品,它们绝大部分以一个音乐话题开始,并处于 19 世纪海量性格小品的顶端。此类作品数量激增,同时也伴随着许多 18 世纪话题的改头换面,②及一些新话题的创造或确定。到 19 世纪末期,话题词典不断扩张,已经囊括异域语汇,如民间或匈牙利风格和紧随贝多芬(Ludwig van Beethoven)、韦伯(Carl Maria von Weber)之后的英雄、魔幻风格。

举例来说,亨特塞(Adolf von Henselt)著名的《十二首性格练习曲》(op. 2)就体现了新旧话题的混合运用(表格 1.1)。第一、第五首的标题反映了 18 世纪大自然风暴向更加自我、浪漫之风暴和益发普遍之个人混乱的转变,但"暴风雨"仍控制着两首作品。第十一首的织体几乎与第一首相同,但中速、有限的力度变化和左手欢快的伴奏为其植入了摇篮曲的密码。

---

① 库普兰键盘作品内容与语境的概述,参见 David Tunley, *François Couperin and "The Perfection of Music"* (Aldershot: Ashgate, 2004)。18 世纪 50 年代后半部分,巴赫创作 28 首性格小品,详细论述参见 Peter Wollny, *C. P. E. Bach: The Complete Works*, series I, vol. 8.2 (Cambridge, MA: Pachard Humanities Institute, 2006),xiv—xvii.,绪论。16 世纪以来性格小品概观,参见 Willy Kahl, *Das Charakterstück* (Laaber-Verlag, 2005)。

② V. Kofi Agawu(*Playing with Signs: A Semiotic Interpretation of Classic Music*, Princeton University Press, 1991, 137)明确将其描述为"形态延续和关联断裂"的现象之一。

**表格 1.1　亨特塞《十二首性格练习曲》,op. 2**

| |
|---|
| 1. 暴风雨,你不会使我沉沦! |
| 2. 想想那个总是念着你的我吧! |
| 3. 满足我的愿望吧! |
| 4. 爱的休憩 |
| 5. 暴风雨般的人生 |
| 6. 如果我是一只小鸟,我将飞向你! |
| 7. 青春为翅膀增辉 |
| 8. 你吸引我,牵引我,吞没我 |
| 9. 年轻的爱,无比快乐,哦!你怎么消失无踪,但我们的记忆不灭 |
| 10. 我的爱如海潮涌动,我的心为你等待 |
| 11. 你已入睡,我的生命? |
| 12. 满是叹息、回忆、焦虑、唉!我心跳动 |

　　确实,亨特塞十二首练习曲颇为复杂。它们清楚地运用各种音乐话题,诗意标题又为其添加了另一层性格意义。最著名的第六首"如果我是一只小鸟,我将飞向你!"就是如此。从话题角度,瀑布状的双音下行渗透出童话般的色彩,开始的演奏指示"风一般的轻盈"(谱例1.1)进一步强调这一点。但是,练习曲的标题强烈暗示了诗人受到重重阻隔,无法直接飞进爱人的臂膀。于是,全曲又弥漫起缕缕忧伤。当然,作品话题与性格要素并不总是同时发生,因而,这意味着它们并非不可调和。1838年,一位英国评论者就采用兼而有之的方式理解这一短小的钢琴练习曲:"一首最具童话色彩的作品——轻柔甜美如竖琴般的朦胧声音,来自这位痴情精灵那灼热跳荡的内心。每当她回想起天堂的乐土,便对那已在故地消失的美好无限渴求,萦绕于她心头的图景那样美妙,却又那么短暂。"①

---

① Anon., "Douze Etudes Caractéristiques de Concert...par Adolphe Henselt", *The Musical World* 112 (New Series 18, 3 May 1838): 19.

谱例 1.1 亨特塞,"如果我是一只小鸟,我将飞向你!",mm. 1—4

话题和性格小品常常提供重要的诠释线索,引导演奏者、听众或分析者。但是,它们的存在并不必然给予作品标题身份,它还需要一些关键的话题、性格、其他语境材料和音乐之外的材料。上述评论者虽为亨特塞《练习曲》提供了一个热情洋溢的故事线索,但还未达到标题音乐的基准线。相比而言,李斯特的三集性格游历作品《旅行岁月》已频繁触及此基准。第一集"瑞士"第二首《瓦伦斯坦湖上》,无论话题与性格上都表明它是"水"的音乐,甚至,具体地点意味着它远非"水"的抽象描绘。而且,乐曲前的引文来自拜伦《恰尔德·哈罗尔德游记》第三章,它不仅进一步赋予作品以特定的哲理诗意因素,而且将作品置于一个亨特塞"伪诗意"标题所没有刻意追求的非音乐传统之中。最后,作品还被一个更大的跨乐章的音乐论争所困扰。确实,第四首 $^b$A 大调《泉水旁》也是水的音乐,但是,结构、所需技巧以及引用席勒《难民》的诗句却导向完全不同的标题结论。

那么,正如阿嘎乌(V. Kofi)所论述,从话题丰富的作品或性格小品集提取诸如情节之类的内容"源于完完全全的偏见:情节是具有历史头脑的分析者对作品某一方面潜在意义的卷入……那么,话题仅仅是起点,绝非全部。在一部作品的全部虚构语境中,即便是最明确的呈现也处于隐喻层面。因而,话题起着暗示作用,不是穷其所有"。①

在话题和性格作品的这种宏观审视下,牢记阿嘎乌的警醒,我们应该回到科赫的"标题音乐"词条,更加详细地探查其论述。尤其,余下乐

---

① Agawu, *Playing with Signs*, 34.

章将考察迪特斯多夫的"奥维德"交响曲和战斗音乐。一定程度上,前者代表一些最早的作品,这些作品运用话题,推动着标题音乐的诞生;而后者是标题音乐的一种亚体裁,能够综合和戏剧化话题丰富的性格小品,这也部分解释了它具有能幸存至 20 世纪的持久生命力的原因。

## 迪特斯多夫的"奥维德"交响曲

18 世纪下半叶最宏大的"性格作品集"来自奥地利作曲家迪特斯多夫,他的交响曲以奥维德(Ovid)《变形记》的场景为基础,考验了器乐客观描述和主观表达的能力。约 1781 年,迪特斯多夫开始从奥维德不朽的叙事诗中选取章节,以此创作单乐章作品(他称之为"断章"),并私下在一群西里西亚的仰慕者中首演。受到作品成功的鼓舞,迪特斯多夫将他的"奥维德断章"扩大为时新的四乐章交响曲。1781 年,在一份邮给维也纳出版商阿尔塔利亚(Artaria)的样张中,他承诺将创作 15 部此类交响曲,即 15 卷《变形记》每卷 1 部。但是,1786 年,当他造访这座"皇城"时,手头仅有前 12 部。作曲家在世时,只出版前 3 部。作曲家死后整整一个世纪,紧随此后的 3 部才面世。余下 6 部已遗失,只有第七、第九、第十二部在 2000 年出版了双钢琴缩谱。幸运的是,大部分由迪特斯多夫本人提供的补充文献使所有 15 部交响曲的诗意内容得以重建(表格 1.2)。

**表格 1.2　迪特斯多夫《"奥维德"交响曲》的题材**

| 交响曲 | 各乐章题材 | 奥维德《变形记》(卷、行) | 音乐特性 |
| --- | --- | --- | --- |
| Ⅰ. 人类的四大时代 | Ⅰ. 黄金<br>Ⅱ. 白银<br>Ⅲ. 黄铜<br><br>Ⅳ. 黑铁 | Ⅰ.89<br>Ⅰ.114—115<br>Ⅰ.125<br><br>Ⅰ.127 | 小广板,C,2/4<br>活泼的快板,C,c<br>优雅的小步舞曲—交替地—从头反复—尾声,a,3/4<br>急板,C,2/2—小快板,D,2/4 |

第一章　性格、话题与标题战场　17

（续　表）

| 交响曲 | 各乐章题材 | 奥维德《变形记》（卷、行） | 音乐特性 |
|---|---|---|---|
| Ⅱ.法厄同（Phaethon）的坠落 | Ⅰ.福波斯（Phoebus）的宫殿<br>Ⅱ.福波斯与法厄同的对话<br>Ⅲ.福波斯的懊悔<br>Ⅳ.法厄同的坠落 | Ⅱ.1<br>Ⅱ.41<br>Ⅱ.49<br>Ⅱ.311—313 | 不太慢的柔板,D,c—快板,D,3/4<br>行板,G,2/4<br>小步舞曲速度—交替地—从头反复—尾声,D,3/4<br>活泼的不太急的快板,b,2/2—小行板,D,3/4 |
| Ⅲ.阿克特翁（Actaeon）变形为牡鹿 | Ⅰ.行进的猎人们<br>Ⅱ.狄安娜（Diana）的林中小池<br>Ⅲ.阿克特翁的闯入<br>Ⅳ.猎狗袭击与吞食牡鹿 | Ⅲ.146—147<br>Ⅲ.163—164<br>Ⅲ.174<br>Ⅲ.250 | 快板,G,6/8<br>柔板（接近小快板）,D,c<br>小步舞曲速度,G,3/4—交替地,D,3/4—从头反复<br>活泼的,G,2/2 |
| Ⅳ.帕尔修斯救起安德罗墨达 | Ⅰ.等待启明星升起<br>Ⅱ.飞行的帕尔修斯<br>Ⅲ.被缚的安德罗墨达<br>Ⅳ.帕尔修斯战斗、胜利和欢庆 | （Ⅳ.664—665）<br>Ⅳ.667<br>（Ⅳ.675）<br>Ⅳ.736 | 不太慢的柔板,F,c<br>急板（活泼的）,F,3/4<br>小广板,f,3/4<br>活泼的,d,2/2—小步舞曲速度,F,3/4—交替地,C,3/4—从头反复—尾声 |
| Ⅴ.菲纽斯（Phineas）与朋友的石化 | Ⅰ.暴乱扰乱了婚宴<br>Ⅱ.吕卡巴斯（Lycibas）之死<br>Ⅲ.宁静的琉特琴之歌<br>Ⅳ.戈耳工（Gorgon）抬头与石化 | （Ⅴ.4）<br>Ⅴ.70—72<br>Ⅴ.112<br>Ⅴ.180 | 接近小快板的行板,D,2/4<br>很快的快板,b—D/d,3/4<br>稍快的快板,A,2/4<br>活泼的,D,2/2—小步舞曲速度,D,3/4 |

(续 表)

| 交响曲 | 各乐章题材 | 奥维德《变形记》(卷、行) | 音乐特性 |
|---|---|---|---|
| Ⅵ.乡民变青蛙 | Ⅰ.乡民的聚会<br>Ⅱ.与拉托那(Latona)争执<br>Ⅲ.乡民始终拒绝<br>Ⅳ.挣扎,变形为青蛙 | Ⅵ.344—345<br>(Ⅵ.348—)<br>(Ⅵ.361—)<br>(Ⅵ.366—) | 接近急板的小快板,A,2/2<br>不太慢的柔板,D,2/4<br>小步舞曲(中速),A,3/4—交替地,♯f,3/4—从头反复<br>柔板,a,3/8—活泼的,中速,a,2/2—柔板,a,3/8—活泼的,中速,a—A,2/2 |
| Ⅶ.伊阿宋(Jason)夺得金羊毛(钢琴缩谱) | Ⅰ.伊阿宋索要羊毛,美狄亚(Medea)的痴情<br>Ⅱ.美狄亚的温柔<br>Ⅲ.美狄亚向伊阿宋独白和他们的未来关系<br>Ⅳ.胜利返航 | Ⅶ.1—7<br>Ⅶ.7<br>Ⅶ.55—56<br>Ⅶ.157—158 | 不太慢的广板,C,3/4—快板,C,4/4<br>行板,F,2/4<br>小步舞曲,C,3/4—交替地—从头反复<br>恰空,C,3/4 |
| Ⅷ.墨伽拉(Megara)之围 | (遗失) | Ⅷ.1—80 | |
| Ⅸ.赫拉克勒斯(Hercules)成神(钢琴缩谱) | Ⅰ.朱诺(Juno)对赫拉克勒斯的憎恨,得伊阿尼拉(Deianira)的痛苦与猜忌<br>Ⅱ.得伊阿尼拉的沉思<br>Ⅲ.赫拉克勒斯穿上涅索斯(Nessus)的毒衣<br>Ⅳ.赫拉克勒斯的愤怒和牺牲-变形,成为天上星座 | Ⅸ.135<br>Ⅸ.142—143<br>Ⅸ.158—Ⅸ.273 | 活泼的快板,C,2/2<br>不太慢的柔板,c,3/8<br>小步舞曲速度-快板,C,3/4—交替地—返回小步舞曲<br>活泼的,a,3/8(四声部赋格)—柔板,A,c |

(续 表)

| 交响曲 | 各乐章题材 | 奥维德《变形记》(卷、行) | 音乐特性 |
|---|---|---|---|
| X. 俄耳甫斯(Orpheus)的冒险 | (遗失) | X. 1—85 | |
| XI. 潘(Pan)与阿波罗(Apollo)比赛时的弥达斯(Midas) | (遗失) | XI. 146—171 | |
| XII. 伊菲革涅亚(Iphigenia)的传说 | (遗失) | XII. 1—38 | |
| XIII. 埃阿斯(Ajax)与奥德修斯(Ulysses)为阿喀琉斯(Achilles)的武器而辩论(钢琴缩谱) | I. 埃阿斯的迁腐<br>II. 奥德修斯的雄辩<br>III. 奥德修斯获胜,埃阿斯不满<br>IV a. 埃阿斯愤怒、自杀、流血<br>IV b. 紫花开放 | XIII. 4—5<br>XIII. 135—138<br>XIII. 383<br>XIII. 385、392、394<br>XIII. 395 | 中速的快板,c,2/2<br>宣叙性的行板,F,c<br>行板咏叹调,F,2/4<br>小步舞曲,C,3/4—交替乐段,a,3/4—返回小步舞曲<br>很快的快板,f,3/4<br>不太慢的柔板,F,3/8 |
| XIV. 埃涅阿斯(Aeneas)与狄多(Dido) | (遗失) | XIV. 75—81 | |
| XV. 尤里乌斯·凯撒(Julius Ceasar) | (遗失) | XV. 745—842 | |

注:交响曲 1—6、7、9 和 13 没有括号的引文来自迪特斯多夫出版的"奥维德"交响曲总谱。交响曲 1—6 有括号的引文没有在总谱中出现,但取自迪特斯多夫 1781 年 8 月 18 呈给出版商阿尔塔利亚的样张中,重印于 John A. Rice,"New Light on Dittersdorf's Ovid Symphonies",*Studi musicali* 29,2 (2000):453—498, at 474—481。余者来自奥维德《变形记》的引文不那么确切,常有推测。

"奥维德"交响曲是一种艺术融合。直到19世纪50年代，李斯特提出交响诗的概念时，它才被再度尝试（参见第四章）。迪特斯多夫曾计划将交响曲配以音乐对应的《变形记》场景中篆刻的插图。对于《"奥维德"第四交响曲》的插图，他建议如下：

1. 海洋广阔无边。破晓，启明星闪耀。
2. 宽阔的海洋峭壁密布，空中的帕尔修斯（Peseus）跨着飞马、头戴钢盔、身披铠甲、手拿长矛、腰佩长剑、脚镶铁翼。
3. 安德罗墨达（Andromeda）被缚于海洋峭壁之上，帕尔修斯在其上空。
4. 同一场景，帕尔修斯刺穿一个龙形动物，围观者欢欣鼓舞。[1]

迪特斯多夫所省略的部分值得注意：它没有涉及帕尔修斯的英勇或安德罗墨达的焦虑，即没有涉及情感或情绪。相反，插图的作用更像是歌剧剧本。通过戏剧和器乐音乐的恰当混用，迪特斯多夫将奥维德的诗转化为无词的表达。

这个方面，《第四交响曲》提供了一个相当好的例证。帕尔修斯先杀死美杜莎（Gorgon Medusa），将阿特拉斯（Atlas）变形，后将献给海怪的安德罗墨达解救至一块岩石上。但是，第一乐章仅仅聚焦于海上徐徐升起的太阳，一直到第二乐章，没有任何角色露面。第一乐章中，迪特斯多夫频繁以动机和旋律层层铺陈音乐画面，形成两个不同的实体：宽阔的海洋和启明星。前者一开始就可听到，在低音弦乐固定音型的支撑下，第一小提琴通过五度音程升腾起一个优雅的旋律。作为一个主题，它足以构建一个令人满意的运动，从而使得m.13的双簧管独奏出现时，真正给人以意外之喜。两个主题拉开空间，"海洋"主题保持在中央C以上的一个八度内，"启明星"主题高一个八度。

---

[1] 译自德文原版John Rice, "New Light on Dittersdorf's Ovid Symphonies", *Studi musicali* 29, 2 (2000): 453—498, at 479—480。

m.29，副部主题成形。虽然它在 mm.50—67 的短小发展清晰可辨，m.117 作为小尾声的一个部分解决于双簧管演奏的"海洋"主题，但是，整个乐章缺乏奏鸣曲式的张力。确实，场景是自然的缩影，在帕尔修斯、安德罗墨达或者海怪出现之前，它仍然纯洁无瑕。

帕尔修斯出现了，前一乐章丰富的旋律让位于大量音阶式和波浪形的动机，这个设计可能是为了表现帕尔修斯的战斗。尽管乐章是奏鸣曲式，但段落清晰，呈示部(mm.57, 85, 98, 132)中至少有四个特征鲜明的乐思。在它们的丰富呈现之前，迪特斯多夫以引子(mm.1—56，谱例 1.2 的节选)营造了一个场景，诱使听众对帕尔修斯的期待感不断增强。小提琴以附点二分音符构建这一脉冲，其下，大提琴和低音提琴引入四分音符(m.17)和八分音符(m.25)。随着弦乐活力的增加，上方圆号和双簧管加入进来。m.33，四种不同节奏的乐思重叠，音乐聚集的潜能——从 m.21 开始，管弦乐规模也开始膨胀——喷薄而出。m.56，节奏的狂热在一个类似的 F 大调"主调终止"中获得消解。尽管这个人为的加速过程并非迪特斯多夫或者器乐性格作品所独有——一个著名的例子是 C.P.E.巴赫《D 大调交响曲》(Wq 183/1，1780 年问世)的开头——但它完全契合了交响曲的整个主旨。

第三乐章(开始部分参见谱例 1.3)显露了音乐对悲剧中"哀歌"悠久传统的深刻继承。"叹息"动机、下行四音音型、f 小调的远关系调、频繁强调弱拍，一起绘制出一幅安德罗墨达身体和精神受到双重折磨的景象。① 功能上，安德罗墨达是帕尔修斯爱的对象，是推动他杀死海怪的动力，但是，她的主要角色仍是自己种族的痛苦化身。因而，考虑到交响曲所追求的宏大规模，迪特斯多夫扩展笔触于她的苦难(本乐章演奏时值约占整个作品的四分之一)，可谓合情合理。

---

① 在一篇"奥维德"交响曲的综论中，卡比指出了行军、对话、田园和其他音乐事件，这使迪特斯多夫的作品集倾向于戏剧乃至歌剧。参见 F. E. Kirby, "Expression in Dittersdorf's Program Symphonies on Ovid 's 'Metamorphoses'", *Revista de musicología* 16，6 (1993)：3408—3418。

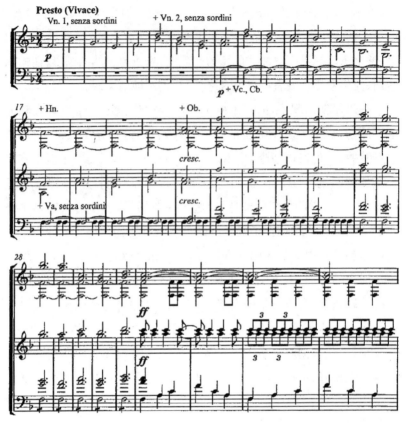

谱例 1.2　迪特斯多夫,《"奥维德"第四交响曲》,Ⅱ,mm. 1—36

谱例 1.3　迪特斯多夫,《"奥维德"第四交响曲》,Ⅲ,mm. 1—8

《第四交响曲》的偶数乐章可能始于单乐章的"断章",然后,将其改造为 18 世纪晚期已经大获成功的维也纳交响实践。但其他"奥维德"交响曲似乎相反,即开始于已有形式,如奏鸣——快板乐章、回旋曲式或者小步舞曲与三声中部。然后，为了更好地适应标题语境，修剪一些片段。比如，《"奥维德"第五交响曲》第一乐章。安德罗墨达与帕尔修斯的婚礼在国王克洛普的宫殿中举行，一群菲纽斯带领的武士打断了它。菲纽斯坚信，他的侄女安德罗墨达（和未婚夫）被绑架了。迪特斯多夫以回旋曲式（A B A C A D A）呈现婚礼，三个短小展开性段落性格鲜明，D 大调上的庄严主题则构成它们的支架。但是，谱例 1.4a 中，结构的完满和婚礼、客人的幸福被 m.96 两个高音小号的进入所威慑。（这个段落前，小号仅仅在 mm. 83—86 出现，可能是作为杀戮来临的预示）。不过，庆典虽被突然打断，但主题 A 的低音行进一直留存在整个交响曲中（谱例 1.4b 与 1.4c），它暗示了根植于奥维德式变形观念中强烈的多乐章叙事构思。

谱例 1.4a　迪特斯多夫，《"奥维德"第五交响曲》，Ⅰ，mm. 94—101

谱例 1.4b　迪特斯多夫，《"奥维德"第五交响曲》，Ⅱ，mm. 17—20

24　标题音乐

谱例1.4c　迪特斯多夫,《"奥维德"第五交响曲》, Ⅳ, mm. 54—57

作曲家迪特斯多夫拥有百余部非标题交响曲,生前极富盛名。但是,19世纪伊始,如果说他的音乐还没有被遗忘的话,也已陈旧过时。1799年,迪特斯多夫去世。然而,"奥维德"交响曲中,他改变和拓展结构常规和话题语汇的所有方式将远远超越其生命。此后一代作曲家中,柏辽兹《幻想交响曲》(参见第三章)尝试将贝多芬交响曲模式引入五乐章的设计,将奏鸣—快板乐章、舞曲、通谱体结构与特定环境如田园、军队、超自然等相融合,并始终遵循男主人公遇见爱人、失去爱人、最后在喧闹的末乐章重聚的时间轨迹。李斯特(参见第四章)则采用神话或神话化的题材,如俄耳甫斯、普罗米修斯、塔索,以创造兼具情感性与描述性的单乐章交响诗。19世纪70年代初,柏辽兹和李斯特的年轻同僚圣-桑(第九章)汲取奥维德的"法厄同"故事,尝试重新定义危机中的法国音乐。波厄(Ernst Boehe)1903年的《奥德修斯的旅行》具有后瓦格纳的音乐语言、李斯特式的英雄崇拜、施特劳斯的配器以及宏大规模(约90分钟),但在美学观念上,却与迪特斯多夫的"奥维德"作品相近。因为它们表现出相同的交响构建特征,并且,作曲家在总谱中提供了明确的文字注解:

Ⅰ. "起航与海难"(《奥德赛》,卷五):十年特洛伊战争后,奥德修斯(Odysseus)(谱例1.5a)和他的同伴们起航回家。正当思念妻子佩内洛普(Penelope)时,海神波塞冬(Poseidon)掀起狂风巨浪,打断了他的思绪,摧毁了他的船只。仅留下他一人,深陷困境。

Ⅱ. "喀耳刻之岛"(《奥德赛》,卷十):一个仙岛渐渐清晰,奥德修斯欣喜若狂。他被伪装的女巫喀耳刻(Circe)的美色所惑。当意识到自己的不忠后,他离开了喀耳刻。小岛渐渐从视野中消失,就像梦境一样。

Ⅲ."瑙西卡的哀叹"(《奥德赛》,卷六—卷九):奥德修斯离开斯刻里亚岛奔伊萨卡岛而去,其一举一动印在年轻的瑙西卡(Nausicaa)记忆中,她希望有一天也能找到像奥德修斯一样的丈夫。她的哀叹更加强烈,最后,消失在茫茫大海。

Ⅳ."奥德修斯归乡"(《奥德赛》,卷十三):奥德修斯的前行再次受阻。对佩内洛普的思念,以及愈发抵近伊萨卡,使他加倍赶路,并为路途顺利恳求上帝。祷告获得回报,一阵疾风袭来,送他回家。

如何将文学、音乐和美术融合为一个艺术与诗意表达的媒介,这一问题对作曲家造成的挑战一直持续到20世纪初期。确实,"奥维德"交响曲提供了有效的解决途径。作为最早的尝试者之一,迪特斯多夫值得赞誉。

谱例1.5a 波厄,《奥德修斯的旅行》,"奥德修斯"主题

谱例1.5b 波厄,《奥德修斯的旅行》,"佩内洛普"主题

## 音乐中的战争艺术(Ⅰ):历史战争

迪特斯多夫"奥维德"交响曲中的许多"动作"乐章实为略加伪装的战斗曲。这些乐章在形式和标题上时有创新,但是,音乐性格上,它们并没有为当时听众提供些许新意。确实,描述战斗的音乐历史至少可回溯至文艺复兴时期。比如作曲家雅内坎(Clément Janequin)《战争》和伯德(William Byrd)("战斗",十二段,出自《内维尔夫人曲集》)就是永久例证。然而,直至18世纪末期,此类器乐作品的标题范围才大幅扩展,美学地位大幅提高。毫无疑问,库瑙第一首《圣经奏鸣曲》重新创造了大卫与哥利亚的最后决战,但是,正如其他奏鸣曲一样,作为一种复杂的音乐释义类型,其设计严重依赖于路德教派的演说实践。因此,它不属于战争音乐的历史传统之内。[①] 同样,一个性格标题也不总是意味着它是战争音乐:迪特斯多夫约1771年的嬉游曲便有着令人误解的标题《人类情感的角逐》,它以八个独立乐章呈现主题事件,但作品并没有描写任何情感中的肉体搏斗。

无论如何,正如科赫《音乐百科全书》"标题音乐"词条中明确指出的那样,到18世纪晚期,历史战争已经广泛取代圣经、寓言题材的战斗。[②] 变更的催化剂包括法国大革命以及其后的拿破仑战争,它们在政治和意识形态上改变了整个欧洲,似乎也强化了这一体裁的商业甚至美学可行性。这些作品目的简单:就像拉吉耶(Johann Bernhard Logier)在《特拉法加战役》前言中所写,一部为军乐队所作的"恢弘性格作品"、一首表现某种情感和动作的"战斗音乐",如其所是,将我们运送到其所描绘的真正场景。[③] 非常幸运的是,这个时代

---

[①] 库瑙(Kuhnau)奏鸣曲主观、隐喻特征充分展现在他提供的序言中。
[②] Richard Will, *The Characteristic Symphony in the Age of Haydn and Beethoven* (Cambridge University Press, 2004), 299—303. 此书按题材分组,对18世纪和19世纪早期的标题性管弦作品进行编目。
[③] J. B. Logier, *The Battle of Trafalgar...Opus* 6 (Dublin: W. Power and Cos, n. d.), 1.

的作曲家受益于已有话题(如狩猎、田园和葬礼),以及一个共通的戏剧化叙事(即布阵、战斗、胜利与失败)。

这一时期的一个作品范例是捷克作曲家科契瓦拉(František Koczẇara,1730—1791)的《布拉格之战》。科契瓦拉细致入微地重现了1757年5月6日普鲁士与哈布斯堡之间的交战(表格1.3)。比如,"进攻"部分,单个与密集的炮火、呼啸的子弹、剑战、飞驰的战马、轻骑兵的前进、连击都标记在谱面上。科契瓦拉的音乐完全没有原创性,但大受欢迎。毫无疑问,其原因很大程度来自他对号角、部队进退、炮火和其他武器的大量指涉,使战争多维化与个性化。以炮火为例:科契瓦拉总是要求键盘演奏者左右手交叉演奏(谱例1.6),音乐态势巧妙地再现了炮弹的飞行弧度和它的落地爆炸。将表演者卷入作品戏剧效果之中,这一手段简单但有效——令人认为此类作品是为音乐沙龙而作,而非市政厅或音乐厅①——并被运用到威尔登(Peter Weldon)的"战斗与历史作品"《贝伦之战》(1808,西班牙与法国)、威尔姆斯(Johann Wilhelm Wilms)的《滑铁卢战役》(1815,反法联盟与拿破仑)、莫宁(Theodore Moelling)的《里士满之战》(1865,美国国内战争)等作品中。

谱例1.6 科契瓦拉,《布拉格之战》,"攻击",mm.9—12

---

① 19世纪的室内环境中,战斗音乐盛行,这或许可以联系到皮克尔(John M. Picker)所指出的"维多利亚时代自我意识在声音环境中的发展"。参见 Picker, *Victorian Soundscapes* (Oford University Press, 2003), 11。

**表格 1.3　科契瓦拉，《布拉格之战》，结构与事件**

- 慢速进行曲
- 广板
  - "命令"
  - "第一次信号弹"
  - "命令骑兵的号角"
  - "第一次信号弹的回应"
- 号角
- 快板。"进攻，普鲁士—帝国"
  - "大炮"
  - "呼啸的子弹"
  - "号角"
  - "剑战"/"战马飞驰"
  - "轻骑兵前进"
  - "密集炮火"
  - "炮火与将军的战鼓"
  - "连击"
  - "撤退的号角"
- 庄板。"伤员的痛哭"
- 胜利号角
- 愿主保佑国王
- 土耳其人的快速行进
- 终曲。(快板)—行板—回原速

　　1813 年 6 月 21 日，法国在西班牙维多利亚战争中失败，这不仅标志着威灵顿将军的重大战略胜利，而且是反法联盟击败拿破仑的决定性一步（几乎恰在两年后，拿破仑在滑铁卢遭到最后一击）。维也纳发明家梅泽尔（Johann Nepomuk Mälzel）认为，以音乐纪念重大历史事件将获得巨大成功。贝多芬深以为然，于是，他创作了配器丰富和浮夸的《威灵顿的胜利》或称为《维多利亚之战》。1813 年 12 月 8 日，贝多芬在慈善音乐会上指挥演出。4 天后，再次公演。作品分为两部分。第一部分中，敌对双方在战场上摆开阵势。英国以"保卫大不列颠"进行曲来辨识，法国则是"马尔堡去战斗"进行曲。每方以小号号角作预备，然后，战斗开始。贝多芬清楚地将每次炮弹发射标记在谱面上，音乐本身是一连串的铜管号角，伴随进行曲节奏和弦乐下行线条，主要通过减七和弦的音色来推动。随着战斗的深入，英军占据上风。第一部分"威灵顿的围攻"以法国失败结束，音乐上则将"马尔堡"主题在 #f 小调上处理为嘲讽式的葬礼性格——与开始代表拿破仑军队明亮、乐观的 C 大调已经大相径庭。

第二部分称为"战争交响曲"，四个乐章压缩在一起。第一段通篇在主调 D 大调上，可以说仅仅包含奏鸣快板乐章的再现部。随后，ᵇB 大调"优雅的行板"引入英国国歌"愿主保佑国王"的高贵演奏，不过，它被此前奏鸣快板乐章材料的完全重复所打断。小步舞曲段落是"愿主保佑国王"在 D 大调上的变奏。小赋格曲欢乐热闹，基于同一主题的尾声相当长大，它们完满结束交响曲。

贝多芬绝不是首位创作标题性战争音乐的作曲家，但"威灵顿的围攻"汇编了这种体裁的特征。19 世纪晚期，许多致力于描述战斗传奇的作曲家吸收和发展它。它包括：

- 以差异显著的旋律、节奏、配器等标识参战方，它们常来自民间、宗教或其他本土实践。
- 分别使用变奏和赋格象征转变和奋斗。
- 葬礼进行曲或其他具有纪念性质的艺术手法表示失败者，战斗性动机代表胜利者。
- 以叙述方式安排上述因素，要么改变已有曲式，要么采用通谱体，或者二者兼之。

贝多芬和他的支持者并没有认可这部应景作品的质量。但最终，它以管弦乐取代为独奏者或小型业余合奏而作的传统室内作品，极大地提升了此类体裁的艺术价值。可以肯定地说，余下的 19 世纪乃至更远，将继续创作为室内演奏而设计的战争音乐，但是，通过标题性表现形式，施波尔、李斯特、柴可夫斯基、施特劳斯、巴托克和德彪西的几部著名重奏和管弦乐作品挑战着 18 世纪与 19 世纪初战争音乐的室内旧态和历史纪念角色。考虑到19世纪交响曲与社群形成的潜在联系，这些作曲家利用战争交响曲的传统，以突显特定的意识形态和民族事项（实际上是重塑历史）就不足为怪了。

1832年，施波尔（Ludwig Spor）坚称，《第四交响曲》的真正演出要求观众熟知作品的诗歌来源，即法伊弗（Carl Pfeiffer）《声音的奉献》。这部作品有十三个诗节，清楚地勾勒出典型个体生命中"神圣声音"的普遍存在。开始段落（Ⅱ.1—24）探寻音乐隐喻为"自然语言"的悠久历史，下一段（Ⅱ.25—48）追踪它的家庭（摇篮曲）、社会（舞曲）、浪漫（小夜曲）运用。第三、四段（文字栏1.1）音乐呼唤人们武装起来，它是胜利者感恩上帝的媒介，也伴随逝者永远安息。法伊弗的诗歌意在提醒读者，无论人生在世，还是生前死后，音乐无处不在。

**文字栏1.1　法伊弗，"声音的奉献"，第三段（Ⅱ.49—64）与第四段（Ⅱ.65—80）**

但是，你也以热情的力量，
强烈斥责战争的暴乱。
你教导青年，蔑视生死，
无论何时，战争的号角一旦响起，
忧虑、恐惧和危险，
消失在胜利之声的背后。
炽热的目光转向前方，
只为额头那血染的桂枝。

鼓起勇气，奋不顾身
与号角和战歌启程。
获胜后，
你将唤回优美的和平之音。
然后，插上祈祷的翅膀，
用你的心，直抵永恒的上帝，
指挥胜利者的快乐合唱，
感恩战争之神。

神圣声音，你的安宁，
倦者日衰，永远相随。
当他离开世界
独自沉入墓穴，
为了所爱者的无声渴望，
你喃喃回应。
生者无不落泪，
死者永得安详。

神圣声音，
你是陌生故乡的美梦？
你是快乐世界的孩子？
送给我们和平的讯息。
哦！优美的声音，从未离开我！
告诉我世界的美好，
我可以想象我在你温暖的家中，
而不是身绊枷锁。

起初，施波尔想把法伊弗的诗歌写成一部康塔塔，但发现"这类风格的诗歌并不完全适宜"。进而，施波尔——第六、七和九交响曲探索了其他标题领域——在一部器乐作品"自然声音的谐和整体"①中建构法伊弗的诗歌，并享受这一挑战。确实，对于标题音乐的作曲家而言，法伊弗的诗歌似乎是一个"唾手可得"的果实。舒曼曾挖苦道："施波尔为音乐找到了一首赞歌，一首描述音乐神奇效果的诗。他用音乐描述诗人描述过的音乐，他用音乐赞扬音乐。"②更甚的是，诗歌分段似乎恰恰对应四乐章交响曲的典型主题内容：第一乐章，开始的浑浊动机强烈需要发展为人类存在前的自然谐和之音；第二乐章，缓慢、沉静、抒情；谐谑乐章强壮有力；末乐章反思了前面乐章。同时，就像作品完整标题："声音的奉献——法伊弗诗歌在交响曲结构中的一首性格音画"显示的那样，施波尔敏锐、恰如其分地维系着交响曲的体裁。

很大程度上，交响曲的第二部分集中于人工声音，与第一部分（即前两个乐章）的自然声音相对，从而构成了声音类别的丰富多样。实际，对于音乐而言，如果说法伊弗的诗歌确实意味着音乐赞歌的话，那么，施波尔显然误读了它，夸大了战斗及其后果。因而，《声音的奉献》奔腾的轨迹不是冲向末乐章，而是偏离至四乐章中最长、结构最多元的第三乐章。施波尔从法伊弗诗歌中抽出五个分离的事件，创造了第三乐章的结构框架：

1. 战争音乐
2. 战场冲锋
3. 离世者的情感

---

① *Louis Spohr's Autobiography*, trans. Unknown, 2 vols. (London: Longman, Green, Longman, Roberts, and Geen, 1865), II: 178.
② Robert Schumann, "Die Weihe der Töne…Symphonie von Spohr", *Neue Zeitschrift für Musik* 2, 16 (24 February 1835): 65—66, at 66. 总体而言，舒曼对施波尔交响曲的印象不深，但为了努力平衡杂志主张，他很快刊发了赛弗里德(Ignaz von Seyfried)的详细分析和正面赞誉，参见 *Neue Zeitschrift für Musik* 2, 27—28 (3 and 7 April 1835): 107—109, 111—112。

4. 胜利者的凯旋

5. 感恩祈祷

从 D 大调到 ♭B 大调的连接之后，第三乐章最后部分（mm. 332—377）开始了一段安布罗斯般的赞美诗"主啊，我们赞美你"，配器丰富多彩，令人想起巴赫（J. S. Bach）和帕赫贝尔（Johann Pachelbel）的众赞歌前奏曲。随着感恩赞美诗在恰当的宗教礼仪外衣中释放，施波尔的配乐确实增强了法伊弗诗歌的庄严。正如谱例 1.7 中所示，第四乐章出现的赞美诗对应主题，它既是众赞歌"让我们埋葬死者"的朴素呈现的一种烘托——m. 46，最终转变为一个弱起的六音主题，主要由属和声而不是主和声支持——也为交响曲添加了宽慰气息，削弱了法伊弗最后诗节中不断增强的乐观氛围。进而，通过拒绝给予死者一个真正的葬礼进行曲，第四乐章缺乏大部分早期战争音乐所传递的英雄性。似乎是为了强调战争本身，而非历史时期或参与者，第四乐章不可避免地遵循一个相同的悲剧轨迹——施波尔在标题文字中向观众描述为"含泪的慰藉"。

1855 年，当维也纳音乐批评家汉斯立克（Eduard Hanslick）听到此作品时，他抱怨说，第四乐章使施波尔成为"诗意标题不可救药的受害者……取而代之辉煌有力的高潮……我们完全笼罩在'屠弱无力'之中"。① 鉴于汉斯立克在 19 世纪 50 年代音乐美学论战（参见第五章）中的重要角色，他对标题音乐的恶意攻击可以预见，其期望仍然围绕于交响曲的狭义概念，即交响曲拒绝体裁混合，并遵循一个不言而喻的叙事模式——抗争到胜利。施波尔并不完全认同这一观点，他曾向后辈们声明，贝多芬《第五交响曲》——英雄交响原型的奠基之作——没有构成"一个经典的整体"，它的末乐章不过是"喧闹之声"。② 尽管施波尔《声音的奉献》没有跟随古典或浪漫早期的交响曲潮流，但它绝非远离历史逻辑。相反，它在交响曲结构与战争音乐

---

① Eduard Hanslick, *Aus dem Concert-Saal* (Vienna and Leipzig: Wilhelm Braumüller, 1897), Ⅰ: 83.

② *Louis Spohr's Autobiography*, Ⅰ: 213—214.

谱例1.7 施波尔,《第四交响曲》,第三乐章(mm. 337—342)和第四乐章(mm. 1—16,46—53)的动机变形

叙事的衔接上贡献颇丰(施波尔也作为小提琴演奏者参与到贝多芬指挥的《威灵顿的围攻》首演中)。因而,施波尔《声音的奉献》虽然具有大量战争音乐的标签——进行曲、众赞歌、哀歌,但它遵循了一个反交响的、交错的叙事轨迹,即音乐内容并不必然从抗争走向胜利。作为一种美学呈现和历史文献,它标志着重大事件的诗意策略和传统的反英雄的一个转折点。

## 音乐中的战争艺术(Ⅱ):"回击"

19世纪,随着欧洲势力伸至非洲北部、印度、中国、南美和全球其他地方,文化冲突问题在美术、文学、音乐领域重新浮现。有时,它的审视难以察觉,甚至可能是无意识的。正如圣-桑1880年创作的著名作品《阿尔及利亚组曲》(op.60)。作品包括四个乐章,每个乐章有一个标题性前言:

Ⅰ. 前奏,到达阿尔及尔。轮船甲板上,风浪翻滚,阿尔及尔的城市侧影出现了。各种声音混杂不堪,其中,"真主啊!穆罕默德"的呼喊声清晰可辨。随着最后一次颠簸,轮船抛锚靠岸。

Ⅱ. 摩尔狂想曲。老城中,咖啡馆不计其数。某馆,阿拉伯人纵情于他们的传统舞蹈之中。长笛声、雷贝琴、铃鼓,更添声色与狂乱。

Ⅲ. 卜利达的夜思。棕榈绿洲下,夜色芬芳。远方飘来一首浪漫歌曲和一支长笛的亲切叠唱。

Ⅳ. 法国军队进行曲。回到阿尔及尔。摩尔人的集市和咖啡馆风景如画,一支法国军队的快速脚步声传来,它的进行曲重音与东方奇异节奏、慵懒旋律相互映衬。

《阿尔及利亚组曲》并没有描述战争,但它像圣-桑早期为军乐队创作的《东方与西方》(op.25,1869)一样——"东方"音乐(m.136ff.)夹在"西方"音乐段落之间,结果很清楚:法国征服、吞噬、同化了本地居民和他们的文化。显然,圣-桑尊重摩尔人的音乐,他真诚地描述它——前三个乐章的旋律来自 1874 年在这个地区的旅行，并且痛惜它的消失。（圣-桑的《哈瓦涅斯》——为小提琴与管弦乐而作，op. 83，1887；《非洲》——钢琴与管弦乐幻想曲，1891；《埃及》——第五钢琴协奏曲，1896；显示他对东西方文化关系的兴趣并非一时兴起）。确实，《阿尔及利亚组曲》的内在叙事预示了圣-桑 30 余年后的一个观察结论，即一些"原始部落的武器和生活用具展现出非凡的风格，但他们在与现代文明的碰撞中消失了"。①

"原始部落"将如何呢？那些认为部分文化遗产将在殖民者手中消失的人们又将如何？他们会如何应对？在《威灵顿的围攻》中，贝多芬以同等地位呈现敌对双方，确保它们受到相同尊重。当作曲家讲述一个民族击退或屈服于侵略的故事时，贝多芬或科契瓦拉保持着战争音乐作品的叙事传统，但有两个重要变化：1）本土保卫者得到极大赞扬，2）侵略者被贬低、嘲弄和恶意模仿。这种方式在柴可夫斯基、巴托克和德彪西的重要战争音乐作品中可以看到。

柴可夫斯基《1812 序曲》创作于《阿尔及利亚组曲》的同一年，这部大型管弦乐作品重演了 1812 年的"卫国战争"。这年 9 月初，拿破仑在博罗季诺战役中遭到惨重打击。不足两个月，他便从莫斯科撤退。柴可夫斯基回避了历史的精确，转向思想意识：取代事件描述，序曲将俄罗斯人塑造为正义忠诚、坚持到底的家乡保卫者。柴可夫斯基给予这些同胞亲人以三条旋律，法国军队仅由《马赛曲》代表，从而在音乐本身被压制。这三条旋律为：

- 麦克米德夫（Nikolay Ivanovich Bakhmetev，1807—1891）创作的俄罗斯东正教圣咏《上帝！拯救你的众民》。
- 民歌《在爷爷的大门旁》。
- 1833—1917 年的沙俄国歌《上帝保佑沙皇》，由利沃夫

---

① Camille Saint-Saëns, "Art for Art's Sake (1913)", in *On Music and Musicians*, ed. And trans. Roger Nichols (Oxford University Press, 2008), 12—15, at 13.

(Alexei Fyodorovich，1799—1870)创作。

然而，比音乐的选用更重要的是它们的象征意义，三首作品以信仰上帝、团结一致和赤胆忠心阐明了俄罗斯人民如何击败入侵者。显然，《马赛曲》应该具有最后一个特性，但它在序曲中的四处窜现——除了第一乐句，从未发展——暗示了拿破仑军队跟随他们的领导者，但被毫无理由地肆意舍弃。如今，《1812 序曲》是广受欢迎的庆典作品，主要用于追求壮观的室外活动。20 世纪早期的几十年里，它已经失去戏剧和意识形态影响——十月革命之后，布尔什维克不再将其作为国歌。《马赛曲》也与自由思想、为人类权利而奋斗相联系，而不是法国敌军。① ——但是，1883 年的首演空前成功，它进一步强调了俄罗斯人民在雄心壮志的新沙皇亚历山大三世领导下发愤图强的形象。②

如同柴可夫斯基的序曲一样，巴托克(Béla Bartók)的《柯树特》(1903 年创作；1963 年问世)可以看作是一部历史战争的音乐作品，用以服务于当时的意识形态。但是，柴可夫斯基的作品中，胜利是一个可以预知的结果，而巴托克的交响诗，急迫和不安是标题中这位英雄的典型特征，他最终也未能击退入侵者。作曲家的祖国仍然受到维也纳的严密政治控制和更为强烈的文化影响，在此情况下，《柯树特》言明了——并尝试"修正"——与世纪之交匈牙利密切相关的许多问题，以及巴托克的自身经历和匈牙利作曲家的身份认同：

- 匈牙利对柯树特的重新评价。柯树特，1848—1849 年匈牙利革命的精神领袖。革命失败后，他遭到流放，但仍为民族独立奋斗终身。1867 年，奥匈协定签订，匈牙利取得实质但不完

---

① William H. Parsons, "Tchaikovsky, the Tsars, and the Tsarist National Anthem", in *Tchaikovsky and His Contemporaries: A Centennial Symposium*, ed. Alexander Mihailovic (Westport, CT: Greenwood Press, 1999), 227—233, at 231.
② 关于加冕仪式的情景与音响概况，参见 Richard Wortman, "The Coronation of Alexander Ⅲ", in *Tchaikovsky and His World*, ed. Leslie Kearney (Princeton University Press, 1988), 277—299。

全的独立。柯树特对此加以谴责。因而,1894年柯树特去世,当他的遗体运送回国时,人们对于如何评价其功过是非产生尖锐分歧。

- 匈牙利作曲家迫切需要创作具有"匈牙利"特质的大型声乐、器乐作品。
- 巴托克本人强烈希望成为此类作曲家,填补这种需要,尤其是在1903年多哈尼(Ernö Dohnányi)《d小调交响曲》①成功首演之后。
- 巴托克早已熟知李斯特的《匈牙利狂想曲》和交响诗《匈牙利》。近来,他又接触到理查德·施特劳斯的音诗,尤其是《英雄生涯》与《查拉图斯特拉如是说》。

巴托克把他的单乐章交响作品分为十个段落,柯树特(段1)、他的妻子(段2)、美好时光的回忆(段3—5)、呼吁匈牙利民族拿起武器(段6—7)、奥地利军队的抵近与随后的战斗(段8)、溃败(段9—10)。标题内容上,它从一个非常小的焦点逐渐扩大,即个体、个人奋斗、军队、他们的战斗,最后象征性地扩大至整个民族。本质上,《柯树特》仍属于科契瓦拉《布拉格之战》、柴可夫斯基《1812序曲》这类传统的战争交响曲。确实,巴托克保持前者的叙事框架——缩减了最后的胜利欢庆,并完善后者的典型特征(表格1.3)。旋律上,敌对双方迥然不同:颂歌《上帝保佑吾皇》代表奥地利,而柯树特及跟随他的匈牙利人以宽广激荡的旋律与伴奏为特征(谱例1.8)。后者音乐材料包括五度持续、短长重音、附点节奏、增四度音级的突出运用、即兴式装饰音、调式而不是调性转变、近两个八度的音域。简言之,就是19世纪早期以来欧洲音乐家编创的"匈牙利"特征。就像柴可夫斯基运用俄罗斯音调和处理《马赛曲》一样,巴托克保持柯树特旋律在整部交

---

① David Schneider, *Bartók, Hungary, and the Renewal of Tradition: Case Studies in the Intersection of Modernity and Nationality* (Berkeley and Los Angeles: University of California Press, 2006), 41—45.

响诗中的完好无损,将其英雄化。但,对于《上帝保佑吾皇》,他予以戏仿,剥离了海顿创作的这个宗教、民歌般曲调中的人性因素。

谱例1.8 巴托克,《柯树特》,mm.1—6

音乐上,这些区分敌我双方的手段并非原创,但他对各个音乐材料的处理却相当新颖。奥地利军队抵达时,他以赋格形式呈现《上帝保佑吾皇》(m.296ff);战争最激烈处,长号和大号将旋律增值,引吭高歌,就像一个"定旋律"(m.318ff)。这两个步骤成功营造出音乐空间感,也击碎了年轻的巴托克所反对的德奥音乐传统中心论。他的替代出现在葬礼进行曲中(段9),这里,段落1—5中的匈牙利主题再现,不再是晦涩复杂或者说巴洛克式的方式,而仅仅在 ABA'的结构中简单分层。就像谱例1.9显示的那样,葬礼进行曲的简洁形式使得巴托克不仅可以展现出柯树特主题的弹性变化(尽管主角已逝),而且还通过引用李斯特著名的《第二匈牙利狂想曲》,将政治与文化紧密结合起来。① 巴托克曾解释柯树特的失败:"匈牙利军队遭

---

① Scheider(*Bartók, Hungary and the Renewal of Tradition*, 53—55)说明了交响诗如何沿着典型的"匈牙利"狂想曲路径前行,第1—5部分功能上为慢速拉苏,第6—8部分为快速的弗里斯。然而,葬礼进行曲和第10部分的出现——巴托克在序言中称之为"无助的沉默"——是体裁的非典型现象。

到致命一击,匈牙利独立的希望破碎了——显然,永远破碎了。"①

谱例 1.9　巴托克,《柯树特》,mm. 454—461

---

① Béla Bartók, "*Kossuth* Symphonic Poem", in *Essays*, ed. Benjamin Suchoff (London: Faber & Faber, 1976), 399—403, at 399.

"显然"不是诉诸于政治激进分子,而是志同道合的艺术家。他们热情拥抱莫绍尼(Mihály Mosonyi)、李斯特、艾凯尔(Ferenc Erkel)、米哈洛维奇(Ödön Mihalovich)等作曲家的音乐,与西方断然决裂。确实,如果说《柯树特》释放出任何胜利信息的话,那就是匈牙利民族丰富的文化遗产有一天将颠覆它惨痛的政治命运。

事实上,它将促使人类历史中最具毁灭性和最恐怖的战争之一去瓦解奥匈帝国——同时包括普鲁士、俄罗斯和奥斯曼帝国——并让匈牙利拥有一段短暂的政治独立。第一次世界大战也见证了一批作曲家创作宣传性、爱国性、反思性和纪念性的音乐作品,它们的优秀程度甚至超过一个世纪前反映拿破仑战争的音乐,艾夫斯(Charles Ives)、斯特拉文斯基、勋伯格(Arnold Schoenberg)和拉威尔(Maurice Ravel)的许多作品就是著名例证。

体弱多病的德彪西(Claude Debussy)也位列其中,但创作流派和美学阵营的长久质疑使他的爱国主义作品不总是受到如是理解,甚至他的崇拜者也是如此。举例来说,1908年,他公开声明,他所信赖之物是法国音乐的一个持续威胁:

> 我从未明白,为什么所有学习音乐的人们与致力于原创性流派的国家要将音乐建立于德国基础之上。它将使法国深受其害、久难自拔。当我们回顾最初的法国作曲家诸如拉莫、库普兰、达坎(Daquin)及其同时代人,只能悔恨不已。他们原本可以成为一个伟大的流派,却被外国精神紧紧束缚。①

德国被视为纯粹的威胁,从这一观点跨越到真正的实践,几乎无须迈步。战争年代,德彪西加倍践行他的早期言论,坚定寻求"真正"的法国形式和表达方式。相应的作品从笔端流出——《英雄摇篮

---

① Richard Langham Smith, ed. and trans., *Debussy on Music* (New York: Alfred A. Knopf, 1977), 233.

曲》、钢琴前奏曲、歌曲《圣诞节里无家可归的孩子们》、为室内乐团而作的三首奏鸣曲——它们不断游走在适时与不适时、排他主义与世界主义之间。为双钢琴而作的《白键与黑键》就是此类作品,它包括的诗歌题文与第一次世界大战的经历相关:外部乐章表现后方,中间第二乐章将听众带到战争前线。第一乐章题献给库塞维斯基(Serge Koussevitzky),第三乐章题献给斯特拉文斯基,它们与所选的题文形成补充。比如,第二乐章题献给德彪西的朋友夏尔洛(Jacques Charlot)——"1915年3月3日被敌人所杀",而序言是维庸(François Villon)的叙事诗《抗击法国的敌人》的最后一节,这首15世纪的诗歌期许"祸害法兰西王国之人将下地狱"。①

1915年,正是德彪西创作《白键与黑键》这一年,其落款为"法国音乐家德彪西",以明确表达自己的民族自豪感。然而,对于维庸"锋芒毕露"的诗歌,他又小心谨慎。就像巴托克《柯树特》,敌人出现在乐曲约三分之二处(m. 79),通过对路德教众赞歌《上帝是我们坚固的堡垒》略加嘲弄式的模仿来实现。与《柯树特》不同的是,德彪西没有为同胞提供任何乐思,以抵抗前进的德国人;领导者未出现、没有援引国歌、没有标志性的民歌来压制那喧闹之声。他向出版商解释道:"乐章结尾,一个庄重的钟琴声响起,它就像《马赛曲》的预兆。"②这可能指谱例1.10中,首先在第二钢琴中出现的四小节旋律,后转至第一钢琴。这个短暂的主题在乐章中发展最少,暗示了它是德国赞美诗潜在的、但绝非明确的对立。就像威尔顿(Marianne Wheeldon)所言,这个引用确实在音乐与意义上突然中断,以致"荣耀之

---

① François Villon, *Peoms*, ed. and trans. David Georgi (Evanston, IL: Northewestern University Press, 2013), 208—211。此书包含了维庸最初的中世纪晚期的法国文本。
② 1915年7月22日写给迪朗(Jacques Durand)的信,参见 Claude Debussy, *Correspondance*, 1872—1918, ed. François Lesure *et al*. (Paris: Gallimard, 2005), 1910。德彪西注解的详细阐述,参见 Jonathan Dunsby, "The Poetry of Debussy's *En blanc et noir*", in *Analytical Strategies and Musical Interpretation: Essays on Nineteenth- and Twentieth-Century Music*, ed. Craig Ayrey and Mark Everist (Cambridge University Press, 1996), 149—168, esp. 163—165。

日"的命运停留在一种变化状态中。①

谱例 1.10　德彪西,《白键与黑键》,Ⅱ,mm. 161—173

作为一部战斗音乐作品,正是爱国、武力和葬礼因素的纵向并置,《白键与黑键》才显得自相矛盾。开头(谱例 1.11)似乎就错位了:它令人联想到法国墓地传统,但是在战争叙事语境中,于牺牲者死亡之前上演葬礼,这大大出乎传统之外。这一混乱情状后,德彪西不是呈现一个从斗争到胜利(或者失败)的叙事过程,而是引出战斗

---

① Marianne Wheeldon, *Debussy's Late Style* (Bloomington and Indianapolis: Indiana University Press, 2009), 52.

者,毫无缘由地将各自传统因素混合起来。德国赞美诗和法国国歌的出现远远迟于常规时间,甚至本身就不完整。钟琴声频繁吸引人的注意力,但又杂乱无章。一段田园旋律(m. 12ff 和谱例 1.10,mm. 170—173)意味着心理解脱,类似于《柯树特》或者大多数传统战争音乐作品中的胜利者狂欢。但是,它表达的似乎更像是逃逸时刻,而不是一个显在的场景。

谱例 1.11　德彪西,《白键与黑键》,Ⅱ,mm. 1—6

1915 年,法国军队还在寻找它的"发言权"。可以说,这真切地反映在德彪西各种平淡无奇的民间歌曲、消沉的战斗音乐和错位的情感状态中。最多,他只能表达希望,即如果战争态势转向法国,那么重构的《马赛曲》将把它的敌人导向维庸所相信的他们应有的命运。

对于听众而言,话题与性格是 18 世纪器乐音乐产生意义的重要手段,它们也继续在下一世纪中主宰音乐的创作与诠释。观众欢迎并重视"话题",贝多芬《第三交响曲》便是明证。1804 年夏秋,贝多芬将恢弘的《ᵇE 大调交响曲》呈现给维也纳的优秀听众们。但显然,听众让演奏者们"挠头":他们难以理解冗长的第一乐章、奇怪的葬礼进行曲乐章、极度活泼（且漫长）的谐谑曲乐章和基于贝多芬芭蕾舞剧《普罗米修斯的生民》一个主题的变奏曲末乐章。可能，正是这些评论导致 1806 年标题"英雄交响曲"的出现。①

实际上，《"英雄"交响曲》是众多作品之一——还有《"悲怆"钢琴奏鸣曲》和《"告别"钢琴奏鸣曲》、为小提琴和钢琴而作的《"春天"奏鸣曲》《"田园"交响曲》。这些作品中，贝多芬始终寻求新的表现手段，为听者提供音乐外的诠释线索。并且，大量作品的音乐话题潜入非常规的语境之中。比如，《庄严弥撒》"羔羊经"乐章中遥远的战争痕迹，或者《第九交响曲》末乐章中的"土耳其"进行曲。更广泛意义上，如此众多的话题与性格有利于助燃持续在另一个世纪的标题序曲、交响曲和多乐章器乐套曲的探索。②

---

① 参见 David Wyn Jones, *The Symphony in Beethoven's Vienna*（Cambridge University Press, 2006），173。此书也将《"英雄"交响曲》的早期历史作为一个关键文献置于贝多芬与埃贝尔（Anton Eberl, 1765—1807）相互竞争的语境之中，后者是维也纳本土作曲家，拥有广泛的崇拜者。

② 达尔豪斯提到，对于 19 世纪初的哲学家施莱格尔，"'性格'意味着异质而非普遍或典型，破例而非常规，'有趣'和'惊异'而非'高贵的单纯'，色彩斑斓而非严肃生硬"，参见 Carl Dahlhaus, *Nineteenth-Century Music*, trans. J. Bradford Robinson（Berkeley and Los Angeles：University of California Press, 1989），69—70。

# 第二章　表达、音乐描绘与音乐会序曲

　　18世纪下半叶,器乐音乐中的许多表达技巧首先在歌剧舞台上得到实验和认可,自然而然,歌剧序曲迅速成为大量标题创新的主要场所之一。1769年,"改革歌剧"《阿尔采斯特》总谱的著名前言中,格鲁克(Christoph Willibald Gluck)强调,"歌剧序曲应该向观众揭示它所代表的动作的本质,并构建其(可以称为)'逻辑'。①70余年后,瓦格纳(Ricard Wagner)明确指出了格鲁克之前与其后序曲的美学差异,前者各部分结构分离、表情单一,后者"将各个孤立的片段融合为一个不可分割的整体,它的发展由不同性格的动机对比来承担"。由此,多重性格的优秀歌剧序曲解决"(对立的)音乐主题间矛盾的方式类似于戏剧冲突的解决"。② 当然,最优秀的序曲还须更进一步,瓦格纳认为,它运用神秘指令重构和溶解即将上演的舞台作品,创造出一个自足、独立的器乐戏剧。尽管他挑选出了格鲁克之后

---

① 文献重述于 Giorgio Pestelli, *The Age of Mozart and Beethoven*, trans. Eric Cross (Cambridge University Press, 1982), 274—275, at 274。
② Richard Wagner, "On the Overture" (1841), in *Richard Wagner's Prose Works*, trans. William Ashton Ellis (London: K. Paul, Trench, Trübner, 1898), Ⅶ: 153—165, at 155。

歌剧序曲发展史中的许多著名例子,包括莫扎特(W. A. Mozart)、凯鲁比尼(Luigi Cherubini)、韦伯,但是对于他而言,戏剧性序曲的典范来自贝多芬。贝多芬的音乐会序曲不仅影响了瓦格纳歌剧序曲或前奏曲的创作,比如,《漂泊的荷兰人》《汤豪塞》《罗恩格林》,而且对其同时代的单乐章戏剧性或诗意序曲也影响深刻。

## 贝多芬与序曲

19世纪的第一个15年里,贝多芬的11部序曲,尤其是《科里奥兰》《艾格蒙特》和唯一一部歌剧《费德里奥》的序曲,极大地提升了这一体裁。正如表格2.1所示,严格意义上,它们覆盖了贝多芬的整个职业生涯——从第一时期的序曲《普罗米修斯的生民》到晚期那些相对平凡的小型管弦乐配乐作品。但是,贝多芬最受欢迎和最具影响的音乐会序曲写于1805至1810年间,即"英雄"时期。同时,除了《命名日》序曲外,其他所有序曲都与音乐戏剧——歌剧、戏剧、芭蕾舞剧——相关联。事实表明,贝多芬一生致力于将尽可能多的情感和戏剧力量融入到他的器乐作品之中。

沿着这些脉络,我们应当确立一个基准。可以说,这正是戏剧性平淡的《命名日》序曲用途之所在。作品于1825年问世,但早在10余年前,贝多芬就已将其完成。标题表明,它不仅仅是贝多芬"创作的",还是"诗化的"。这一特质显示,晚年贝多芬更倾向于音乐的诗意维度,而不是特定管弦作品的内容。确实,贝多芬将其视为一部戏剧性模棱两可或者说是开放性的作品,一部可用于"任何目的或音乐会"的序曲。这部管弦乐"展览品"的名字归因于奥地利皇帝弗朗茨一世(1804—1835),原神圣罗马帝国皇帝弗朗茨二世(1806年被拿破仑和他的大军摧毁。贝多芬计划于这位皇帝的命名日1814年10月4日首演,但未能如期完成。当我们在一场维也纳慈善音乐会的节目单上发现它时,已经过去了一年有余。

表格 2.1　贝多芬的序曲

| 标题 | 作品号 | 创作时间 | 相关题材 | 注 |
|---|---|---|---|---|
| 普罗米修斯的生民 | 43 | 1800—1801 | 维加诺(Viganò),"神话寓言芭蕾舞剧" | 序曲、引子、十六段舞曲 |
| 莱昂诺拉第二序曲 | 72a | 1805 | 松莱特纳(Sonnleithner)-贝多芬,《费德里奥》,1805 | |
| 莱昂诺拉第三序曲 | 72b | 1806 | 松莱特纳—布鲁宁(Breuning)—贝多芬,《费德里奥》,1806 | Op. 72a 的修订版 |
| 科里奥兰 | 62 | 1807 | 科林(Collin),《科里奥兰纳斯》,1802 | |
| 莱昂诺拉第一序曲 | 138 | 1808 | 松莱特纳等,《费德里奥》,1806 | 为布拉格首演而作,但演出取消。 |
| 爱格蒙特 | 84 | 1809—1810 | 歌德,《爱格蒙特》,1786 | 序曲及九段配乐 |
| 史蒂夫国王 | 117 | 1811 | 科策比(Kotzebue),《史蒂夫国王或匈牙利第一赞助人》 | 序曲及九段配乐 |
| 雅典的废墟 | 113 | 1811 | 科策比,《雅典的废墟》 | 序曲及十段配乐 |
| 费德里奥 | 72 | 1814 | 松莱特纳-布鲁宁-特赖奇克(Treitschke)-贝多芬,《费德里奥》,1814 | 与莱昂诺拉序曲没有联系 |
| 命名日 | 115 | 1814 | | 10月4日,弗朗茨国王的庆典 |
| 大厦落成典礼 | 124 | 1822 | 科策比,《雅典的废墟》,修改版 | 科策比的剧本,卡尔·迈斯尔(Carl Meisl)改编 |

序曲以三个不同主题为中心,第一主题(谱例 2.1)为其他两个主题提供了重要材料。比如,m. 18,大管首先遭遇下行三音音型。四小节后,第一小提琴予以详述。最后,它发展为第二主题(m. 71起)。同时,它的拱形轮廓又构成 m. 87 开始的抒情旋律的基础。6/8 拍、频繁的三度和声写作与有限的和声范围,这些"话题"给序曲植入恬然自若的音乐性格——可能是一次悠闲的狩猎或一个略具活力的田园场景——这其实与普通庆典(尤其是仿巴洛克的慢速引子)或现时娱乐相当吻合。

谱例 2.1　贝多芬,《命名日》序曲,mm. 17—21

同时,主题之间不产生冲突。它们很少分裂,也不重叠,出现与再现总是井然有序。

从结构角度,序曲《命名日》采用奏鸣曲式,这毫无疑问,也不意外。但,意外来自贝多芬给予展开部的有限空间。整个作品 335 小节,展开部仅约 35 小节。第一主题开始于 m. 107,G 大调。然后移至第二主题,这里负责作品更远关系的转调:A 大调(m. 129)、a 小调(m. 133)与 F 大调(m. 137)。m. 141,长大的属延长开始结束这一部分,直到熟悉的主要主题在 m. 165 出现。尽管贝多芬偶尔扩展连接部分,但整个再现部清晰、紧凑。尾声(m. 281 起)中,贝多芬运用了 m. 87 的第二主题材料,并以宏伟的第一主题再次陈述结束作品。不过,即便如此,整体上,《命名日》没有达到此前戏剧性序曲的强度。

然而，贝多芬为自己唯一一部歌剧《费德里奥》第一版创作的两部序曲(1805—1806)清楚地展现了他忧心于形式和内容之间的恰当平衡。歌剧改动了许多细枝末节，甚至包括第二版中三幕压缩为两幕，但它的主要叙事过程未变：弗罗雷斯坦(Florestan)被他的政敌西班牙典狱长皮扎罗(Pizarro)监禁，他的妻子莱昂诺拉(Leonore)实施了一个女人的营救行动。她假扮费德里奥(Fidelio)，获得了弗罗雷斯坦的看守员——罗科(Rocco)的助手一职，并设法追求罗科的女儿马塞丽娜(Marzelline)。谣传皮扎罗非法监禁囚犯，大臣费尔南多(Fernando)欲查证此事。皮扎罗获悉这一消息，决定杀死弗罗雷斯坦。戏剧性的最后一幕，假扮费德里奥的莱昂诺拉努力寻找弗罗雷斯坦，皮扎罗予以阻挠。费尔南多宣告驾临，皮扎罗试图逃跑，但被抓住。最后，弗罗雷斯坦获得自由，他们在重聚中欢庆。

歌剧的大部分戏剧张力围绕弗罗雷斯坦的命运进行，《莱昂诺拉》序曲亦然。它们都以弗罗雷斯坦《在我生命中的春日》主题作为戏剧基础，也就是歌剧最后一幕的开场咏叹调。弗罗雷斯坦在牢房中独自哀叹恐怖统治下的一个普遍境况（剧本所设计）：他"敢于直言真相，却被回馈以牢铐"。尽管处境恶劣，但他坚信上天的公正，并想起莱昂诺拉给予的安慰。

此时，弗罗雷斯坦的获救远没有确定。序曲中，贝多芬通过避免或大幅度延迟奏鸣曲式的各个部分来暗示这种不确定。《莱昂诺拉》第二序曲（最早创作）中，呈示部名义上是 C 大调，其前有一个和声不稳定的长大引子。m. 128 处，它被打断，开始转向 E 大调，并在 m. 156 彻底完成转调。这里，弗罗雷斯坦的主题被再次肯定。这个不寻常的转调与"英雄"时期的另一部作品《"华尔斯坦"奏鸣曲》(op. 53, 1803/4) 相仿。然而，与这部钢琴奏鸣曲不同的是，展开部冲向 c 小调，m. 392，它被一个 $^\flat$E 大调上的号角声打断，标示着费尔南多的来临。m. 426，弗罗雷斯坦的主题化身为 C 大调柔板，但它不是作为转向再现部的连接，而是将这个五声音阶的主要主题在十七小节后以急板速度爆发出来。除了 mm. 478—498(比较 m. 210),这个尾声完全遗忘了呈示部材料。

《莱昂诺拉》第二序曲再现部的缺失贴切反映出歌剧的叙事轨迹:费尔南多的出现最终导致弗罗雷斯坦的自由。贝多芬将《莱昂诺拉》第二序曲修改为第三序曲时运用了第二序曲的绝大部分主题材料,其构建的奏鸣曲式更为传统,但也更具辉煌的戏剧性。结构设计和主题安排上,引子(mm. 1—36)和呈示部(mm. 37—180)与第二序曲类似。然而,展开部强烈发展了属调,从而有利于 m. 378 再现部的进入。确实,第一主题与第二主题以主调出现在预期的结构点,但周围材料却试图摆脱 C 大调,比如 m. 390 向下属的移动或 m. 411 开始对 $^b$D 大调的坚持。但是,当主调在 m. 452 处明确建立,贝多芬便沉醉其中,几乎持续了两百余小节。对于瓦格纳,《莱昂诺拉》第三序曲——他称为"贝多芬的诗歌"——的戏剧性力量简直后无来者:它远非戏剧的一个音乐引入,甚至超过了随后断裂的动作,使戏剧更加完整和感人。这部作品不再是一个序曲,而是最有力量的戏剧自身。[①]

(其他两部为《费德里奥》所作的序曲,通过进一步脱离歌剧本身,继续深化《莱昂诺拉》第三序曲的修改轨迹。《莱昂诺拉》第一序曲中——19 世纪 70 年代才发现,1808 年为歌剧在布拉格的演出而作,但演出被取消,弗罗雷斯坦的主题限制在展开部,并且没有小号来预示他的获救。6 年后,《费德里奥》序曲没有运用歌剧中的任何主题材料,戏剧上更加独立。)

《科里奥兰》序曲创作于 1807 年早期,作为科林 1802 年五幕同名悲剧的前奏曲。作品中,戏剧统一性占据最突出位置。科林的《科里奥兰》与莎士比亚的《科里奥兰纳斯》一样,取材于普鲁塔克(Plutarch)的《对传》,讲述了罗马著名军事领袖科里奥兰纳斯(Gaius Marcius Coriolanus)复仇失败的故事。他计划摧毁罗马,但最后时刻,在母亲维杜妮娅(Veturia)、妻子伏伦妮娅(Volumnia)的劝说下停止行动。

---

[①] Wagner, "On the Overture", 156, 160.

科里奥兰纳斯自负、矛盾,甚至难以自拔。最终,自杀身亡。①

如果认为贝多芬《科里奥兰》序曲与科林戏剧一样简明扼要,这是过度解读,它是作曲家聚焦于科里奥兰性格而不是动作的结果。两个场景尤其贴切:第一幕第六场、第四幕第八场,它们都以科里奥兰与妻子、母亲的长段对话为典型特征。前者,科里奥兰忿忿不平于失去罗马公民的支持。在暗示他心理状态脆弱的混乱谩骂中,科里奥兰严厉斥责那些试图安慰自己的人,主要是最亲近的女人:

> 不用悲叹与哭泣!你们必须明白——
> 我是如何将它统一起来——结果又如何?
> 我曾是这里的公民;但现在不再是。
> 不再??——所有人都是见证者,上帝啊!
> 请你们说说——我应该独自冲破这一切吗!
> 他们抛弃了我,他们憎恨我!②

第四幕,科里奥兰计划采取行动,这意味着罗马的劫难。场景八,为了自己,也为了祖国,维杜妮娅和伏伦妮娅恳求科里奥兰看清自己的愚蠢之举。科里奥兰的母亲尤其痛苦,她被儿子与祖国的爱所撕裂:

> 拥抱我,儿子!让我的心
> 触摸你!你没有感到它的跳动吗?仍然
> 我爱你!——我不应该。你是祖国的敌人;
> 我应该恨你。
> ——但是,我爱你——母爱胜过一切!

---

① 科林与莎士比亚的故事版本在几处细节上不同。比如,莎士比亚的版本中,科里奥兰被合作者伏尔斯人杀死,而不是自杀。而且,科林给母亲和妻子的取名与普鲁塔克一致,而莎士比亚的戏剧中,科里奥兰的母亲名叫伏伦妮娅(Volumnia),妻子名叫维吉妮娅(Virgilia)。

② Heinrich Joseph von Collin, *Sämmtliche Werke* (Vienna: Anton Strauß, 1812), Ⅰ: 195.

> 原谅我,神啊!——哦,我是如此虚弱!
> 我仍然不能恨你!仍然不能!①

科林的戏剧在儿子动摇不定和母亲忠诚无比之间长久拉锯,贝多芬将其提炼为两个主题。表面上,彼此非常独立;毫无疑问,第一主题指向科里奥兰,与其说它是一个内在统一的主题,不如说是一些相互联系的动机拼接。这一主题包括:开始的沉思音符,它在两个八度的本能式跳进中爆发(mm. 1—3);一组不安的跳动,逐渐形成节拍错乱(mm. 15—20);一个连续的上方辅助动机(mm. 46—50),造成了属和声的不稳定(谱例 2.2)。科里奥兰的材料有时无处不在,有时倔强执拗,但总是不稳定——似乎正在努力阐明它们所体现的性格。

谱例 2.2　贝多芬,《科里奥兰》序曲,mm. 46—55,弦乐组

---

① Collin, *Sämmtliche Werke*,Ⅰ:268—269。

比较而言，整个序曲中，真正的旋律是一次完美的恳求（谱例2.2，mm.52—55）——可能是贝多芬最精美的旋律之一，和声明确、旋律抒情、节奏均衡、充满自信。应该说，这一材料反映了与维杜妮娅和伏伦妮娅相关的内容。因为它不仅出现在第二主题区域（"女性"主题区域，后面再论述），而且由温暖的音色依次言说。先圆号与弦乐，后为单簧管，再接长笛、双簧管与大管。当这条旋律将科里奥兰凶狠的半音动机重塑为更为舒缓的上方全音辅助进行，出现在乐句开始和结束时，前面材料的余痕也就言明了二者之间的一种同源关系。通过赋予 m.50 处小提琴 F 音以双重任务，即结束科里奥兰乐句和开始维杜妮娅乐句，从而衔接儿子与母亲之间的转折，凸显出对话感。紧随呈示部的不是典型的奏鸣曲式结构，而是科里奥兰三个动机与恳求主题之间的一系列对话。因此，这种戏剧类比非常恰当。也就是说，它是科林戏剧中儿子与母亲重要场景的一种音乐再创造。

mm.102—118，一次漫长和忙碌的转换稳固于 g 小调。它被贝多芬进一步在降号调方向发展，一直到 m.151。m.152，动机回到乐曲开始，但在"错误"的 f 小调中。实际，科里奥兰的任何材料都没有在主调上再现，仅仅 m.178 出现的恳求主题确立在 C 大调上。m.202，调式从大调转至小调，这一改变开启了将 c 小调确立为序曲真正主调的过程。意外的是，mm.102—151 的对话在 m.230 再次以 c 小调出现，虽然它在 m.240 被一个拿波里和弦的第一转位所打断。

一小节的戏剧性停顿后，m.244，恳求主题在 C 大调上第二次出现——虽然没有通常的引入。四小节后，它又屈从于 c 小调的压力。长久延迟之后，m.276，乐曲开始材料最终在正确的调性上出现。此时，科里奥兰的命运已盖棺定论：当他尝试提供更多自身材料时（谱例2.3），要么在节奏增值中分崩离析（大提琴），要么通过音程倒影背叛了他的记忆与和声功能（第一小提琴）。似乎，《科里奥兰》序曲以伏尔斯人领袖塔勒斯（Attus Tullus）在第五幕场景八所说的话结束："他最终安息了。"

谱例 2.3　贝多芬,《科里奥兰》序曲,mm. 296—314

《科里奥兰》序曲已经超越了它的引入使命。其戏剧广度与强度远胜《命名日》或《史蒂芬国王》序曲,它将科林戏剧材料的提炼到如此程度,使得随后发生的戏剧,即便不是多余,也有累赘之嫌。保守看来,相同情形真真切切地存在于贝多芬的下一部原创性序曲中,即基于歌德《爱格蒙特》的作品。1787 年,歌德创作这部戏剧。1809 年末到 1810 年初,贝多芬为其在维也纳宫廷剧院的上演谱写了序曲和九段配乐。故事发生在 16 世纪 60 年代的尼德兰,优秀将领、民族英雄爱格蒙特(Egmont)与他的民族处于西班牙的统治之下。当地的王子十分反感,违背了西班牙国王的命令,国王派出阿尔巴(Alba)领导的一支部队去围捕和处死当地领袖。其他的贵族逃跑了,爱格蒙特与他的族众尤其是他所爱的农民克雷尔(Klärchen)继续坚守。爱格蒙特被捕后,克雷尔试图获取市民的支持,实施营救。但是,同胞们在不断恐惧中选择明哲保身,她的努力白费了。无望之下,她服毒自杀,爱格蒙特被处死。

可以肯定,这是一个悲剧。但是,1810 年左右,从歌德这部戏剧

中释放的信息却是希望、勇敢与自由。第五幕场景四绞刑台前的长段独白中,爱格蒙特立场坚定:

> 前进,勇敢的人们!胜利之神带领着你们。大海冲破了你们筑就的堤岸,你们应该冲破和推翻暴政,淹没一切,将它从侵占的热土上抹去……我为自由、为我生活和奋斗的一切、为我如今不得不奉献的自身而死。①

结构上,《爱格蒙特》序曲是贝多芬最简洁明了的作品之一:慢速的引子共 24 小节,其后的呈示部包括两个迥异的主题(mm. 28, 83),分别为主调 f 小调和它的中音调 ♭A 大调。简短的展开部开始于 m. 116,集中展开了第一主题和 m. 37 处中提琴和大提琴演奏的一些连接材料,令人想起贝多芬《第五交响曲》的第一乐章。再现部遵循呈示部的过程,mm. 259—276 的连接段落则为充满活力的七十小节尾声作出铺垫。

不过,重要的异常之举仍然存在。最尖锐之处是 m. 225 第二主题再现时未回到主调 f 小调或 F 大调。可以肯定,琶音式的第一主题强调 ♭Ⅵ级调——贝多芬常常在他的小调作品中这样做——而且,这个特征推动了第二主题开拓下中音调性区域。音乐从未充分接受 F 作为主音,就像海波科斯基所指出的,这一决定"有意展示一个反常的调性路径,不解决的方式之一"。取而代之,调性解决发生在"奏鸣曲式主体之外,即(F 大调的)尾声"。② 标题上,考虑到爱格蒙特伯爵的牺牲只能在歌德戏剧的时间范围之外获取补偿。因此,将尾声作为第二主题调性潜能的真正解决,其解释完全合理。实际上,歌

---

① Johann Wolfgang von Goethe, *Egmont. A Tragedy*, trans. Michael Hamburger, in *Early Verse Drama and Prose Plays*, ed. Cyrus Hamlin and Frank Ryder (New York: Suhrkamp, 1988), 83—151, at 150.
② James Hepokoski, "Back and Forth from *Egmont*: Beethoven, Mozart, and the Non-resolving Recapitulation", *19th-Century Music* 25, 2—3 (2002): 127—154, at 133.

德以如下舞台提示结束戏剧:"鼓声。爱格蒙特走向卫兵,走向后出口,落幕;音乐响起,以胜利气氛(胜利交响曲)结束。"①(贝多芬戏剧配乐的结束乐章就是一个短小的《胜利交响曲》,其音符几乎原封不动地复制了这部序曲的尾声。)

然而,整个《爱格蒙特》序曲中,第二主题的轨迹变化多端。正如谱例 2.4 所见,m.2 的最初出现标志着它与贝多芬(歌德)同时代听众之间年代和风格的疏远:节奏 ♪♪♪ 勾勒出一个独一无二的地理坐标,同时,古老的 3/2 拍子通过僵硬的宏大建构将我们带回到过往时代。这两个特征明白无误地标志着主题为萨拉班德,一种西班牙和拉丁美洲的舞曲。它在 16 世纪中叶首次引起欧洲的关注,正是歌德戏剧故事发生的时期。因而,贝多芬以一个精心选择的主题创造出着装适时的西班牙国王的幽影。

谱例 2.4 贝多芬,《爱格蒙特》序曲,mm.1—9,缩谱 梅茨多尔夫(Richard Metzdorff)

当主题出现在奏鸣曲式主体部分时,它保持了庄严和坚定的性格。但是,m.90(谱例 2.5)第二次重复时和声走向混乱,即通过六

---

① Goethe, *Egmont*, 151.

个小节的共同努力，转向了 A 大调。虽然贝多芬以等音缓解不协和，但是主题的异质感、突兀感清晰可辨，显现出它无意融入周围的音乐、性格和结构织体。如果考虑到歌德整个戏剧中，西班牙的侵占始终未变，主题从未纳入贝多芬的发展之中就很好理解了。即便有，贝多芬也选择在$^bA$大调和$^bD$大调——f小调前后相距两个音级的调性——呈现，它是人们难以承受之窒息的形象刻画。

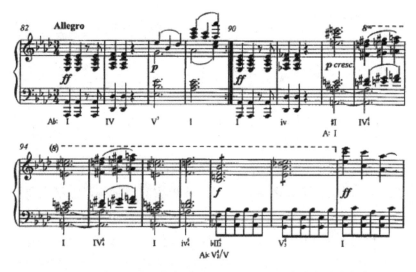

谱例 2.5　贝多芬，《爱格蒙特》序曲，mm. 82—100，缩谱　梅茨多尔夫

比较而言，引子 m.5，萨拉班德之后的悲切主题保持沉默，一直延续到尾声（谱例 2.6）。此前，它意在引起同情。这里，它充满情感的跳动在令人晕眩的狂暴中推动和声节奏走向胜利。毫无疑问，爱格蒙特是戏剧和奏鸣曲式本身的主角，但是最终，人们因他的牺牲而获得自由。因而，贝多芬以他们的声音结束序曲恰如其分。

除了《命名日》，贝多芬所有序曲都因戏剧作品的具体演出（不是纯粹阅读）而存在。于是，贝多芬试图在戏剧要求和交响曲传统之间寻求平衡；或者说，在剧院和音乐厅之间寻求平衡。就像《莱昂诺拉》和《爱格蒙特》序曲充分展示的那样，它们绝不是两个可以兼容的场所。前者作为《费德里奥》的序曲,贝多芬的数次修改和最后重写说明他着意于捕获歌剧精神,而不是繁芜累赘或全面详尽。同样,作为一部戏剧性音乐会作品,《爱格蒙特》序曲非常完美。但是,当它脱离歌德的悲剧和贝多芬创作的其他配乐时,许多戏剧因素就可能失去意义。然而,当序曲置于戏剧之前上演,尾声则有剧透之嫌。因为在大幕开启之前,剧末的男高音已被它泄露。

谱例 2.6　贝多芬,《爱格蒙特》序曲,mm. 307—310,缩谱 梅茨多尔夫

简言之,对于标题音乐发展,序曲与《第六交响曲》(论述参见第三章)一同展现了贝多芬重要但公然矛盾的贡献。正如洛克伍德(Lewis Lockwood)所言:"贝多芬不愿承认他对标题性的强烈兴趣,这是因为错误的历史判断在一定程度掩盖了他的真正信念……作为一个音乐诗人,他接受和运用音乐的力量去唤起名副其实、清晰可辨的外在指涉;作为一个纯粹的音乐家,他又欣喜于音乐以结构和表情力量强化其独立纯粹的诉求。"①

## 历程:莎士比亚的《哈姆雷特》

无须奇怪,著名作家、作曲家、批评家 E. T. A. 霍夫曼和后来的瓦格纳将《科里奥兰》序曲与莎士比亚的悲剧紧密联系起来。即便贝

---

① Lewis Lockwood, *Beethoven: the Music and the Life* (New York and London: W. W. Norton, 2003), 267—268.

多芬没有明确取材于莎士比亚,①但戏剧性序曲的范式和整个欧洲莎士比亚崇拜的日益狂热,也将确保随后一代莎士比亚式音乐作品源源不断地产生。确实,18 世纪下半叶,莎士比亚复兴是现象级的,并随着 19 世纪的流逝像滚雪球一样膨胀。故事的着力点在德国,受莱辛(Gotthold Ephraim Lessing)和赫尔德(Johann Gottfried Herder)的推荐所驱动,"狂飙突进"的作家们热情拥抱了这位英国剧作家,将其视为德国剧院摆脱法国风格统治的一种途径。18 世纪 60 年代前半期,维兰德(Christoph Martin Wieland)开始大量翻译莎士比亚的作品。10 年后,埃申堡(Johann Joachim Eschenburg)予以修订和增补。出于个人与剧院目的,诗人布格尔(Gottfried August Bürger)(《哈姆雷特》)、席勒(《麦克白》)和歌德(《罗密欧与朱丽叶》)等完成各自译文,编成一部作品集。分水岭发生在 1833 年,即歌德离世后一年,莎士比亚全集的"经典译文"最后一卷由施莱格尔(August Wilhelm Schlegel)、蒂克(Ludwig Tieck)、包狄辛(Wolf von Baudissin)翻译完成。因而,德国莎士比亚的经典化与贝多芬的神化同时发生,这在作曲家的有生之年有助于形成一个"莎士比亚·贝多芬"运动。②

法国的鼓吹声相对弱些,但莎士比亚同样魅力十足。1776—1783 年,图尔尼尔(Pierre Le Tourneur)20 卷译著问世。1821 年,历史学家和政治学家基佐(François Guizot)予以修订。雨果(Victor Hugo)《克伦威尔》(1827)的著名序言被誉为法国文学浪漫主义潮流的先导,文中,他罔顾年代地认为,莎士比亚是"现代的诗歌顶峰,莎士比亚就是戏剧,正是戏剧同时塑造出奇异和崇高、恐惧和荒诞、悲剧与喜剧——戏剧是诗歌第三时代、当今文学的突出特征"。③ 6 年

---

① 贝多芬几部作品与莎士比亚一些戏剧的联系并无事实根据,这些作品包括《"暴风雨"钢琴奏鸣曲》(op. 31, no. 2)、《"热情"钢琴奏鸣曲》(op. 57)和《"鬼魂"钢琴三重奏》(op. 70, no. 1)。

② Lawrence Kramer, "The Strange Case of Beethoven's *Coriolan*: Romantic Aesthetics, Modern Subjectivity, and the Cult of Shakespeare", *Musical Quarterly* 79, 2 (1995): 256—280, at 257.

③ Victor Hugo, *Dramas*, trans. George Burnham Ives (Boston: Little, Brown, and Company, 1909), Ⅲ: 16.

后,另一部戏剧《玛丽·都铎》的序言中,他特别强调了莎士比亚最突出的浪漫特征,从而进一步阐明了以下立场:

> 在他所有作品的中心,我们找到了崇高和真理的交汇点:这里,伟大和真谛融合在一起,艺术作品企及完美。莎士比亚就像安吉洛(Michael Angelo)一样,其诞生的意义似乎是为了解答有趣的问题,而问题的阐明又悖乎常理——如何在不断跨越自然边界的同时,保持自然之本真。莎士比亚夸大事情的幅度,但又在恰当关系中展示它们。诗人的无限能量是多么神奇啊!他创造的形象,如同生活中的我们,又比我们伟大。比如,哈姆雷特与生活中的我们一样真实,又远胜于我们。哈姆雷特异乎寻常,却真真切切。事实就是,他不是你,不是我,而是我们所有人。他不是一个人,而是人类。①

雨果的观点并非首创。约40年前,歌德在教育小说《威廉·迈斯特的学习时代》第四卷第十四章中已经总结了哈姆雷特的"实质"。威廉声称:"莎士比亚开始描绘……一种强加于心灵难以承担的沉重行为……他需要这种不可能——不是绝对意义上的不可能,而是对他而言的不可能。"②雨果的立场在他的同代人中相当普遍。浪漫主义作曲家(如柏辽兹和舒曼)对哈姆雷特的忧伤、沉思和倦怠感同身受,这不是因为它能指引复仇,而因为——具有讽刺意义的是——他们无法领悟如何紧随莎士比亚尤其是贝多芬来进行艺术创新。举例来说,舒曼19世纪30年代早期基于《哈姆雷特》开始创作一部歌剧,转而又迅速放弃,这就是生动证明。此后,他不愿触及莎士比亚,直

---

① Hugo, *Dramas*, Ⅲ: 423.
② Johann Wolfgang von Goethe, *Wilhelm Meister's Apprenticeship*, ed. and trans. Eric A. Blackall (New York: Suhrkamp, 1989), 146. 梅特涅时代,对于许多政治活动家,哈姆雷特是德国中立的一个象征,弗莱利格拉特(Ferdinand Freiligrath)的诗歌《哈姆雷特》充分、清晰地展露了这一点。

到1851年创作音乐会序曲《尤里乌斯·凯撒》(op. 128)。柏辽兹将几部大型作品奉献给莎士比亚的戏剧,包括序曲《李尔王》,尤其是《罗密欧和朱丽叶》交响曲(参见第三章)。然而,他与《哈姆雷特》的紧密联系表明,柏辽兹触及这部戏剧的方式相当有限。1844年,他创作《哈姆雷特最后一幕的葬礼进行曲》。乐曲以第五幕福丁布拉斯(Fortinbras)向哈姆雷特著名的告别("让四名将士把哈姆雷特像一个军人似地抬到台上")作为题词。同时,为了给予死去的哈姆雷特一个英雄般的最后告别,作品汲取莫扎特《安魂曲》、贝多芬《第三交响曲》与《第七交响曲》慢乐章、韦伯《自由射手》的因素。①

《哈姆雷特》4000余行,是莎士比亚最长的戏剧作品。应该说,它的标题主角也是剧作家笔下最复杂的主人公。因而,作曲家期望以音乐更全面地描绘哈姆雷特或《哈姆雷特》,就不得不做出艰难选择。当哈姆雷特一蹶不振时,他应该是一位存在主义者去强调那些著名的独白,还是成为一个操控一切的阴谋家呢?那些围绕哈姆雷特的人:奥菲莉娅(Ophelia),未来的妻子;霍雷肖(Horatio),密友;罗森格兰兹(Rosencrantz)和吉尔登斯顿(Guildenstern),喜剧角色;哪些该包括进去呢?在一个不折不扣的线性媒介中,"不作为"该如何传达?考虑到歌剧中的重要先例,奥菲莉娅的疯癫场景或者哈姆雷特与父亲鬼影之间的对话应该被突出?或者它们的涉入会降低器乐音乐的独立品格吗?如果重点关注结构的清晰,著名的戏中戏《捕鼠机》(Ⅲ.2)能否卷入,并不导致结构混乱感?最后,考虑到题材来源的盛名,根据瓦格纳,尝试创作比莎士比亚戏剧本身更完整、更感人的音乐是否明智?还是像柏辽兹那样,仅聚焦于悲剧的一小部分会更加安全呢?

通过发展和摆脱"后贝多芬"序曲的戏剧性与形式维度,19世纪50年代至60年代早期的三部大型管弦乐作品彰显出这些问题。第一部来自约阿希姆(Joseph Joachim)。19世纪50年代早期,他是魏

---

① 1852年,作品作为柏辽兹《伤感之歌》(op. 18)的第三乐章出版。

玛李斯特的追随者,后来,却变成这位前任教师最直言不讳的批评者之一(参见第五章)。约阿希姆的《哈姆雷特》序曲(op. 4)诞生于 1853 年,正是这位 22 岁的小提琴家开始与勃拉姆斯成为一生挚友的时候。同时,突出的音乐特征表明,它也留下了另一位著名教师门德尔松的印痕。然而,它与李斯特的联系显而易见(但绝非亦步亦趋),主要体现在传统交响形式方面。

引子(mm. 1—36)中,约阿希姆的宏大构建就显露无疑。通过两个三音动机——一个以自然音阶上行至小三度,另一个以调内装饰音下行而回——的逐渐生长和变形,宽广的 3/2 拍聚集起戏剧能量。前一动机为 m. 37 处激动的快板第一主题提供了开始部分。虽然这个主题明确在 d 小调上,但它的拿波里倾向似乎回应了国王克劳狄斯(Claudius)怀疑"哈姆雷特的变化,即无论外表上或是精神上,他已经和以前大不相同"(Ⅱ.2.5—7)。主题性格单纯,坚持不懈。音乐效果上,m. 79,约阿希姆不得不以一个戏剧性的休止将其打断,mm. 83—84 再次打断。此时,主题已移至 g 小调。但是,拿波里调性已经潜入呈示部的和声结构之中,在让位于 m. 114 处 F 大调的第二主题之前,它宣示了主题从 $^{b}$A 大调到 f 小调的过渡性质。

呈示部退去。m. 184,通过一系列 f 小调上的不稳定音响,展开部尽职尽责地发展第一主题。但是,展开部第二部分,约阿希姆倾向于展开引子材料而不是呈示部材料的兴趣非常清楚。确实,他把最好的创作才思留给这一部分及后面相似的段落。正如谱例 2.7 所示,其节拍运作堪比勃拉姆斯晚期的管弦乐作品。同时,它可能为李斯特 5 年后同名交响诗中埃尔西诺的丧钟提供了范型。

序曲其他部分见证了引子材料的"侵扰"。再现部被大量缩减,约八十小节,而四部分的尾声——包括 m. 339 铜管上的一个新主题——却重复一次。① 序曲各部分比重关系与贝多芬《英雄》交响

---

① 一个与此矛盾的结构分析,参见 Jane Vial Jaffe, "Eduard Marxsen and Johannes Brahms" (PhD diss., University of Chicago, 2009), 294—301。

曲》长大的第一乐章相似。但是，与先辈不同，约阿希姆从未满足结构上的期待。相反，序曲设计指向一种新的风格路向，它源自约阿希姆面对李斯特、勃拉姆斯时的作曲困境，以及莎士比亚独一无二的题材。①

谱例 2.7　约阿希姆，《哈姆雷特》，mm. 205—208

如果说约阿希姆力求以传统音乐结构适应莎士比亚戏剧的话，那么李斯特则是试图为莎士比亚戏剧的舞台演出找到一种特定方式。李斯特的《哈姆雷特》创作之时，正值他与道尔森（Bogumil Dawison）交好之际。这位波兰籍演员在德国开创事业，他赋予莎士比亚主角一种情感夸张的戏剧风格。这一方式涌现于世纪初期，它积极采用夸张手法以提高戏剧表现力，从而取代歌德、席勒和许多早期浪漫主义者所信奉的流派，并继续成为德国戏剧中心——李斯特的魏玛舞台上的主导风格。尽管道尔森的批评者抱怨，过度演绎缩小了角色的情感幅度，但李斯特深受触动。确实，1857—1860年间，道尔森和女演员泽巴赫（Marie Seebach）的夸张表演可能激发李斯特为朗诵与钢琴创作了四部音乐剧——其中一部基于布格尔的《莱

---

① 舒曼对这部序曲的支持证据出现在1853年6月8日他写给约阿希姆的信中，参见 Andreas Moser, *Joseph Joachim*: *Ein Lebensbild* (Berlin: B. Behr's Verlag, 1898), 114—116. 非常明显的是，50年代末，约阿希姆停止作曲，直至1900年左右，才再次偶尔为之。

诺勒》,后来,这首叙事诗还孕育了拉夫和杜帕克(Henri Duparc)的管弦乐作品——并以完完全全的器乐作品捕获道尔森《哈姆雷特》的夸张呈现。

1856年初,李斯特与道尔森私下会面。此后,浮现在李斯特心中的哈姆雷特形象已经与德国戏剧的世代传统相悖:"(道尔森)不认为(哈姆雷特)是一个重压之下崩溃、虚度年华的梦想者(就像歌德《威廉·迈斯特》中所描述那样)……而是智慧过人、富于进取的王子。他有崇高的政治抱负,在等待合适的时机去复仇,并实现自己的雄心壮志。"实际上,道尔森的哈姆雷特形象以一种更加根本的方式冲击着李斯特:"他是一个伟大的艺术家,其艺术才华与我类似。他在重塑中创造。"①

起初,《哈姆雷特》被视为"莎士比亚戏剧的前奏曲",它是李斯特最具戏剧性的交响诗。交替和弦开始于 m.26,功能上,它是一种舞台下的音乐,可能指鬼魂出现前埃尔西诺的钟声。m.50 始,鬼魂最终显形,李斯特以"超自然话题"吸取夸张的戏剧传统,指示大提琴和低音提琴演奏"非常浓密和怪诞的"震音,形成一股半音巨流。弦乐"讽刺地"回应奥菲莉娅的首次出现(m.176), m.295 管弦乐队开始以同节奏撞击,它们形象地指出了弥散在第三、第五幕的凶杀。

按照道尔森的指引,李斯特的哈姆雷特遵循一个关键性的动作过程,"拿起武器勇对无涯的苦难,通过抗争把它们根除"(Ⅲ.1.59—60)。mm.1—3 曲折的"生存还是毁灭"主题(与施莱格尔的德文翻译"Sein oder Nichtsein"相当吻合)被"鬼魂"赋予了叙事方向和变形潜能。哈姆雷特的决心在 m.75"极其热情、激动的快板"和果断转向 b 小调开始坚定起来,并在 m.105 粗暴凶猛、坚持不懈的进行曲中达到它的典型形态(谱例2.8)。m.160 和 m.218 之间,它与奥菲莉娅的两次交换既强化了哈姆雷特决心,又降低了奥菲莉娅的角色

---

① 1856年1月18的信件,参见 Pauline Pocknell, ed., *Franz Liszt and Agnes Streetklingworth: A Correspondence*, 1854—1886 (Stuyvesant, NY: Pendragon Press, 2000), 81—82。

高度。此后，在一系列短兵相接中，他向真正的和想象的敌人实施复仇。直到 m. 339，哈姆雷特的死亡和葬礼开始，和声与主题才稳定下来。开头"生存还是毁灭"主题的缩减再现继续着他的独白，并将哈姆雷特拒之门外："死了；睡着了；什么都完了；要是在这一种睡眠之中，我们心头的创痛，以及其他无数血肉之躯所不能避免的打击，都可以从此消失，那正是我们求之不得的结局。"（Ⅲ.1.60—63）

谱例2.8　李斯特，《哈姆雷特》，"生存还是毁灭"主题的"战斗"变形，mm. 105—108，缩谱　斯特拉达尔（August Stradal）

盖德1816年的《哈姆雷特》序曲（op. 37）既以葬礼进行曲开始，又以它结束。如此决定赋予了结构与标题相当深远的意涵，就像贝多芬的《爱格蒙特》序曲，盖德所暗示的事件似乎已经超出了戏剧本身。引子分为两大部分：第一部分，mm. 1—16，弦乐主导的葬礼进行曲，稳固在 c 小调上；第二部分，mm. 16—43，以一个皇家主题为特征，它在 ♭D 大调伴奏的分声部弦乐震音上由铜管和低音木管演奏（谱例2.9）。引子中，盖德的"话题"暗指戏剧的两个事件（后者是前者的证明）：哈姆雷特父亲的死亡；他的鬼魂在霍雷肖（Ⅰ.1）和士兵或者更可能地在哈姆雷特面前（Ⅰ.4—5）的出现。确实，鬼魂指引哈姆雷特去"为他遭受的邪恶、最悖乎伦常的谋杀"复仇（Ⅱ.5.25），正是这一控诉推动哈姆雷特此后大部分决定和行动。尽管奏鸣曲式主体部分中哈姆雷特主题明显回到了 c 小调的葬礼调性，但是鬼魂对他的驱使以及与他的联系仍由呈示部引子中鬼魂旋律和第一主题（mm. 48, 58）之间的动机关联所显现。

谱例 2.9 盖德,《哈姆雷特》序曲,mm. 20—21

奏鸣曲式的结构一目了然。但是,第二主题的调性设计指示出它们的和声错位:呈示部,它是 ♭A 大调。再现部,盖德则选择 ♭E 大调。因而,为满足奏鸣曲式的调性要求,盖德在尾声一开始就反复强调主调 c 小调。但是,以大致相同的方式,在转向 c 小调的连接时,它被一个 B 大调的插段突然阻断(谱例 2.10),这个 c 小调的攻击被 ♭D 大调的鬼魂音乐击退。mm. 381—392,c 小调尝试最后一次复现。但是,它在属和声上的不解决意味着尾声对主调的恢复仅仅取

谱例 2.10 盖德,《哈姆雷特》序曲,mm. 211—232

得部分成功。哈姆雷特的不作为保持到苦涩的结束,留下葬礼进行曲——作为第二尾声——提供叙事和结构上的解决。换言之,为了强调哈姆雷特不折不扣的传统观念,盖德的《哈姆雷特》在结构上锐意创新。

## A. B. 马克斯、门德尔松和音乐描绘

从麦克道威尔(Edward MacDowell)(1884)、柴可夫斯基(Pyotr Ilyich Tchaikovsky)(1888)和塔涅耶夫(Aleksandr Taneyev)(1906)创作的著名序曲和相关体裁来看,《哈姆雷特》对于许多作曲家而言仍然是一大挑战。然而,莎士比亚喜剧引发的大量器乐作品可谓经久不衰。其中,最著名的莫过于门德尔松的序曲《仲夏夜之梦》。作品完成于1826年8月6日,此时,作曲家年仅17岁,贝多芬仍然在世,它标志着歌剧或戏剧序曲向独立的标题性音乐会序曲转折的重要时刻。确实,在作品完成之前,门德尔松承认这一计划"极其大胆"。就像格雷(Thomas Grey)所解释的那样:

> 为戏剧作品的上演创作一部序曲,这没有必要,甚至不是其主要目的。通过音乐自身,传达戏剧本质,并将其具体化或典型化,门德尔松正在为音乐的能力提出更加直截了当的要求。如果聆听一部戏剧作品的序曲,而随后没有观看这部戏剧,那么,显然,序曲已经具有一种戏剧作品的替代地位,一种不仅仅言及戏剧或作为戏剧前言的能力。甚至,某种意义上,它已经为之代言。①

---

① Thomas Grey, "The Orchestral Music", in *The Mendelssohn Companion*, ed. Douglass Seaton (Westport, CT: Greewood Press, 2001), 395—550, at 461.

序曲《仲夏夜之梦》成功代言了莎士比亚的喜剧,这部分源于作品在一个巨大框架内,不仅处理好了大量变化的关系,而且予以发展。因而,呈示部陈述了五个独特主题,每一个主题与一个具体角色或一组角色相联系:①

1. 精灵们,包括仙王奥布朗(Oberon)和仙后提泰妮娅(Titania)(m.8)。
2. 雅典宫廷,包括雅典公爵忒修斯(Theseus)和阿玛宗女王希波吕忒(Hippolyta)(m.62)。
3. 两对恋人:狄米特律斯(Demetrius)和海伦娜(Helena),拉山德(Lysander)和赫米娅(Hermia)(m.138)。
4. 波顿(Nick Bottom):一位愚蠢的织工,迫克(Puck)欺骗他戴上了驴头(m.198)。
5. 皇家夫妇的狩猎聚会(m.238)。

为了赋予这些角色尽可能多的个性,门德尔松扩展了管弦乐队的音色板。比如,精灵音乐,它节奏方整,旋律局限于一个八度以内,但是,细分的小提琴演奏飞速的断音段落,力度极弱,速度快得令人难以喘息,从而使音乐闪烁、轻盈。相反,雅典宫廷首次汇聚整个管弦乐队,其庄严宏伟彰显于一组铜管和定音鼓。同样,门德尔松运用类似的配器表现皇家狩猎聚会。波顿的滑稽主题采用拟声手法,一个陡然的大九度跳进(再现部音程更大)结合小提琴的连奏、断音和重音完美捕获了驴叫声(谱例2.11)。

然而,在旋律和音色变化之中,一个动机将整个序曲捆绑在一起:E—$^\sharp$D/$^\sharp$D—$^\sharp$C/$^\sharp$C—B,一个下行线条,孕育于序曲著名的前四个和弦中。序曲的主题联系依赖于这个动机,从标题角度,它代表

---

① 改自 R. Larry Todd, *Mendelssohn: A Life in Music* (Oxford University Press, 2003), 162—163。

了莎士比亚作品的戏剧范围;从技术方面,门德尔松的主题过程揭示了他对贝多芬的深刻继承。

谱例 2.11　门德尔松,《仲夏夜之梦》序曲,mm.198—201

比如,雅典宫廷主题的最后呈现(谱例 2.12)与贝多芬《科里奥兰》序曲(谱例 2.3)中的主题简化技术相同。然而,其效果却大相径庭:随着奥布朗、提泰妮娅和队伍的离开,门德尔松遵循了迫克的提示"这种种幻景的显现,不过是梦中的妄念;这一段无聊的情节,真同诞梦一样无力"(V.ii.58—61)。相应地,序曲以作品开始四个和弦略作变化的重新配器结束。梦随之消失。

谱例 2.12　门德尔松,《仲夏夜之梦》序曲,mm.663—682

《仲夏夜之梦》是门德尔松 1847 年过早去世前约 12 首序曲中的第一首。这些作品中,最重要的标题作品构思或起草于约 1833 年,正值他离开 1811 年以来的居住之地——柏林,获得杜塞尔多夫音乐指导职位之时。近来,他的柏林同僚 A. B. 马克斯(A. B. Marx)已在积极传播标题音乐的新观念,伴随着贝多芬的"幽影",门德尔松此时的序曲也从中受益。

A. B. 马克斯是门德尔松 19 世纪 20 年代晚期最重要的音乐知己之一，应该说，仅次于他的姐姐芬妮（Fanny Mendelssohn）。1824（这一年，贝多芬《第九交响曲》创作完成）至 1830 年主笔《柏林大众音乐报》期间，A. B. 马克斯热情直言德国音乐的危机状况。作为主编，他积极推崇贝多芬，严厉批评罗西尼。以 A. B. 马克斯之见，罗西尼的歌剧扼杀了德国的新旧音乐。门德尔松的器乐作品与贝多芬具有深厚的亲缘关系，①向 J. S. 巴赫展示了真正的崇敬，避免了德国同代人如施波尔或胡梅尔（Johann Nepomuk Hummel）的华丽恢弘和外在肤浅。因而，在这方面，他与门德尔松结成坚实同盟。

1839 年，门德尔松与 A. B. 马克斯就后者的清唱剧《摩西》发生争吵。尽管如此，A. B. 马克斯对于门德尔松的标题性作品助益颇多。后来，他把门德尔松许多著名细节的建议归功于己，如《仲夏夜之梦》中波顿的驴叫。但显然，他最重要的贡献是出版于 1828 年的著作《论音乐描绘》。A. B. 马克斯认为自己不是一个固步自封的艺术批评家，而是一位重要的现代艺术家。他认为，每一个时代的所有著名艺术家都在描绘："海顿、贝多芬、理智的赖夏特（Johann Friedrich Reichardt）、韦伯，在他们的鼎盛时期，在他们最精美和最重要的作品中，莫不如此。"②文中，A. B. 马克斯没有处处运用"标题"一词描述作曲家采用的手段；相反，他强调，他们运用一个重要观念或思想去反映音乐-诗意过程下不断变化的精神状况。在 A. B. 马克斯看来，海顿、莫扎特，尤其是贝多芬，他们对器乐音乐的不断完善逐渐导向了一种"人性复归"，它带来一个没有歌词的诗意音乐的

---

① 19 世纪 20 年代，门德尔松是延续贝多芬最新作曲实验的少数作曲家之一。1826 年 3 月，创作《E 大调钢琴奏鸣曲》（op. 6），模仿自贝多芬的钢琴奏鸣曲 op. 101 和 op. 110；一年后，创作《a 小调弦乐四重奏》（op. 13）。后者不仅从贝多芬晚期弦乐四重奏中获得启发，而且还吸收了门德尔松自己的艺术歌曲《问题》的旋律素材，这也挑战了弦乐四重奏作为抽象、自足音乐体裁的悠久传统。

② Adolf Bernhard Marx, *Ueber Malerei in der Tonkunst* (Berlin: G. Finckelschen Buchhandlung, 1828), 24.

最新时代——这一时代的代表就是 19 岁的门德尔松：

> 海顿为器乐注入了人类心中的欢乐，莫扎特给予其感性。贝多芬为了与自然独处，完全离开了人类社会……但是，处于标题潮流的歌曲中，他没有足够的勇气彻底抛弃诗人（和他的歌词）。然而，他的追随者之一，门德尔松在《寂静的海和幸福的航行》中没有运用歌德的歌词，将这一观念完善。①

可以肯定，门德尔松 1826 年的《仲夏夜之梦》为 A. B. 马克斯的标题观念提供了绝佳范本。然而，1828 年 5 月，他预言《寂静的海和幸福的航行》的地位时，作品才刚进入草稿阶段。显然，这位批评家需要冒风险。② A. B. 马克斯的论文是否激励着门德尔松去完成这部作品，已无从知晓。但是，一个月后，芬妮的信中显示，门德尔松正在创作一部作品，其结构遵照两首不同但相互联系的诗歌。它们来自歌德，由席勒出版于 1795 年（此后，它们常常同时出现。舒伯特［Franz Schubert］1815 年为独唱和钢琴而作的《风平浪静》，D. 216，令人昏昏欲睡，这是个著名例外）。1832 年 12 月 1 日，作品在柏林公演，获得肯定评价。但门德尔松继续修改总谱，直到 1834 年布赖特科普夫/哈特尔公司（Breitkopf & Härtel）出版。

歌德第一首诗描述一位水手受困于死一般寂静的海水中，经历了令人绝望的孤独——这是蒸汽机时代之前熟悉的场景；第二首诗描写风起与返航：

---

① Marx, *Ueber Malerei in der Tonkunst*, 59—60；译文有所改动和扩充，来自 Judith Silber Ballan, "Marxian Programmatic Music: A Stage in Mendelssohn's Musical Development", in *Mendelssohn Studies*, ed. R. Larry Todd (Cambridge University Press, 1992), 149—161, at 159。
② 这里的标题是一个习惯名称，更准确的翻译应该是"寂静的海与幸运的航行"。

**海的宁静**

水上是深沉的静,
海安躺着,纹丝不动
水手忧心忡忡,愁对
周围的波平如镜。
四通八方没有一丝来风!
死一般闷人的静!
在望穿眼的远处,
也没有波浪一痕。

**快乐的航行**

雾气消散尽,
天色廓然清,
风神解开了
担心的枷锁。
惠风习习、
舟子欣欣,
疾驰!疾驰!
浪花两边分,
远景觅人来,
对岸已在眼前。①

每一首诗探究了水手的一种极端心理情状,一起阅读产生一个叙事过程,它与19世纪早期大量器乐音乐所承载"神话—英雄"②的典型历程(贝多芬中期或英雄时期的《第三交响曲》《第五交响

---

① 《歌德诗选》,欧凡译,山东文艺出版社,2016年。
② Lawrence Kramer, "*Felix culpa*: Goethe and the Image of Mendelssohn", in *Mendelssohn Studies*, ed. R. Larry Todd (Cambridge University Press, 1992), 64—79, at 76.

曲》和奏鸣曲"华尔斯坦""热情"是其中范例)相一致。实际上,A. B. 马克斯已经将贝多芬《第五交响曲》著名的"命运"动机作为作曲家如何在一首大型器乐作品中精心表达乐思动态的最重要范例。序曲《寂静的海》mm. 1—2(谱例 2.13a),门德尔松选择了一个同样令人难忘的节奏和旋律动机。同时,它也为随后《幸福的航行》(谱例 2.13b)提供许多材料。像贝多芬一样,门德尔松的动机暗示了调性(D 大调),但又不那么肯定,因为它大部分建立于三音而非根音之上。然而,与贝多芬不同,门德尔松运用主要动机的调性模糊作为隐喻锚点,创造了《寂静的海》中的绝大部分张力。如果说门德尔松面临的主要困难是在一个不得不随时间而运动的媒介中描述静止的话,那么,其解决方案之一就是使运动失去具体方向,即一种音乐漂流。《寂静的海》中,主要动机无处不在,暗示了水手的绝望情景——动机多次尝试重新配置和声、减值和增值、倒影,但徒劳无益——同时也构筑起他的周遭环境。如谱例 2.14 所示,他任由大自然摆布:在小提琴的静态 D 音上,门德尔松抛出大量非自然和弦,但它们没有产生重要的和声运动;总体上,低音弦乐试图上行,又在受挫中跌落;在这些徒然挣扎后,管弦乐队(小提琴Ⅰ、小提琴Ⅱ、单簧管Ⅰ、大提琴、低音提琴)瀑布般倾泻出主要动机。于是,《寂静的海》以开头相同的情状结束。歌德崇高的大海胜利了,不是通过力量征服,而是无动于衷。

谱例 2.13a  门德尔松,《寂静的海和幸福的航行》,mm. 1—4

谱例 2.13b 门德尔松,《寂静的海和幸福的航行》,mm. 99—108

谱例 2.14 门德尔松,《寂静的海和幸福的航行》,mm. 29—40

《寂静的海》的主要主题继续在《幸福的航行》中出现,这需要回答它的意义问题。一个合理的答案是代表水手,因为它是两首诗中的人物角色。然而,水手缺乏叙述者无所不知的视角。由于他在《幸福的航行》最后一行"我看到了陆地"中欢喜雀跃,叙述者似乎应该在甲板上。如果《寂静的海》中被困的是水手,而下一首诗中彻底解脱的却是诗人自己。那么,这种主观差别也可能引起谱例 2.14 的不同理解:他不是被困住,而是一种自信。毕竟,《寂静的海》中的和声稳定与动机坚守充分反映了航行者的信念。《幸福的航行》中,回馈这一信念的不仅仅是看到大陆,还有动机自身。它不是创作一个新动机,而是予其精心表达。实际上,《幸福的航行》开始段落充满未知的推动力。受到风和木管乐器(这是标题意义上的一个精心选择)出现的激发,门德尔松重新创作了 mm. 14—20 和 mm. 33—38 的低音下行线条,以引入第二首诗(谱例 2.15)。因而,这个连接在精神内容上的意义与音乐本身的意义一样重要。

谱例 2.15　门德尔松,《寂静的海和幸福的航行》,mm. 49—99 的和声缩谱

这些就是门德尔松希望在序曲中传达的关注点。正如 1831 年 7 月的一封信中所示,此时,《寂静的海和幸福的航行》仍在创作之中:

> 我以十分严肃的态度对待音乐。创作没有充分体验到的东西,它令我无法接受。似乎,这只是在表达一种谬误,因为音符像文字一样意义明确,甚至更加确切。那么,对我而言,为描述

性的诗歌创作几乎不可能。大量此类作品并不能影响这个观点,反而证明了它的正确性。因为,据我了解,没有一部这样的作品获得过成功。你被置于戏剧性与叙述性观念之间。①

可以肯定,戏剧性与叙述性因素皆包含在《寂静的海和幸福的航行》之中,它们汲取传统或典型的音乐形式,常常导致十分确切的结果。1847 年 1 月,门德尔松指挥序曲上演。一位评论者信心满满地指出何时"波浪开始在欢快的速度中跳动"。或者,他跟随"水手忙碌的双手加速前进"。"三重欢呼向大陆致意,岸边报以雷鸣般的回应。一番努力,轮船进港。在对上苍欢乐、感恩的一瞥中,他们脱离危险,安全上岸。"②此时,他又与船员们一起欣喜万分。然而,门德尔松常常引入与题材来源相异的因素,使这些诠释的普适度遭到质疑。序曲结论就是一个恰当的例证。歌德《快乐的航行》以"陆地在望"结束,但门德尔松(就像评论者提到的那样)更进一步。m. 482,"庄重的快板"开始一个小尾声。m. 495,终止于减五度 #G—D。此时,嘹亮的号角以《幸福的航行》第一主题的自然音阶形态欢庆(谱例 2.13b)。然而,最后三小节,中提琴在 I—V—vii$^{4\backslash 3}$—I 和声进行上演奏 mm. 3—4 序曲主要主题的上行,欢庆被削弱。这一神秘莫测的回顾不是歌德诗歌的陈述,也未被音乐语境所推动。近来,它引起大量诠释:托德(R. Larry Todd)认为,它表现了"重新发现、自我更新";格雷和克雷默(Lawrence Kramer)认为,在水手感恩的眼中回忆起大海的寂静;然而,西顿(Douglass Seaton)听到的却是,回忆更加忧郁凄凉,如同比尔斯(Ambrose Bierce)著名的短篇小说"鹰溪桥上":"整个快乐的航行仅仅构成垂死水手的幻觉,屈从于寂静大海

---

① 1831 年 7 月,门德尔松写给佩雷拉(Frau von Pereira)的信,参见 Felix Mendelssohn Barhtoldy, *Letters from Italy and Switzerland*, trans. Lady Wallace (London: Longman, Green, Longman and Robert, 1862), 197—198。

② R. Larry Todd, *Mendelssohn*: *"The Hebrides" and Other Overtures* (Cambridge University Press, 1993), 77.

的现实,结局象征死亡。"①

《寂静的海和幸福的航行》没有结束的结束,其动机何在,门德尔松没有留下任何线索。不过,动机回忆的处理在他这一时期的标题音乐中十分突出。比如,《赫布里群岛》序曲,第一主题在乐曲末尾(mm.264—267)意外再现。它在第一单簧管上犹犹豫豫,又被强奏的乐队击退。《仲夏夜之梦》序曲中,著名的开篇和弦不仅结束作品,而且出现在其他重要时刻,以致其结构功能似乎等同于诗意功能。值得注意的是,青年门德尔松相当多的非标题音乐作品也运用相同的循环技术,包括他的前两部弦乐四重奏(op.12 和 op.13)、《第一钢琴奏鸣曲》(op.6)和《弦乐八重奏》(op.20)。它们在表面抽象的四重奏和奏鸣曲体裁中,或引起模糊的标题性,或暗示潜在的标题意义。

确实,《"宗教改革"交响曲》清楚地凸显出了诗意内容与结构过程的关联问题。这是门德尔松创作的第二部交响曲(1830),但最后出版(1868)拟用于 6 月 25 日奥格斯堡信纲三百周年庆典。他从未为这部交响曲取以"改革"的副标题(他确实将其称为"宗教交响曲"),但是,末乐章中,门德尔松对马丁·路德(Martin Luther)众赞歌"上帝是我们坚固的堡垒"的处理清晰地描述了新教信仰战胜天主教信仰。1840 年的《"颂赞歌"交响曲》(op.52)中,门德尔松设计了相同的宗教叙事。作品受莱比锡市委约,用以庆祝古腾堡(Johannes Gutenberg)发明印刷机四百周年(一个融合宗教信仰、市民荣耀和德国价值的事件)。门德尔松生前,《"宗教改革"交响曲》的唯一一次上演(1832)似乎验证了他对依赖于叙事的标题音乐的担忧。就像泰勒(Benedict Taylor)所述,"《'宗教改革'交响曲》的问题是,它引用早前主题和已经存在的宗教旋律,但没有一些(文字的)诠释线索解

---

① Todd, *Mendelssohn*: "*The Hebrides*", 78; Grey, "The Orchestral Music", 479; Kramer, "*Felix culpa*," 76; Douglass Seaton, "Symphony and Overture", in *The Cambridge Companion to Mendelssohn*, ed. Peter Mercer-Taylor (Cambridge University Press, 2004), 91—111, at 100.

释这些不合常规的过程,作品就不能被充分理解"。①

门德尔松多产期(1825—1835)的最后一部序曲以水中仙女梅露辛娜(Melusine)为题材,的确,它从标题和音乐上皆严格限制其材料。序曲回避了《仲夏夜之梦》大量形形色色的人物角色、《寂静的海和幸福的航行》的著名诗歌灵感和《赫布里群岛》具体的、历史的异国胜景。近来,作曲家克勒策(Conradin Kreutzer)的一部歌剧运用了梅露辛娜这一题材,并于1833年2月27日在柏林成功上演。这使门德尔松极其反感,尤其是序曲,观众要求重演,但他无法理解其感染力何在。两个月后,门德尔松向姐姐解释道:"(克勒策的成功)激起我写作一部序曲的愿望。人们可能不会要求重演,但可带给他们实实在在的快乐。于是,我选取一些令我满意的题材部分(与这个传说完全一致)。简言之,序曲问世了。"②

某种程度上,门德尔松向姐姐概述序曲起源,是为了回答她关于作品文学来源的问题。梅露辛娜的传说非常古老,可追溯到至500多年前。在断断续续的世纪时光里,它被用于文学作品。他们有叙事诗人阿拉斯(Jean d'Arras)、瑞士作家兰戈廷根(Thüring von Ringoltingen),以及更近的蒂克、歌德和克勒策歌剧剧本提供者格里尔帕策(Franz Grillparzer)。以梅露辛娜,或者说,其衍生物,包括水中仙子、女海妖、水妖、美人鱼、女妖罗蕾莱、莱茵三仙女和女鬼露莎尔基为原型,这种多文化的可理解性使其成为19世纪文学、美术和音乐最流行的主题之一。故事没有详细地点,为了增强吸引力,门德尔松并没有揭示序曲的具体来源。相反,作为《神话传说:美丽的梅露辛娜》的序曲,作品仅仅致力于传说中最经久不衰的元素:梅露辛娜和她必须经常返回的水居环境、好斗的恋人雷蒙(Reymund),以

---

① Benedict Taylor, *Mendelssohn, Time, and Memory: The Romantic Conception of Cyclic Form* (Cambridge University Press, 2011), 219.
② 1834年4月7日的信件,参见 Felix Mendelssohn Bartholdy, *Letters from 1833 to 1847*, ed. Paul Mendelssohn Bartholdy and Carl Mendelssohn Bartholdy, trans. Lady Wallace (New York: F. W. Christern, 1865), 31—32.

及他们的冲突。

门德尔松给予了梅露辛娜一个活泼欢快的旋律,F大调,轮廓和律动描写出一个明朗、宁静的环境。m. 48始,雷蒙的音乐粗暴凶猛、不断向前、旋律乏味,它在f小调上与之并置出现,进一步放大了梅露辛娜的音乐特征(顺便提及,这一十分有趣的对题与贝多芬《爱格蒙特》序曲的主要主题相似)。第二主题出现在期待的$^b$A大调上,m. 107与m. 115中一对热情的半音旋律是其典型特征。于是,一个完整的奏鸣曲式呈示部随之呈现。令人意外的是,随后展开部(mm. 161—263)分别展开梅露辛娜和雷蒙的材料。雷蒙的典型节奏 尝试进入mm. 260—262梅露辛娜的区域,但未能成功。更为重要的是,m. 264,音乐将再现部推至m. 272。这里,梅露辛娜的动机才由原位主和弦支持。

然而,将此处称为再现部,也遮蔽了随后大量的重要发展。确实,寓言中梅露辛娜能够改变形态。剧烈缩减的再现部末尾,雷蒙变为梅露辛娜与梅露辛娜变为雷蒙的因素也相当。m. 343,雷蒙的最后一次"现身"(谱例2.16),梅露辛娜的长短格已经超过了他的长短短格。并且,m. 354开始处,将二者调式区分开的$^b$A音也失去了它的和声支点。回过头去,这个音高及其和声、结构意义被梅露辛娜所支配(谱例2.17),它处于序曲开始的m. 3,标为$vii^4_3/V$,m. 355,雷蒙最后一次呈现突出了同一和弦。但这个和弦在尾声(mm. 368—406,谱例2.18)的m. 395中再次出现时,门德尔松以和弦$^\sharp$G—B—D—F取代B—D—F—$^b$A。尽管是等音,但是这个记谱替换的标题意涵却是梅露辛娜永远将雷蒙驱赶出她的领地。格雷优秀的门德尔松《梅露辛娜》序曲分析中提出,它"预设了某种熟知的诗意动机或形象,听众将其带入音乐,并提示听众的'阅读'或聆听。在听众脑海中,音乐材料和诗意材料相互作用,营造出一种'诗意',它摆脱了故事或作为'纯粹'体裁的音乐的一般束缚……而兼有二者的某些特性"。①

---

① Grey,"The Orchestral Music",475—483.

谱例 2.16　门德尔松,《美丽的梅露辛娜》序曲,mm. 343—360

谱例 2.17　门德尔松,《美丽的梅露辛娜》序曲,mm. 1—8

谱例 2.18　门德尔松,《美丽的梅露辛娜》序曲,mm. 394—396

在前面的论述中,门德尔松的《梅露辛娜》序曲呈现为一个奏鸣曲式结构。但是,序曲的大部分并非与传统模式完全一致。尤其是梅露辛娜灵动的水中音乐,它既建构序曲首尾,又参与到序曲的展开部和再现部,使得"引子""尾声"等类似段落陷于疑问之中。然而,门德尔松最不寻常的结构特征可能是序曲中心主题的安排。A. B. 马克斯详尽研究过维也纳古典主义者,尤其是贝多芬。1848 年,正是这位研究者对呈示部(和再现部)两个主要主题之间的关联作出了如下论断:

> 一方面,主要主题具有原初的新鲜与活力,由此……引领和支配。另一方面,次要主题在主要主题的活力稳固之后才被创造。相比而言,它应该如此。它以前面主题为条件,受其制约。因此,本质上,它需要更温和;构成上,它不是核心,需要灵活变化——它是前面男性主题的女性对题。在这个意义上,每个主题相互分离,直到它们结合为一个更高层次、更完美的实体。①

门德尔松的第二主题(m. 107)既不是衍生于第一主题(m. 48),也不是典型的"女性"特征。实际上,再现部中,雷蒙的音乐出现在第二主题通常所在的位置(m. 319)。m. 327,与梅露辛娜的音乐冲突

---

① A. B. Marx, *Musical Form in the Age of Beethoven: Selected Writings on Theory and Method*, ed. and trans. Scott Burnham (Cambridge University Press, 1997), 133.

后，它被严重削弱。根据舒曼，门德尔松将他的序曲总结为"不当联姻"，主题间从未达到 A. B. 马克斯期望的"更高层次、更完美的实体"。格里尔帕策将"雌雄同体"作为门德尔松的典型特征，门德尔松将雷蒙的音乐置于《梅露辛娜》序曲中的这一位置也可从这里找到一些归因。门德尔松需要满足社会群体的期望而（作为一个男人）在现实世界中展现男性行为，但他个人却倾向于艺术、诗歌和幻想，雷蒙正是被这二者所左右。

随着 19 世纪的历史进程，序曲功能日益分化。一方面，它继续扮演传统角色，在一部即将上演的舞台戏剧作品中，深化音乐主题、提升情感状态，甚至阐明重要的叙事时刻。因而，《魔弹射手》(1821)序曲的引子中，韦伯将圆号与单簧管对置起来。前者在 C 大调上演奏明亮、民歌式的平行三度，后者则在灰暗的低音区由减七和弦与拿波里和弦走向同名小调。奏鸣曲式的基本部分中，关键之处被赋予鲜明的人物个性。一个主题与恶魔萨米尔(Samiel)(m. 37)相关，另一同等份量的主题(m. 123)则是第二幕中善良的阿加特(Agathe)的歌唱主题。尾声暗示了歌剧的第一个合唱"胜利，能手万岁"，序曲结束于慎重的获救希望。正如施波尔 1808 年《浮士德》（不是基于歌德的戏剧）序曲中的戏剧性方式：开始于一个明快的调式，而后逐渐屈从于邪恶，以致像此时的惯常做法一样结束于同名小调。

另一方面，序曲彻底独立，成为表达戏剧或诗意的场所。这主要来自贝多芬的影响，其序曲不断冲击着戏剧内容和音乐形式的边界。于是，作曲家们如门德尔松、柏辽兹以及后来的舒曼、李斯特以多种方式扩展序曲的标题范围，反映出他们勇于创新音乐、文学和戏剧之间的关系。其理论和实践将在下三章探讨。

# 第三章　柏辽兹与舒曼：音乐与文学

1899年12月,在一篇柏辽兹新近出版的"私人信件"的评论中,圣-桑尝试阐明,柏辽兹已逝世30年,但他在法国音乐中的地位仍被激烈争论:

> 就像神秘主义者历经耶稣那样的血肉之苦,柏辽兹也深受浮士德(Faust)、哈姆雷特(Hamlet)和曼弗雷德(Manfred)的折磨。他化身于这些诗意作品,想像的痛苦变形为现实。是他所爱的卡米尔(Camille)和亨丽特(Henriette)? 或者毋宁说,是奥菲莉娅和阿里尔(Ariel)? 有时已不再是他的生活,而是莎士比亚给予他的生活。我们观察到一个奇怪现象,神秘诗意就像虔诚的宗教导致严重的精神混乱和猛烈残酷、无休无止的苦难,逐渐侵蚀其身体,直至死亡,才能停息。①

---

① Camille Saint-Saëns, "Berlioz Ⅰ", in *On Music and Musicians*, ed. And trans. Roger Nichols (Oxford University Press, 2008), 79.

圣-桑承认,柏辽兹本人可能过于浪漫了。他沉溺于歌德(Johann Wolfgang Goethe)、莎士比亚(William Shakespeare)和拜伦(Lord Byron)的虚构世界,以致名声受损,个人生活受困。当然,评论提到,这只是圣-桑的音乐美学与柏辽兹相似而已(参见第九章)。但同年,在一篇更深入的论述中,评论者将柏辽兹描述为"一个创新的矛盾体",①这确实一针见血。

应该说,将圣-桑的概述延伸至舒曼,只需略加修正。两位作曲家直至1843年才谋面,但19世纪30年代,两者各自的追求却展现出重大共性:

- 作为如饥似渴的读者,他们皆热衷于将文学邂逅转化为相应的音乐创作。
- 创作侧影都打上个人生活事件的印记——尤其是与他们(有时是想象的)浪漫私情相联系的情感剧变。
- 两人都留有大量音乐批评,尊重传统,鄙夷陈规,其中一些关于浪漫主义艺术家发展的文献被视为上乘之作。
- 最后,都创作有职业生涯中最具创新性的标题音乐——柏辽兹是管弦乐,舒曼是钢琴作品。

## 柏辽兹与标题交响曲

继贝多芬《"田园"交响曲》之后,柏辽兹《幻想交响曲》是19世纪上半叶仍保留在现代曲目中的少量标题交响曲之一。两部管弦乐作品共同点颇多:五乐章;充分运用古典"话题",如田园和狂飙突进;类似歌剧的暴风雨、舞曲和进行曲;近似文学的情节发展。自1828年3月,柏辽兹可能频繁求教于贝多芬的重要管弦乐作品。此时,正值

---

① Saint-Saëns, "Berlioz II", in *On Music and Musicians*, 81.

指挥家阿伯内克(François Antoine Habeneck)就职巴黎音乐学院乐团。前两个演出季,阿伯内克与乐团上演了贝多芬《第三交响曲》《第五交响曲》和《第七交响曲》,《小提琴协奏曲》和《第三钢琴协奏曲》,《科里奥兰》《爱格蒙特》和《费德里奥》序曲。"田园"于1829年3月15日第一次上演,它作为固定曲目一直保留到近140年后的乐团解散。1829年夏季和早秋,在柏辽兹最早的一些评论(即这位刚故去的德国作曲家的生平及音乐选段的分析)中,他对贝多芬的热忱跃然纸上。

尽管这些接触非常重要,贝多芬对交响作曲家柏辽兹的影响也无可否认,但是《幻想交响曲》却时常脱离轨道,宣示它的个性和独立。一开始,柏辽兹就视其为标题交响曲。但是,随着沉迷于浪漫主义文学益深、批评巴黎旧俗愈烈,以及个人和艺术上自我意识的增强,交响曲的旨趣改变了。也许,柏辽兹受到歌德《浮士德》的启发。这部由内瓦尔(Gèrard de Nerval)翻译的法文著作问世于1828年,正是阿伯内克开始"贝多芬运动"的同年。一年前,柏辽兹出席莎士比亚《哈姆雷特》的一次演出。它来自一个到访的英国剧团,包括饰演奥菲莉娅的女演员史密逊(Harriet Smithson)。当柏辽兹回忆"我一生中最崇高的戏剧"时,他并没有真正区分剧作家和表演者:"不仅是她的戏剧天份,还有她的非凡才能在我心中和脑海里打上烙印,只有她的崇高诠释与诗人给我的心灵震撼相当。这就是我能说的全部。"①

在此语境下,作为艺术家、诗人、作曲家的柏辽兹浮现了。此后3年的信件记录了柏辽兹正在寻找恰当媒介,以"描绘我不断发展的恶魔般的激情"。② 确实,除了歌德和莎士比亚之外,夏多布里昂(François-Réne de Chateaubriand)、E. T. A 霍夫曼、摩尔

---

① David Cairns, ed. and trans., *The Memoirs of Hector Berlioz* (New York and Toronto: Alfred A. Knopf, 2002), 70 (chapter 18).
② 1830年2月6日给费兰德(Humbert Ferrand)的信,参见 Hector Berlioz, *Correspondance générale*: 1803—1832, ed. Pierre Citron (Paris: Flammation, 1972), 306。

(Thomas Moore)、斯科特(Walter Scott)和一些影响力略弱的人物如昆西(Thomas De Quincey)也进入了他的视野。1830年4月,他把新作品称为"我的小说,或者更确切地说,我的历史",①一种自我沉醉的情感,它成为交响曲的自传性副标题——"一个艺术家生涯中的插曲"。

此时,柏辽兹对史密逊的痴迷逐渐退却。但是,作为一名优秀的浪漫主义者,他尝试将内心骚动装入一个独一无二的音乐-文学之瓶:"强迫症",也就是音乐中的"固定乐思"。巴黎人熟知的一种病症,小说家常常拽为己用。但作为一个象征名称,也就是主角察觉周遭环境和其他人物的方式应用于音乐,却是新鲜之事。②

第一乐章,"固定乐思"完整出现(表格3.1):旋律包括两个相互对比的部分。前一部分(mm. 72—86)是两个八小节的对称片段;后一部分以一个四小节乐句(mm. 86—90)进行三次半音上行,直到以同样戏剧性的半音方式回到主音。旋律中——他将其描述为"歌曲",通过强调开头和断断续续走向结束时表情和力度的微妙,柏辽兹进一步凸显其特质。下一乐章,主题灵活变化,以适应活泼的圆舞曲。然而,第三乐章中,"固定乐思"的特征发生剧烈变化:旋律片段之间的距离增加,最终导致一个不完整的形态。尽管费尽周折(mm. 100—112),乐队仍未能重建失去的旋律材料,而进行曲的主题则更加举步维艰,断头之前,艺术家几乎不能回忆起他的爱人。

---

① 1830年4月16日给费兰德的信,参见 Berlioz, *Correspondance*, 319。此时,柏辽兹为作品加上副标题"一个艺术家生涯中的插曲"。

② 柏辽兹之前,至少有一部交响曲试图表现一位主人公逐渐陷入疯狂。布鲁内蒂(Gaetano Brunetti)的《c小调第三十三交响曲》(1780年)副标题为"疯子",总谱序言中,他解释说,其作品"只用器乐,不要歌词帮助,以一个主题,尽量描述一个疯子的强迫症;这一部分由大提琴独奏,其他乐器像朋友一样加入,在大量动机中呈现多种观念,共同努力将他从迷狂中解放出来。很长一段时间,疯子固守在第一主题中,直到发现一个快乐动机,劝说和催促他加入群体;此后,他再次堕落;最终,在共同推动下,他愉快地融入了群体"。引自 René Romos, "Geatano Brunetti", in *The Eighteenth-Century Symphony*, ed. Mary Sue Morrow and Bathia Churgin (Bloomington and Indianapolis: Indiana University Press, 2012), 185—207, at 204。

**表格 3.1　柏辽兹《幻想交响曲》：标题文字\*与"固定乐思"的变形**

Ⅰ、**梦幻-热情**。作曲家幻想，一位年轻的音乐家深受精神疾病（一位著名作家将之称为"情感波澜"）的折磨。他第一次碰见一位女人，她充满魅力，完美女人的化身，正是梦中所见。于是，音乐家不顾一切地爱上她。通过一个奇怪念头，不论爱人形象何时出现在艺术家的想象之中，它总是与一个音乐观念相联系。她的性格热情，但高贵、羞涩，与他所爱之人类似。旋律形象和它反映的原型不断纠缠他，就像一个"强迫观念"。正是这个原因，它出现在第一乐章开始的旋律，出现在交响曲的每一个时刻。从忧郁幻想到狂热激情，间以一丝毫无由来的快乐，伴随着狂怒、嫉妒，再度温柔，落泪，宗教般的慰藉——这就是第一乐章的主题。

Ⅱ、**舞会**。艺术家发现自己处于各种情景中——喧闹的舞会，大自然美景的沉思；无论何处，城镇、乡村，爱人形象总浮现眼前，扰乱他平静的思绪。

Ⅲ、**乡村景色**。乡村傍晚，远处，两个牧童吹起笛歌，相互应答。田园二重奏，美丽景致，微风轻抚，树叶瑟瑟，近来快乐的希望一起涌来，奇异的平静充

满心田,愉悦的色彩涂满思绪。回味自己的孤独,希望孤独尽快消失……但是,她要是欺骗他呢!……希望与恐惧相伴,快乐念头被黑色预感扰乱,构成了柔板乐章的主题。最后,笛声再起,而另一个已不再回答……远处雷声隆隆……孤独……沉默……

**Ⅳ、赴刑进行曲**。他确信,爱已落空,艺术家服药自尽。但麻醉药的剂量不够,他未死,昏睡而去,脑中出现最恐怖的图景。他梦见自己杀死爱人,被判死刑,押往刑场,并且目睹自己被处死。队伍在进行曲中前进,一会阴郁、强烈,一会嘹亮、庄严,压抑、沉重的脚步声直接被喧闹所掩盖。进行曲最后,"固定乐思"的前四小节再次出现,就像爱情的最后一次回想,并被致命一击所斩断。

**Ⅴ、妖婆的安息日夜宴之梦**。安息日,一支可怕的队伍,各种鬼怪、巫师和妖魔,自己身处其中,一起参加他的葬礼。奇怪的喧闹、吱嘎、大笑,遥远的哭喊似乎相互呼应。爱人乐思再次出现,但已失去高贵与羞涩。它不过是一支舞蹈曲调,低劣、陈腐而怪诞:她来参加安息日……当她到达,响起一阵快乐的轰鸣……她加入邪恶的狂欢之中……丧钟响起,《末日经》(天主教葬礼诵唱的赞美诗)的滑稽模仿,《安息日圆舞曲》。二者融为一体。

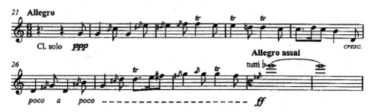

\* 引自 Hector Berlioz, *Fantastic Symphony*, ed. Edward T. Cone (New York: W. W. Norton, 1971), 23—25。

柏辽兹将《幻想交响曲》分为两个部分:前三个乐章发生在艺术家的现实世界中;后两个乐章在药物和精疲力竭所扰乱的神智中展开。然而,末乐章与前四个乐章差异太大,以致现实与梦境的划分可能妨碍了柏辽兹《第一交响曲》的其他标题方式。本质上,"妖婆的安息日夜宴之梦"是一部包括缓慢引子的通谱体音乐会幻想曲,它极大地扩展了莫扎特和韦伯阴郁、超自然的歌剧传统。(至少,在这一点上,《幻想交响曲》与它的奇异续集《回到生活》相似,即后者以"莎士比亚《暴风雨》的幻想曲"结束)。甚至,"固定乐思"也是歌剧式的。首先,一支 C 调单簧管在极弱的力度上演奏,很是微弱,仿佛距离遥远(柏辽兹在谱面上以"远景"描述)。随后,乐队将其打断,主题仅仅呈示开始的两个片段。一支 ᵇE 调单簧管不仅顺利接过旋律,而且蔓延至邻近的短笛和长笛。最后(m. 60),至整个管乐和高声部弦乐。m. 127,素歌"末日经"出现,它推动"固定乐思"——此时仍与"爱人"紧密联系——将自己编织为一个旗鼓相当的对手,即妖婆的圆舞曲(谱例 3.1)。随着"爱人"被她的鬼怪下属取代,世俗和宗教的战斗开始了。战斗在一个赋格达到高潮,即柏辽兹要求注意之处(m. 414 起)。此后,乐章结束于一片壮观的管弦乐效果之中。

谱例 3.1 柏辽兹,《幻想交响曲》,V,mm. 241—248("安息日圆舞曲"),缩谱 李斯特

性格鲜明的内部乐章——舞曲、田园、进行曲——和戏剧性的末乐章充分运用了标题传统,但柏辽兹最复杂和独特的标题技术出现在第一乐章。此间,"固定乐思"出现了五次,但从未完全相同。它无处不在,映射出艺术家的痴迷。它遭遇重重阻挠,强调了艺术家情感爆发的极端不稳定。反过来,这些遭遇又真实反映了艺术家不断被蒙骗,为自己建立起一个极度虚假的恋人形象。第一乐章每一个事件都是相对的。"固定乐思"起着结构锚点的作用,不过,这仅仅是因为它比艺术家的神智略为稳定。正如罗杰斯(Stephen Rodgers)所指出,甚至,mm. 198、369、439 和 461 著名的半音六和弦,它们之间的联系也非常清楚:"爱人形象导致疯狂,疯狂又包含这一形象。不论这一形象开始有多纯粹,也已包含了它酿成的疯狂。甚至在戏剧开始之前,二者已无法分割——它们应该如此。"① 同样,在一种神经质般的结构加速中,柏辽兹的"情感波澜"几近失控,第一乐章传统的奏鸣曲式轨迹已然崩塌。这一乐章已经陷入艺术家"强迫症"的深渊,于是,"宗教慰藉"的结束(mm. 513—527)开启了一个延长的宣泄过程,贯穿于交响曲的余下进程中。

《幻想交响曲》并没有满足所有人的"口味"。1830 年 12 月 5 日,作品首演前,权威音乐批评家费蒂斯(François-Joseph Fétis)就责难交响曲的标题文字。当拿到李斯特的钢琴缩谱后,他更加详尽地回忆了这一事件,并在 4 年后出版:

> 我以为,除了孱弱的节奏概念,(柏辽兹)对旋律毫无兴趣;和声乃音符堆积而成,常常怪异可怕,平淡而单调。一句话,他缺乏旋律与和声观念。结论是,其创作方式粗俗、业余。②

---

① Stephen Rodgers, *Form, Program and Metaphor in the Music of Berlioz* (Cambridge University Press, 2009), 105. 此论述来自第五章 "The *vague des passions*, monomania, and the first movement of the *Symphonie fantastique*", 85—106。
② François-Joseph Fétis, "Critical Analysis. Episode in the Life of an Artist. Grand Fantastic Symphony by Hector Berlioz. Opus 4. Piano-Score by Franz Liszt", in Hector Berlioz, *Fantastic Symphony*, ed. Edward T. Cone (New York: W. W. Norton, 1971), 216—220, at 217.

1831年3月,柏辽兹向门德尔松展示了他的交响曲。比较而言,费蒂斯至少认可柏辽兹绚丽多彩的管弦乐写作天赋,而门德尔松更为尖刻。他在家信中写道,末乐章近乎受虐。其厌恶之情始终不变,贬损之意相当彻底:

> 冰冷的情感被各种可能的手段所表现:四个定音鼓;两架钢琴,用来模仿钟声;两架竖琴;许多大鼓;小提琴被分为八个不同声部;低音提琴分为两个不同部分,用以独奏。所有这些手段(如果恰当运用,效果应该相当好)没有表达任何东西,除了彻底的贫乏和冷漠,还有无处不在的咕哝、咯吱、尖叫。①

毫无疑问,部分批评导致柏辽兹1832年左右对作品进行大幅修改——修改逐渐减少,但一直持续到1845年总谱出版,这已是交响曲第一次试演的15年后了。尽管如此,修订《幻想交响曲》的同时,柏辽兹正在计划一部特点和构思大为不同的新交响曲。就像他在《回忆录》中所述:

> 我想创作一个管弦乐系列场景。其中,一定程度上,独奏中提琴就像一个实实在在的人,性格不变,贯穿全曲。我决定,赋予其我闲游阿布鲁奇时的诗意印象,在拜伦的哈罗尔德气质中营造一个忧郁梦者。因而,交响曲的标题为《哈罗尔德在意大利》。如同《幻想交响曲》,一个格言动机(中提琴的第一主题)复现在整个作品中。与《幻想交响曲》的主题"固定乐思"不同,格言动机就像一个自我沉醉的乐思。它闯入场景,格格不入,偏离了音乐潮流。为了不打断其他管弦乐声部的发展,哈罗尔德主题叠置其中,与之形成性格和速度对比。②

---

① R. Larry Todd, *Mendelssohn: A Life in Music* (Oxford University Press, 2003), 239.
② Cairns, *The Memoirs of Hector Berlioz*, 216 (chapter 45).

如柏辽兹所示，每部交响曲运用一个再现性主题贯穿全曲，以构成音乐统一、戏剧动力和自传类比。但不像《幻想交响曲》，《哈罗尔德在意大利》没有文字说明。取而代之，交响曲的总标题和四个乐章的标题将作品置于一个特定的诗意框架之中，即拜伦的《恰尔德·哈罗尔德游记》。

拜伦的著作包括四个章节，出版于 1812 至 1818 年间。3500 余行诗按历史时间记录了哈罗尔德的漫游。拿破仑战争期间（Ⅰ—Ⅱ章）及之后（Ⅲ—Ⅳ章），哈罗尔德（Childe Harold）发现自我实现的无望，于是，找寻遗迹中的辉煌往昔。后来，拜伦将《恰尔德·哈罗尔德游记》称为"一片精美的诗意荒芜"，并回忆道："创作期间，我在哲思、高山、湖泊、不可磨灭的爱、难以言说的思想和自我劣迹的梦魇中半疯半醒。"[①]

确实，诗歌高度自传，甚至是忏悔自白。即便如此，拜伦还是把另一个自我全部留给了第四章，这里主要聚焦于意大利及其文化遗迹。如果柏辽兹不将自己与拜伦的哈罗尔德等同起来，这简直难以置信（李斯特在同期也沉溺于相同题材，参见第四章）。毕竟，他喜爱疯狂，将自己投身于过往的文学作品，在旅行中发现孤独和逃避自己的内心恶魔。1830 年 12 月 5 日，《幻想交响曲》首演（由阿伯内克执棒）。这个月，作为法国艺术院令人垂涎的"罗马大奖"的获得者，柏辽兹正在前往意大利的途中。应该说，从许多方面看来，这是令人痛苦的两年。无疑，像哈罗尔德一样，它强化了柏辽兹作为一名文化局外者的个人立场。1832 年，画家泰纳（J. M. W. Turner）予以明确展现（图 3.1），并节选了第四章第二十六节的诗歌："直到现在，美丽的意大利！你是世界的花园……你破碎的残迹就是光荣，你的废墟披着一层纯洁的妩媚，那是永远不可能被抹去的。"（Ⅱ. 227—228, 233—234）[②]确实，柏

---

[①] 1817 年 1 月 28 日给摩尔的信，参见 "*So Late Into the Night*": *Byron's Letters and Journals. Volume 5，1816—1817*, ed. Leslie A. Marchand （Cambridge, MA: Belknap Press, 1976），165。

[②] 选自《恰尔德·哈罗尔德游记》，杨熙龄译，广西师范大学出版社，2021 年。

辽兹似乎选择了意大利生活中更为"迷人"的方面,作为交响曲四个场景的基础:

插图 3.1　泰纳,《恰尔德·哈罗尔德游记》,意大利(1832)

Ⅰ. 哈罗尔德在山中,忧愁、幸福和欢乐的情景
Ⅱ. 唱着晚祷的朝圣者的行进
Ⅲ. 阿布鲁奇山民的爱人小夜曲
Ⅳ. 强盗的狂宴、回忆过去的情景

哈罗尔德主题(谱例 3.2)甚至比《幻想交响曲》的"固定乐思"更简单,它是第一乐章的重要材料及所有四个乐章的对象。但是,哈罗尔德主题在柏辽兹《第二交响曲》中从未充分承担起主体或者对象的作用。第一乐章,它主要栖息于引子。第二乐章,它起着物理参照点的作用,注目着朝圣者的抵近和远离。第三乐章,它是窥视者,在安全的距离之外小心翼翼地观看。第四乐章,它溶解了。即便哈罗尔德参与进来,他的主题和管弦乐中的模仿也常常犹豫不决。就像第二乐章(谱例 3.3),中提琴在弱拍进入,围绕 #F 音辗转游走,毫无方向。当找到下一乐句的开始时,它提供的不是朝圣者的素歌,而是以

94  标题音乐

谱例 3.2  柏辽兹,《哈罗尔德在意大利》,"哈罗尔德在山中",mm. 38—45,中提琴(哈罗尔德的主题)

谱例 3.3  柏辽兹,《哈罗尔德在意大利》,"朝圣者的行进",mm. 56—76,缩谱 李斯特

相对契合的方式叠置哈罗尔德主题（就像柏辽兹所说那样）。确实，哈罗尔德——包括主题与性格——适应周围环境的程度是柏辽兹交响曲的主要关注点之一。

颇为讽刺的是，哈罗尔德最惬意的时刻在末乐章引子中。如表格 3.2 所示，音乐在强盗的狂欢和前面乐章温暖的回忆间拉锯。每一次音乐回忆，中提琴成为群体中的真正一员——应该说，这是整个作品中的首次。实际，通过一种音乐的肌肉记忆，m.34 对"朝圣者之歌"的一段呈现揭示了哈罗尔德对周围环境的感知。第二乐章中，哈罗尔德没有展现这种音乐记忆，那里，他仍脱离于过客之外。引子末尾，他未能回忆起自己的主题。对于哈罗尔德的身份，这一新的关系可能具有结论性。诚如邦兹（Mark Evan Bonds）所示："尽管相当突出，但强盗音乐不是末乐章的主要事件，真正的主角是哈罗尔德未能肯定自我。"①确切来说，柏辽兹的音乐中大量言及拜伦的"反英雄"，它在逾四分之三的交响曲历程中一直保持沉默。但是，哈罗尔德零散出现于整个交响曲尤其是末乐章，其异质效果在现场演奏中体现得更加尖锐：一个中提琴独奏者——柏辽兹要求置于前台，脱离乐队而接近听众——陈列于听众面前，他的疏离使其愈发尴尬。

**表格 3.2 柏辽兹，《哈罗尔德在意大利》，"强盗的狂宴"，引子结构，mm. 1—117**

| |
|---|
| mm. 1—11：强盗音乐，g |
| 12—17：第一乐章 mm. 1—6 的回忆，中提琴与大管的独奏，g |
| 18—33：强盗音乐的重复与发展，g—♯F |
| 34—41：中提琴呈现第二乐章曲调，惯常的管弦乐伴奏，♯F |
| 41—46：强盗音乐的发展，♯f—G |
| 46—54：第三乐章（m. 33 起）的回忆，中提琴独奏与管弦乐持续的伴奏和弦，G |

---

① Mark Evan Bonds, *After Beethoven: Imperatives of Originality in the Symphony* (Cambridge, MA: Harvard University Press, 1996), 50.

| |
|---|
| 54—59：强盗音乐的发展，G/e |
| 59—70：中提琴独奏回忆第一乐章（m. 125 起），C |
| 71—80：强盗音乐的发展，C—G |
| 81—117：中提琴尝试回到第一乐章 G 大调的"哈罗尔德"主题，但 m. 97 开始，管弦乐转回 g 小调的强盗音乐，决然将它打断。 |

## 《罗密欧与朱丽叶》与"半交响曲"

正是帕格尼尼（Niccolò Paganini）委约柏辽兹创作了他的《第二交响曲》。这位声名赫赫的小提琴家正在寻找一部协奏曲，以炫耀刚刚获得的斯特拉迪瓦里中提琴。但是，当他获悉柏辽兹对于独奏者有自己的考虑时，两位音乐家分道扬镳了。1838 年 12 月 16 日，帕格尼尼听到柏辽兹音乐会上演的《哈罗尔德在意大利》，两天后，他仍然奉上两万法郎的礼金。这使得柏辽兹可以清偿债务，专注另一部基于莎士比亚《罗密欧与朱丽叶》的交响曲创作。11 个月后，柏辽兹指挥作品首演，获得满堂喝彩。

就像柏辽兹在前言中所解释的："作品体裁肯定不会被误解。尽管频繁使用人声，但它既不是一部音乐会歌剧，也不是一部康塔塔，而是一部合唱交响曲。"① 考虑到前两部交响曲的体裁混合，柏辽兹对于这部莎士比亚作品的体裁主张，即称之为"交响戏剧"，就不足为奇了。当然，非传统交响元素如此丰富，以致它与后来的《浮士德的谴责》一同被描述为"半歌剧……一部吞没歌剧的交响曲"。② 如果说谁吞并谁存疑的话，那么，一个更合适《罗密欧与朱丽叶》的名称可能是"半交

---

① Julian Rushton，*Berlioz*："*Roméo et Juliette*"（Cambridge University Press，1994），87.
② Daniel Albright，*Berlioz's Semi-Operas*：*Roméo et* Juliette *and* La damnation de Faust（University of Rochester Press，2001），48.

响曲",因为三个主要交响曲乐章(共七个乐章)居于作品中央：

> Ⅱ. 罗密欧(Romeo)独自一人——悲伤——远处舞会和音乐会的嘈杂声——凯普莱特家的豪华宴会
> Ⅲ. 宁静的夜——凯普莱特家的花园,僻静、荒芜——年轻的凯普莱特(Capulet)从舞会出来,唱着舞会的歌曲走过——爱情场景
> Ⅳ. 玛伯女王或梦幻精灵(谐谑曲)

这些场景与第六乐章墓地场景构成柏辽兹交响曲的戏剧核心。显然,它们与《幻想交响曲》《哈罗尔德在意大利》存有诸多共同之处。例如,第二乐章令人想起《幻想交响曲》第二乐章的社交场面,《哈罗尔德在意大利》中哈罗尔德的角色与周围环境的关系处理；mm. 385—394,前面哀思主题的短暂插入瞬间抑制了节日的强劲势头,这与"赴刑进行曲"类似。同样,著名的"玛伯女王"谐谑曲,其神话色彩与《幻想交响曲》末乐章神秘恐怖的引子(mm. 1—20)相当。前者活波静谧的弦乐和诙谐有趣的管乐在整个乐队上颤动,而 1830 年的后者,则充满静态的减七和弦、持续不断的分声部弦乐和浮华的管乐。然而,第三乐章长大的爱情场景却向出席《罗密欧和朱丽叶》首演的瓦格纳透露了"食谱"。约 20 年后,《尼伯龙根指环》尤其是《特里斯坦与伊索尔德》的许多部分,他反复"依方配菜"："一个乐章主要主题的产生不是拼凑其他主题的碎片,而是将一个主题在悄无声息中变形为下一个主题。不要突然展现主题,而是逐渐揭示,它的真正身份只有在回顾中才能被认知。那么,一旦主题出现,就要反复它,直至不能再反复。"①

---

① Rodger, *Form, Program, and Metaphor*, 133. 实际上,1860 年 1 月 21 日,瓦格纳赠送给柏辽兹一本《特里斯坦与伊索尔德》,上有献词："献给尊敬而伟大的《罗密欧与朱丽叶》的创作者,诚表谢意！——《特里斯坦与伊索尔德》的创作者。"一周后,柏辽兹出席音乐会,并说道："瓦格纳的音乐会激怒四分之三的听众,而余者深受感染。个人来讲,我深感痛苦,即便某些情况下,我敬佩其音乐情感的热烈。但是,减七和弦、不协和与粗糙的转调令我焦躁不安。不得不说,我发现了一种令人恶心、反感的音乐。"参见 Berlioz, *Selected Letters*, ed. Hugh Macdonald, trans. Roger Nichols (New York and London: W. W. Norton, 1997), 385。

在序言中，柏辽兹进一步阐述，它的内容——特别是罗密欧和朱丽叶之间的"爱之崇高"——迫使我在器乐乐章脱离为戏剧剧本配乐的限制。他论道："这种描述充满危险。（作曲家）的创造应该局限于唱词准确意义的范围之内，但是在器乐音乐更丰富、更灵活、更少束缚的语境下，由于它真正的不确定及无与伦比的表现力，这是可能的。"①1847年，这些字行出版在一个总谱修订版中。如果门德尔松读到，他将极力赞赏这位法国作曲家。因为自1831年遭遇《幻想交响曲》陈腐平庸的末乐章之后，柏辽兹能在这么短的时间内走得如此之远。确实，门德尔松与柏辽兹殊途同归。在一封著名的信件中，远亲苏谢（Marc André Souchay）请求门德尔松在著名的《无词歌》后附加文字。门德尔松回复道："于我而言，我喜爱的一首作品表达思想，不是它太不准确而不能诉诸文字，而是它太准确而不能添加文字。因此，我发现，尝试以文字表达思想或许有益，但同样无法令人满意……（文字）不能增光添彩。"②

　　作为"半交响曲"，《罗密欧与朱丽叶》也必然保留有"半标题性"。实际上，柏辽兹《第三交响曲》标志着他探索独立的标题音乐的结束。此后的戏剧作品——《浮士德的谴责》《基督的童年》《特洛伊人》——都具有标题特征，但它们又无法与周围的歌唱和对白分离。此外，体裁和题材来源的多变——一部名义上基于歌德的"戏剧传奇"、一部取材福音书的"宗教三联剧"、一部源于莎士比亚式维吉尔（Virgil）的大歌剧——也表明了柏辽兹不断求新求变。确实，如果把"标题"头衔以李斯特后来赋予它的涵义（参见第四章）——即（诗意）内容决定形式，而非相反——用于柏辽兹的音乐，那么柏辽兹必然成为整个世纪最具争议的标题作曲家之一。

---

① Rushton, *Berlioz*: "*Roméo et Juliette*", 87—88.
② 1842年10月15日的信件，参见 Peter le Huray and James Day, eds., *Music and Aesthetics in the Eighteenth and Early-Nineteenth Centuries* (Cambridge University Press, 1981), 457.

## 音乐评论的标题路径

交响曲创作同期,柏辽兹写有大量音乐评论。不像舒曼、瓦格纳或李斯特,他们的专栏文章用于推动各自的艺术事业,柏辽兹的写作主要为了应付账务。他大部分可读性强的评论涉及巴黎的歌剧,常常辛辣又风趣。关于器乐尤其是贝多芬器乐作品的反思,有助于揭示柏辽兹是如何从听众立场理解音乐与文学之间关系的,引申开来,就是希望听众如何聆听他自己的音乐。

1837年4月9日至1838年3月4日,柏辽兹在法国最重要的音乐杂志《巴黎音乐评论报》上发表了一系列关于贝多芬交响曲的文章。柏辽兹把大量篇幅用于音乐结构、旋律、和声与配器问题,显然,他致力于理清这些作品的各个基本要素。一旦这些要素确立,他就在情感范畴内阐明它们如何共同协作。十分清楚,柏辽兹最喜爱的贝多芬音乐是那些技术形式和诗意内容同样令人引以为豪的乐章。由此,《第一交响曲》"还不是真正的贝多芬",它太依赖于传统。①《第二交响曲》,"所有的高贵、活力和自豪"代表贝多芬向独立创作迈出了一大步。尤其是后两个乐章,柏辽兹将其比作"奥布朗的优雅气质"(取自莎士比亚的《仲夏夜之梦》)。《第三交响曲》有一个主导性的副标题,它开启了维吉尔和荷马(Homer)的英雄世界。葬礼进行曲"就像将前者转译为音乐",谐谑曲好似"《伊利亚特》的勇士在墓旁赞颂他们的首领"。如同"英雄"交响曲首乐章,《第四交响曲》慢板乐章也"拒绝分析"。不过,柏辽兹仍满怀信心地将但丁《神曲》保罗(Paolo)与弗朗切斯卡(Francesca)的情节作为一个合理的诠释

---

① 所有这些评论来自 Hector Berlioz, "A Critical Study of Beethoven's Nine Symphonies", in *The Art of Music and Other Essays* (*A Travers Chants*), ed. and trans. Elizabeth Csicsery-Rónay (Bloomington and Indianapolis: Indiana University Press, 1994), 9—37.

替代。

柏辽兹认为,《第五交响曲》是贝多芬最个性化的创作。由此,他最喜爱作家的一些作品情景和引文映入脑海;第一乐章描绘"混乱的情感吞没了一颗深陷绝望时的伟大灵魂……(不是)罗密欧获悉朱丽叶(Juliet)死后黑色、无言的悲痛,而是奥赛罗(Othello)从伊奥古(Iago)恶毒谎言中听闻黛丝狄蒙娜(Desdemona)的罪过之后的勃然大怒"。歌德的浮士德形象浮现在乐章中,文学巨人端坐于慢板乐章,它给我的印象是"无法描述,但无疑是我曾经感觉到的最强烈的那种"。柏辽兹经常谈到,《第七交响曲》的小快板乐章确实受人欢迎,但他降低了作品的诗意触角,仅仅简要提及莎士比亚(《第十二夜》、《哈姆雷特》)和摩尔(Thomas Moore)。予柏辽兹,《第八交响曲》是一个奇特之物,他没有提供任何音乐外的线索。不难理解,柏辽兹对《第九交响曲》的领会遵循席勒的文本。

贝多芬交响作品中最耀眼的宝石是《第六交响曲》。柏辽兹喷涌的溢美之辞指向作品成功的标题性,他觉得自己"说过头了"——但很遗憾,他没有:

> 说到底,在如此美妙的作品中,讨论它的怪异风格是否真有必要?……我完全做不到。对于这一任务,你必须能够冷静论证。当你的思想中充满这个作品,你怎么能坚如钢铁、不为所动呢?宁可入眠,沉睡数月,活在梦里不为人知的地方,那里允许我们窥视这一天才之作。

作为一种诗情画意,"田园"交响曲"浑然天成",这一大胆断言出自1838年早期的柏辽兹。鉴于柏辽兹刚刚置身于《哈罗尔德在意大利》之中,一年内又开始专注于创作《罗密欧与朱丽叶》,它需要更详尽的审视。实际上,不足一年前,在《论音乐的模仿》一文中,柏辽兹就已经考虑到了音乐表现的问题。文中,"田园"交响曲为其提供了最佳论据。

柏辽兹将矛头对准卡帕尼(Giuseppe Carpani)。自 1798 年海顿的清唱剧《创世纪》首演以来,人们赞叹于音乐的生动描绘和表情幅度。在此视角下,卡帕尼认为音乐具有模仿能力。他察觉到这部作品中的模仿有两种主要形式:直接的或称为物体的,间接的或称为感觉的。进而,他将前者细分为"原样"和"变相"模仿,后者细分为"描绘"和"表现"。

柏辽兹很快对卡帕尼的分类失去了兴趣,甚至在提出自己的方法之前,没有考察诠释是否完全恰当。他抛弃了那个早已存在的观念——就像贝多芬《第六交响曲》那样——即音乐具有描绘能力,取而代之,柏辽兹声言,音乐"充分自足,无须借助任何模仿就能拥有自我魅力……(音乐)能够以自身方式引起想象,并产生与绘画艺术相似的感觉"。[1] 柏辽兹承认卡帕尼关于自然声音的直接模仿的分类,但条件是:

- 它是提高"音乐独立性"的手段,而非局限于此;
- 它值得关注;
- 不能被听众误读;
- 无法取代情感模仿。

柏辽兹借由贝多芬的"田园"交响曲来阐明他的观点。作品被如此推崇的原因是,它不仅时常采取直接模仿,而且自始至终运用"最有力的模仿形式——情感与激情的再生:情感表现"。[2] 这是柏辽兹论证的关键之处。在此节点,为了解释大量模仿——由于音乐模仿确有局限——如何相互协作以增强表情,他告别了卡帕尼和 18 世纪主导的模式。在这些异乎寻常的表情时刻,外在文字有助于理解:

---

[1] Hector Berlioz, "On Imitation in Music", in Hector Berlioz, *Fantastic Symphony*, ed. Edward T. Cone (New York: W. W. Norton, 1971), 36—46, at 37.
[2] Berlioz, "On Imitation in Music", 41.

我应该被告知,可能存在音乐(直接)描绘的极佳例子……但,仔细察之,非常清楚,诗意之美绝没有逾越这个大圈子,我们的艺术被它的真正本质限定其中。因为模仿实际上不是为我们提供客体的图片,而是想象或模拟。借助音乐自身具有的手段,它们帮助我们再次唤醒相似的感觉。甚至,在这些想象的原型被认知前,通过一些间接方式向听众提点作曲家意图和提供显在的参照物,此乃必需。①

柏辽兹的论文外延相当宽泛,它们强烈地呼应着迄今已经创作的两部交响曲的精神,也与《罗密欧与朱丽叶》序言的主张吻合:音乐模仿自然现象是可能的,但作用有限。音乐作品最好作为隐喻,作曲家应该主要集中于"情感表现",其音乐效果远胜其他姊妹艺术。依赖于尝试模仿的类型,听众可能从音乐外说明受益。最后,这些方式的最佳典范是贝多芬的《"田园"交响曲》。

就像柏辽兹,舒曼对目前音乐状况的诊断是艺术水平低下。他认为,贝多芬之后,歌剧和器乐炫技者霸占舞台,并阻碍严肃音乐的发展。与柏辽兹一样,为了帮助他和他的作曲同僚为音乐创造一个"新的诗意时代",舒曼也求助于贝多芬。1835 年伊始,他在《新音乐报》新年刊号上发出这一宣言。此时,《新音乐报》创刊不足一年,舒曼刚刚接任主编。此后 11 年,作为所有者、主编和主要撰稿人,他树立起了一个"诗意评论"的标签,试图与因循守旧的风气和死气沉沉的时下创作做斗争。但是,正如达佛里欧(John Daverio)所述,它更重要的使命是解决"音乐评论本身导致的突出问题,即运用文字媒介描绘和评价音乐事件"。②

然而,早在创办自己的期刊之前,舒曼已展现出音乐与文学、现实与虚构之间的模糊界线。1831 年,肖邦(Frédéric Chopin)《莫扎特"请伸出你的玉手"主题变奏曲》(op. 2)的评论中,一群首次遭遇

---

① Berlioz, "On Imitation in Music", 44.
② John Daverio, *Robert Schumann: Herald of a "New Poetic Age"* (Oxford University Press, 1997), 118.

肖邦的人物在一个短小故事内呈现。叙述者名叫尤里乌斯(Julius)，人物角色还有弗罗列斯坦(Florestan)、埃塞比乌斯(Eusebius)和拉罗大师(Master Raro)，每个人对作品的印象惊人相异。拉罗置之不理。无家可归的弗罗列斯坦为之着迷，当他在夜晚的街道上狂奔时，唐璜(Don Giovanni)、采莉娜(Zerlina)、莱波雷洛(Leporello)和马赛托(Masetto)的冲突不断掠过他的脑海。这个焕然一新、引人遐想的音乐作品彻底征服了他，以致只有生动贴切的类比才能描述它的影响。尤里乌斯解释道：

> 在瑞士,(弗罗列斯坦)体验到相似经历。美好的一天徐徐落幕,在夕阳褪去和消散前,它为冰峰涂上红的、粉的色彩。群山和峡谷一片静谧,冰川依旧安详、冷漠和坚固,就像刚从梦中醒来的巨人。①

通常,尤里乌斯描绘的场景是激起音乐创作灵感的原型,而不是灵感的实现。对于舒曼,它也是一种想象,来自一首天才作品的聆听。确实,舒曼既没有解释大部分指涉——它发生在什么时候？为什么是瑞士而不是意大利？所有的巨人都是夜间活动吗？——也没有为之辩护。尽管评论中音乐分析不少,但是舒曼主要要求读者进行诗意理解而不是技术分析。他还在此过程中提出了一种观念,音乐和文学无需截然分开。

不是舒曼的所有评论都寻求这种文学旨趣或音乐-诗意关联,他也不是片面地赞同标题音乐。《新音乐报》改版后,舒曼最早的评论之一就是柏辽兹的《幻想交响曲》。起初,作为对费蒂斯辛辣评论的回击(参见上文),舒曼将他的评论扩展为一个交响曲结构、作曲技术和配器效果的著名分析。对于这些因素,舒曼赞赏有加。但对于标

---

① Robert Schumann, "Ein Opus Ⅱ", *Allgemeine musikalische Zeitung* 33, 49 (7 December 1831): 805—808, at 808.

题文字,他却毫无怜悯之意:

> 就我们德国人而言,(柏辽兹)可以保留它。这些手边的文字指南总有江湖骗子之嫌,令人羞耻。无论如何,五个乐章前头的标题自成一体……总之,德国人情感敏锐,反感侵犯隐私,不愿以这种原始方式将他们的思想交由"鼻子"引领……自然万物也是如此,它们对于覆盖根部的土壤非常挑剔。因此,让艺术家保持他们艰苦劳动的独立。

舒曼坚定不移地认为,柏辽兹的标题是为法国低俗的观众而写,但又不情愿地承认,他能看到"它在音乐中到处存在"。①(在别处,舒曼曾抱怨,没有作曲家的标题,他更享受贝多芬的《第五交响曲》。)他运用柏辽兹的标题开启了诗意灵感来源和音乐作品内核的"观念"探讨。确实,作曲家同时依赖于两者:"音乐外因素使音符展现的思想或形象越具体,作品就越诗意或生动;作曲家观察周围越富于想象和敏锐,他的作品就越崇高和高贵。"事实上,如此创作,才能产生"性格鲜明"②的形象。

作为一位评论家,舒曼还有许多机会论述音乐的表现力。1838年,在一篇新出版练习曲的评论长文中,舒曼挑选出莫谢莱斯(Ignaz Moscheles)的《十二首"性格"练习曲》(op. 95)作为主要对象。他把令人尊敬的莫谢莱斯比作一位诗人,成功借助精心拟定的标题文字将一首作品的主导情绪精确浓缩,"作曲家的创作背景顿时显现"。③当然,不是所有"性格"同等产生,舒曼把莫谢莱斯的练习曲分为四类:"神话""生活和自然场景""精神情状"和"孩子们的学习与梦想"。

---

① Robert Schumann, "Review of Berlioz: *Fantastic Symphony*", in *Music Analysis in the Nineteenth Century. Volume* Ⅱ: *Hermeneutic Approaches* (Cambridge University Press, 1994), 161—194, at 192.
② Schumann, "Review of Berlioz", 193.
③ Robert Schumann, *Gesammelte Schriften über Musik und Musiker*, 4 vols. (Leipzig: Georg Wigand, 1854), Ⅲ: 17.

舒曼认为,第一类音乐清冷、高峻,形式上完美无瑕。第二类练习曲"幻想、浪漫"。对于第三类音乐,舒曼赞扬了音乐的独创。他把最高的褒奖给了第四类,坚信它是"整个曲集中最温柔、诗意的部分。这里,音乐以它的全部力量接近超验的、精神的王国"。① 确实,莫谢莱斯的音乐诗意将舒曼变成了一个诗人。因而,他这样描述标题为"梦"的第十一首练习曲:"我们知道,音乐如何为梦,我们又如何在音乐里为梦。仅仅在中间部分,一个更明确的思绪才叮当而出。然后,一切又消失在曲头宁静的灰暗中。"②尽管这一描述更为诗意,但它与弗罗列斯坦听到肖邦变奏曲后想象出的山景一样精确。反过来,莫谢莱斯的音乐又佐证了舒曼的诗意描述:三部性结构(ABA'),两端部分由一个毫无方向感的音乐线条推动。第二部分开始于 m. 60,右手凸显出一个号角式的主题。在它的下面,开始部分的音乐线条转变为明确的琶音。自然音阶的旋律主体被短暂爆发的减七和弦颤动所打断,怪诞而神秘。最后,号角主题分崩离析,音乐回到朦胧的开始部分。梦的余痕仍然残留(谱例 3.4),比如,m. 121,标有"神秘的"音乐术语的颤动效果;或者,m. 127,中间部分的主题回忆,它与周围调性完全相异。为了营造出一种"探索"氛围,莫谢莱斯还与音区、节奏和音色"协商"。颤动材料随着每次重复在键盘上爬升,并且节拍放慢。与之相对,中间部分的主题在键盘的另一端浮现,以"低声的"方式演奏。整个段落指向意识和无意识之间的瞬间冲突。

　　各种细节点燃了舒曼的诗意想象。他推崇标题音乐,因为当标题恰当,它可以使评论者丰满其诗意。在评论施波尔《第四交响曲》"声音的奉献"时,他说道:"诗人应该受到鼓舞,再次感谢施波尔将他的诗歌转变为音乐艺术。为了更好地将这部交响曲描述给没有听过它的人,我们应该第三次给予它诗意。"③然而,如果一部作品预想的

---

① Schumann, *Gesammelte Schriften*, Ⅲ: 19.
② Schumann, *Gesammelte Schriften*, Ⅲ: 19—20.
③ Robert Schumann, *Music and Musicians: Essays and Criticisms*, ed. and trans. Fanny Raymond Ritter (London: Willianm Reeves, 1877), 312.

诗意实现失败了,舒曼定然会责难。在一篇舍费尔(Julius Schaeffer)三首《无词歌》(op. 4)的评论中,舒曼解释道:"这是灵魂的秘境,作曲家的创作指示可以加快理解。于此,他应该心存感激。"然而,他又认为,舍费尔最好全部省略标题"大海的平静""我在做梦吗?不,我醒着""忧郁"。因为它过于矫揉造作,比如,第二首素然无味。①

谱例 3.4　莫谢莱斯,《十二首"性格"练习曲》,op. 95, no. 11("梦"), mm. 119—129

将舒曼的标题美学汇聚为一个复合体相当困难,很大程度上,这是因为他对每首作品的评价基于它们各自的价值。规模上,他没有文章可以与柏辽兹的"论音乐的模仿"相当。然而,类似的论说确实存在。似乎,舒曼评价其他作曲家作品的标准与他用以指导自己的

---

① Schumann, *Gesammelte Schriften*, Ⅳ: 43.

整个创作方式相同。它们包括：

- 避免文字说明；
- 允许具体的音乐外指涉；
- 优秀诗歌和文学作品的运用；
- 一种"性格"基础；
- 音乐和诗意内容的交叉；
- 尊重听众的想象。

## 舒曼与标题性钢琴套曲

19世纪20年代晚期，舒曼至少草拟了3部弦乐四重奏的素材，并创作12首以上的歌曲。下一个10年的早期，他开始写作《g小调交响曲》（完成两个乐章）和一首钢琴协奏曲的第一乐章，但没有出版任何一部。取而代之，30年代间，他发表的作品无一不是钢琴独奏曲。不过，1840年，当他与克拉拉（Clara Wieck）结婚后，焦点改变了。这年，舒曼创作了100余部艺术歌曲；1841年，则是连串的交响作品；下一年，他致力于室内乐；1843年，世俗康塔塔《天堂与仙子》完成。约1844年，他从莱比锡移居德累斯顿，直至1856年去世，舒曼创作的钢琴音乐、艺术歌曲、合唱和交响作品基本等量。

19世纪30年代，也是舒曼标题作品最密集的时期。如表格3.3所示，此时绝大部分钢琴音乐至少具有某些标题痕迹。《蝴蝶》《大卫同盟曲集》《狂欢节》《童年情景》和《克莱斯勒偶记》的标题已经超越了性格小品的范畴。舒曼继续使用它们，尤其是30年代晚期出版的作品，如《阿拉伯风格曲》《花卉》《幽默曲》和《小夜曲》。鉴于两部《"帕格尼尼"练习曲》《交响练习曲》（最初的标题更鲜明，即《交响性格的练习曲》）和《没有管弦乐队的协奏曲》极端的华丽技巧、交响式的宏大和标题中显现的体裁混合，它们也被视为性格作品。实际上，

《♯f小调钢琴奏鸣曲》慢板乐章突出了标题"咏叹调",这一性格特征或许反映出贝多芬《♭A大调钢琴奏鸣曲》(op. 110)的影响。《幻想小品集》则有双重用途:标题充分显现其性格特征;舒曼也可能运用标题向 E. T. A. 霍夫曼致敬,因为霍夫曼的《卡罗式手法的幻想小品集》不仅包括《克莱斯勒偶记》,而且恰恰是让·保罗(Jean Paul)一个序言的突出特征(参见后文)。

表格3.3 舒曼钢琴作品的引用范围(opp. 1—23)

| 作品号 | 标题 | 特征 |
| --- | --- | --- |
| 1 | "阿贝格"变奏曲 | D, G |
| 2 | 蝴蝶 | A, E, G |
| 3 | "帕格尼尼"练习曲 | B, G |
| 4 | 间奏曲 | A, E, F |
| 5 | 克拉拉主题即兴曲 | F, G |
| 6 | 大卫同盟曲集 | A, C, D, E, F, G |
| 7 | 托卡塔 | (B) |
| 8 | 快板 | |
| 9 | 狂欢节 | A, B, C, D, E, F |
| 10 | "帕格尼尼"练习曲 | B, G |
| 11 | ♯f小调奏鸣曲 | B, D |
| 12 | 幻想小品集 | (A), B, C |
| 13 | 交响练习曲 | B |
| 14 | 没有管弦乐队的协奏曲 | (B), G |
| 15 | 童年情景 | B, C |
| 16 | 克莱斯勒偶记 | A, E |
| 17 | 幻想曲 | A, G |
| 18 | 阿拉伯风格曲 | B, E |

(续表)

| 作品号 | 标 题 | 特 征 |
|---|---|---|
| 19 | 花卉 | B, E |
| 20 | 幽默曲 | B, E |
| 21 | 新事曲 | (A), C, E, F |
| 22 | g小调奏鸣曲 | |
| 23 | 小夜曲 | B |

注：
A. 文学内容
B. "性格"标题
C. 标题或事件
D. 自传性
E. 作品内引用（例如，套曲）
F. 作品外引用，来自舒曼
G. 作品外引用，来自其他

舒曼30年代以来的钢琴作品也避免了柏辽兹《幻想交响曲》和《哈罗尔德在意大利》中文学叙事和音乐事件之间的明确联系，他更为经常地运用来自自己所喜爱作家的确切标题、叙事模式和其他描述技巧，不以任何实质方式实现具体情节。比如，《克莱斯勒偶记》通过情绪的喜怒无常和混乱令人想起霍夫曼的文学风格，但是，它无意复现霍夫曼特定小说、人物或情境的详尽叙事。似乎悖论的是，舒曼音乐叙事的"奇怪"——频繁借助"智趣"和碎片化或者让·保罗式的长大偏离——常常背离了文学叙事模式。① 甚至，所谓浊者愈浊，他的许多非标题音乐如钢琴奏鸣曲也发展了这一"功能紊乱"的路线。

再者，大量标题背后潜藏着更多个人故事、文学引用，或者二者兼有。Op.1是其中一个典型例子，其主题包括音符A-$^b$B（也就是德语中

---

① "智趣"概念的指出，参见John Daverio, *Nineteenth-Century Music and the German Romantic Ideology* (New York: Schirmer, 1993), 49—88;这一概念被进一步研究，参见Erika Reiman, *Schumann's Piano Cycles and the Novels of Jean Paul* (University of Rochester Press, 2004), 15—18。

的字母B)-E-G-G。1830年,舒曼与钢琴家梅塔·阿贝格(Meta Abegg)相遇于海德堡,并开始相识相知。因此,作品具有自传意义。舒曼仍然将它题献给一个虚构的"阿贝格伯爵夫人",可能是一种文学幻想,或者就像歌德的维特,以隐藏他对真正的阿贝格女士的迷恋。阿贝格已经过去,而舒曼对克拉拉的爱在几部作品中留下了烙印:舒曼将op.5主题的创作者归属于克拉拉,尽管明显是他所写;《#f小调钢琴奏鸣曲》第四乐章具有克拉拉《情景幻想曲:幽灵的芭蕾》、《四首性格曲》(op.5)第四首的因素。同样,《没有管弦乐队的协奏曲》第二乐章的变奏主题虽不再存在于克拉拉的作品中,但它是克拉拉创作的。《新事曲》也与克拉拉紧密联系,它的最后一首具有《遥远的声音》的特征,而后者又基于克拉拉的《夜曲》(op.6,no.2)——其材料也凸显在《幻想曲》第一乐章中。同时,《新事曲》的标题嵌入有一个悖论,它与献给秘密的未婚妻的这组作品相互矛盾,即舒曼的这个新词可以译成"小小说",但作品却是舒曼最长的钢琴套曲,并隐藏着许多文学关联。①

舒曼极端的互文性、频繁的偏离和持续的游移,其重要根源是什么呢?不是接近标题音乐的方式与同时代的柏辽兹及稍后的李斯特迥异,而是不同的材料来源:格言式、隐喻式和解构式的材料。自1851年,一连串令人印象深刻的交响序曲中,舒曼曾遭遇歌德(《赫尔曼与窦绿苔》)、席勒(《墨西拿的新娘》)和莎士比亚(《尤里乌斯·凯撒》)。但是,19世纪30年代,对他影响更为深远的是E.T.A.霍夫曼,尤其是让·保罗。② 像舒曼一样,霍夫曼也是作家和作曲家。他创作的人物克莱斯勒(Johannes Kreisler)是一位音乐天才,遭受了"精神过度兴奋"和"幻想极度旺盛"的折磨,"在内心的幻觉和梦境中反复颠簸,仿佛置身于惊涛骇浪永不停息的大海上",③舒曼深受

---

① 根据私人信件和日记,第二与第三首作品描述了歌德和莎士比亚(《哈姆雷特》)。
② 然而,1830—1832年间,舒曼确实在为一部《哈姆雷特》交响曲起草素材。
③ E. T. A. Hoffmann, *Musical Writings*: Kreisleriana, The Poet and the Composer, *Music Criticism*, ed. David Charlton, trans, Martyn Clarke (Cambridge University Press, 1989), 79. 引文来自《克莱斯勒偶记》的开头段落。

其吸引。(与舒曼《大卫同盟曲集》的方式一样,勃拉姆斯1854年开始创作的《变奏曲》op. 9 在每一个变奏标上——"Kr〔eisler〕或 B〔rahms〕"——都展示了他对霍夫曼和舒曼的致意,尽管这些文字未能出版。)

更为根本性的影响是让·保罗(常用名)的全部作品,它滋养着舒曼的创作、评论和美学。来自这位文学导师的一个直接运用是将自己分裂为多个相互联系的人物性格:舒曼的弗罗列斯坦与埃塞比乌斯似乎模仿自让·保罗1804年和1805年出版的4卷本小说《少不更事的年岁》中的孪生兄弟沃尔特(Vult)与瓦尔特(Walt)。出自此部与让·保罗其他重量级小说的相关人物还包括:索佩(Albano-Schoppe)、莱布格柏(Siebenkäs-Leibgeber)、芬克(Gustav-Fenk)和维克托(Flamin-Viktor),所有这些早在1828年舒曼的日记中就被记载下来了。① 舒曼还抓住了其中的一些结构线索。就像雷曼(Erika Reiman)关于作家与作曲家相互呼应的一个研究范例中所提到的,两位艺术家都喜爱"明确和具有解构性质的偏离——甚至出乎意料的频繁"。② 这个不寻常的文学方式有助于解释舒曼对结构碎裂和异常的喜爱,以及他对寻常之物的陌生化和作品中密码的使用。

这一过程如何在一个相对稳定的环境中进行呢!一个清晰的例子是《狂欢节》的"弗罗列斯坦"乐章。如谱例3.5所示,弗罗列斯坦的音乐难以预料,它在一个小节中以激烈的起伏音型爆发,又在下一小节平静下来。舞曲——可能是华尔兹——节拍已被消解,和声沉溺于不协和的九和弦、减七和弦、不稳定的属七和弦和主和弦第二转位之中。然而,m.9,一个音阶式音型凭空而来,但又被起伏音型击回。它跳高了两个八度,才下行至通常的音域,回应甚至比之前更强烈。m.19,音阶式音型第二次尝试出现。这里,它更加成功,舒曼\弗罗列斯似乎认出了它,因为(蝴蝶?)一词出现在乐谱中。这一引文

---

① Robert Schumann, *Tagebücher*, ed. Georg Eismann (Leipzig: VEB Deutscher Verlag für Musik, 1971), I : 82.
② Reiman, *Schumann's Piano Cycles*, 18.

具有多重含义：两部钢琴套曲中舞曲间的联系；作曲家承认仅仅3年内美学上走了有多远；就像蝴蝶，弗罗列斯坦在蜕变之中——实际上，起伏音型是前一乐章埃塞比乌斯主要主题的变形；或者，可能，舒曼只是尝试在音乐中阐明，梦如何在现实中运行——就像灵感的瞬间闪现，它总是为进一步的反思、分析和质疑留下空间。确实，作为音乐曲集，弗罗列斯坦的音乐远比莫谢莱斯《"性格"练习曲》第十一曲中的尝试复杂和逼真。

谱例3.5　舒曼，《狂欢节》，"弗罗列斯坦"，mm. 7—24

弗罗列斯坦的梦是一个相当直接明了的例证，因为作曲家对它的引用虽犹豫不决，但非常明确。这在舒曼此时的钢琴作品中相当少见。《间奏曲》（op. 4）第六首，"阿贝格"主题突然显形，进一步增强了作品内外浓密的引用网络。不过，舒曼仍没有为主题辨识提供任何帮助。一段来自贝多芬《致远方的爱人》的旋律打断了《幻想曲》第一乐章的尾声，但舒曼给予它潜在意义的仅有线索却来自施莱格尔的题词。

舒曼钢琴音乐丰富的互文性、性格和标题性解释了作品在 19 世纪 30 年代遭到公然质疑的原因。1832 年的一篇评论中，当音乐评论权威雷尔斯塔伯（Ludwig Rellstab）难以理解舒曼的《"阿贝格"变奏曲》时，作曲家未雨绸缪，事先给这位评论者写信，引导对刚出版的作品《蝴蝶》(op. 2)的评论。舒曼认为，让·保罗与 op. 2 的紧密线索"几乎肉眼可见"，但仍提供了一个简单解释：

> （你）将记起《少不更事的年岁》的最后场景，化妆舞会——瓦尔特——沃尔特——面具——维纳（Wina，两兄弟都喜爱，但她爱瓦尔特）——沃尔特跳舞——交换面具——坦白——生气——卸妆——匆匆而去——最后的场景，然后，兄弟离去。我常常翻到最后一页，对我来说，结束似乎只是新的开始——钢琴前，我忘记一切，只有蝴蝶一只又一只地飘然而来。①

手稿上的遗迹可进一步确认，舒曼确实根据让·保罗小说中舞会事件创作了《蝴蝶》。② 那么，除了少量熟人外，他为什么不再散播这一信息（它仍保持神秘）呢？这么大胆的标题文字令他反感，因为它剥夺了听众诗意创造的自我喜好。而且，在舒曼的音乐-文学世界里，此类听众应该精于做出这种联系。最后，如此详尽的信息可能遮蔽作品的其他方面，比如，无处不在的华尔兹的惯常"花招"或者贯穿于整个作品 12 个乐章中复杂的旋律变形——毕竟，作品是《蝴蝶》，不是《瓦尔特、沃尔特和维纳》。

沿着《狂欢节》的轨迹，《大卫同盟曲集》最恰当地阐明了舒曼钢

---

① 1832 年 4 月 19 的信件，参见 Martin Geck, Robert Schumann: The Life and Work of a Romantic Composer, trans. Stewart Spencer (University of Chicago Press, 2013), 65。
② Eric Frederick Jensen, "Explicating Jean Paul: Robert Schumann's Program for *Papillons*, Op. 2", *19<sup>th</sup>-Century Music* 22, 2 (1998): 127—143, esp. 139—143；讨论章节的译文参见 Daverio, *Robert Schumann*, 493—501。

琴音乐诗意的复杂(作品编号易产生误导,它创作于 1837 年,在《狂欢节》《幻想小品集》《幻想曲》之后)。标题涉及到舒曼的"大卫同盟",这一组织在 1833 年晚期引起读者注意之前就出现了。它以纪念大卫王、圣经音乐家和《诗篇》作者而得名,模仿自施莱格尔和 E. T. A. 霍夫曼类似的半虚拟、半公开的组织。实际上,舒曼的同盟组织是一个反对音乐"庸俗主义"的堡垒。弗罗列斯坦、埃塞比乌斯和大师拉罗是其成员,其优秀的朋友包括克拉拉、赫勒(Stephen Heller)和门德尔松。

根据第一版标题,《大卫同盟曲集》由弗罗列斯坦与埃塞比乌斯创作,舒曼的名字没有出现。取而代之,一个"古老谚语"装点着封面:"每一个时代,快乐与痛苦相伴吗? 保持快乐,并在痛苦中鼓足勇气。"这一题词一点儿都不古老,乃舒曼所写。但是,读者翻到第一页乐谱前,作曲家已经设置了两大重要谜团。

事实是,弗罗列斯坦与埃塞比乌斯仅仅共同创作了 18 个乐章中的 4 个(表格 3.4);剩余 14 个乐章的署名要么是"弗罗列斯坦",要么是"埃塞比乌斯"。不过,舒曼并不局限于此。第一首舞曲就以"克拉拉的格言动机"开始,它取自克拉拉《音乐晚会》(op. 6)的玛祖卡乐章。功能上,与其说它是主题,还不如说它是创作的推动者。因为第一次公开亮相后,它仅仅在第一卷第三乐章和第二卷第七乐章短暂出现。

表格 3.4 舒曼,《大卫同盟曲集》(op. 6)的结构

| 卷,乐章 | "作曲家" | 表情记号 | 调 性 |
|---|---|---|---|
| Ⅰ.1 | F. & E. | 活泼的 | G |
| Ⅰ.2 | E. | 真诚的 | b |
| Ⅰ.3 | F. | 幽默的,略带狂暴的 | G |
| Ⅰ.4 | F. | 不耐烦的 | b |
| Ⅰ.5 | E. | 简单的 | D |
| Ⅰ.6 | F. | 非常轻快与孤立的 | d—D—d |

（续表）

| 卷, 乐章 | "作曲家" | 表情记号 | 调性 |
|---|---|---|---|
| Ⅰ.7 | E. | 不太快, 情感极端强烈的 | g—$^b$A—g |
| Ⅰ.8 | F. | 明快的 | C |
| Ⅰ.9 | (F.) | 活泼的 | —C |
| Ⅱ.1 | F. | 叙事式的, 非常轻快 | d—D |
| Ⅱ.2 | E. | 简单的 | b—D |
| Ⅱ.3 | F. | 幽默的 | b—G—e—E |
| Ⅱ.4 | F. & E. | 狂热与愉快的 | b—B—b—B |
| Ⅱ.5 | E. | 温柔和歌唱似的 | $^b$E |
| Ⅱ.6 | F. & E. | 明快的 | $^b$B—$^b$E—$^b$B |
| Ⅱ.7 | (F. & E.) | 高兴的 | G—D—b |
| Ⅱ.8 | F. & E. | 遥远的 | B—F?—B—b— |
| Ⅱ.9 | (E.) | 不太快的 | —C |

E.（Eusebius），埃塞比乌斯；F.（Florestan），弗罗列斯坦。

确实，《大卫同盟曲集》的真正戏剧来自两兄弟的相互作用。弗罗列斯坦无愧于其热情似火的名声，埃塞比乌斯则以沉思和颠覆性——至少，开始是这样——与之相对。比如，埃塞比乌斯的第一首独立乐曲，一开始，以节拍对位直接挑战着舞曲的优势地位（谱例3.6）。左手继续被前一乐章的3/4拍律动控制，只是长短节奏降低了它的圆舞曲性格。然而，右手以6/8的复拍子展开。结果不仅完全压制了舞曲，而且埃塞比乌斯与自身显得不协调，或者说相异。实际上，乐谱强拍后的两个八分音符暗示了一个独立的内声部。这种节奏和节拍的复杂性——舒曼及其后勃拉姆斯的整个作品中皆清晰可见——也导致第一乐句划分的模棱两可，也许可分为(2+2)+(2+1+1)、(2+2)+(1+2+1)或者(2+2)+(1+3)。此时，或许可以肯定，予埃塞比乌斯，这一过程独一无二，但是，当它在第二卷第一乐章中再次出现，弗罗列斯坦成为了搅局者。第一卷中，埃塞比乌斯的和声也更加大胆。比如，第五乐章 m.12 与其他地方毫无准备地

95　出现♭A大三和弦的第一转位,第七乐章外部段落的左手声部中楔子般的半音化扩张。

谱例3.6　舒曼,《大卫同盟曲集》,第一卷,no. 2,mm. 1—8

确实,几乎整个第一卷,弗罗列斯坦保持着和声的稳定、沉静。然而,舒曼在第九乐章的引言中如是说:"此时,弗罗列斯坦停了下来,嘴唇伤心地颤动着。"这一事件无法诠释,但音乐效果明确可感:谱例3.7中,弗罗列斯坦呈现出一种矫揉造作的运动,就像它的怪异一样,它显得过分强迫——比如,音符上过多的特强标记。第一段mm. 1—8被迫在C大调上意外终止,中间乐段在开始乐段原样再现前(mm. 17—24),和声完全脱缰。甚至,九小节的尾声[①]在探索了一段更奇怪的和声区域后才到达并稳定在"主调"C大调。

第一卷的结束令人意外,因为C大调既不是作品的起始调性,也不是中间七个乐章任何一个的重要中转调性。第二卷中,弗罗列斯坦和埃塞比乌斯的合作更紧密,C大调也仅仅用于末乐章。同样,无所不知的舒曼在此前作出这一评论:"埃塞比乌斯认为后面的(乐章)完全多余,尽管狂喜在他眼中闪烁。"乐章以右手属七和弦开始,它建立在左手

---

① 第一版有十小节;第二版出版于1850年(卷Ⅰ)和1851年(卷Ⅱ),少了最后一小节。

的主持续音之上,然后继续重建遗忘许久的圆舞曲,融入前面乐章的"遥远声音",并明确地将 C 大调作为最终的主调予以巩固(谱例3.8)。

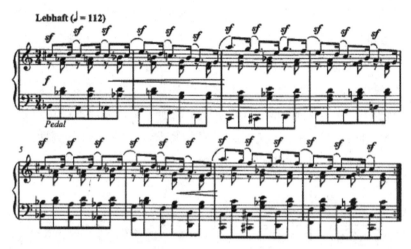

谱例3.7　舒曼,《大卫同盟曲集》,第一卷,no.9,mm.1—8

谱例3.8　舒曼,《大卫同盟曲集》,第二卷,no.9,mm.41—59

因此,分别开始于 G 大调和 d 小调的两卷作品都结束在 C 大调。第一卷的最终目标是被迫的;实际上,在 m.2 经由属七和弦纠正至 C 大调之前,弗罗列斯坦计划以 ♭E 大调开始最后乐章(谱例

3.7)。第二卷末尾 C 大调的引入更加渐次,并协同完成。它在第六乐章第三部分(mm. 25—56,三声中部?)中首次涉及,尽管只是不充分地阻碍了段落的结束调性♭E 大调。不充分延续到下一乐章(谱例 3.9),属七和弦第三转位阻碍着一个节拍模糊段落的运动,直到引用"克拉拉动机"(mm. 7—8)才真正重获稳定。在第八乐章——充满对第一卷前两个乐章的回忆——的戏剧性结束中,C 大调和弦作为拿波里和弦短暂出现。尽管埃塞比乌斯认为第九乐章多余(这一判断极不寻常),但显而易见,它解决了前面乐章未完成的和声过程。《大卫同盟曲集》是舒曼对"克拉拉"的赞歌,他将最纯净的调性与之永远相连。因此,作品向 C 大调的前进就不足为奇了。

谱例 3.9  舒曼,《大卫同盟曲集》,第二卷,no. 7,mm. 1—8

舒曼最重要的评论者——克拉拉多次坦言,她不能理解《大卫同盟曲集》。不过,舒曼仍存留希望。因为,他相信音乐完成后,随着时间推移,其标题意义会被演奏者察觉或揭示。《幻想小品集》(op. 12)第五首"在夜晚"就是最好的文献例证。舒曼在写给克拉拉的信中说道:令我高兴的是,我发现

> 它包含了"赫洛和利安德"的故事,你可能了解它。利安德每晚游过大海与情人相会。她在灯塔中等待,以熊熊火把为他

指路。这是一个美丽浪漫的古老传说。当我(在夜晚)弹奏时，总是想起这一形象：首先，他跳入大海——她呼唤——回应——他游过浪涛，成功到岸——当他们相拥，轻快的歌曲响起——然后，他不得不离去，他们难舍难分——直到夜色将一切笼罩……告诉我，你确实认为故事适合这首音乐作品。①

一旦舒曼意识到作品的文学联系，就不再让它溜走。显然，音乐没有创造故事，而是演奏时想起它。但是，回忆的详尽解释了舒曼为什么在自己与克拉拉之间保留这个故事。他的版本是俩个恋人之间的离别，"一个美丽浪漫的故事"。不过，他把乐章称为"赫洛(Hero)和利安德(Leander)"，不仅打破了 8 首《幻想小品集》标题或性格特征的平衡，而且听众可能尝试为音乐描绘出更多当代版本。1831年，在格里尔帕策的悲剧《大海和爱的波澜》中，利安德游向赫洛时竭尽全力，死于海中。随之，赫洛悲痛而亡。1801年，席勒的叙事诗中，赫洛在呼唤爱人的同一片海中溺亡。二者的命运相同。

1841 年 4 月，门德尔松在莱比锡的格万特豪斯布业大厅指挥里茨(Julius Rietz)《赫洛和利安德》序曲(op. 11)首演。不过，舒曼发现自己为作品所感。管弦乐开始于一个长大的引子(持续的柔板)，d 小调，突出单簧管独奏。紧接着，在相同调性中进行到一个暴风骤雨般的"活泼的快板"。最后，胜利结束于同名大调。舒曼为出版的钢琴缩谱写了一篇评论。由于每个人都了解格拉玛提库斯(Musaeus Grammaticus)的神话故事，将里茨描绘的结局与神话故事的结果相联系，舒曼难以启齿。于是，他总结道："无论如何，尾声的音响如此欢乐、崇高，除了向艺术家(里茨)传达最高的敬意，我们无需更多抱怨。"②

---

① 1838 年 4 月 21 日的信，参见 Clara and Robert Schumann, *The Complete Correspondence*, ed. Eva Weissweiler, trans. Hildegard Fritsch and Ronald L. Crawford (New York: Peter Lang, 1994)，Ⅰ：158—159。舒曼复信后一周，克拉拉数次致信舒曼，但她似乎对"在夜晚"的标题内容保持沉默。

② Robert Schumann, review of "Julius Rietz, Ouverture zu Hero und Leander......zu 4 Händen eingerichtet", *Neue Zeitschrift für Musik* 18, 33 (24 April 1843)：131—132, at 132.

如此判断，舒曼之心可谓清澈澄明，因为他相信，音乐上，里茨的作品是精湛的。① 并且，依他所见，音乐和文学辩证统一，彼此揭示和深化对方的艺术品质，但标题因素从未取代音乐技术。1835年，他告诫艺术家在他的作品中切勿过度卷入："让艺术家保持他们艰苦劳动的独立。如果我们对每一部作品的创作过程刨根问底，追根溯源，这将遭遇骇人听闻的事情。"②这里的悖论是，同时期的音乐作品中，舒曼自己的涉入——个性、经历、记忆、影响——如此之多，以致作品实际上要求解开他竭力隐瞒的那些线索。

　　大约在舒曼开始转向其他可能更易理解的体裁的同期，如歌曲、交响曲和室内乐，柏辽兹完全退出独立的标题器乐作品创作。取而代之，他将早期交响曲的实验纳入到歌剧和清唱剧的架构之中。可以肯定，每一部新的作品继续被它的诗意所塑造，但不再完全依赖于标题效果。尽管他们致力于标题音乐的高峰期约在1840年，处理结构、表情、传统问题的方式大为不同，但是，在19世纪50年代的争论风潮中，柏辽兹和舒曼都是至关重要的人物。

---

① 门德尔松认同这一观点，证据在序曲首演后门德尔松写给里茨的一封热情洋溢的信中，参见 Felix Mendelssohn Bartholdy, *Letters from 1833 to 1847*, ed. Paul Mendelssohn Bartholdy et al., trans. Lady Wallace (London: Longman, Green, Longman, Robert, & Green, 1863), 251—253。
② Schumann, "Review of Berlioz," 192.

# 第四章　李斯特与交响诗

1848年2月,著名钢琴家李斯特开始以宫廷乐长之职专事于萨克森-魏玛大公国的首都魏玛。此前10余年,李斯特在巴黎、维也纳、柏林、伦敦、布达佩斯、彼得堡甚至君士坦丁堡享受着一些最重要的艺术成功;因而,当他决定迁往约12000人口的小镇时,许多同代人惊诧于这一"降格"。但是,魏玛的"微小"却与它的名气成反比,城市因一群杰出的哲学家、作家和音乐家而声名赫赫——包括赫尔德、席勒、歌德、巴赫和胡梅尔,他们使得18世纪和19世纪初欧洲的文化景观改头换面。

19世纪30年代晚期以来,李斯特成功举行了1000余场音乐会。自此,李斯特建立起无与伦比的钢琴演奏家地位。当结束忙碌的音乐会表演生涯,在魏玛专事于作曲、指挥和教学时,他开创了一个自诩为"积累和创造"的时期。他希望,不仅魏玛能转变为一个"新雅典",而且自己可以比肩这座城市辉煌过往的文化精英。确实,1861年末,当他离开魏玛前往罗马开启职业生涯另一阶段时,李斯特创作了大部分他最著名的作品:《帕格尼尼练习曲》和《超级演技练习曲》的最终版本、《诗与宗教的和谐》、《旅行岁月》前两卷、《b小调钢琴奏鸣曲》、《浮士德》和《但丁》交响曲、12首交响诗。同样重要的是,这些作品也记录了他广泛探索诗意与音乐是如何达到完美统一的——换言之,如何创作标题音乐。李斯特、(在相对次要的层面上)瓦格纳及其优秀学生的作品,构成了世纪中叶德国标题音乐的核心曲目。

## 从序曲到交响诗

19世纪20年代晚期和30年代上半叶,李斯特居住在巴黎。这里,他了解到柏辽兹、肖邦、海涅(Heinrich Heine)、雨果、门德尔松和其他重要的艺术名人。30年代下半叶,在欧洲南部多次旅行期间,李斯特开始发现作曲家-钢琴家从诗意中获益的途径。一个探索结果是作品《旅行者札记》,即瑞士各地的音乐游记,分为"印象与诗意""阿尔卑斯的旋律之花""改编曲"3册。1842年,19首乐曲问世,李斯特在序言中为这部五彩缤纷的集子详细交代了创作动机和方法(文字栏4.1)。作品初始的标题基石无可否认:李斯特设想"系列乐曲虽不受任何传统结构束缚或者不附着于任何专门设计,但通过恰如其分的节奏、律动和旋律,揭示它们灵感来源的幻想、激情或沉思"。

---

**文字栏4.1 李斯特,《旅行者札记》(1842)序言**

近来,我游历了许多新的国家,揽各地之不同,访历史与诗歌之神圣所在,感自然之万态,以及相关的点点滴滴。它们不是苍白照片,遂成过眼云烟。在我心深处,已激起层层情感波澜。模糊而直接的共鸣,真实而朦胧的领悟,确切而难言的交流,在我与它们之间生根。一些最强烈的情感,一些最生动的印象,我尝试诉诸以音乐。

起笔,记忆愈加浓烈。各色图景与想法,鱼贯而至,自然融合。我不停地写,开始毫无计划。但很快,一年的大部分时光已安排妥当。我草拟计划,并构思整部作品。

它将分为两部分。

第一部分包括一系列乐曲,它们不受任何传统结构束缚或者不附着于任何专门设计,通过恰如其分的节奏、律动和旋律,揭示它们灵感来源的幻想、激情或沉思……

万物的本质和诗意,一切的内在范式,在如此艺术创作中,似乎卓然流露,以它们的形式美,引来心灵的情感和思想。音乐是造型最弱的艺术,然而,它拥有自己的形式,不会毫无道理地被定义为声音的建筑。即便是建筑,矗于托斯卡纳、洛里安、科斯林等风格之侧,它也表达着思想内容,异教或基督教、世俗或神秘、战争或商业。可能,在更大程度上,音乐隐藏着意义,不为大多人所领悟。确实,一首艺术作品的关注点,多数人的评论囿于外围,浅薄地欣赏某些表面技巧。

随着器乐的演进、发展、摆脱早期局限,它愈发打上这一理想的烙印,构筑起完美的造型艺术。或许,外在之下的内心言说时,它不再仅仅是声音的联合,而是比诗歌本身更贴切的诗意语言。所有这一切无法分析,所有这一切在永恒欲望与无限直觉的隐秘深处涌动。

相信它,想着它,我开始了这部作品。它不是为多数人,而是少数人所写;不是为了大获成功,而是为了获得少数人的认可。因为他们认为音乐除了消磨闲暇时光,还有其他用益;音乐不是无用的娱乐消遣,还可获取更多。

来源:译文改自 *Franz Liszts Musikalische Werke*, ser. ii, vol. Ⅳ, ed. José Vianna da Motta (Leipzig: Breitkopf & Härtel, 1916), 3。

19世纪40年代间,李斯特对诗歌和文学的广泛兴趣进一步加强。这实际也有助于解释李斯特定居魏玛的决定,因为这里的诗歌传统无可比拟。根据阿尔滕堡(Detlef Altenburg),李斯特把宫廷乐长职位看作"完成伟大文学与音乐综合"的一个机会,这在忙碌的音乐会年代只能偶尔为之。① 毋容置疑,就像《旅行者札记》序言中清

---

① Detlef Altenburg, "Franz Liszt and the Legacy of the Classical Era", *19th-Century Music* 18, 1 (1994): 46—63, at 53.

楚表明的那样，寻求综合标志着他对早期奋斗的延续。当然，这种综合在提高自我的同时，也充实了这个群体。早在 1844 年，李斯特就已设想一个诗人-音乐家繁荣兴盛的魏玛，他提出"在（歌德赞助人）大公卡尔·奥古斯特（Karl-August）的庇护下，魏玛已成为一个新雅典。让我们公开坦率的重新点燃卡尔·奥古斯特的传统"。①

很大程度上，"新雅典"建立在宫廷剧院的基石之上。1817 年，歌德退出经理之位后，剧院已经衰落。李斯特希冀，通过仅次于歌德戏剧的媒介——歌剧来重返它的荣光。1849 年 2 月 16 日，他指挥上演瓦格纳的《唐豪塞》，这是李斯特来此不足一年间为新雇主呈现的第二部歌剧。可能，作品上演获得的政治加分与这部被低估的艺术作品的宣传作用一样大。因为瓦格纳歌剧的发生地距魏玛仅 88 公里，一个 11 世纪早期的瓦特堡城堡。长久以来，此建筑物是大公国历史和文化价值的象征：13 世纪早期，匈牙利年轻的圣伊丽莎白居住于此；300 年后，在其庇护下，刚被天主教放逐的马丁·路德将希腊文《新约全书》译成德文；据称，1207 年，游吟歌手在城堡大厅中聚集，角逐著名的唱歌比赛，瓦格纳在歌剧第二幕中予以想象性的重现。

可以肯定，《唐豪塞》上演是一次精明的政治选择。不过，它仅仅是这位由钢琴家转变而来的指挥家第一个繁忙季节中的一个事件，其他演出还包括莫扎特、格鲁克和罗西尼的歌剧。确实，李斯特很难预料到，下一个 10 年，瓦格纳作为主要力量改变其标题音乐及理论基础的程度。可以预见的是，瓦格纳具有成为魏玛"新雅典"杰出艺术公民的潜质。于是，在李斯特作为宫廷乐长的整个任期内，他积极提携这位流亡的作曲家，使其成为指挥家、改编者、批评家。李斯特采取三大宣传攻势：指挥歌剧《唐豪塞》的演出；同年，上演歌剧序曲，并将其改编为辉煌的钢琴独奏；通过报刊上的一篇分析，引荐给巴黎——李斯特和瓦格纳希望歌剧在这里上演。《唐豪塞》只是最初的受益者。

---

① 1844 年 1 月 22 日给玛丽·达古的信，参见 *Correspondence of Franz Liszt and the Comtesse Marie d' Agoult*, ed. and trans. Michael Short (Hillsdale, NY: Pendragon Press, 2013), 369.

1850年,李斯特指挥瓦格纳的《罗恩格林》世界首演后,扩充了《唐豪塞》的那篇文章,并以类似篇幅为《罗恩格林》撰文。1851年,两者以标题《瓦格纳的"罗恩格林"与"唐豪塞"》出版。李斯特尤为关注《唐豪塞》的序曲,赞扬其双重功能:

> 这首伟大的序曲自身形成了一个交响整体,以致我们可以将其看作一个独立乐曲,与后面的歌剧分开。在它们绝妙的融合前,两个不断发展的主要乐思清晰地表达了它们的全部性格。一个激越,另一个充满无法抗拒的感染力,各成方圆。这些动机完全交给配器,性格如此鲜明,以致自身就包含了音乐思想所要求的所有引人注目的感觉。它们描绘、表达的情感如此生动,以致无需文字注解就能辨识它们的性质,也无需知晓后面歌剧中相应的歌词。①

就像瓦格纳10年前那样(参见第二章),李斯特提出了几项标准。一首序曲应该能够从随后的歌剧中解脱出来,成为一个有机的、完全独立的交响实体。动机必须性格鲜明(如宗教的、世俗的、哀伤的),它们的安排必须形成有意义的对比,比如宗教主题被狂欢主题打断。精致的配器也要增强动机的多样性和情感的对比度,就像乐曲开头,瓦格纳以单簧管、圆号和巴松描绘神圣庄严的色彩,它与随后维纳斯(Venusberg)的分声部小提琴轻盈闪烁的音色形成对比。然而,动机的安排与配器不是服务于事件,而是为了描绘情感或者突出形象,如世俗激情或女妖。在这个意义上,序曲吸取交响基底成为一部诗意作品。此后的分析,李斯特将这个新型序曲置于历史语境之中——更准确地说,他主张,作品应称为"交响诗":

> 至于这部序曲……你不能要求一部交响诗,它以古典形式规则

---

① Franz Liszt, "The Overture to *Tannhäuser*", ed. David Trippett, trans. John Sullivan Dwight, in *Richard Wagner and His World*, ed. Thomas S. Grey (Princeton University Press, 2009), 251—268, at 257—258.

写得更加统一,或者说,呈示部、展开部和矛盾前提的解决更具完美逻辑。它的运行与同类中的最佳范例一样严密,同时更丰富。①

李斯特分析《唐豪塞》序曲的时间并非偶然,此时,他正开始将自己的序曲转变为交响诗(李斯特唯一一部完整歌剧《唐桑奇》首演于1825年,并被悄然遗忘)。与音乐创作类似,李斯特的文字产出也在下一个 10 年爆发,关于肖邦、菲尔德(John Field)、弗朗茨(Robert Franz)、莫扎特、克拉拉、维多-加西亚(Pauline Viardot-Garcia)的论述,关于贝多芬、格鲁克、门德尔松、梅耶贝尔、舒伯特和瓦格纳作品的文章,仅仅列举少数。李斯特经常运用这些作曲家和他们的作品作为跳板,提出某些社会或艺术命题,比如标题音乐。由此,他把舒曼描述为最先打破音乐与文学壁垒的人物之一,并为双方搭建友谊之桥:作为作家,"他将音乐评论转变为文学作品";作为作曲家,他

> 完完全全领会了标题的意义,并给标题运用以最完美的例子。现实生活中,标题所描述和指示的客观对象"影响"我们。舒曼的敏锐诗意紧扣对象,从而实现真正的标题要求。他的音乐成功唤起这种"影响",令人钦佩。②

关于舒曼的这篇文章出现在 1855 年,相较于 5 年前还挣扎于瓦格纳序曲的含意,李斯特对标题音乐的定义、范围和恰当运用已有更为清晰的观念。确实,他已经完成几部自己的交响诗。不过,出于对听众和评论者误读这些作品的担忧,同年,此议题最长的一篇论文《柏辽兹和他的"哈罗尔德"交响曲》诞生了。③ 论文分为四部分,开

---

① Liszt, "The Overture to *Tannhäuser*", 260.
② Franz Liszt, "Robert Schumann (1855)", in *Schumann and His World*, ed. R. Larry Todd (Princeton University Press, 1994), 338—361, at 345 and 358.
③ 这篇论文的所有引用出自 Franz Liszt, *Gesammelte Schriften*, ed. and trans. Lina Ramann, 6 vols. (Leipzig: Breitkopf & Härtel, 1880—1883), Ⅳ: 1—102.

始于争议的评论。在 1830 年 12 月柏辽兹与李斯特成为朋友之前，争议就已困扰着柏辽兹。一个作曲家-诗人应该独立思考而非盲目效从，柏辽兹反对严苛的正统话语，成为前进的倡导者；作为艺术家，他像贝多芬一样，追求艺术美时，没有依附某个独立的体系，而是在主流之外施展拳脚。第四部分关注《哈罗尔德交响曲》本身（参见第三章）。第三部分举证贝多芬、门德尔松、舒曼、甚至 J. S. 巴赫的先例，置标题音乐于历史视角之中。第二部分是论文美学的神经中枢，不幸的是，它充满晦涩难懂和自相矛盾之处。然而，一些基本观点可引证如下：

- 音乐结构只是众多组织原则中的一种。理想状态下，音乐和非音乐结构应当辩证地融合与并行："每一个要素相互关联，获得新的特性。它丧失了旧属性，在变化的环境中施以不同影响，形成新结构、新名称……原初特点鲜明的结构相互融合，在艺术中创造出——就像在自然中一样——或新鲜美丽、或怪诞异常的现象，这取决于相互结合带来一个谐和整体还是一个笨拙谜题。"(p. 35)
- "与所谓的古典音乐相比……在标题音乐中，动机的再现、变化、出新和变形来自于它们与诗意的关系。"(p. 69)因此，取名为"交响诗"，代替"诗意的交响曲"。它居于交响曲和序曲之间，又独立于二者。
- "诗文的理论基础和目标不是表达主角的行为，而是内心吐露的情感，英雄的性情远比他的行为重要。"(p. 54)①
- "杰出人物"应该是现代音乐-诗意阐述的主题，因为"浪漫时

---

① 李斯特关于音乐与情感的这一观点及其他论述表明，他熟知布伦德尔的文论（参见第五章）。1850 年，布伦德尔写道："现代音乐义无反顾地努力追求准确表达和最大可能的鲜明性格，即便纯器乐，也是如此，它们共同努力目标在于运用可以获得的各类叙述和描绘，表现准确、可感的诗意心灵情状"，参见 Donald Mintz, "1848, Anti-Semitism, and the Mendelssohn Reception", in *Mendelssohn Studies*, ed. R. Larry Todd (Cambridge University Press, 1992), 126—148, at 144。

期的潮流……夸大人物的规模和境况……(这些人物)将普通人的所想所感理想化,尽管还不够完善、明晰与崇高"(p. 55)。

- 标题不是一个规定,而是"引导作曲家创作状态及其试图体现思想的一种预先提示"(p. 50)。

19世纪50年代早期至中期的文章,为李斯特在标题作品中期待迈出的下一个革命性步履埋下了基石,这些作品就是1856至1861年间莱比锡出版商布莱特科普夫 & 哈特尔(Breitkopf & Hätel)出版的一系列交响诗。自此以后,就像舒曼,李斯特在作品的"诗意基础"上为听众提供线索,成为一名热衷凸显审美体验的艺术家。他从瓦格纳的序曲中受益,吸收其特性动机的情感潜能和塑造形式结构、戏剧结构的能力。他以柏辽兹为范,尊重传统形式,但不总是囿于传统,而是让诗意内容决定音乐发展。不过,正如表格4.1中所指示,李斯特精心挑选诗歌、英雄、绘画原型,其跨越的地域范围、历史时代和美学内容,已比他的先辈们走得更远。

表格 4.1 李斯特的交响诗

| 标　　题 | 创作时间 | 出版时间 | 来　　源 |
| --- | --- | --- | --- |
| 《山间所闻》 | 1847—1856 | 1857 | 雨果 |
| 《塔索,哀叹与胜利》 | 1847—1854 | 1856 | 拜伦、歌德《托尔夸托·塔索》 |
| 《前奏曲》 | 1849—1855 | 1856 | 拉马丁,奥特朗 |
| 《奥菲欧》 | 1853—1854 | 1856 | 伊特鲁里亚的花瓶,格鲁克《奥菲欧与尤丽迪茜》,巴朗什 |
| 《普罗米修斯》 | 1850—1855 | 1856 | 赫尔德,巴朗什? |
| 《玛捷帕》 | 1851—1854 | 1856 | 雨果 |
| 《节日之声》 | 1853—1861 | 1856,再版1861 | |

（续 表）

| 标　题 | 创作时间 | 出版时间 | 来　源 |
|---|---|---|---|
| 《英雄的葬礼》 | 1849—1850，1854—1856 | 1857 | 放弃的《"革命"交响曲》，1830 |
| 《匈牙利》 | 1854 | 1857 | 李斯特，《匈牙利风格的英雄进行曲》(1844) |
| 《哈姆雷特》 | 1858 | 1861 | 莎士比亚，道尔森 |
| 《匈奴之战》 | 1857 | 1861 | 考尔巴赫 |
| 《理想》 | 1856—1857 | 1858 | 席勒 |
| 《从摇篮到坟墓》 | 1881—1882 | 1883 | 米哈伊·齐奇 |

## 交响诗中的交响曲与诗歌

李斯特《山间所闻》取材于雨果的同名诗歌，常称为"山岳"交响曲。由于诗歌尝试将声音转化为文字，因此，以它开始李斯特的交响诗创作确实恰如其分。从静默的山顶环视风景，雨果逐渐分辨出两个对立的声音：一个似乎浮现于自然，又悄然归于自然，使世界溢满"一种难以形容的深奥的音乐"(Ⅰ.19)。就像一个"来自海洋的光荣颂，幸福颂"(Ⅰ.37)，寻天国之路而去。① 对立的声音极不相同。它成长于不协和的对应物，就像"地狱门上的铰链，已经锈了"(Ⅰ.56)，以致"大声地口出恶言亵渎，在人类嘈杂声浪中流过"(Ⅱ.61—62)。前者产生于自然，后者出自人类。

典型意义上，雨果没有为这个19世纪突出的对立关系提供解决途径。相反，他以听觉经验留下了一些本体论问题作为结论：

---

① 诗歌英文版全部出自 *The Essential Victor Hugo*, ed. and trans. E. H. and A. M. Blackmore (Oxford University Press, 2004), 77—81.《山间所闻》的所有中译文来自《雨果诗选》，沈宝基译，湖南人民出版社，1985年。

> 我便自问为什么人在这里,
> 总之,这种种目的何在,
> 灵魂做些什么,哪一个海值得存在或生活,
> 为什么唯一东德命运之书的上帝,永远
> 把自然的歌声,人类的呼喊,
> 掺在一起不可分,结成美眷?

《山间所闻》中,一些形象转化为音乐直接明了。竖琴,尽管为人工制造,但它与自然、宗教紧密相联(Ⅱ.30,45),李斯特几乎在交响诗的每一个段落突出运用了它。管乐,尤其是双簧管,在 m.40 开始演奏田园音乐。李斯特两次把第一小提琴分为六个独立的声部(mm.527—534,566—573),与天国"调情"。然而,小号——象征着人类的好斗本性——在 m.157 引入战斗主题,为 mm.227—235 巴洛克式的"啼哭和叫喊"(Ⅰ.59)做好准备。另外,雨果的诗歌规模不仅在一定程度上为李斯特《山间所闻》的膨胀(恰好超过一千小节)找到了理由,而且有助于解释李斯特动机的典型特征(参见第一章)和它们未能结合为真正旋律的缘由,即留给了赞美诗(后文讨论)。雨果将他的周围环境描绘为"乐声滚滚远去,继续把无边的星球扩张,消失在深远的阴影中,随之去的是:时间、空间、形体与数量"(Ⅱ.24—26)。确实,交响诗中最突出的音型是起伏的上方辅助音:作品开始于一个没有音高的低音鼓(mm.1—2),直到 m.3,弦乐才给予它确定音高(D-$^b$E)。它作为"动机开端",一直保持在 m.97 的宏伟音型、m.157 密集的不协和部分与 m.479 的赞美诗之中。

最后的主题可能为两种声音景观提供了一种和解,一种自然与人类相互"拥抱"的深深抚慰,这是雨果所未涉及的。正如谱例 4.1 所示,第一乐句五小节,它是"波浪"动机(m.3 的"x")和捕捉人类糟糕状况的戏剧性不协和音型(m.209 的"y")在自然音阶上的变形。同时,赞美诗的属性被强调,其中包括速度标记,宗教般的行板;中音和低音长号的演奏,传统上,这些乐器与基督教仪相联系(参见舒曼

《第三交响曲》第四乐章,第七章论述);它与瓦格纳《唐豪塞》"朝圣者合唱"具有音响亲缘关系,歌剧序曲中的这个主题与李斯特的赞美诗非常相似,并且,其唱词(第一幕第三场)宣称:"主啊耶稣,我跋涉而来。因为你是朝圣者的希望!"

谱例4.1 李斯特,《山间所闻》,赞美诗(m. 479)融合了自然(m. 3;"x")和人类(m. 209;"y")

尽管交响诗整体"叙事"轨迹遵循主题混乱到相对有序,但结束时的赞美诗仍断断续续、模模糊糊,似乎强调了旅程还将延续,而不是一个确定或最终的目的地。在这个意义上,《山间所闻》属于少数标题作品,它挑战着最终走向乐观的交响作品,如贝多芬《第九交响曲》、施波尔《第七交响曲》(副标题为"人生的世俗和神圣",1841年)。因此,借助作曲家写下的具体诗文,它成为施特劳斯《查拉图斯特拉如是说》比德迈式的潘然觉醒,罗帕茨(Guy Ropartz)《第三交响曲》的宗教虔诚。或者，它是奥涅格（Arthur Honegger）犹犹豫豫的《礼拜交响曲》。① 由此可见，自然和人类在一个未知世界的并置，它以各种"面貌"长久留存于李斯特之后的作品中。

显然，《山间所闻》最初为一部独立的序曲而设计，后来逐渐转变为交响诗。与此相同，《前奏曲》的许多材料最先出现在一组带钢琴伴奏的四声部合唱曲中，1844—1845年，李斯特根据居住于马赛的诗人奥特朗（Joseph Autran）的诗作所创作。1844年8月6日，李斯特在奥特朗的家乡演奏了第一首《北风》。可能，剩下三首《潮汐》《大地》和《星辰》也完成于此年，尽管李斯特似乎从未演奏过。定居魏玛后，怀着为钢琴部分配器的目标，李斯特返回到《四种元素》（合唱曲的总标题）。他把这一任务委托给抄写员康拉丁（August Conradi），自己开始考虑创作一部管弦乐作品，它要么引入合唱曲的主要主题，要么运用这些主题进行大规模发展。因而，最初的《前奏曲》又有《四种元素》序曲或交响曲之名。然而，1854年早期，当作品定名为《前奏曲》时，参照物已不是奥特朗的诗歌，而是对李斯特早期职业生涯产生最重要影响的诗人之一拉马丁（Alphonse de Lamartine）的诗作。

拉马丁的诗出版于1823年，《新沉思集》的第十五首。自19世纪30年代早期，当年轻的钢琴家积极搜罗关于艺术、政治、社群的新思想时，李斯特就已熟知这部诗集和它的作者。李斯特最早的标题作品之一，大胆创新的单乐章《诗和宗教的和谐》（1835）采用了拉马丁1830年另一部诗集的名称；19世纪40年代末，尤其是50年代初，准确来说，正是《四种元素》转变为《前奏曲》的时期，李斯特极大地扩充了这一作品。几位学者质疑拉马丁的诗与李斯特交响诗的联系，但是不可否认，拉马丁的风格——远远超过雨果的《山间所

---

① 关于《查拉图斯特拉如是说》的这一点，参见 Bryan Gilliam, "Richard Strauss", in *The Nineteenth-Century Symphony*, ed. D. Kern Holoman (New York: Schirmer, 1997), 345—368, at 355. 关于罗帕茨《第三交响曲》，参见 A. Peter Brown and Brian Hart, *The Symphonic Repertoire. Volume Ⅲ, Part B: The European Symphony from ca. 1800 to ca. 1930; Great Britain, Russia, and France* (Bloomington and Indianapolis: Indiana University Press, 2008), 673—683.

闻》——强烈依赖音乐想象和自然声音的创造者：竖琴、号角、里拉琴、风和鸟，它们使拉马丁的《前奏曲》充满了声音景观。此外，正如莱克(Anatole Leikin)所言："更实质的问题是诗歌凸显的情感高度和表情强度：爱、恐惧、激情、绝望、空虚、悲惨、快乐、孤寂、痛苦、狂喜、忧郁。"①应当承认，李斯特的总谱序言软弱无力，平淡无奇，但它强调了拉马丁《前奏曲》所追求的独特情感，同时为它们必需的统一性提供论据：

我们的人生不就是未知之歌的一系列前奏吗？死亡吟咏出它第一个庄严的音符——爱才是这一切闪烁不已的曙光。而命运是什么呢？那里，最初的快乐不会被暴风雨打断，无尽的欢愉将驱散纯粹幻想；命运的闪电吞噬了神圣祭坛，当暴风雨来临，伤痕累累的心灵还会将回忆寄托于生命的平静吗？是的，人类不会迷失自我，长久沉溺于最初从大自然怀抱中分享而来的宁静。当"号角响起"，无论战斗多么危险，为了再次唤醒自己的全部意识和所有能量，他冲向呼唤他的岗位。②

谱例 4.2 展示了乐思的多样统一。李斯特的《前奏曲》中，开头三音动机产生所有主题和几个副题。实际上，动机变形的清晰明了使作品完美展现了李斯特的"主题变形"技术。③ 这个过程在局部的旋律层面令人印象深刻，但从整体考虑一部"主题变形"作品，常常会

---

① Anatole Leikin, "Chopin's Prelude Op. 28 and Lamartine's *Les Préludes*", in *Sonic Transformations of Literary Texts: From Program Music to Musical Ekphrasis*, ed. Siglind Bruhn (Hillsdale, NY: Pendragon Press, 2008), 13—43, at 28.
② Franz Liszt, *Les Préludes*, ed. Rena Charnin Mueller (Budapest: Editio Musica, 1996), 35. 其他三个序言流传于 19 世纪 50、60 年代，可能也获得了李斯特的同意，参见 Theodor Müller-Reuter, *Lexikon der deutschen Konzertliteratur* (Leipzig: C. F. Kahnt Nachfolger, 1909), 297—301.
③ 李斯特"主题变形"与勃拉姆斯"发展性变奏"(勋伯格为其命名)不同方式的精练描述，参见 Walter Frisch, *Brahms and the Principle of Developing Variation* (Berkeley and Los Angeles: University of California Press, 1984), 49.

产生结构问题。汉斯立克(其美学倾向在下一章论述)笃信,《前奏曲》只不过是一个大杂烩,乐思空洞,变化肤浅。它的美学指导思想本位主义,具有根本性缺陷:"每时每刻过分追求融入一些新的、未听过的和辉煌的东西,实际扰乱了整体,并彻底沦为艺术上的浅薄。"①

谱例 4.2 李斯特,《前奏曲》,核心动机的演变

李斯特确实想去创造,而不是重复使用。汉斯立克断言李斯特无视"海顿、莫扎特、贝多芬和门德尔松"形成的德国遗产,尤其是结

---

① Eduard Hanslick, *Sämtliche Schriften: Aufsätze und Rezensionen* 1857—1858, ed. Dietmar Strauß (Vienna: Böhlau, 2002), 51.

构,这并不可靠。运用一种双重结构功能,《前奏曲》既按照交响曲又遵循奏鸣快板乐章运行,从而向结构模糊的贝多芬《第九交响曲》末乐章致敬(表格4.2)。前者体现于交响诗的四个部分,其中,第一乐章和第二乐章的传统特征被代替。结果,歌曲控制了第一乐章,暴风雨侵袭了第二乐章。然而,这些部分也可解读为,它更贴近李斯特早期的歌剧幻想,或者是施特劳斯《堂·吉诃德》的原型。也就是说,为了回应拉马丁的诗歌,它作出了特征鲜明、目的明确的变化。①

表格4.2　李斯特《前奏曲》的若干结构

| 小节 | 单乐章交响曲 | "拉马丁诗作"的性格变奏双呈示部的奏鸣曲式,无展开部,主题与调性错开再现 | 带谐谑插部的奏鸣曲式,呈示部"爱情"主题在再现部予以"战斗性"变奏 | |
| --- | --- | --- | --- | --- |
| 1 | Ⅰa. 引子 | 出生 | 引子 | 引子 |
| 35 | Ⅰb. 歌曲 | 知觉 | 呈示部Ⅰ,主部 | |
| 47 | | | | 呈示部,主部,"爱情" |
| 67 | | 纯真之爱 | | |
| 70 | | | 呈示部Ⅰ,副部 | 呈示部,副部,"爱情" |
| 109 | Ⅱ.暴风雨式的 | | | 展开部 |
| 160 | | | 呈示部Ⅱ,主部 | |
| 182 | Ⅲ.田园式的 | | | |
| 200 | | 困难 奋斗 慰藉 | 呈示部Ⅱ,副部 | 谐谑插部 |

---

① Keith T. Johns, *The Symphonic Poems of Franz Liszt*, ed. Michael Saffle (Stuyvesant, NY: Pendragon Press, 1996), 55. 关于同一方式的另一结论,参见 Alexander Main, "Liszt after Lamartine: 'Les Préludes'", *Music & Letters* 60, 2 (1979): 133—148, esp. 142—143; Andrew Haringer, "Liszt as Prophet: Religion, Politics, and Artists in 1830s Paris" (PhD diss., Columbia University, 2012), 241—244。

(续 表)

| 小节 | 单乐章交响曲 | "拉马丁诗作"的性格变奏双呈示的奏鸣曲式，无展开部，主题与调性错开再现 | 带谐谑插部的奏鸣曲式，呈示部"爱情"主题在再现部予以"战斗性"变奏 | |
| --- | --- | --- | --- | --- |
| 260 | | | 主题再现 | |
| 296 | | | 调性再现 | |
| 344 | | | | 再现部，主部，变奏 |
| 370 | | | | 再现部，副部，变奏 |
| 405 | Ⅳ. 尾声 引用第一乐章引子 | | | 尾声 |

从单乐章角度，相同的轮廓也显示出奏鸣曲式结构。考虑到《前奏曲》众多旋律的关系，找出一个真正的"新主题"相当困难。表格4.2倒数第二列的分析概述中，奏鸣曲式在前二百小节已经成形，但两个呈示部取代了展开部。再现部同样棘手，因为它的主题和调性再现点不同。从这个角度来看，李斯特似乎挑战了奏鸣曲式的单一调性布局。[1] 然而（表格4.2最后一列），如果暴风雨场景是作品的展开部分，那么就可以解释为什么呈示部两个"爱情"主题以战斗般的变形在再现部中——mm. 200—343 田园插部之后——再现了。换言之，这一轨迹将主题变化置于奏鸣曲式叙事模式中描述其轮廓。[2]

1852年，李斯特在给作曲家、批评家和钢琴教师科勒（Louis Köhler）的信中写道："我的所有要求就是让内容决定形式……它本质上依赖于思想内容是什么，如何运行和安排，这也总是将我们引向

---

[1] Mueller's introduction to Liszt, *Les Préludes*, 21—22.
[2] Serge Gut, *Franz Liszt*（Sinzig: studiopunkt-verlag, 2009）, 508.

情感与创新。"①可能,李斯特最终决定将拉马丁的《前奏曲》与其交响作品连接在一起,是因为它使观众优先想到的不是单一的结构、不是一个完全独立的前奏曲,而是情感状态与结构事件的相互嵌入。对拉马丁而言,"前奏曲"是"一首诗意奏鸣曲"。② 这正是李斯特所有成熟标题音乐的共同目标。

## 神话与历史之间:李斯特的性格练习曲

与三乐章《浮士德》交响曲一样,李斯特的五部交响诗在一定程度上也是性格练习曲:《塔索》《奥菲欧》《普罗米修斯》《玛捷帕》和《哈姆雷特》。虽说李斯特对奥菲欧和普罗米修斯的行为以及他们对现代社会价值的理解已明显被当代诠释所浸染,但两部作品的最初源头是古希腊神话:在《奥菲欧》的序言中,李斯特解释说,其主要创作动力来自对卢浮宫内伊特鲁里亚花瓶上奥菲欧(Orpheus)的描绘。当然,作曲家承认,1854年2月16日,他在魏玛指挥格鲁克歌剧《奥菲欧与尤丽迪茜》(1762)上演也推动其创作了一部序曲,以取代格鲁克平淡的原作。然而,约一年后,表面上完全独立的交响诗却显露出早期序曲功能的余痕。比如,mm. 84—86,哀伤的小提琴独奏与格鲁克开始场景中尤丽迪茜(Euridice)死后个体与群体的悲悼极其神似。③ 同时,格鲁克的主要事件——奥菲欧试图从地狱中救回死去的新娘尤丽迪茜——与李斯特的聚焦点毫无共同之处。相反,李斯

---

① 1852年7月9日的信,参见 Franz Liszt, *Briefe*, ed. La Mara, 8 vols. (Leipzig: Breitkopf & Härtel, 1893—1905), Ⅰ: 225。
② Lamartine, "Commentaire de la quinzième médition", in *Méditations poétiques avec commentaires* (Pariss: Didot, 1849), 144. 在这份奇特的陈述中,拉马丁似乎在暗示,诗意灵感来自音乐。实际上,他还将自己称为"最娴熟的艺术家,在我自己的乐器上演奏"。
③ 李斯特交响诗与格鲁克歌剧的此类对应,参见 Joanne Cormac, "Liszt as Kapellmeister: The Development of the Symphonic Peoms on the Weimar Stage", (PhD diss., University of Birmingham, 2012), 218—221。

特强调了奥菲欧的"崇高言辞和歌曲,以及修长和优雅手指触动下里拉琴的回响……它向人类揭示了艺术的慈爱力量、辉煌光彩和文化融洽"。①

作为社会更替的动因,很大程度上,奥菲欧的典型特征归因于社会哲学家巴朗什(Pierre-Simon Ballanche)。他雄心勃勃的专著《社会再生论》试图

> 记录人类历史纪元中社会秩序的不断产生、灭亡与再生……社会秩序是人类不断克服自身堕落的舞台。每个时代拥有各种社会建制,它充斥在这个舞台,标志着人类的更生;社会再生只不过是这些时代的连续展开。②

尽管巴朗什没有完成专著,但他出版了"序言"(1827)和"奥菲欧"(1829)。约1834年,李斯特读到后者。作为史前人类最重要的人物,奥菲欧使世界得到教化(比如,罗马古典时期),李斯特被他深深吸引。1834年9月15日,他给情人玛丽·达古(Marie d'Agoult)的一封信中大量引用了巴朗什的"奥菲欧",从而证明其钦佩之情。其中包含一个预示50年代公开表达的标题立场:就像奥菲欧,"诗人是神、自然和人性的现实体现"!③ 确实,李斯特《奥菲欧》的著名尾声(谱例4.3)具有多重功能:描绘奥菲欧最后升入天堂;象征着他的神化地位;作为文化进步的一个例子,奥菲欧的介入激励着李斯特这个当代艺术家;作为李斯特追随者的一个榜样。正如李斯特给里特(Alexander Ritter)的信中生动描述的那样,《奥菲欧》"只是徘徊于欢乐和悲痛之间,再一次吐露艺术的和谐"。④

---

① Liszt, Preface to *Orphée*, Stradal arr. Trans. unknown.
② Arthur McCalla, *A Romantic Historiography: The Philosophy of History of Pierre-Simon Ballanche* (Leiden: Brill, 1998), 164.
③ *Correspondence of Franz Liszt and the Comtesse Marie d' Agoult*, 45. 李斯特实际错误引用了巴朗什的话,"诗人是神、万物和人类的现实体现",参见 Ballanche, *Essais de Palingénésie sociale. Orphée* (Paris: Didot, 1829), 284。
④ 1856年12月4日的信,参见 Liszt, *Briefe*, Ⅰ: 245。令人啼笑皆非的是,如此描述《奥菲欧》,李斯特却试图劝说里特不要演出这部富有争议的作品。

谱例 4.3　李斯特,《奥菲欧》,mm. 04—215,缩谱 斯特拉达尔

　　巴朗什认为历史是时代的连续,痛苦和赎罪导致了它的改造、革命和再生。在《社会再生论》中,普罗米修斯(Prometheus)和奥菲欧——就像巴朗什描述的那样,他们是自由的象征——将所谓的"原始时期"(即史前年代)分隔开。实际上,"普罗米修斯肯定是奥菲欧的先辈,就像(个人)责任必然是社会演进的先决条件,因此,奥菲欧的教化使命以责任的获得为前提"。① 普罗米修斯背叛天庭,秘密为人类盗取火种(和部分预言)。由于这个慷慨的忤逆行为,宙斯对他施以残酷、无休止的惩罚:不朽的普罗米修斯被缚于一块岩石,一只老鹰(或秃鹫)贪婪地啄食他的肝脏。第二天,肝脏复原,鸟儿复而享用这份美食。自公元前 8 世纪晚期赫西奥德(Hesiod)在《神谱》中记载后,这个故事就塑造了西方的神话幻想。

　　普罗米修斯蔑视权威、舍身取义、为人类文明作出贡献——确实,他是人类文明的缔造者——以及他的悲惨命运,使他在 18 世纪晚期和 19 世纪的艺术家中颇受青睐:1774 年,歌德的赞歌将他理想化为叛逆者的一个典范;玛丽•雪莱(Mary Shelley)的《弗兰肯斯坦》或称为《现代普罗米修斯》(1818)讲述了一位科学家,违反自然规

---

① McCalla, *A Romantic Historiography*, 230.

律,结果创造出一个怪物;早在两年前,拜伦得出结论:"你是一个象征,一个标记,象征着人的命运和力量"①(《普罗米修斯》,Ⅱ.45—46);瓦格纳的《未来艺术品》富于争辩,长篇论述了交响曲和现代戏剧音乐的前景,其间,他为两位西方文化巨人提供了一个令人信服的联系:"普罗米修斯塑造人类肉体,贝多芬就像第二个普罗米修斯,他试图塑造人类的音乐。当然,不是身体或音乐,而是两者一起,人类——活的宙斯形象才被创造。"②

简而言之,普罗米修斯轻松横跨于社会和艺术领域,这一特征深深吸引着李斯特和另一位魏玛文化星座中的璀璨明星——赫尔德(1744—1803)。在重塑赫西奥德尤其是埃斯库罗斯(Aeschylus)流传下来的故事时,赫尔德的《被解放的普罗米修斯》提出了他的人道信条,人类迈向普世理性应该排除民族区分。李斯特从这部戏剧中找到许多兴趣点,尤其是赫尔德的普罗米修斯所引发的普世主义(与民族主义相反)、历史斗争和个人艺术坚持,这些元素突出表现在一组源于赫尔德十三个"神话场景"的合唱中。1850年8月25日,在魏玛宫廷的委约下,作品首演。随即,合唱为完成于1856年的交响诗《普罗米修斯》提供材料。通过"不幸"变形为"荣光",赫尔德所关注的东西实现了。这个意义上,交响诗的轨迹与《塔索》相似(参见上文)。但是,《普罗米修斯》的变形实现于一段赋格——一种抽象、古老的技术,李斯特常常用以描述极端的身体和精神抗争。确实,在李斯特50年代以后的许多作品中,包括《匈奴之战》、《但丁》与《浮士德》交响曲、《b小调奏鸣曲》,赋格将技术和情感紧密统合。未曾预料的是,作为一种特别有用的标题技术,其功能也解释了它在下一个十年李斯特大多数有歌词的宗教音乐中缺位的原因。

交响诗之间的联系相当丰富。像《奥菲欧》与《普罗米修斯》、《玛捷帕》与《塔索》,也可视为姊妹作品。他们都是早期现代社会的历史

---

① 《拜伦经典诗选》,张子健译,中国画报出版社,2012年。
② Richard Wagner, *Prose Works*, trans. William Ashton Ellis, 2$^{nd}$ edn. (London: Kegan Paul, Trench, Trübner & Co., 1895), Ⅰ: 125.

名人,其生涯被一些李斯特喜爱的作家予以诗意歌颂。但是,即便没有文学光环,对于50年代正为自己艺术方向而奋斗的钢琴家-作曲家,这些模范艺术家也引人注目:生前,误解、抗争、放逐甚至被迫害;死后,塔索(Tasso)和玛捷帕(Ivan Mazepa)获得无上荣光。

彼得大帝统治后期,俄罗斯贵族玛捷帕(1639—1709)的地位急剧提升。1708年,他与帝国的敌人——瑞典的查理十二世(Charles Ⅻ)结为同盟,背叛了整个民族。迄今,这个人物仍在俄罗斯-乌克兰历史上颇具争议。伏尔泰(Voltaire)将玛捷帕的变节和随后的军事行动写进了《查理十二史》,但以如下轶闻充实玛捷帕的背景:

> 一个波兰绅士名叫玛捷帕,出生在波多利亚的巴拉丁领地……年青时,他与波兰一位贵妇人私通。发现后,她的丈夫将玛捷帕赤条条的绑于野马之上,任马脱缰而去。野马被带出乌克兰,后又回到玛捷帕的祖国,马上的玛捷帕饥饿、疲劳、奄奄一息。一些村民救起他,一起生活了很长时间。在几次远征鞑靼人的战斗中,玛捷帕脱颖而出。高超的智慧令他在哥萨克人中赢得极大尊重,随着声誉与日俱增,沙皇认为有必要擢升其为乌克兰的贵族。①

1819年5月,拜伦出版英文诗《玛捷帕》,他将伏尔泰法文版《查理十二史》中的上述描写作为引入,另还引用了两处。查理和玛捷帕在波尔塔瓦战争中大败而退,安营扎寨时,战败的国王要求讲述一个哥萨克的故事(Ⅱ.1—124)。70岁的玛捷帕被迫重述50年前的故事,他与美貌诱人的特丽萨(Theresa)私通(Ⅱ.125—317);被她丈夫的密探发现(Ⅱ.318—357);受罚(Ⅱ.358—795);被一群流浪的哥萨克人救起(Ⅱ.796—846),后又统治他们(Ⅱ.847—859)。拜伦将玛

---

① 译文略有修改,来自 Lord Byron, *The Major Works*, ed. Jerome J. McGann (Oxford University Press, 1986), 1041—1042。法文原文极易获得,包括 Voltaire, *L'histoire de Charles* Ⅻ (Paris: Didot, 1817), 162。

捷帕转而塑造成一个能克服难以逾越的鸿沟之人,一个具有超常决心之人——"无论如何,"玛捷帕声称,"从前与现在,我袒露额头,面若死神,无所畏惧。"(Ⅱ.567—568)——这使他的领袖地位当之无愧。苦难是走向光荣的必然典礼:特丽萨的丈夫,"贪得无厌,愚蠢之至。他的怒火,锤炼着我的痛苦。我被抛至荒野,被缚、赤裸、流血与孤独,穿过荒野抵达王权"(Ⅱ.848—852)。

拜伦诗歌中最令人难忘的事件是玛捷帕的荒野骑奔(图4.1),洛伊(Carl Loewe)用其构成了他的钢琴音诗《玛捷帕》(1830,op.27)。在传统的"无穷动"中,这个回旋曲围绕b小调,将钢琴家和听众带入一片广阔的快速走句和颤音音型。当马力竭而亡,尾声(mm.228—314)变成困境中玛捷帕的苦苦挣扎。垂死之际,他被一群不知名的人救起——至少,据乐谱最后一页,为那些不熟悉拜伦"玛捷帕"的人所作的解释,它就是如此。尾声中,主要主题——一个已经成型的六音音型转变、逐渐碎裂(谱例4.4),被同名大调的上行音型取而代之,贯穿整个键盘。前面的骑奔音型闪现,直至

插图4.1 欧仁·德拉克洛瓦(Eugène Delacroix),《玛捷帕》(1824)

谱例 4.4　洛伊,《玛捷帕》,mm. 271—314

结束(参见"x"主题的变化)。毫无疑问,玛捷帕在磨难中愈发强大。

但是,他仍不是国王。这一转变发生在雨果著名的《东方诗集》(1829)中,雨果对故事的处理影响了李斯特同名交响诗长达数十年的复杂发展过程。就像表格 4.3 所示,交响诗的基本音乐素材可追溯至 1827 年。那时,青年李斯特以前任教师车尔尼(Carl Czerny)的风格出版了《十二首练习曲》。19世纪30年代后半期,这些朝气蓬勃的练习曲发生惊人变化,但仍没有将第四首作品与人物形象"玛捷帕"相联系。直到1847年,它作为一首独立作品出版,才以"玛捷帕"为标题,并有题献给雨果的字样。1852年,作为《超级演技练习曲》第四首钢琴作品,李斯特进行了最后的修订。这一版本与随后的交响诗的变化反映了李斯特对雨果诗歌进行阐述的不断完善。比如,萨姆森(Jim Samson)就注意到李斯特的变奏如何根据雨果诗节的长短来延伸与缩减:"如果说练习曲的基本音型完美捕捉了(马儿狂奔的)中心诗意形象,那么,之后的展开随结构加速,在外声部更加狂热的伴奏音型推动下,它几乎真实地传达出了整个叙事过程。"①

**表格 4.3　李斯特《玛捷帕》的创作年表**

| |
|---|
| 1827:出版《十二首练习曲》,创作于一年前。第四首,d小调。它运用一个自然音阶的三音动机,目的在于,增强钢琴演奏者的能力,以创造两手间的连贯线条。它缺少惯常的旋律,最不协和的和弦是一段短暂的减七和弦,和声功能为变化的副属七和弦。二部曲式,无标题联系。 |
| 1839:出版《十二首大练习曲》,创作于1837—1839。功能上,1827年版第四首的三音动机是一条新旋律的伴奏:<br><br>长度超过原来的两倍(77 vs. 170小节),结构被极大扩充为一系列变奏,偶尔以华彩相连。没有标题联系。 |
| 1847:以独立的钢琴曲出版,标题为《玛捷帕》,创作于1840年。其结构及变奏与1839年的练习曲非常相似,但李斯特增加了一个五小节引子和一个D大调上胜利而短暂的结束。其上,出现雨果诗歌最后一行:"他站起来已是国王!"② |
| 1852:1839年《大练习曲》的修订版,no.1—3、5—12与1847年的《玛捷帕》以《十二首超级练习曲》出版。这里,《玛捷帕》的连接极大地扩充了$^{\flat}$B大调上的变奏(mm. 62—113),它与引子展现了一个大幅度的华彩,结束部分更长(mm. 177—201)。结构、变奏与1847年的版本相似,但为了清晰和更易演奏,李斯特重写了许多音型。 |

---

① Jim Samson, *Virtuosity and the Musical Work: The Transcendental Studies of Liszt* (Cambridge University Press, 2003), 203.
② 《雨果文集》第8卷,程曾厚译,人民文学出版社,2002年。

（续　表）

| |
|---|
| 1856：交响诗《玛捷帕》出版，包括作为序言的雨果的整首诗歌。与 1839、1847 和 1852 年的钢琴版本相似，mm. 36—402 以一组变奏为主要特征，将"玛捷帕"主题变形，随后，以扩充的"行板"部分（mm. 403—435）转向一个新创作的进行曲（m. 436 起）。 |
| 1857：双钢琴版出版。 |
| 1875：四首联弹版本出版。 |

当李斯特为《超级演技练习曲》写下最后一笔，交响诗便开始了。作品牺牲了钢琴版本的结构弹性，以更好地趋近雨果诗歌的主题因素。交响诗主体仍以玛捷帕的"推进主题"为主，但李斯特加入连接性材料，使它们的出现更加贴近单主题奏鸣曲式。因而，在通谱式的段落变奏基础上，整个作曲方式着重强调了发展性的变化与回顾。比如，玛捷帕主题再现发生在 m. 263（第一次出现在 m. 36）。m. 108，一个半音上行线条的新段落标志着发展的开始，这里，李斯特运用了远关系调ᵇb 小调（谱例 4.5）和 b 小调（m. 184 起），以最具创造性的管弦乐写作形象展示了呼啸而过的景象。

谱例 4.5 李斯特,《玛捷帕》,mm. 122—129

然而,这个经典结构仅仅是《玛捷帕》的第一部分,它对应雨果诗歌第一部分中玛捷帕疾奔的细节。随后两部分隐喻他的历程。一个短暂的行板(mm. 403—435)替代雨果《玛捷帕》的 102—103 行诗歌,玛捷帕曾经骄傲的旋律支离破碎,首尾是饱含痛苦的器乐宣叙调,以减七和弦的各种音程构成其轮廓,反映他精疲力尽的身躯。m. 500 开始,哥萨克的音色充分展现,玛捷帕在一个进行曲的形式中获救与凯旋。m. 578,玛捷帕主题升华,汇成整个乐队,恰当地总览了交响诗的主题高潮——包括 mm. 590—592 对行板主题的短暂引用——也将其带至一个振奋人心的结束。

《玛捷帕》的华丽技巧使其在各种管弦乐和钢琴版本的呈现中震撼人心,但音乐未能充分回应雨果诗歌的哲理意涵,即玛捷帕的苦难是成为一位现代艺术家的先决条件。在《塔索,哀叹与胜利》的序言(李斯特为作品附上的最长序言之一)中,李斯特表露了这方面的关注。李斯特解释道,《塔索》在三大部分中铺开,基本对应诗人在意大利威尼斯(mm. 27—144)、费拉拉(mm. 165—347)和罗马(mm. 348—584)的经历和死后荣誉。依照李斯特典型的标题手段,他没有提到塔索生涯中的任何事件,而是创造了一种精神旅程。艺术家生前忍受着无处不在的斗争、误解和痛苦,这铸成他死后的不朽——李斯特将其描述为"天才的伟大反衬",这与普罗米修斯传说中那近乎真实的苦难、神化并没有什么不同。

这个意义上,《塔索》与《前奏曲》类似;但在互文性的意义关联上,《塔索》更胜一筹。作品开始于歌德五幕戏剧《托尔夸托·塔索》(1790)的序曲。1849 年 8 月 28 日,纪念歌德诞辰一百周年,伴随此剧在魏玛演出,序曲首演。(一年后,李斯特指挥瓦格纳《罗恩格林》世界首演,以庆祝歌德的生日。)第二年,李斯特予以修改;1854 年,再次修改。两次修改中,李斯特加入了中心段落并作出其他重大改动。虽然最初的创作动机来自歌德的《塔索》,但李斯特在序言中承认,主要是拜伦而不是歌德的作品形成了他的塔索的典型特征。

拜伦《塔索的哀叹》详述了诗人在费拉拉安娜医院的收留情况。可以肯定,作为著名史诗《被解放的耶路撒冷》(1575)的作者,塔索悲叹自己的命运:远离社会,但又怀念自己重要的赞助者和可能的情人——费拉拉公主莉奥诺拉(Leonora)。塔索的朋友曼森(Giovan Battista Manso)在那本广为流传的《塔索的一生》(1617)中暗示了诗人与赞助人之间的情爱关系。两百年后,当拜伦写下《塔索的哀叹》时,传闻已经变为难以辩驳的事实——更为重要的是,它为浪漫主义的文学精神提供了食材。确实,拜伦《塔索的哀叹》总结道,他在安娜医院的斗室里日渐消瘦,他与他的"缪斯"分享着死后荣光:"死,不能拆开我们的名字;就像生时,没人能将你从我的心中夺走。是的,莉奥诺拉,这就是我们的命运。永远相互交织,只恨相见太晚!" (Ⅱ.244—247)

在李斯特的《塔索》中，莉奥诺娜并未出现。但是，塔索由一个下行三音音型标识(谱例 4.6)，并始终存在。他的动机富含主题潜能，不过，塔索从未掌控自己或他的命运：动机总是构成交响诗大量主题的一个部分，但从未是主要材料。换言之，李斯特将塔索视为客体，而非主体，他的音乐卷入程度交由塔索的环境和情感状况来决定。(确实，作品第三部分"荣光"，塔索"消失"了。即便是第一部分的葬礼气氛，主角也毫无变化。)实际上，李斯特没有创作塔索的动机(mm. 1—26)或者一个与哀叹相联系的主要主题(mm. 62—144)，而是从一位不知名的威尼斯船夫那里转录而来。1840 年左右，他听到此主题，并用于钢琴组曲《威尼斯与拿波里》第一版。① 李斯特在《塔索》中再次选用这一材料不是任意为之，很可能，他是被船夫旋律的歌词所打动："虔诚的军队高唱凯歌，统帅解放了基督圣墓"②——《被解放的耶路撒冷》的第一行诗。因而，在一段精炼的音乐引用中，李斯特娴熟地嵌入了塔索的本质特征和主题焦点：民间英雄、历史名人和不朽的艺术家。

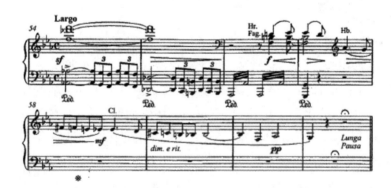

谱例 4.6　李斯特，《塔索》，mm. 54—61，缩谱　福克海默(Th. Forchhammer)

---

① 1859 年，李斯特回头修订这部还未出版的作品集，他以罗西尼《奥赛罗》第三幕的一首"新"威尼斯船歌("孤独的悲叹")取代这首曲调，其歌词最先出自但丁《神曲》中被诅咒的奸妇里米尼之口。就像随后章节的讨论，这个场景久久萦绕在李斯特脑际，并在《但丁交响曲》"地狱"乐章找到了一个具体的情感表达形态。

② 选自《耶路撒冷的解放》，王永年译，人民文学出版社，1993 年。

谱例 4.7 李斯特,《塔索》,mm. 165—174

交响诗两端部分中,李斯特总体着意于塔索的心理和性格,这与其他民间主题(《玛捷帕》《圣·弗朗切斯科》)、神话(《奥菲欧》《普罗米修斯》)和文学(《哈姆雷特》《浮士德》)并无二致。但是,通过一种古老的体裁,中间部分试图历史性地重建塔索的文化背景,这在李斯特的作品中独一无二。李斯特选择小步舞曲实乃妙笔。因为它恰恰是陈旧的宫廷舞曲——也就是古代宫廷舞曲,更为重要的是,它在其他较正式的社交舞曲中早就过时,已被当时的玛祖卡、波尔卡和圆舞曲所取代。这里,李斯特似乎回应了拜伦的塔索。他预言,有一天,"宴席、舞曲、狂欢已被忘却,只留下默默无闻者在倦然休憩"。塔索的陋室,不是高贵的费拉拉宫廷,"将变成一个神圣之所"(Ⅱ.238—240)。确实,直到塔索死后 70 年,当它出现在路易十四的宫廷(可能是为它而创造)中时,小步舞曲才显露出贵族气质。李斯特创作《塔索》20 余年后,他的女儿柯西玛(Cosima Wagner)在日记中提到,父亲曾言及小步舞曲代表了"原本是什么"。① 换言

---

① 1877 年 3 月 31 日的日记,参见 Cosima Wagner, *Diaries*, 2 vols., ed. Martin Gregor-Dellin and Dietrich Mack, trans. Geoffrey Skelton (New York: Harcourt Brace Jovanovich, 1978), Ⅰ: 955.

之，小步舞曲用以强调费拉拉宫廷的肤浅趣味。那里，对社会准则的固步自封导致历史上的昙花一现和艺术上的荒芜。

毫无疑问，小步舞曲的开始恰如其分。起句，井然有序的音阶下行明确了调性。随后，它走向一个半终止。然而，此时的管弦乐附加了一个华而不实的小节（m. 173），反转了舞曲的典型句法。两把独奏大提琴的旋律尝试了三次，但每次被同样顽固的管乐拒绝。此后，一把独奏单簧管再次尝试，结局相同。m. 270，通过细分的弦乐声部，当塔索借助他的哀叹主题进入时，浓缩在小步舞曲主题中的冲突拉开了序幕。李斯特在总谱注脚中解释道："这里，管弦乐呈现出了双重性格：管乐轻盈而浮华，如歌的弦乐伤感而优雅。"李斯特提到的管乐正是扰乱小步舞曲最开始处的乐器，余下场景，每组乐器选择保持彼此分离：它迫使戏剧性的再现部（m. 348）在乐组"各自为政"的整个管弦乐中获得一种人为的调和。

小步舞曲在交响诗中的中心位置与拜伦《塔索的哀叹》对费拉拉及其宫廷的短暂涉及很不相称。尽管李斯特的说法截然相反，但可以肯定，歌德的《托尔夸托·塔索》在缔造塔索与他的费拉拉赞助人之间的大量冲突中起着重要作用。第一幕，德斯特（Leonora d'Este）公主、莉奥诺娜的兄弟、公爵阿方索二世（Alfonso Ⅱ）、她的朋友萨恩维塔莱（Leonore Sanvitale）、政府大臣安东尼奥（Antonio）向维吉尔和费拉拉的近代诗人阿里奥斯托（Ludovico Ariosto）致以敬意。公主将桂冠花环从维吉尔的雕塑上取下，戴到塔索的头上。这为下一幕第一场公主与塔索争论"黄金时代"埋下了伏笔。塔索希望不惜一切重新创造它，诗人只为真理而活，"只要合意，都行"（I. 993）。① 莉奥诺娜反驳道，黄金时代"现在没有，过去也并不存在"（II. 999—1000）。但是，只要诗歌遵守规则，它仍能繁荣，"只要合适，都行"（I. 1005）。

---

① 这部戏剧的所有英文引用出自 Johann Wolfgang von Goethe, *Verse Plays and Epic*, ed. Cyrus Hamlin and Frank Ryder, trans. Michael Hamburger (New York: Suhrkamp, 1987), 55—139。另可参见附言，pp. 310—313。所有歌德《托尔夸·托塔索》的中译文均来自《歌德戏剧集》，钱春绮译，人民文学出版社，1984年。

正是塔索的艺术天分、未能"循规蹈矩",使他在歌德的戏剧中沦落。但是,塔索也不是毫无非议的牺牲品。他与安东尼奥的争论不断升级,甚至拔剑而出(第二幕,第三场)。歌德描绘了一个以自我为中心并极度孤傲的诗人,一个甚至不愿承认自己错误观点的人。"年轻人想到哪里去了?"安东尼奥在剧末评述道,"给他自己的命运与价值涂上了什么色彩?这青年见闻不广,阅历不深,自以为是个唯一的出群人物,不论对何人,总是冒昧行事"(II. 1598—1602)。歌德《托尔夸托·塔索》的大部分写于法国大革命前夕,戏剧尽量避免道德结论。因此,艺术家的社会呈现明显模棱两可。① 不像拜伦,费拉拉的贵族在歌德戏剧中没有获得他们应有的惩罚。但是,塔索在他的孤独和不幸中找到了自己的诗歌声音:"别人在痛苦之时闷声不响,神却让我能说出我的烦闷"(II. 3424—3425)。

李斯特意欲以音乐神化人物角色,颇具讽刺的是,他们失去了人物个性,升华被并入乐队群体之中。这种变形在塔索的"胜利"中(mm. 348—584)尤为尖锐。可以肯定,音乐的主体材料——三连音、哀叹主题、小步舞曲场景的回响——以从未有过的自信出现。但是,它们常常也放弃了和声、节奏和音色的微妙差异。仔细观察谱例4.8a,这个主题与 m. 6 双簧管上第一次出现的塔索哀叹联系紧密。它的节奏和音程又与李斯特的钢琴曲集《旅行岁月》第一集第六首"奥伯曼山谷"的主题相吻合。曲集序言中,李斯特引用了一段拜伦《恰尔德·哈罗尔德游记》中令人深思的诗节(第三章,II. 905—913):"我活着,死去,默默无言;怀着最无声息的思想,我像一把套在鞘中的剑。"②拜伦漂泊不定、默默无言、自我压抑的诗人极易转变为李斯特的《塔索》。在管弦乐作品的结尾,诗人"胜利"了。但是,它仅仅由一个平淡无奇的音响(谱例 4.8b)所显现,节奏同质、节拍无精打采以及自然音阶。在这个意义上,李斯特的题材与歌德一样自相

---

① David V. Pugh, "Goethe the Dramatist", in *The Cambridge Companion to Goethe*, ed. Lesley Sharpe (Cambridge University Press, 2002), 66—83, at 79.

② 《恰尔德·哈罗尔德游记》,杨熙龄译,广西师范大学出版社,2021年。

矛盾。似乎，塔索的不朽使诗意的"僵化"不可避免。换言之，塔索从一间"陋室"换到另一间"陋室"。

谱例 4.8a　李斯特,《塔索》,mm. 6—7,缩谱　福克海默

谱例 4.8b　李斯特,《塔索》,mm. 501—504,缩谱　福克海默

## "绘画与音乐"中的历史与文学

124　　在关于柏辽兹《哈罗尔德在意大利》的论文中,李斯特偶尔提及"绘画-交响作曲家",一种能够同时激活两种想象维度的艺术家。李斯特的大部分标题音乐取自"文字",但视觉艺术的比例也不可忽视。比如,《旅行岁月》第二集第一首"婚礼"以拉斐尔(Raphael)1504 年的油画命名,《钢琴传奇曲》第二首"保罗的圣弗朗西斯在水上行走"的创作来自李斯特赞助人斯坦勒(Eduard Jakob von Steinle)的一幅画。"婚礼"和"保罗的圣弗朗西斯在水上行走"都不是对原始素材的音乐描述,而是一种艺术沉思。当然,这一方式也不限于独奏媒介：李斯特长期着迷于特拉伊尼(Francesco Traini)的壁画《死亡凯歌》,

结果为钢琴和管弦乐队创作了《死神之舞》；1882 年，他完成第十三（即最后一首）交响诗《从摇篮到坟墓》，作品源自齐奇的钢笔画。1885 年，7 首钢琴作品《匈牙利历史画像》用音符描绘了匈牙利文化和政治历史中的英雄豪杰，从而佐证李斯特的信念——音乐的描绘能力如同画笔。

插图 4.2　考尔巴赫，《卡达隆尼平原之战》(1837)

上述例证反映了自 1860 年以来，庄重和朴素在李斯特风格中的不断渗透。然而，魏玛年代，李斯特雄心勃勃，意欲融合诗歌、绘画和音乐艺术。李斯特设想了一个名为《绘画和音乐中的世界历史》的宏大多媒介计划，这比斯克里亚宾（Aleksandr Scriabin）和西贝柳斯（Jean Sibelius）的相似努力（参见第八章）早了近半个世纪。计划中，他提供音乐，画家考尔巴赫（Wilhelm von Kaulbach）创造三维景观，挑选诗人创作诗歌。《但丁交响曲》（参见第五章）就开始于类似的崇高目标，但这个具体计划仅存的例子是第十一交响诗《匈奴之战》。

李斯特取材于考尔巴赫的画作——公元451年的卡塔隆尼平原之战,为了产生"两束相互对比的神奇光芒的印象",他借助两个动机。一个象征野蛮人的狂暴,它使匈牙利人摧毁许多国家,屠杀众多人们;另一个象征宁静的力量、基督精神散发的美德。① 历史上,战役在削弱匈牙利阿提拉(Attila)及其入侵军队上至关重要,它也是基督徒与异教徒之间早期军事冲突的标志之一。

李斯特将这些古代末期的基督徒交给一段略加改变的素歌旋律"忠诚的十字架",第八节诗歌来自6世纪拉丁赞美诗"我歌颂那圣战",从而强调了基督徒"神圣的真理、普世的仁爱、人性的进步和彼岸世界的希望"。赞美诗前七节讲述耶稣如何实现上帝的拯救诺言;第八至第十诗节肯定了十字架的价值,即通过耶稣死于十字架上,获得拯救。因此,李斯特在匈奴之战中引用了"忠诚的十字架"曲调,希望将听众带到历史战争的时代本身。同时,将战争置于基督徒——指欧洲人——拯救历史的语境之中。

这一寓意确实建构在《匈奴之战》的形式本身。作品开始,李斯特就指示指挥者,"首先,整个色彩必须阴森,所有乐器听起来要像幽灵一般"。这表明,它不像更为传统的战争作品,比如贝多芬《威灵顿的胜利》(参见第一章),李斯特从战争中段开始作品。这个决定可能是受到一个传说的影响,即战争的残酷甚至可以让死去的勇士继续战斗,并在考尔巴赫的绘画中被强调。因而,旋律碎片化,m. 98、127和247出现了"忠诚的十字架"的片断。为了努力呈现场景的印象而不是全部,李斯特围绕考尔巴赫的巨大画布(137.5×172.5厘米)以不同调性(比如,mm. 77—105为c小调,mm. 106—134为g小调)重新展现相同的战斗。这一技术早就应用于李斯特的交响诗,并被其他作曲家(包括巴拉基列夫、穆索尔斯基和德彪西)所获取,以尝试迅速、简洁地赋予音乐波澜壮阔的形象。

---

① Franz Liszt, Preface to *Hunnenschlacht*, in *Franz Liszts Musikalische Werke*, ser. I, vol. VI, ed. Eugen d'Albert *et al*. (Leipzig: Breikopf & Härtel, n.d.), 2.

m. 271（谱例 4.9），李斯特在谱面指出了赞美诗的名字，并恰如其分地以一架管风琴予以全部展现。还有比上帝之乐击败"上帝之鞭"——阿提拉更好的方式吗？确实，这一乐器的引入使基督的胜利昭然若揭。三十三小节之后，五声音阶的伴奏在第一小提琴上的加入使卡塔隆尼战场恢复了些许宁静。就像《威灵顿的胜利》一样，李斯特的交响诗以一个变奏和夸张、战斗般的尾声结束。遵循李斯特的总体观念，管风琴在胜利的 C 大调和弦上保持至终。

谱例 4.9　李斯特，《匈奴之战》，mm. 271—274，缩谱　斯特拉达尔

李斯特的交响诗代表了迪特斯多夫与理查德·施特劳斯之间最为重要的标题音乐。当它们（与李斯特及其支持者的相应文论一起）致力于以新颖的技术与结构阐明"宏大"主题——人类、社会、自然、死亡、宗教、神话、艺术和艺术家——的艺术观点时，它们的重要性就愈发凸显（实际上，技术和结构的延续也解释了李斯特为什么将两部非标题性管弦作品《英雄的葬礼》《节日之声》称为交响诗）。确实，1860 年左右至第一次世界大战之间，标题音乐的发展可以被视为李斯特标题音乐的一系列反响。

# 第五章　新德意志乐派及其他

### "未来的贝多芬"：李斯特的《但丁交响曲》

1839 年早期,李斯特以但丁《神曲》和歌德《浮士德》为基础,开始计划交响作品创作。年末,在一封给柏辽兹的公开信中,他写道："但丁已经在奥卡尼亚(Orcagna)和米开朗基罗(Michelangelo)那里找到了图像表达,有一天,他也将在'未来的贝多芬'那里找到音乐表达。"①随后 10 年,密集的音乐会生涯使他无法认认真真实现自己的计划。但是,忙碌间隙,他为一首钢琴作品投入了大量精力,这就是最后发表于《旅行岁月》第二册"意大利"中的《但丁读后感——幻想奏鸣曲》(1858)。在漫长的酝酿期间,李斯特给它取了各种标题："但丁断想"(1839)、"神曲附言：为钢琴而作的交响幻想"(1848)、"最初的交谈…"(1852)。

在恰当的标题方式中,作品引用(但不是直接引用)了两个表面

---

① Franz Liszt, *An Artist's Journey: Lettres d'un bachelier ès musique*, 1835—1841, ed. and trans. Charles Suttoni (University of Chicago Press, 1986), 187.

互不相融的范本:雨果的诗歌《但丁读后》;贝多芬的两首钢琴奏鸣曲（op. 27），每首都是"幻想风格的奏鸣曲"。雨果从但丁《地狱》的三十三个篇章中提炼出许多诗行（文字栏 5.1），贝多芬尤其是 op. 27 之 no. 1 将奏鸣曲式和自发的、即兴的幻想相交融。沿着这些范本的相同脉络，李斯特《但丁奏鸣曲》兼具诗意和音乐光彩。就像《b 小调钢琴奏鸣曲》和《前奏曲》一样，通过精心的主题变形和灵活的形式结构，它提供了一份"但丁读后感"。

> **文字栏 5.1 但丁读后**
> 雨　果
>
> 当诗人描述地狱,那是在描述自己。
> 一个受尽折磨的身影使幽灵逃逸,
> 黑暗森林响起可怕的脚步,
> 摸索着前进,一直到小路远处。
> 巨型怪物阻隔去路,
> 四周碎裂、盘旋、跌入深渊。
> 恐怖铃声环绕,无尽黑暗,
> 那是流动的活生生的地狱。
> 斜坡在模糊中消失,
> 每一个脚步下,坐着一位受难者,
> 暗黑中,每走一步,
> 都能听到白齿吱嘎。
> 幻象、梦魇、错觉,
> 痛苦的眼睛汇成苦难溪流。
> 一对夫妇相拥,爱——苦涩但激昂,
> 他们随风而过,两侧伤口赫然。
>
> 角落,一对姐妹,怨恨、饥饿而邪恶。
> 她们背靠背蜷缩在嶙峋的骷髅上,
> 苍白的哀伤,枯萎的微笑,
> 污秽的自负,可耻的贪婪。
> 沉重斗篷,一切,令心灵不堪重负。
> 父亲,呆滞、卑微、恐惧和叛逆,
> 献出了他们的香膏和发臭的酒。
> 深渊,无尽的深渊,
> 还有憎恨和痛苦的鬼脸。
> 诗人远远望着,这就是我们的生活,
> 与模糊、困难重重、负担重重的路。
> 这条窄道什么都不缺,
> 你的右边,总有一位守护者,
> 眉毛镇静,眼睛清澈,
> 维吉尔,他平静地说,
> 让我们继续!

与此类似,李斯特《但丁"神曲"的一部交响曲》的"一部"暗示了这是但丁诗歌名篇的另一种主观解读。李斯特向瓦格纳描述,这是"一种作品评论"。① 面对 1400 余行诗歌,李斯特睿智地仅仅聚焦于

---

① 1855 年 6 月 2 日写给瓦格纳的信,参见 Franz Liszt and Richard Wagner, *Briefwechsel*, ed. Hanjo Kesting (Frankfurt am Main: Insel, 1988), 423。

但丁世界的一小段(甚至,但丁早就承认,观察必须碎片化,因为我不能把这些人一一写出来,只能说一句"纸短事长"了。第四篇,Ⅱ.145—147)。① 这里,雨果可能帮助了李斯特,因为他的诗歌与交响曲第一乐章的各种音乐情节惊人相似。②

曾经,李斯特希望德国画家杰内利(Giovanni Genelli)创作一部涵盖《神曲》场景的图集。尽管合作未能实现,但这种电影式的痕迹保留在《"但丁"交响曲》中。比如,李斯特将竖琴作为"弗朗切斯卡"情节的声音叠入(mm. 280—283, 295—298)和卡帕纽斯(Capaneus)场景(mm. 393—394)的短暂淡入(参见下文)。m. 12、260、388 和 637,一个严峻主题在铜管声部再现,强化了乐章的插曲性质。它出现时,总谱总是标识以一段"地狱大门"上的著名铭文(第三篇,Ⅰ.9):"你们走进来,把一切希望抛在后面吧!"其他时刻没有直接引用但丁诗句,但是音乐如此强烈的画面感使我们可以尝试指出一个代表性段落:短暂的暴风雨音乐(mm. 269—278)。典型的半音化长笛、短笛和两个定音鼓,暗示"地狱"第五篇"一块没有光的地方,那里好像海上,狂风正在吹着"(Ⅱ.28—30)。(李斯特还计划运用风声模拟器增强效果,但像杰内利的图集一样未能实现)。同样,李斯特在 m. 395 总谱中的指示,"整个段落应该是狂妄不羁的嘲笑声,并在两把单簧管和中提琴中予以强烈凸显",这与第十四篇高傲自大的卡帕纽斯(他在底比斯围困战中被宙斯杀死)所受惩罚非常吻合。甚至,在《地狱》中,但丁的引路者维吉尔解释说"他从来不把上帝放在眼里,把自己看得很高,现在似乎他还是这样"(Ⅱ.69—70)。

主题材料的插曲性质和管弦乐效果使奏鸣曲式失去了展开部。引子结束和呈示部的开始不甚清晰,但呈示部仍可确认。不过,狂风暴雨

---

① 引自 Dante Alighieri, *The Divine Comedy*, ed. David H. Higgins, trans. C. H. Sisson (Oxford University Press, 1993),文中《神曲》的中译文皆引自《神曲》,王维克译,四川文艺出版社,2016 年。
② 李斯特没有在出版乐谱上附加序言,但 1858 年,他确实授权理查德·波尔(Richard Pohl)发表了这部作品中的一篇重要分析文章,近年重新出版,参见 *Journal of the American Liszt Society* 65(2014):59—64。

之后的段落聚焦于弗朗切斯卡和内弟保罗（Paolo）的悖常之爱，它与前面毫无相似之处，以致在功能上不能作为一个展开部。甚至，就像《前奏曲》一样，它的主题独立性排除了它是第二呈示部。与交响诗被看作一个浓缩的四乐章交响曲不同（参见第四章），在《"但丁"交响曲》中，卡帕纽斯插段太过简短（四十小节），不具备谐谑曲的结构功能。同时，许多更早的材料再现了，但又被控制引子的下行动机逐渐抹去。确实，这种假再现具有双重效果：意味着但丁《地狱》中的灵魂堕落毫无挣扎，最终，失去拯救希望；通过一个循环（ABA）结构而不是具有目的指向的结构，营造一种地狱式的无止无休感（与天堂的永恒相对）。

通过三全音这个唯一转位后仍相同的音程，李斯特将后一种印象进一步贯穿到整个乐章。自11世纪理论家圭多（Guido d'Arezzo）禁用这个音程以来，它就与恶魔相联系。它也是减七和弦的核心材料，包括两个相距小三度的三全音。即便转位，仍旧如此。李斯特的"地狱"乐章中，它的音色如此突出，使得听众视其为一个漫无目的的"主调"。为了表达"地狱"无休止的声响动荡，李斯特在整个乐章将 D 与 ♯G 对置。谱例 5.1 的线条几乎就是整体布局的一种典型，甚至音区更低。乐章末，通过将一对 D-A 与一个 ♯G 小三和弦的并置，作曲家巧妙地概括了减七和弦非发展性（比如，没有大小调倾向）的音响特点（谱例 5.2）。这个最后的浮夸爆发是沉重一击，因为引子尤其是 mm. 9—17 的重写，它未能重新指引乐章那永不停息的下行漩涡，从而暴露了空洞实质。

谱例 5.1 李斯特，《"但丁"交响曲》，Ⅰ，mm. 22—24，缩谱 斯特拉达尔

谱例 5.2　李斯特,《"但丁"交响曲》,Ⅰ,mm.630—646,缩谱　斯特拉达尔

李斯特向瓦格纳解释说,交响曲三个乐章意图对应但丁"地狱"、"炼狱""天堂",但瓦格纳以"音乐不可能描绘天堂"反驳。李斯特放弃了这个想法,转而选择两乐章交响曲,以合唱《圣母玛丽亚赞美诗》结束,但歌词不是来自《神曲》。李斯特遵循了瓦格纳的建议,但并没

有完全认同其理由。确实，来自《诗与宗教的和谐》的一首钢琴作品《孤独中上帝的祝福》表明，李斯特描绘永恒的极乐得心应手。通过附加拉马丁的同名诗歌进一步佐证了这一点，它的最后四行诗是："短暂的时光还没有掠过我的眉梢，似乎一个世纪和一个世界已经远去。巨大的深渊将他们分开，人已再生，我重新开始。"①

两乐章交响曲设计的一个更大推动力可能源自李斯特想要达到标题反衬的最大值。尤其，《"但丁"交响曲》两个乐章在两个女性人物弗朗切斯卡和上帝的母亲玛丽之间有趣并置。两者的不同异乎寻常，弗朗切斯卡象征着淫荡、不忠和失意。李斯特予其以靡靡之音，但从不发展，也不结束，永远拴在未解决的状态。毫无疑问，弗朗切斯卡值得同情——由此，但丁在其故事结束时昏厥（第五篇，Ⅱ.141—142）——但已万复不劫。

然而，玛丽是基督教徒希望和忠贞的代名词，一位忠于上帝的童贞女。李斯特通过引用《路加福音》Ⅰ：46—55 中玛丽自己的话来强调这一特征："我的灵魂赞颂上帝，我的精神因我的救世主而欢欣。"此文本出现在第二乐章末，它是"圣告"开始，是进入天堂所必须的谦恭的一种最终表达。这在但丁"炼狱"第一层（第十篇）中曾提到，即玛丽告诉天使加百利（Gabriel）："我是上帝的侍女，我因你而存在"（《路加福音》Ⅰ:38）。第二十八篇，比阿特丽斯（Beatrice）取代维吉尔成为但丁的引路者。李斯特选择玛丽的文本总结《"但丁"交响曲》，意在以一个更为合理的基督教人物——玛丽取代比阿特丽斯来拯救众生。

弗朗切斯卡只是"地狱"事件中的一个中转站，而仲裁者玛丽才是"炼狱"的终点，音乐正是在这种重要方向和巨大自信下运行。与格鲁克《奥菲欧与尤丽迪茜》第二幕的效果相同，地狱的窒息气氛让位于一个宁静、几乎田园般的场景。但是，美景被如下的选择所浸

---

① 英译文来自 Stanley Applebaum, in Franz Liszt, *Sonata in b Minor and Other Words for Piano* (New York: Dover, 1989)。

染；m.55处悲痛的宣叙；m.68的合唱含有剧烈的半音化内声部和低音线条；最为重要的是，m.128开始"哀伤地"五声部赋格。尽管李斯特没有引用但丁诗歌，但是，赋格"特别有效地营造了一种众多灵魂共同历经（精神升华）的感觉"。①

当跟随忏悔者站在炼狱山坡上时，天堂之门近在咫尺，李斯特通过如下手段重新调整了空间方位：

- 高半音重复整个段落（如，mm.1—27与mm.28—54）；
- 优先选择管弦乐的更高音域（比如，倍低音声部很少在"圣母颂歌"中出现）；
- 整个乐章从D大调转向B大调，一个调性前进的过程。

可能，最著名的升华来自乐章末。在赋格和早前主题再现（mm.237起）后，m.288，这个特殊转折引入了一个舞台下"不可见"（根据李斯特的指示）的男童或女声合唱团，唱着"圣母赞美诗"前两行和一连串"和撒那"与"哈利路亚"！

尽管稳定于B大调之上，但是最后的发展经历了一些不同寻常的和声阶段。1859年8月20日的一封信中，李斯特向舍费尔（Julius Schaeffer）解释道："《'但丁'交响曲》末尾，我尝试将宗教音调带入我的《圣母赞美诗》。你可能也会对全音音阶上的三和弦感兴趣，据我所知，它至今从未被完整运用过。"②李斯特的信中举证并不能完全反映在出版的总谱上（谱例5.3a），因为倒数第三个缺少一个根音旋律位置上的ᵇA大三和弦。不过，同一总谱，在热情洋溢的另一尾声中，李斯特确实运用了另一个完整的全音音阶（谱例5.3b）。如今，指挥家更愿选择安静、天堂般的尾声，但是，两个版本都具有标题

---

① Maria Ann Roglieri, "From *le rime aspre e chiocce* to *la dolce sinfonia di Paradiso*: Musical Settings of Dante's *Commedia*", *Dante Studies* 113 (1995): 175—208, at 177.
② Franz Liszt, *Briefe*, ed. La Mara, 8 vols. (Leipzig: Breitkopf & Härtel, 1893—1905), Ⅷ: 148.

合理性和历史创新性。①

谱例 5.3a　李斯特,《"但丁"交响曲》,Ⅱ,最后的和声进行,尾声一

谱例 5.3b　李斯特,《"但丁"交响曲》,Ⅱ,最后的和声进行,尾声二

最后部分中,B、♭B 和 D 之间共同的调性作用、合唱的运用,《"但丁"交响曲》与贝多芬《"合唱"交响曲》体现出诸多类似。加之诗意灵感、标题情节、激进调性、现代性转调和全音音阶的"先锋",这部交响曲俨然成为贝多芬交响遗产的成功继承者。

## 新德意志乐派

贝多芬之后,交响曲的未来方向成为那些德国追随者最为担忧的事情。虽然 19 世纪 30 至 40 年代,门德尔松、舒曼和施波尔为这

---

① 用这个音阶描述来升华颇有讽刺意味,因为除了八度,它并没有包含完全协和的音程。相反,它强调了三全音,一个李斯特在第一乐章描述恐怖地狱的音程。不过,李斯特以 B 大调结束,这与他将此调性与来世相联系是一致的。参见 Paul Merrick, "The Role of Tonality in the Swiss Book of *Années de Pèlerinage*", *Studia Musicologica Academiae Scientiarum Hungaricae* 39, 2—4 (1998): 367—383, at 367—368。

一体裁作出了重要贡献,但50年代,争论开始达到"白热化"。早年,李斯特常常预言一个"未来的贝多芬"。沿着同样的艺术精神,他和他的学生开始在魏玛将自己骄傲地描述为"未来音乐家",他们的作品被称为"未来音乐"。对于是否加入这个团体,流亡瑞士的瓦格纳犹豫不决,①柏辽兹也兴趣平平。专栏文章对此大着笔墨,但少有重要音乐在魏玛以外上演。于是,舒曼不无道理地怀疑道:"李斯特的辉煌成就在哪?它们隐藏何处?可能在他的桌子里(或指挥家的脚下)?也许,他担心被当下误解而迷恋未来?"②舒曼进一步声称,时值当今,巴赫、海顿和贝多芬的音乐依然展现出创作时的新颖。因而,"未来音乐家"的称谓应该属于他们。李斯特篡取这一名头就是亵渎"先贤"。1853年,舒曼最后一篇公开评论取名为"新的道路"。它推崇一群同样尊重传统的音乐家,包括巴吉尔(Woldermar Bargiel)、舍费尔和勃拉姆斯。个人信件中,舒曼将最后一位冠名以"写下(音乐)启示录的真正信徒,即便数个世纪,伪君子——就像很久以来那样——也无法察觉其奥秘"。③

争议毫无消退的迹象。1859年夏天,《新音乐报》主编布伦德尔(Franz Brendel)在莱比锡发表演说,为未来音乐家提出一个表面中性的名称:新德意志乐派。考虑到预期的反对意见,尤其是非德国籍的李斯特与柏辽兹,布伦德尔如此解释:

---

① 瓦格纳关于标题音乐的观点,最重要的文献是1857年的论文《论李斯特的交响诗》(On Franz Liszt's Symphonic Poems),英译文与中肯评论参见 Thomas S. Grey, "Wagner's Open Letter to Marie Wittgenstein on Liszt's Symphonic Poems", *The Wagner Journal* 5, 1 (2011): 65—81。

② 1854年2月6日写给理查德·波尔的信,参见 Robert Schumann, *Briefwechsel mit Franz Brendel, Hermann Levi, Franz Liszt, Richard Pohl und Richard Wagner*, ed. Thomas Synofzik, Axel Schröter, and Klaus Döge (Cologne: Dohr, 2014), 409。

③ 1853年10月7日,舒曼写给阿希姆的信,参见 Joseph Joachim, *Briefe*, ed. Johannes Joachim and Andreas Moser, 3 vols. (Berlin: Julius Bard, 1911—1913), I: 84。恰好3周后,舒曼的"新的道路"发表于《新音乐报》,并被多次翻译,其中包括 Leo Treitler, ed., *Strunk's Source Readings in Music History* (New York: Norton, 1998), 1157—1158。

关于思想，出生地不是决定性因素。其他情况中，严格的年代顺序也是如此。一个人生活和工作在某个地区，但精神上，他更应归属于更早的风格，这常常发生。反之，亦然⋯艺术家早期没有受到德国精神的滋养和锻造，他就不能成为这类艺术家。由此，最终，德国成为他们职业生涯的中心。在这个意义上，我建议将整个后贝多芬发展潮流命名为"新德意志乐派"。由此，源流清晰，命名更简单、统一。新教的宗教音乐可追溯到巴赫、亨德尔，它已拥有名字"老德意志乐派"。意大利影响下的维也纳大师属于古典主义时期，它们在理想和现实之间企及完美平衡。贝多芬将他的手延伸至德国北部，于是，形成了"新德意志乐派"。①

表面上，布伦德尔仅仅以一个无用的术语取代了另一个。但是，将李斯特、瓦格纳的活动描述为"乐派"，这使它能够比肩莱比锡音乐学院，并给予其明确的民族传统感。进而，它又索取了自己的巴赫、海顿和贝多芬，用以证明李斯特交响诗和瓦格纳乐剧的存在价值。最后，它不仅为欧洲类似团体树立了一个模仿先例，而且成为一个术语总称的最佳典范。比如"乐派"，这个术语几乎不会导致成员间的风格和思想同质。

## 汉斯立克：音乐与意义

直到 19 世纪 50 年代后期，当李斯特的交响诗和标题交响曲开始浮现，关于（德国）音乐未来的争论——成员、美学和传承——几乎完全在媒体中开展，而不是在音乐厅。瓦格纳的三联长文——《艺术

---

① Franz Brendel, "Franz Brendel's Reconciliation Address", ed. James Deaville, trans. Deaville and Mary A. Cicora, in *Richard Wagner and His World*, ed. Thomas S. Gray (Princeton University Press, 2009), 311—332, at 328.

与革命》(1849)、《未来的艺术品》(1849)、尤其是《歌剧与戏剧》(1851)——为一种交响戏剧或"音乐戏剧"铺下了基石。同时,它:

- 综合表面分离的媒介如舞蹈、视觉艺术、音乐和诗歌——即所谓"整体艺术品",重新捕获古希腊戏剧艺术的复杂精致。
- 深入永恒的神话题材,在最自然、纯洁的情状中表现民间传说和赞颂人类。
- 扩展并最终实现德国——换句话,贝多芬的交响传统。

瓦格纳几乎对上个世纪音乐发展的每个方面都持异议(格鲁克和贝多芬幸免于他的批评,尽管不是没有中伤),但是,他没有否定长期以来的"音乐情感"观念。实际上,那是音乐的主要职能。据瓦格纳,近来,这样的实现已经成为可能:"通过(贝多芬)的勇敢劳作,音乐在不可能中达到了艺术的必然要求。只要它愿意如其所是,即一种'情感艺术',音乐便可向我们展示其无限能力,完成每一项可以想到的任务。"①

1854年,《论音乐的美——音乐美学的修改刍议》首次出版。文中,汉斯立克力图反驳这个普遍诉求。在开始部分,他区分了客观、理性的知觉或智力与主观的情感或情绪:"知觉是对事物特性的真正把握,比如音高或颜色。情感是对精神状态增强或抑制的不断意识,即快乐或悲伤。"②据汉斯立克,此前的著述者混淆了这两个术语。它们的不同可以准确阐明音乐表现的局限性:"音乐可以窃窃私语、狂风暴雨、咆哮,但爱或恨只主观地存在于我们的内心。情感和情绪

---

① Richard Wagner, *Opera and Drama*, trans. William Ashton Ellis (London: Kegan Paul, Trench, Trübner & Co., Ltd., 1900), 71.
② Eduard Hanslick, *Vom Musikalisch-Schönen* (Leipzig: Rudolph Weigel, 1854), 4. 除了额外说明,所有汉斯立克的文献参考都来自此书。不幸的是,此书的第一版没有英译本,现有版本常常是多个版本的混合体,而汉斯立克实际未曾读过。因此,最可靠的英译本译自1891年的第八版,Eduard Hanslick, *On the Musically Beautiful: A Contribution towards the Revision of the Aesthetics of Music*, trans. and ed. Geoffrey Payzant (Indianapolis, IN: Hackett, 1986).

的表现不是音乐的范畴"(p.13)。接着,"音乐仅仅能够努力模仿外在现象,绝不是它们所引起的具体情感"(p.24)。可见,对于汉斯立克,美与"具体情感表达"彼此背向而行。

对于听众,汉斯立克没有否认音乐具有产生情感反响的能力,但是,他认为,这些情感并不是音乐本身所固有的,而是听众自身提供了它们的意义。确实,文本有助于"意义"的呈现。但是,有文本的音乐(广义概念)不在汉斯立克考虑范围之内:

> 声乐中,音乐的效果无法与歌词、情节或场景分离。如此,准确确定它们各自对于整体作品的贡献变得不可能。作品具有与音乐"内容"相联系的标题或文字说明,我们也必须将它们排除。音乐与诗歌的联合扩展了它的效能,而不是其局限性(p.20)。

与传达情感不同,汉斯立克宣称,音乐真正的美和艺术价值存在于它的动态属性、"音符的运动形态"之中。器乐完全存在于它本身,毫无外在成分。因而,"就像一首作品的美根植于音乐本身的安排一样,它也决定了音乐的发展规律"(p.43)。作曲家首先想象出一个抽象、本体论上模糊的乐思,然后逐渐将其发展为一个令人满意的音乐结构。从这个角度而言,一个聪明的听众可以量化音乐的性质:"内在相互吸引的声音巧妙结合,它们的和谐与冲突、飞跃与抗争、上升与下降——正是它以自由的形式呈现于我们的精神世界,并令人感到美的愉悦"(p.32)。

1854 至 1902 年间,即他逝世前两年,此书共出版了 10 次。1854 年版主要质疑音乐哲学家或者去世已久的实践者——此时,瓦格纳的首个乐剧范本《特里斯坦与伊索尔德》(1860 年才出版)还未完成。1858 版毫不含糊地对准了瓦格纳,尤其是李斯特。[①] 此书第

---

① 汉斯立克是一位根深蒂固的柏辽兹支持者,在《论音乐的美》第一版中,他如此为柏辽兹的标题音乐倾向辩解,"我们无须怀疑也不能低估柏辽兹的杰出天份"(p.41),这一立场在随后所有版本中保持不变。

一版与第二版之间,李斯特发表关于罗伯特·舒曼和柏辽兹《哈罗尔德在意大利》的论文。他探索了标题音乐的历史、美学和目前的可行性,支持者如科尼利厄斯(Peter Cornelius)、德莱塞克和波尔补充以热情洋溢的论文与评论。比如,1855 年,怒气冲冲的波尔将瞄准器对准汉斯立克,在一篇论文中"开火"。作曲家构思音乐时,"仅仅玩弄结构和音色,这几乎不是我们时代的作曲家的有效目标。如果他想在此之外说些什么,他脑海中肯定已形成了一个标题内容"。[①] 确实,考虑到李斯特《但丁》和《浮士德》交响曲此类作品的出现,以及媒体对标题思想的攻击,就像汉斯立克在第二版序言中宣称的那样,论证——基本观点保持不变——比 3 年前更具时效性:

> 第二版准备期间,李斯特的标题交响曲问世,从而予瓦格纳论文以补充。到目前为止,这些只不过为听众呈现了结构的不成熟,仅仅令其与音乐的自足意义对立。可以肯定,根据这些发展状况,没人会因为我没有收回或削弱我的争论立场而责难我。如果有,我认为,它对于阐明音乐艺术的非凡与不朽更为重要。因为它从属于美,为我们的大师巴赫、海顿、莫扎特、贝多芬和门德尔松所实践,它将在未来为真正的音乐创新者所培育。[②]

## 巩固传统:李斯特的标题守护者

汉斯立克不是唯一一个声称李斯特的标题音乐在美学和历史

---

[①] Thomas Grey, "...*wie ein rother Faden*: On the Origin of 'Leitmotif' as Critical Construct and Musical Practice", in *Music Theory in the Age of Romanticism*, ed. Ian Bent (Cambridge University Press, 1994), 187—210, at 206.

[②] Eduard Hanslick, *Vom Musikalisch-Schönen*, 2nd edn. (Leipzig: Rudolph Weigel, 1858), ix.

上站不住脚的人,柏林和莱比锡的批评家尤其敌视"新德意志乐派"。19世纪50年代,李斯特的标题作品仍是其音乐目标最重要的体现。同时,他大批移居魏玛的学生所写下的标题音乐与评论——包括舍林多夫(Hans Bronsart von Schellendorff)、彪罗(Hans von Bülow)、德莱塞克、约阿希姆、陶西格(Carl Tausig),特别是拉夫和里特——尤其是集中向著名钢琴家和富有争议的作曲家进行音乐学习的那些部分,也对这一体裁的推广作出了重大贡献。

19世纪50年代,他们已经对标题音乐诽谤者予以最猛烈地批评。但随后数十年,这些门徒才找到自己的作品声音(表格5.1)。透过李斯特的标题音乐棱镜,理论上,标题音乐如何运行,他们的观点相当一致。但是,他们自己的作品——标题交响曲、组曲、配乐及其他同类混合体——不是模仿而是延展了老师的音乐。从实践角度,为了职业生涯的成功,李斯特的学生们——许多以演奏家、指挥家、音乐指导开启事业——不得不在革新和保守阵营之间寻求调和。结果是,一些人强烈质疑或者完全抛弃了"新德意志乐派"的方向,特别是1861年李斯特离开魏玛,以及同时期勃拉姆斯的事业开始蒸蒸日上之后。于是,约1860年至30年后施特劳斯的第一部音诗之间,没有冒出毫无争议的领导者,去跟随李斯特的标题足迹。

**表格5.1　李斯特学生的标题作品选编**

| 作曲家 | 主题(作者) | 体　裁 | 创作/出版 |
|---|---|---|---|
| 舍林多夫 | 梅露辛娜 | 神话传说 | ?/1881,op.9 |
| | 春天幻想曲 | | 1857—1858/1880,op.11 |
| | 在阿尔卑斯 | 交响曲,加合唱 | 1889—1896/—(遗失) |
| | 命运的选择 | 交响曲 | 1897/—(遗失) |
| | 贝拉·拿波里 | 标题组曲,加独唱和合唱 | 1902—1903/—(遗失) |

(续表)

| 作曲家 | 主题(作者) | 体裁 | 创作/出版 |
|---|---|---|---|
| 彪罗 | 消亡 | 情景画(1866), 幻想序曲(1881) | 1854/1866, 1881年修订 |
| | 尤里乌斯·凯撒(莎士比亚) | 英雄序曲 | 1851/1867, op. 10 |
| | 歌者的诅咒(乌兰特, Uland) | 叙事曲 | 1863/1863, op. 16 |
| 德莱塞克 | 弗里索夫的传说 | 交响诗 | 1859—1865/— |
| | 尤里乌斯·凯撒(莎士比亚) | 交响诗 | 1860, 1861年修订, 1865/— |
| | 人生如梦(卡尔德隆, Calderón) | 前奏曲 | 1868—1888/1888, op. 45 |
| | 潘特希里亚(克莱斯特, Penthesilea, Kleist) | 前奏曲 | 1888/1889, op. 50 |
| | 图恩湖 | 情景音画 | 1903/— |
| | 梦是人生(格里尔帕策, Grillparzer) | 前奏曲 | 1904/— |
| 约阿希姆 | 哈姆雷特(莎士比亚) | 序曲 | 1853/1854, op. 4 |
| | 德米特里厄斯(格林, Demetrius, H. Grimm) | 序曲 | 1855/— op. 6 |
| | 亨利四世(莎士比亚) | 序曲 | 1855/1902(勃拉姆斯改编), op. 7 |
| 拉夫 | 致祖国 | 交响曲 | 1859—1861/1864, op. 96 |
| | 在林中 | 交响曲 | 1869/1871, op. 153 |
| | 丽诺尔(布格尔) | 交响曲 | 1870—1872/1873, op. 177 |
| | 生命:奋斗、苦难、战斗-死亡-荣耀 | 交响曲 | 1873/1874, op. 189 |

(续　表)

| 作曲家 | 主题(作者) | 体　裁 | 创作/出版 |
|---|---|---|---|
| 拉夫 | 阿尔卑斯山 | 交响曲 | 1875/1876,op.201 |
| | 春天的声音 | 交响曲 | 1876/1877,op.205 |
| | 夏 | 交响曲 | 1878/1879,op.208 |
| | 秋日时光 | 交响曲 | 1879/1882,op.213 |
| | 冬 | 交响曲 | 1876—1882/1883,op.214 |
| | 上帝是我们坚固的堡垒 | 英雄性、戏剧性作品,序曲形式 | 1854,1865年修订/1866,op.127 |
| | 暴风雨、麦克白、罗密欧与朱丽叶、奥赛罗(莎士比亚) | 前奏曲 | 1879/1891 |
| | 美丽的磨坊女(缪勒,弦乐四重奏) | 音诗套曲 | 1874/1876,op.192b |
| 里特 | 情爱传奇 | 交响诗 | 1890/— |
| | 奥拉夫的婚礼圆舞曲 | 交响圆舞曲 | 1891/1892,op.22 |
| | 心往天国 | 狂飙突进幻想曲 | 1894/1896,op.23 |
| | 皇帝鲁道夫的毁灭之路 | 交响诗 | 1895/1895 |
| 陶西格 | 幽灵船 | 叙事曲 | 1860/1860,op.1 |

　　向李斯特学习的钢琴家中,陶西格是这个世纪中最具天赋者之一。1855年,他来到魏玛。1858年早期,年仅16岁的陶西格在柏林首次公开演奏。同年,他遇到正在努力创作《特里斯坦与伊索尔德》第二幕的瓦格纳,并成为其终生信徒。不过,陶西格仍与勃拉姆斯形成了一种双面友谊,与他一起开音乐会,演奏他的两卷《"帕格尼尼"主题变奏曲》(op.35,1863),以证明其惊人技巧。陶西格将余下的短暂人生用于自己的柏林"高级钢琴演奏学校"的教学、旅行和创作钢琴音乐,作品包括许多改编曲、少许原创作品和死后出版的《每日

练习曲》。

陶西格的作品随着编号的增加而成熟,最早的乐曲自豪地展现出李斯特和瓦格纳的同等影响。很清楚,它就是《幽灵船》,作为 op.1 的一个部分发表于 1860 年。《幽灵船》基于斯特拉赫维茨(Moritz von Strachwitz)的同名诗歌,再现了一艘客船与一艘幽灵船在公海中的偶遇。斯特拉赫维茨的准叙事诗特征体现在三个人物角色之中,即舵手、叙述者、幽灵船,它们的描述和经历占据了诗歌的中间部分(Ⅱ.13—48)。① 就像浪漫主义的典型故事——瓦格纳《漂泊的荷兰人》是一个当代范例,这是一个漆黑、风雨交加的夜晚,海浪反复拍打着轮船(Ⅱ.1—4)。最终,叙述者将这次"近距离接触"(轮船实际从未相遇)归咎为航行疲倦——"我的心已厌倦航行",而不是承认它的潜在原因,即浪漫主义同样盛行的隐喻:厌世。

陶西格熟知李斯特交响诗。《幽灵船》就像李斯特的大多数交响诗一样,叙事让位于气氛营造和情感表达。可以肯定,这里有惯常的暴风雨描写。比如,m.5 五个八度的琶音,m.33 狂暴的半音下行,m.158 著名的半音刮奏。这些段落强烈依赖典型的"暴风雨"音乐传统(始于维瓦尔第、海顿、贝多芬和罗西尼,并在佩恩[Knowles Paine]《暴风雨序曲》、费比希[Zdeněk Fibich]《风暴》、查德威克[Whitefield Chadwick]《阿弗洛狄忒》等其他交响作品中延伸),令人印象深刻,但缺乏原创性。确实,更具戏剧性的是,它重新创造了叙述者目睹轮船驶过和船员逐渐清晰可见的过程。在这个华丽的钢琴作品中,陶西格以相当长的部分来建构音乐材料。比如,mm.63—87,三全音的齐鸣几乎贯穿整个键盘(谱例5.4)。段落高潮(mm.87—89)的全音阶真正令人惊奇,它标志着幽灵的首次惊鸿一现。这个音阶是它们独特音响场景的一个部分,并被 mm.182—185 处陶西格指示钢琴家"幽灵般的"演奏的下行 C-$^{\flat}$B-$^{\flat}$A-$^{\flat}$G 所印证。(同样

---

① 最初的德文诗和英译本参见 James Parakilas, ed., *The Nineteenth-Century Piano Ballade: An Anthology* (Madison, WI: A-R Editions, 1990), 43。

醒目的段落出现在 mm. 424—440，一个八音音阶在键盘中攀升。）此外，陶西格还在遥远的 $^bD$ 大调和 $^bA$ 大调上提供了两段短小的战斗音乐(mm. 214—245, mm. 372—403)，以匹配斯特拉赫维茨将这些永生的瑞典人、哥特人、挪威人和丹麦人塑造为"英雄"，也强调了斯堪的纳维亚的瓦格纳式的神话主题。

谱例 5.4　陶西格,《幽灵船》,mm. 79—92

然而，最突出的主题是轮船本身（谱例 5.5）。陶西格赋予它一个简单但情感明确的旋律，毫不动摇地在 I-VII$_7$ 和声序进中进行。当轮船仍在视线中，主题出现了几次变形（比如，m. 312 开始的"挽歌"段落），但其最重大的"转世"发生在扩展的尾声（mm. 486—538）中，即轮船消失之后。此时，叙述者独自一人。随着恐惧渐渐消失，他开始同情幽灵船船员，陶西格予其一个庄严甚至英雄般的主题（谱例 5.6 中 m. 521）。mm. 526—527 的低音线条或者 mm. 534—536

143 的调式混合显示,叙述者仍然犹豫不决,在"现实"世界和幽灵船驶往的世界间痛苦摇摆。

谱例5.5　陶西格,《幽灵船》,mm.99—104

谱例5.6　陶西格,《幽灵船》,mm. 521—538

谱例 5.6 （续）

　　《幽灵船》是异常优秀的作品一号。不幸的是，尽管几次基于题材如拜伦的《曼弗雷德》或科尼利厄斯的绘画《四骑士启示录》试图涉足交响诗和标题交响曲创作，但是，1871 年，29 岁的陶西格突然死亡，使得这部钢琴杰作无法成为更加卓越和不朽的标题音乐的预示。① 一些李斯特的学生活得更久，但他们似乎受阻于标题困境：舍林多夫仅仅模仿贝多芬《第六交响曲》贡献了一部标题作品；里特尽管是新德意志乐派最早的追随者之一，但直到 1890 年才开始创作交响诗或音诗——此时，施特劳斯追随他的学生开始变革这一体裁。总的看来，其他人仍然选择主动放弃李斯特的标题音乐。

---

① 陶西格写给李斯特的信件，参见 *Briefe hervorragender Zeitgenossen an Franz Lsizt*, ed. La Mara, 3 vols. (Leipzig: Breitkopf & Härtel, 1895—1904), esp. Ⅱ: 93, 154—155, 173, 191。更多题材包括人物角色布朗克弗勒尔(Blanchefleur)和一部多乐章《爱的交响曲》，在中世纪文学中，前者与特里斯坦(他的母亲)、圣杯传说有多重联系。

## 醒悟的学生们:约阿希姆、彪罗和拉夫

布伦德尔提议成立新德意志乐派,这丝毫没有动摇派别之分。如果说有,也是进一步排斥那些没有接受主要来自魏玛李斯特的观念与音乐的人。除了汉斯立克精心安排的回应之外,1860 年 5 月 6 日,柏林的杂志《回声》中还出现了一篇短小而著名的公示,反对布伦德尔的声明。

(布伦德尔)的期刊经常散布观点:根本上,认真努力的音乐家与其所推崇的潮流一致,并且认可这一潮流领导者的作品艺术价值。(…下面签名者)不承认布伦德尔期刊中所表达的基本观点。所谓"新德意志乐派",其领导者和追随者的创作违背了音乐最重要的本质。一部分追随者将这些理论用于实践,另一部分继续强行创建越来越新奇和荒谬的理论。对此,仅表遗憾或谴责。①

由于尚未成形,就被泄露,公示仅有四个署名:勃拉姆斯、约阿希姆、格林(Julius Otto Grimm)和舒尔茨(Bernhard Scholz)。李斯特对于此中的任何名字可能都不会感到奇怪,但是,约阿希姆公开附名其上定会勾起他不愉快的记忆。门德尔松去世后,约阿希姆就学于魏玛的李斯特。1853 年,他离开魏玛,来到汉诺威,任宫廷乐队的首席小提。此时,他也与勃拉姆斯和舒曼成为了朋友。约 1855 年,他创作了三部序曲,包括第二章讨论的《哈姆雷特》序曲。作品延伸了门德尔松的实践,但其方式与李斯特早期的交响诗探索一致。不过,短短几年,他与前任教师之间的巨大裂隙不断生长。1857 年,约阿

---

① David Brodbeck, "Brahms, the Third Symphony, and the New German School", in *Brahms and His World*, ed. Walter Frisch and Kevin C. Karnes, rev. edn. (Princeton University Press, 2009), 95—116, at 111.

希姆感到必须向李斯特道明:"你的音乐彻彻底底地令我反感。它完全违背了早年滋养我心智的伟大作品的精神……我不能再辅助你,我不再允许你将你和你的学生的奋斗目标视为我们的共同目标。"①

迄今,这是最公然的背叛。但是,约阿希姆不是李斯特学生中的唯一一个。尤其,拉夫和彪罗——约阿希姆在魏玛时最亲密的朋友,也是李斯特最具天赋的两个学生——也从实践和理论动摇了他们对新德意志乐派的忠诚。(甚至,德莱塞克,19世纪50年代新德意志乐派无与伦比的捍卫者,在20世纪初以批评施特劳斯的现代音乐方向而告终。)始终不变的是,这些作曲家有意识地模仿舒曼,尤其是门德尔松的音乐-诗意方式。这一方式是传统交响结构的新古典式运用,牢固建筑起他们的标题音乐作品;它是交响写作才能,源自他们作为指挥家和乐队首席的重要经验。

19世纪50年代间,彪罗最具抱负的标题作品《消亡》为当时的"口舌之争"如何达到沸点,进而深深伤害随后数十年音乐创作提供了极佳例证。1854年4月初,彪罗首先将作品构思为一部b小调序曲。月底,他告知李斯特,它成为"我自己的音乐银版摄像术"。9月30日,李斯特给他的学生写信,表示已经读完"你为乐队而作的幻想曲——基于卡尔·里特(Carl Ritter)的五幕悲剧《一个消亡的生命》"。我认为,乐思在一个崇高的精神层面中运行,它"高贵、深刻",充满诗意。②

1859年2月27日,作品在作曲家执棒下首演于柏林合唱学院。此前某时,李斯特认为,作品附上一个相称的文学对应物乃明智之举。于是,他提出两个可能的标题:《席勒"强盗"的交响序言》《拜伦"该隐"的交响序言》。③ 首演,彪罗选择了后者。但是,1866年出版

---

① Alkan Walker, *Franz Liszt : The Weimar Years*, 1848—1861 (New York: Alfred A. Knopf, 1988), 347.
② *Breifwechsel zwischen Franz Liszt und Hans von Bülow*, ed. La Mara (Leipzig: Breitkopf & Härtel, 1989), 101.
③ *Breifwechsel zwischen Franz Liszt und Hans von Bülow*, 307. 玛拉(La Mara)认为此信的日期为1861年早期,这肯定不对;它应该写于1859年作品在合唱学院首演前。

时,他隐去文学引用,冠名为《消亡:交响情景画》。彪罗意图将《消亡》作为一种渠道,从中可以听到叔本华(Arthur Schopenhauer)的哲学。1867年8月迈宁根的一次演出中,他为听众分发的节目说明里清楚地表明了这一点:

> 从个体存在的痛苦和磨难中解脱的欲望极度强烈,它始终与强大的生存意志相悖。努力坚持梦想的方式是"拯救",而不是道德,它只有在自我否定和生存意志的否定中才能达成。①

为了追求否定,彪罗的主题无休止地重造自我。开始三小节(谱例5.7)几乎产生了随后所有的主题材料,不过,没有一个可以称之为"旋律"。确实,旋律似乎等同于诱人的"强大生存意志",动机及其变化寻求避开它。彪罗交响诗无休止地转向也解释了李斯特为什么将席勒和拜伦的两部戏剧作为范本:它们不仅涉及毁灭性的兄弟争斗,而且聚焦于同样宽泛的问题,如个人自由与善恶本性。举例来说,在《该隐》中,正是反面人物撒旦请求天堂居民挑战造物主的天生智慧:"要思想,要忍耐——在你自己的心中,筑起一个内在的世界,不受外来力量的支配。这样你就更加接近灵性,你自己的斗争就可以获得胜利"(第二幕、第二场,Ⅱ.463—466)。②

1881年,彪罗重新出版了这部作品。对于熟悉原版的听众,修订版可能并无差异;但印刷谱面却透露了两处重要不同:(1)所有的演奏指示由德文改为意大利文;更为重要的是,(2)彪罗给了作品一个新的副标题——"序曲形式的交响幻想"。

---

① 英译文来自一段唱片说明,参见 Judyth Schaubhut Smith, *Szell*, *Heger*, *Bülow*, *Weingartner*: *Original Music by Legendary Conductors*, National Philharmonic of Lithuania, cond. Leon Botstein (Arabesque Recordings, Z 6752, 2001)。德语原文较繁杂,参见 Hans-Joachim Hinrichsen, *Musikalische Interpretationen Hans Von Bülow* (Stuttgart: Steiner, 1999), 37。
② 中译文引自拜伦,《曼弗雷德 该隐:拜伦诗剧两部》,曹元勇译,华夏出版社,2007年。

谱例 5.7  彪罗,《消亡》,mm. 1—10

彪罗的早期音乐生活围绕李斯特和瓦格纳而进行：19 世纪 50 年代,他向前者学习,并于 1857 年娶李斯特女儿柯西玛为妻；60 年代,他指挥后者作品——《特里斯坦与伊索尔德》和《纽伦堡的名歌手》的首演,并大受欢迎；1863 年 11 月底,他痛失爱妻,同一个柯西玛转嫁给了瓦格纳。可以肯定,60 年代晚期,彪罗的生活肥皂剧导致了他与新德意志阵营成员之间的紊乱关系,而普法战役以来的指挥家生涯似乎也促使他重新思考形式与内容这个纷争不断的问题。80 年代,他越来越确信新德意志乐派的立场有误,贝多芬和勃拉姆斯交响链环之间的关键代表是门德尔松。实际上,借由回应 50 余年前 A. B. 马克斯的声明（参见第二章）,彪罗深信,不是李斯特,而是门德尔松的标题器乐作品代表了贝多芬交响革命最光明的发展前途。

拉夫与门德尔松的关联更为紧密。1850 年 1 月,为了成为李斯特的助手,他从汉堡迁至魏玛。拉夫作为辩论家的天赋被李斯特及其圈内人士高度评价,50 年代早期的作品——受李斯特与瓦格纳、舒曼与门德尔松的影响,拉夫原来希望跟后两位学习——也引起了强烈认同。但是,50 年代中期,他彻底醒悟,并于 1856 年,移居威斯巴登。

26 年后,拉夫去世。此时,他的作品编目包括了众多管弦乐序曲、9 部协奏作品、6 部歌剧、9 部弦乐四重奏、15 部歌曲集、100 余部钢琴作品。作品总量超过300部,拉夫确实是李斯特最多产的学生。尽管,或者说因为,鄙视新德意志乐派,但是,他也是李斯特圈子中标题音乐作品最多的作曲家。11部交响曲中有9部是标题作品,题材涵盖风景(No. 3\7)、季节(No. 8—11)、文学(No. 5)、哲学(No. 6)和德国民族(No. 1)。此中许多兴趣点还渗透到他的序曲(比如,"莎士比亚")、管弦乐组曲("意大利""匈牙利"和"图林根州")和钢琴音乐中。

从观念上讲,拉夫的标题音乐完完全全展现了李斯特的教育影响,并尝试扩展其艺术实践。比如,《第三交响曲》"森林里"采用传统的四乐章,但又可从标题内容上分为三部分。第一乐章为"白天",第二、三乐章"黄昏",第四乐章"夜晚";一份详细的文字说明进一步把"夜晚"分为三个部分。尽管标题丰富,但绝大部分标题作品的单个乐章或段落本质上仍为性格作品。比如,《第七交响曲》的内部乐章"酒馆里"和"湖畔"、《第九交响曲》的"田园诗"、《第十交响曲》的"狩猎"终曲或舒曼式的《第十一交响曲》"在炉边"。

这正是拉夫《第五交响曲》的本质。作品首演于1872年晚期,一年后出版。尽管以布格尔一个世纪前创作的叙事诗《丽诺尔》命名,但是只有最后一个乐章体现了布格尔的素材(插图5.1)。前三个乐章仅仅提供一个前传,正如拉夫所解释的:

> 恋人的欢悦……被战争打断。当他必须与士兵一起出发,她仍然独自跟随。孤独中,不祥之兆笼罩。她陷入狂乱,幻想爱人归来。但实际上,幻觉仅仅预示自己的死亡。①

借助明确的"新德意志"技术,《第五交响曲》的文字说明从概括走向具体。于是,末乐章实际是一部交响诗。优秀的第一乐章时刻

---

① Boston Symphony Orchestra, *Season* 1891—92; *Programme* (Boston Symphony Orchestra, 1892), 188. 据节目介绍,拉夫对《丽诺尔》交响曲的描述来自1874年他写给马丁·罗德尔的一封信。

插图5.1 《丽诺尔》,钢版画,可能出自纽伦堡的卡尔·迈耶

保持着恋人的炽热情感,充满门德尔松《"意大利"交响曲》第一乐章和瓦格纳《罗恩格林》第三幕序曲相同的生命活力。第二乐章采用 $^{b}$A 大调,这是瓦格纳在强烈爱情场景中喜爱的调性。它的确与第一乐章构成一个拉夫标为"爱之欢悦"的段落。整体上,交响曲按三度调性运动,从 E 大调— $^{b}$A 大调—C 大调回到 E 小调\大调——这种调性关系通常会联系到李斯特的作品,尤其是《前奏曲》和恐怖怪诞的《浮士德》交响曲(拉夫的前三部交响曲已探索乐章间非传统的三度调性关系)。末乐章对前三乐章的主题回忆也直指《浮士德》交响曲和贝多芬《第五交响曲》《第九交响曲》。与前三个乐章仍然兜售传统交响结构(分别为奏鸣曲式、回旋曲式、进行曲)相反,第四乐章根据标题文字采用通谱体结构,这与柏辽兹的《幻想交响曲》无异。同时,二者也具有许多相同的管弦乐效果。最后,拉夫没有改变他的原始素材以更好地适应标题文字。因此,约 m.390,丽诺尔的死亡(布格尔叙事诗的结局)后跟随着一首众赞歌(m.403)。众赞歌回到作品真正的主调 E 大调,丽诺尔因爱获救——这也是李斯特尤其是

瓦格纳所青睐的另一主题。

除了创作交响曲和避免术语"交响诗",拉夫"反新德意志"最突出的特征是和声的保守,一个他常常在实践中被突破的复杂问题。1857年,德莱塞克将新德意志乐派的和声归纳提炼为两条基本原则:

    1. 如果音程距离为级进或音程为两个三和弦所共有,那么,任何协和的和弦都可以连接另一个协和的和弦。

    2. 任何不协和的和弦可以解决到相距二度或有共同音的任何协和和弦,显然的禁忌是,不协和和弦的音程不能进行到同样不协和的和弦音上。①

这些规则严重削弱了调性稳定感。不过,拉夫的音乐仅仅在极少数情况下运用它们。大部分音乐调性明确,即便是连接段落和展开部也是如此。他不是提供一个强大的和声调色板,而是强烈依赖于模进和密集的对位。有时,效果很突出。比如,《上帝是我们坚固的堡垒》序曲(1865年),一个引发争论的赋格起到导向再现部的连接功能。当主要主题再现时,拉夫在其上并置以新教旋律"上帝是我们坚固的堡垒"。就像门德尔松《第二交响曲》和还未出版的《"宗教改革"交响曲》,拉夫序曲的信息非常清晰:信仰在展开部的奋斗使再现部及其后的宗教自由成为可能。但是,多数情况下,拉夫的策略暴露了"一个大型作品中难以解决的问题——冗长。他尝试……调和标题需要与奏鸣曲式的传统,却导致了各部分的片段化。它们应该逻辑统一,彼此却缺乏联系"。②

---

① James Deaville, "Defending Liszt: Flix Draeseke on the Symphonic Poems", in *Franz Liszt and His World*, ed. Dana Gooley and Christopher H. Gibbs (Princeton University Press, 2006), 485—514, at 499—500.

② A. Peter Brown, *The Symphonic Repertoire*, vol. Ⅲ, part A (Bloomington and Indianapolis: Indiana University Press, 2007), 859.

## 李斯特的"新德意志"遗产

如果说李斯特早期的大部分学生在自己的标题道路上启航的话,那么,其他人则借李斯特名号为自己的音乐目标正名。可能,最有趣的是沃尔夫(Hugo Wolf),一个没有直接隶属于李斯特圈子的信徒。他的根基在维也纳,但沃尔夫痛恨这座城市的古旧趣味,抱怨它危害现代、诗意音乐的前行。于是,李斯特成为这一流行病的强大解毒剂。1884年4月的一篇评论中,沃尔夫发表见解:现在,如果你还想像贝多芬那样创作交响曲,

> 那么,只有将时钟调回到一个世纪前,唤醒这位死去的大师。但是,不要将我们蹩脚的模仿者置于其身旁,这些无能的当代交响作曲家乔装打扮在古典服饰中,戏弄古典精神……只有李斯特的音乐,它比我们深切感受到的还要睿智、生动、温暖的想象,总是灵活多变。如今著名的新交响曲主题灵活多变吗?原则上讲,不是。①

沃尔夫明确将交响诗视为音乐演进的下一环,它"对于现代音乐的意义就像海顿交响曲之于他的同时代者及继承者"。为了深入理解这一点,他将交响诗人与交响作曲家对立起来,以一个挑衅性的论调总结其评论:"李斯特与勃拉姆斯对比的真正观点!天才对蹩脚的模仿者,老鹰对鹪鹩。这完全恰当!"②

沃尔夫以汉斯立克与勃拉姆斯为代价,狂热捍卫新颖的"新德意志乐派",这源于其唯一一部交响诗《潘特希里亚》遭到令人汗颜的冷

---

① Henry Pleasants, ed. and trans., *The Music Criticism of Hugo Wolf* (New York and London: Holmes & Meier Publishers, 1979), 44.

② Pleasants, *The Music Criticism of Hugo Wolf*, 45.

遇。作品受到李斯特的亲自鼓励，并于一年后完成。近 30 分钟的长度、单乐章、三个部分，这都不是沃尔夫音乐的典型尺寸。然而，其幅度完全与他情感浓密、精神强烈、赖以成名的歌曲相一致。

在它处，新德意志乐派的脉痕失之多彩，却更为持久。第九章中，随着普法战争结束，圣-桑将李斯特的交响诗视为法国音乐创新的潜在出发点。在匈牙利，米哈洛维奇受教于莱比锡音乐学院，包括霍普曼（Moritz Hauptmann）和科尼利厄斯的课程，并向彪罗学习钢琴。19 世纪 70 至 80 年代早期，其交响诗创作完全基于"新德意志乐派"的题材，包括《幽灵船》（参见瓦格纳、陶西格）、《美人鱼》（参见李斯特《罗蕾莱》）、《赫洛与利安德》和《安息日圆舞曲》（参见柏辽兹）以及基于歌德《浮士德》的一部交响诗和独立的管弦乐幻想曲。他与李斯特的职业关系使他的大量作品在国外上演，他对匈牙利音乐的矢志不渝——将自己视为新德意志乐派与匈牙利传统音乐的综合者——使其成为李斯特死后布达佩斯音乐学院院长的当然候选人，并任职 32 年。①

## 新俄罗斯乐派

"新德意志乐派"观念与境况的最直接模仿者来自 19 世纪 60 年代的俄罗斯。"新俄罗斯乐派"与"新德意志乐派"不仅组织结构相似，而且主要创作聚焦点都是标题音乐与歌剧。在音乐学院令人窒息的艺术阴影下，"新俄罗斯乐派"勇往直前，积极在媒体宣传这些作品。就像"新德意志乐派"，论战环绕着误解、歪曲和极力鼓吹，并借由传统、民族和先进的模糊定位，为他们的立场和作品正名。

论战开始于 1855 年 5 月。著名钢琴家、前途光明的指挥家、活

---

① 承蒙温德姆将未出版的论文给予参阅，感激不尽。Akos Windhager,"Edmund Mihalovich's Weg von der 'Neudeutschen Schule' bis zur Ungarischen Königlichen Musikakademie".

跃的作曲家安东尼·鲁宾斯坦(Anton Rubinstein)在维也纳艺术报刊《音乐、戏剧与艺术》著文《俄罗斯的作曲家》，试图为西欧读者提供一个"俄罗斯音乐艺术尤其是近代实践的发展"概况。① 鲁宾斯坦解释说，自在教堂找到出口以来，祖国的音乐发展已久。但是，仅仅在近来，通过涉入歌剧和艺术歌曲体裁，才开始"艺术音乐"的实践。

正是格林卡偶然萌发创作民族歌剧这个"大胆又令人烦恼的观念"，导致了《沙皇的一生》(1836)和《鲁斯兰与柳德米拉》(1842)的诞生。鲁宾斯坦严格区分正统的民间音乐与非正统的民间歌剧，批评格林卡用"民间音调"代替"世界音调"。鲁宾斯坦不是针对格林卡一人，而是认为，这样的民族事业在任何国家必遭失败。因而，"从一般的美学角度"，鲁宾斯坦提出，任何特定民族作品的尝试都将失败。

鲁宾斯坦继续其调查研究。在他看来，意大利歌剧控制着后格林卡时期的圣彼得堡，直接抑制了同胞们的歌剧创新。实际上，唯一展现出俄罗斯作曲家特质的体裁是艺术歌曲，因为"只有艺术歌曲这一音乐形态具有自己的祖国"。鲁宾斯坦满怀希望地总结道，这些作曲家理应受到欧洲其他国家的赞许，并鼓励外国出版商至少应该出版"艺术歌曲(以双语版本)，因为它们具有为公众提供许多新东西，为其他艺术家打开一条思考的康庄大道，并扩展整个艺术界的作用"。

这篇文章仅仅是鲁宾斯坦影响俄罗斯音乐的开始。50年代末期，他成立俄罗斯音乐协会，其"目标是上演所有作曲家、流派、时代的作品"。② 60年代早期，他开始为培养职业音乐家的本土音乐机构的成立做准备，最终结果是圣彼得堡音乐学院。正是在这一举措期间，他发表了另一篇题为"论俄罗斯音乐"的论文。此次，它仅出现于俄罗斯报刊媒体上。文中，他抱怨浅薄阻碍了祖国音乐的前进。

---

① 这部文章的所有英文引文来自 Anton Rubinstein, "Die Komponisten Rußland's", *Blätter fürMusik, Theater und Kunst* 1, 29, 33, and 37 (11 May, 25 May, 8 June 1855): 113, 129—130, 145—156。
② 1859年10月12(24)日，写给李斯特的信，参见 *Briefe hervorragender Zeitgenossen an Franz Liszt*, II: 255。

在国内，鲁宾斯坦的俄罗斯音乐论述遭到了严重敌视，主要来自与钢琴家、作曲家巴拉基列夫（Mily Balakirev）相联系的一群作曲家。后来，这个群体被批评家斯塔索夫命名为"强力集团"和"新俄罗斯乐派"，他们试图反对鲁宾斯坦的声明"民族或民间音乐从不会成为世界艺术音乐的恰当基底"，以及一个更普遍的论调"俄罗斯音乐必须紧跟德国标准与传统"。（排外的新俄罗斯乐派笃信，鲁宾斯坦的音乐学院是嫁接给我们的许多国外产品中的其中之一。）①鲁宾斯坦的论文仅仅问世数月，巴拉基列夫就拜会了格林卡（Glinka）。不久，他便在两部基于俄罗斯主题的序曲（1858，1881年修订；1864，1884年修订）中开始证明"民间音乐"作为本土艺术题材的可行性，二者都模仿自1848年格林卡的《卡玛林斯卡亚》。确实，巴拉基列夫像鲁宾斯坦将他的俄罗斯音乐家同僚描述为外行一样，嘲笑鲁宾斯坦对他所尊敬的这位大师的批评。

巴拉基列夫是一位技术高超的钢琴家，受过一些零散的正规音乐教育，鲍罗丁（Aleksandr Borodin）、居伊（César Cui）、穆索尔斯基（Modest Musorgsky）和里姆斯基—科萨科夫（Nikolai Rimsky-Korsakov）都是非职业音乐家。事实上，巴拉基列夫圈子的稳定成员仅此而已。然而，19世纪60年代，巴拉基列夫对"新俄罗斯乐派"的强有力领导——批评家将此描述为专制统治——带来了一个相当统一的美学观念、风格特征和成员间一致的音乐实践，它包括：

- 在器乐和声乐（尤其是歌剧）体裁中，提倡俄罗斯或异国风情；
- 热衷于东欧（如塞尔维亚、捷克、俄罗斯）民间音乐；
- 强烈质疑已有音乐建制，如德国交响传统或学院体系；
- 缺乏交响曲的持久兴趣；
- 认同李斯特和先进的"新德意志乐派"，着迷于李斯特为管弦

---

① 这一来自斯塔索夫对鲁宾斯坦的尖刻反驳，参见 Philip S. Taylor, *Anton Rubinstein: A Life in Music* (Bloomington and Indianapolis: Indiana University Press, 2007), 93.

乐和钢琴所作的标题音乐;
- 紧密协作,个体成员形成的"新语汇",所有成员彼此分享;①
- 创作拖沓,导致许多未完成作品。甚至,多年后才修订。

到世纪末,新俄罗斯乐派创作大量歌剧,数量足以匹敌世界任何国家,《鲍里斯·戈杜诺夫》《叶甫盖尼·奥涅金》《伊戈尔大公》是此中最著名的冰山一角,从而回应了鲁宾斯坦的质疑。然而,一个回应的意外结果是,它产生了同样不朽的标题音乐。

实际上,关于器乐,鲁宾斯坦未置一词。但是,此时的作品显示,俄罗斯交响音乐与俄罗斯歌剧一样,是一个矛盾体。例如,大约论文发表前一年,德国首次上演鲁宾斯坦副标题为"海洋"的《第二交响曲》。除了第三乐章以外的所有乐章中,诱人的标题、几乎无处不在的颤音和海浪般的轮廓堆叠在一起,但是,鲁宾斯坦的标题关注点只不过为了唤起或描述一个主题事件。因而,美学上,他将自己置于贝多芬和门德尔松的血统之中。而后者,据新俄罗斯乐派,其作曲家身份尤其值得怀疑。②确实,《C大调交响曲》四个分离的乐章③暴露了它与过往德国模式之间诸多的结构和性格遗痕;甚至,为了再造奋斗与胜利的贝多芬式叙事,第四乐章复现了第二乐章的材料。

新俄罗斯乐派的作品几乎不会遵循这样的传统路径。居伊和穆索尔斯基没有出版任何交响曲。巴拉基列夫在19世纪60年代中叶开始创作一部《C大调交响曲》,但又束之高阁,直至90年代晚期才完成。随之,1908年,他完成《d小调第二交响曲》。鲍罗丁两部完

---

① Mark Humphreys, "Rimsky-Korsakov: (1) Nikolay Andreyevich Rimsky-Korsakov", in *New Grove Dictionary of Music and Musician*, gen. ed. Stanley Sadie, 2nd edn., 29 vols. (New York: Macmillan, 2001), XXI: 400—401.
② 鲁宾斯坦唯一一首获得新俄罗斯乐派一定程度上认同的作品是他的"音乐性格画"《恐怖的伊凡》(亦称《伊凡四世》),1869年11月,巴拉基列夫在私立音乐学校的一场音乐会上指挥上演。
③ 1851年,作品四个乐章;1863年,鲁宾斯坦将其扩展为六个乐章;1880年,再添加一个第七乐章。

整的交响曲传递出典型的"俄罗斯"特质（尤其是第二交响曲），而在里姆斯塔-科萨科夫《第二交响曲》可谓有名无实——它有四个版本，或为交响曲或为组曲——的标题性上，它与著名的东方主义作家森科夫斯基（Osip Senkovsky）的"波斯传奇"相关联。（相较而言，鲁宾斯坦创作了六部交响曲）。

确实，大部分来自这个群体的其他大型管弦乐作品运用民间材料（旋律、传说等等）或注入"东方"特色，从而在标题内涵上强调它们的俄罗斯性——这便是说，远离德国艺术音乐。在这个意义上，它们居于德国艺术音乐的主流之外，包括那些意欲将世界优秀文学或艺术作品作为他们创造起点的新德意志音乐家。尤其在技术和结构上，新俄罗斯乐派理应并确实常常将他们的音乐归入格林卡、李斯特和柏辽兹已推动的发展模式中。

巴拉基列夫《塔玛拉》就是一个恰当例证。它创作于1867至1882年间，出版于1884年，题献给李斯特。管弦作品基于列尔曼托夫（Mikhail Lermontov）的同名诗歌，其中，皇后塔玛拉（Tamara）——罗蕾莱式的人物，"天使般的美丽面容，邪恶与卑劣的思想"（Ⅱ.7—8）①——引诱迷路的朝圣者至其古老居所。一夜激情随之而来，天明，却仅有塔玛拉一人醒来。

为了真实展现女主角的本性和行为，巴拉基列夫的交响诗充分运用音乐引诱，并唤起高加索景色的想象。前者通过大量运用定音鼓、三角铁、钹、其他打击乐以及精选两架竖琴和独奏木管乐器来实现。谱例5.8显示出塔玛拉如何以多种手段吸引她那倒霉的情人：双簧管在b小调和属音♯F音上快速游走，此处落在G音，彼处停在♯G，尽显风情。不过，它没有选择二者，而是半音蜿蜒而下。在这个难以捉摸的线条下，弦乐在空五度上快活地跳跃，而小军鼓八分音符的节奏型不断反复，令人昏昏欲睡。上方的长笛像双簧管一样，滞

---

① Mikhail Lermontov, *Major Poetical Works*, trans. Anatoly Liberman (Minneapolis: University of Minnesota Press, 1983), 265.

留于#F,其张力直到 m.146 才松弛下来。整个作品中,巴拉基列夫利用一切机会发展塔玛拉的异域魅力。在她与最新猎物情欲相对的时刻(比如,mm. 379—402),塔玛拉的强烈自信——毫无疑问,此前无数约会给予其信心——超过了任何地方。

谱例 5.8 巴拉基列夫,《塔玛拉》,mm. 136—139

这样的时刻出现在展开部,这恰恰提醒我们,虽然李斯特已经严重歪曲奏鸣原则,但巴拉基列夫还是根据其塑造了自己的交响诗结构。同样,他还运用李斯特的主题变形技术。塔玛拉的"女妖之歌"出自作品第一个旋律轮廓(谱例 5.9),其中,十二个音的波浪音型在弗里几亚和爱奥利亚调式间摇摆。然而,此时,它未曾暴露任何潜在的异域风情,反而遵循 b 小调—D 大调—$^\sharp$F 大调的调性过程,典型的李斯特式三度链条。具体的调性选择也指向门德尔松序曲《赫布里群岛》的开场(参见第八章)。不过,两部分的引入后(mm. 1—71),巴拉基列夫揭示了作品真正的和声冲突:$^\flat$D 大调—D 大调。1869 年,巴拉基列夫创作《伊斯拉美》,一首几乎超出人类极限的钢琴炫技作品,同样运用了作曲家在高加索度假时听到的音乐。作品中,他再次勘探这种调性区域。里姆斯基-科萨科夫曾回忆,"这几天,巴拉基列夫对(这两个调)表现出专门的偏爱"。① 这一偏爱也有助于解释一个相同的和声结构,它掌控着里姆斯基-科萨科夫《萨德珂》(1867 年,1869、1892 年修订)中的"音乐场景"。此作品按照巴拉基列夫要求,作为鲁宾斯坦《"海洋"交响曲》的一个"俄罗斯替代者"而创作。②

谱例 5.9 巴拉基列夫,《塔玛拉》,m. 2

就像李斯特与他的新德意志学生,巴拉基列夫基于俄罗斯主题

---

① Nikolai Rimsky-Korsakov, *My Musical Life*, trans. Judah A. Joffe, 2$^{nd}$ edn. (New York: Tudor Publishing Co., 1936), 72.
② Francis Maes, *A History of Russian Music: From Kamarinskaya to Babi Yar*, trans. Arnold J. and Erica Pomerans (Berkeley and Los Angeles: University of California Press, 2002), 71.

的第二部序曲也展现出作品的标题修改与音符修改一样多。作品创作早期,巴拉基列夫将其与民族情感等同起来,类似西贝柳斯《芬兰颂》所激发的情感(参见第八章)。但是,1869年,作品公之于众时,名为《千年历史:一副音乐画卷》。标题不再关注动荡不安的现在,而是赞美俄罗斯的第一个千年,以迎接其充满希望的现代未来。80年代,再次回到这部作品时,巴拉基列夫强烈怀疑作品标题,逐改名为交响诗《俄罗斯》(Rus'),一个来自古老斯拉夫语言的名称,并重新出版。在新序言中,作曲家谈到了作品的历史品性,为名称变更辩护:

> 我从自己的曲集中选择了三首民间歌曲的主题,①希望它们代表我们历史中的三种要素:异教徒时代、俄国统治和重生于哥萨克的自治共和体制。三者的冲突表现在它们的交响性发展之中,构筑起器乐戏剧的内容。目前的标题比前一标题更为恰当,因为创作者无意画出一副千年历史的图景,而是希望抓住它的一些典型构成因素。②

如果说,早年巴拉基列夫主要塑造了新俄罗斯乐派的美学侧影,那么,正是里姆斯基-科萨科夫予以更新,并为后辈作曲家所推崇。这些作曲家包括俄罗斯的格拉祖洛夫(Aleksandr Glazunov)和斯特拉文斯基,以及国外的德彪西、拉威尔和雷斯庇基(Ottorino Respighi)。里姆斯基-科萨科夫还完成了新俄罗斯乐派许多作品的最终版本,包括鲍罗丁《伊戈尔大公》与《第二交响曲》、达尔戈梅斯基(Aleksandr Dargomïzhsky)《石客》和大量穆索尔斯基的音乐。

实际,大量改编的介入使他上升为共同作者。比较一下1867年穆索尔斯基的《荒山之夜》与1886年里姆斯基-科萨科夫的版本,就

---

① 巴拉基列夫沿着伏尔加河考察,收集了40首俄罗斯民歌,编订成册,出版于1866年。
② Richard Taruskin, "How the Acorn Took Root", in *Defining Russia Musically: Historical and Hermeneutical Essays* (Princeton University Press, 1997), 113—151, at 147—148.

一目了然。完成作品后,穆索尔斯基曾向里姆斯基-科萨科夫解释道:"音乐的整体性格热烈,不拖沓。连接段紧凑密集,没有任何德国式手法,真正焕然一新……它颇为新鲜,应该会留给睿智的音乐家一个令人满意的印象。"①

穆索尔斯基的作品清楚地分为两个几乎相等的部分。第一部分,mm. 1—260,涉及三个主题组。最为突出的是一个回环音型,在一个纯四度内上下起伏(谱例 5.10)。主题的顽皮性格使之易于形成严重的节拍错位(如 mm. 109—112),直到 m. 142,一组相关联的新主题出现,节拍才回归正常。这一段落凸显出穆索尔斯基一些最先锋的音乐特征,包括一个反向全音音阶的首次使用(m. 246 起)。在这个高潮点上,第一部分结束。第二部分(mm. 261—545)以主要主题的七个变奏为主,并在长大的第四变奏(mm. 358—443)以一个开始段落(mm. 1—86)的朦胧回忆和一个意图更新后的反向全音音阶(mm. 514—529)与第一部分相联系。

谱例 5.10　穆索尔斯基,《荒山上的圣约翰节之夜》(1867),mm. 109—112

穆索尔斯基向巴拉基列夫展示了自己的成熟作品——标题为《荒山上的圣约翰节之夜》,但后者拒绝安排演出。穆索尔斯基没有为上演给作品"降温",而是让它正襟危坐,直到 80 年代,他才在两部舞台创作中为一些材料找到恰当位置。1881 年,穆索尔斯基死后不久,里姆斯基-科萨科夫拿到这部作品,此时,已有三个版本可供处

---

① 1867 年 7 月写给里姆斯基-科萨科夫的信,参见 Caryl Emerson, *The Life of Musorgsky* (Cambridge University Press, 1999), 70.

理。在他的版本序言中,里姆斯基-科萨科夫先总结了作品的复杂创作过程,再解释其创作方式:"从作曲家死后遗留的材料中,我选择他认为最好和最适合的所有部分,以使作品统一与完整。"①

虽然编者(校订者)熟知作品与其随后的变化,但是,无法核实里姆斯基-科萨科夫声称的"穆索尔斯基的同意"。他润饰和重新配器许多原初材料,大幅缩减长度,接近百分之二十。但是,最深层的改变是结构。1886 年的《荒山之夜》以开始 163 小节的缩减再现(mm. 260—380)取代穆索尔斯基的一系列变奏,从而强烈映射出奏鸣曲式。确实,m. 164,一个降号转向三个升号的新调性,一个清晰的展开段落成形。它也凸显了一个管乐上的新主题,并将来自呈示部较早部分的材料变形为"咕噜之声"。调性上,里姆斯基-科萨科夫的版本也更明确。比如,它没有全音音阶的直白呈现,甚至暗示;也没有出现原初版本中难以捉摸的非功能和声进行。

毫无疑问,里姆斯基-科萨科夫的改编可以视为让步于真正的"德国方式",而这是穆索尔斯基所责难的。但是,或许,它们仅仅反映出里姆斯基-科萨科夫试图尊重作曲家留存在早期手稿上的标题文字:

> 地下传来鬼怪声音的喧闹。黑暗幽灵出现,随后,黑暗之神降临。黑暗之神的颂歌和安魂弥撒,(妖婆)的安息日。安息日高潮,小山谷的教堂钟声在远处回荡,黑暗幽灵随之四处逃散。天亮了。

虽然穆索尔斯基《荒山之上的圣约翰节之夜》的材料源自俄罗斯,但它在观念上与柏辽兹《幻想交响曲》、门德尔松《女妖五朔节》、李斯特《死之舞》、《浮士德》交响曲及《梅菲斯特圆舞曲》、更近一些的圣-桑《骷髅之舞》渊源颇深。甚至,最后一部作品可能是《荒山之夜》

---

① 根据穆索尔斯基的俄文标题文字,第一版中有一个法文译本,但没有翻译里姆斯基-科萨科夫的序言。马太·克雷格尔(Matthew Kregor)翻译了此段,在此诚表感谢。

新尾声(mm. 381—458)的灵感所在。

早在半个世纪前,鲁宾斯坦已经预料到,新俄罗斯乐派的这些联系有助于引起西方世界的注意,但也要付出不菲代价。当里姆斯基-科萨科夫将"亲属们"的音乐——包括刚刚修改的《荒山之夜》——带到1889年巴黎世界博览会的舞台上时,观众的反应可谓毁誉参半。一位法国评论家认定,格拉祖诺夫的交响诗《斯坚卡·拉辛》这部关于17世纪科萨克人叛乱的作品拥有:

> 俄罗斯音乐流派所有本质特点和无可辩驳的缺点:常常巧妙运用广为传唱的动机,比如伏尔加船夫之歌,整个音乐场景皆构建其上;音乐与最新奇节奏的结合上表现出罕有天份,并能从中提炼出独特的激烈和宽慰效果;淡淡的忧伤饱含情感;声音描述颇具想象的所有戏剧情节,才能非凡。但是,色彩幅度与画面效果言过其实;展开或管弦乐器组合的滥用的的确确;最重要的是,它缺乏深层设计。①

世纪下半叶,标题音乐作曲家附着于"新流派",这常常被批评为招摇撞骗,而不是艺术创造。当它跨越国界,问题就更复杂:也许,李斯特的《匈牙利》由一位自称为民族幻想的作曲家所创作,但其匈牙利特征不过是沾亲带故,随着时间流走,它的不可靠愈发受到责难。同样,穆索尔斯基的《荒山上的圣约翰节之夜》一定程度上展现出毫不掩饰的俄罗斯原始特征,应该说,它直到50年后斯特拉文斯基的《春之祭》才褪色。但巴拉基列夫认为,它远离了贝多芬和世界性的格林卡,而不能进一步确保其艺术价值。② 确实,这些自命不凡的流

---

① Annegret Fauser, *Musical Encounters at the 1889 Paris World's Fair* (University of Rochester Press, 2005), 45.
② 甚至,《斯坚卡·拉辛》的序言揭示了一个跨文化的断裂:根据俄文序言的描述,反英雄——斯坚卡·拉辛(Stenka Razine)大量参照了梅尔尼科夫(Pavel Melnikov)的创新小说《在森林》(1871—1874);而法文序言只字未提这位作家。

派没有取代早期音乐传统和建制——如果有,那么,在音乐与意义这个中心问题上,流派就会划分得更细。尤其是更具意识形态的个体进入创作争论时,情况更是如此。

# 第六章　补论:浮士德

随着章节推进,荷马、奥维德、莎士比亚、拜伦和大量其他作家数以百计乃至千计的文学作品在共性音乐实践时期获得了第二次生命。然而,应该说,没有哪部文学作品会像歌德的案头剧《浮士德》那样吸引如此多的音乐家。自19世纪早期出版以来,它引发了几次歌剧改编,以及伴随戏剧的大量配乐。但是,值得关注的是那些将《浮士德》转换为——全部或部分——序曲、交响曲、交响诗、奏鸣曲、芭蕾舞剧、康塔塔、独唱歌曲的多种形式。它们的创作者风格各异、时代不同,有舒伯特、柏辽兹、舒曼、李斯特、阿尔康、马勒(Gustav Mahler)、布索尼(Ferruccio Busoni)、布朗格(Lili Boulanger)、斯特拉文斯基和施尼特凯(Alfred Schnittke)。甚至,为了吸收和偶尔突破歌德复杂的舞台戏剧及浮士德传奇的其他因素,许多作曲家还拓展了音乐标题潜能的限制。正是在此目标下,本章论述选定了所采取的共同准绳和不同路径。

## 歌德的《浮士德》：起源、主题、遗产

歌德没有创造浮士德传说，而是吸收利用大量浮士德式的故事和传奇（一些可以追溯到两个世纪前），它们在成为德国民间传说，甚至更广泛层面上的欧洲民间传说前，已经存在了相当长的时间。① 实际上，歌德诗剧的核心部分可以回溯到一部匿名作品《浮士德的历史》。1587 年，它由施皮斯（Johann Spies）出版于法兰克福。书中，杰出的医生和神学家浮士德博士被"渎神和鲁莽的决定"②驱使，与魔鬼梅菲斯特（Mephistopheles）达成一项协议。③ 他以自己灵魂为代价，换得 24 年的无限能力，可以自由聚集（被禁止的）知识、财富、成功和友谊。书末，他的生命行将结束，浮士德试图与上帝和解，但失败了。期限已到，一场暴风雨突然降临他紧闭的斗室。第二天，他的朋友和学生在室外发现，浮士德的尸体面目全非，横呈在粪堆上，仍抽搐不已。

这部小书（如此称谓因为它容易携带）不显山露水，却大受欢迎。16 世纪晚期和 17 世纪早期，大量的扩充与修订就是明证。浮士德非同一般但又亵渎神明的壮举不断受到大量警句式的评注，常常以"给基督徒读者的序言"形式进行劝勉。但是，这些解释绝大部分是多余的，因为故事不仅以突然的恐怖死亡结束，而且终结于明白无误的警醒和拯救之路。读者提示如下：

---

① 浮士德传说的一个著名先驱是 16 世纪的苦修者圣·西奥菲勒斯（Saint Theophilus）。他与魔鬼达成异端协议，在中世纪，这有助于增强人们崇拜圣母玛丽亚的热情。
② H. G. Haile, *The History of Doctor Johann Faustus* (Urbana: University of Illinois Press, 1956), 25.
③ 据不同来源，这个角色的名字有多种拼写方式，例如，《历史》中为"Mephostophiles"，马洛戏剧中采用"Mephastophilis"，而歌德《浮士德》中则为"Mephistopheles"，此处沿用此名。

学会敬畏上帝,远离妖术、魔咒和恶魔的其他行为。不要引狼入室,不要以任何形式屈服于他。浮士德的协议和死亡是一个骇人听闻的例证,它就在我们面前,教导我们不要重蹈覆辙。用我们所有的行动来忠于上帝,用我们全部的心灵、灵魂和力量爱戴他。跟随他的子民,抵抗魔鬼,基督将永佑我们。①

首次描写浮士德生涯与传奇的文学著作是马洛(Christopher Marlowe)的《浮士德的生死悲剧》,②该书出版于作者死后的1604年,赋予了浮士德更为细腻的人物性格。作品产生于16世纪晚期,浮士德的探索特质已与他的前辈截然不同。尽管精通哲学、逻辑、医学、法律和神学,但他自己承认"只是你依然是浮士德,一介凡人(i.25)"。③ 换言之,他穷尽世间所有高贵职业,仅有的追求就是钻研黑魔法(虽可能亵渎神明)。他给了自己一个新的挑战:"优秀的魔法师就是半个神仙。我要费点神,先弄个神的名分"(i.62—63)。

在马洛的著作中,浮士德的最终命运与德国相应版本中一样。但是,其毁灭之路更加悲情。在施皮斯的《浮士德的历史》中,地狱并非命中注定。马洛的魔鬼则机关算尽,巧妙引诱浮士德步步远离上帝。撒旦曾提醒浮士德,依照协议规则,"我们来告诉你,你伤害了我们。你呼唤基督,违背了自己的承诺"(vi.264—265)。同时,他们没有提供合适的替代者:甚至,当特洛伊的海伦(Helen)——美的化身——出现在第十二场景时,它也只是强调了生命的朝生暮死和浮士德的逐渐绝望。最后,浮士德命运中最具悲剧性的因素可能由其对手梅菲斯特所传递:"你想想,我曾瞻仰上帝的尊容,享受天堂无穷无尽的欢乐,如今永恒的幸福已被剥夺,我怎能不蒙受万复不劫的痛

---

① Haile, *History of Doctor Johann Faustus*, 132—133.
② 另一个差异显著的版本被学者称为"副本",包括材料重写和额外素材,出版于1661年。
③ Christopher Marlowe, *Dr. Faustus*, ed. Roma Gill (New York: W. W. Norton, 1989), 29. 后面所有马洛戏剧的引用均来自此版本。此版所有引文的中译文引自《浮士德博士的悲剧》,陈才宇译,浙江工商大学出版社,2018年。

苦?"(ⅲ.78—81)

当梅菲斯特的悲怜言辞清晰浮现,浮士德世界中的人物已无必要分割为善恶的古板两面。可以肯定,通过新的创作、木偶戏和民间诗篇,比如,19世纪早期诗集《少年神奇的号角》的"浮士德博士",早期浮士德故事的单纯教化功能继续在欧洲大陆盛行了数个世纪。传统意义上,浮士德是对那些刨根问底者或藐视权威者的警醒。但是,18世纪晚期,这些性格不再可憎,而是可敬,甚至具有本质意义。歌德的《浮士德》沉溺于模糊乃至虚无的道德宗义中,从而质疑了基督教传统神学。确实,同名主人公仍然为他的行为负责,但正是他的浪漫品质使他坚持追求。虽失败,但最终在上帝眼中完成救赎。甚至,歌德的"天堂上的序幕"中曾说,"要奋斗难免迷误差池"(Ⅰ.317)。① 这一言论紧随在上帝与梅菲斯特打赌之后,它绝非责难,而是表明,人类不能停止奋斗。

浮士德的救赎之旅持续近60年之久,几乎占据歌德的整个创作生涯。18世纪70年代早期的某个时候,歌德创作了后来众所周知的作品。1887年,它被发现,并以《早年浮士德》为名出版。作品与歌德构想的最终版本共同点颇多,但在许多不同点中,它留下浮士德的恋人格雷卿(Gretchen)的最终命运未予回答。虽然证据显示,《早年浮士德》曾在歌德的知己中流传。但是,1790年,他才出版《浮士德断章》。作品广泛覆盖浮士德的各种境遇,但降低了格雷卿的悲剧程度。歌德再次回到这个故事已近世纪末,1808年,《浮士德的悲剧》问世。此后24年,这一版本保持不变。然而,1831年,他完成了《浮士德的悲剧》第二部分,作品于歌德死后的1832年出版。浮士德的世界已经延伸至神圣罗马帝国的宫廷、斯巴达王宫和阿卡迪亚(Arcadia),以及其他地区和人物。(此外,一些情节又调整回最早的

---

① Johann Wolfgang von Goethe, *Faust*, ed. Cyrus Hamlin, trans. Walter Arndt, 2nd edn. (New York: W. W. Norton, 2001). "Es irrt der Mensch, solang er strebt". 后文所有歌德戏剧的引用均来自此版本,中译文均引自《浮士德》,杨武能译,河北教育出版社,2015年。

浮士德传说和马洛的剧本。)《浮士德》的第一、二部分主要是韵律诗，长达 12000 余行，可以说，构成了 19 世纪德国文学最伟大的叙事成就之一。不过，作曲家（和普通读者）常常更钟爱第一部。因为第一部核心人物集中，结构紧凑，风格通俗；而第二部引用频繁，线索分散，极度冗长。

《浮士德断章》出版后，读者要求歌德阐述清楚文中的各种观念。《浮士德的悲剧》诞生后，这种请求反而加剧。就像 1827 年 5 月 6 日与记录员艾克曼（Johann Peter Eckermann）的通信中那样，歌德并不愿意提供解释，因为《浮士德》没有统领全局的主题：

> 一个人不断克服困难，走向美好，获得救赎，这一观念深入人心，并使许多人受到良好教益；但它并不是整个作品和每一幕的思想基础。确实，如果我在《浮士德》中将如此丰富多样、高度多元的人生串连为某个发散观念的细长线索，那当然好。简言之，作为一位诗人，努力将任何抽象的东西具体化，那不是我的方式……我的观点是，更多高深莫测，更加晦涩难懂，诗人的创作更应如此。①

歌德的《浮士德》通过三个主要角色来实现：浮士德、格雷卿和梅菲斯特。在梅菲斯特和格雷卿各自点燃他逐渐退却的激情前，浮士德开始厌世，图谋自杀。格雷卿天真、虔诚、纯洁，完完全全是浮士德传统品质的一种新的增补。也正是她的急速堕落构成戏剧最悲情的因素：无意中杀死自己的母亲，与浮士德的私情导致哥哥的死亡，杀害婴儿被处以死刑。最终，第一部末尾，她对上帝的虔诚挽救了她，正如第二部中，她的彼岸陈情挽救了浮士德一样。三个主要角色中，梅菲斯特的刻画最为细致入微。哲学洞见、鄙俗幽默、含糊其辞，凡

---

① Johann Peter Eckermann, *Conversations with Goethe*, ed. J. K. Moorhead, trans. John Oxenford (London: J. M. Dent & Sons, 1930), 206—207.

此种种,几乎出现在每一个场景。第一次与浮士德相遇,梅菲斯特解释道:他"老想作恶却总是把善促成……我就是那个精灵,它惯于否定"(ii.1335—1336,1338)。① 在集中体现善恶无法分离时,梅菲斯特在《浮士德》中的存在严重动摇了这一传说长久以来的道德训条。当从反面折射受害者的思想和行为时,梅菲斯特的作用相当突出——常有消极作用,但他所推动的事情时常以支持善行而告终,结果出人意料。(戏剧场景参见表格6.1)

**表格6.1 歌德,《浮士德》第一部场景**

| | |
|---|---|
| 献词(ii.1—32) | 花园(ii.3073—3204) |
| 舞台上的序幕(ii.33—242) | 园中小亭(ii.3205—3216) |
| 天堂上的序曲(ii.243—353) | 森林和岩洞(ii.3217—3373) |
| 夜(ii.354—807) | 格雷卿的卧房(ii.3374—3413) |
| 城门前(ii.808—1177) | 玛尔特的花园(ii.3414—3543) |
| 书斋(ii.1178—1529) | 井旁(ii.3544—3586) |
| 书斋(ii.1530—2072) | 内外城墙之间的巷道(ii.3587—3619) |
| 莱比锡奥厄尔巴赫地窟酒店(ii.2073—2336) | 夜(ii.3620—3775) |
| 巫厨(ii.2337—2604) | 大教堂(ii.3776—3834) |
| 街头(ii.2605—2677) | 瓦普几斯之夜(ii.3835—4222) |
| 黄昏(ii.2678—2804) | 瓦普几斯之夜的梦(ii.4223—4398) |
| 散步(ii.2805—2864) | 晦暗的日子(散文) |
| 邻妇家(ii.2865—3024) | 夜(ii.4399—4404) |
| 街头(ii.3025—3072) | 监狱(ii.4405—4612) |

确实,歌德对浮士德、格雷卿尤其是梅菲斯特的刻画根本上改变了《浮士德》的着重点,它从"善恶"或"好坏"的变动转向布朗(Jane K.Brown)所描述的"认识论和美学观念"。结果,歌德允许主题以

---

① 德文"Ein Tein von jener Kraft,/ Die stets das Böse will und stets das Gute schafft……Ich bin der Geist, der stets verneint"!

令人炫目的速度繁殖与重叠：天性与习俗、创造与毁灭、灵魂与肉体、幽默与严肃、分离与综合、直叙与隐喻、时间与空间、内容与意义、人文与自然、现实与理想、主观与客观、混乱人间与井然天堂、传统与（颠覆性）革新。① 同时，歌德不是呈现这些二元矛盾之间的不可调和，而是予以辩证性的探寻。

《浮士德》中，音乐构成了这些主题表达的本质要素。第一次长篇引入格雷卿时，她唱着"图勒王"（ii. 2759—2782），从而渲染了她的天真无邪。这首民谣讲述了一位国王终生不忘死去的王后，从而预示格雷卿对浮士德的忠贞不渝。"纺织之歌"本身就是一个场景（ii. 3374—3413），1814 年，舒伯特将其谱写成著名的《纺车旁的格雷卿》（D. 118）。歌曲中，她思念离去的恋人，不能自已。但是，音乐也捕获了她的烦恼。在独特的场景"大教堂"中，她的负罪感被一只耳朵中妖精的低语所点燃，另一只耳朵中，"末日经"的诗篇歌调也像地狱烈火一般（ii. 3776—3834）。"监狱"场景，她虽已发疯，但仍能吱吱呀呀（ii. 4413—4420），并回忆起市民如何唱歌羞辱她（i. 4448）。

毫不奇怪，正是梅菲斯特将音乐作为其"运筹帷幄"的工具。奥尔巴赫酒窖中，他唱起"跳蚤之歌"（ii. 2211—2218，2223—2237）以迎合酒馆中的人们，其主题与格雷卿聪慧敏锐的国王（参见上文）形成鲜明反差。后来，梅菲斯特为浮士德提供了一首毫无道德的"道德之歌"（ii. 3682—3697），它的演唱很快导致格雷卿哥哥瓦伦廷（Valentin）的被杀。不像格雷卿和梅菲斯特，浮士德从不主动歌唱。他唯一一次的音乐时刻发生在一个叙述性的三重唱中（ii. 3871—3911），预示了五朔节之夜的到来。

《浮士德》中的合唱很普遍，大部分合唱给了隶属于梅菲斯特的精灵们，两个重要的宗教合唱将歌德的故事分为两部分。第一首发生在浮士德的斗室里，灰心丧气的浮士德试图服毒自尽。当他把酒

---

① 通过鉴赏《浮士德》两个部分，布朗详细阐述了这些主题，参见 Goethe's "Faust": The German Tragedy (Ithaca and London: Cornell University Press, 1986)。《浮士德》"认识论和美学观念"方面的论述始于第 26 页，并贯穿余下部分。

杯举到嘴边,教堂的钟声响起,天使们合唱起复活节赞美诗"基督复活了"(ii.737—741),它促使浮士德怀疑自己的决定和上天的意图。这些直到《浮士德》第二部的最后八行才揭示,一首"神秘合唱"(唯一一次出现)解释道:

> 一切无常世象,
> 无非是个比方;
> 人生欠缺遗憾,
> 在此得到补偿;
> 无可名状境界,
> 在此已成现实。
> 跟随永恒女性,
> 我等向上、向上。

《浮士德》因许多引用、遁词和歧义而引人关注,它时时浮现于浪漫艺术家的想象中,更不用说那些有文化的(德国)读者了。对他们而言,它所意味的绝不亚于一部"世俗圣经"。1808年,《浮士德》第一部出版。很快,贝多芬、舒伯特及其他作曲家就为一些最抒情的段落创作音乐,柏辽兹1829年《浮士德的八个场景》则试图纵览这些段落。《浮士德》第二部出版后,作曲家开始涉入这部繁芜诗剧中更为宽泛的美学、哲学和戏剧维度,其中,一些作曲家转向器乐这一媒介。尽管许多作品年代相仿,但每一部作品都彰显出了各自独特的体裁、主题与标题观念。

## 交响变形(Ⅰ):瓦格纳、李斯特

1839年12月,瓦格纳开始以《浮士德》为蓝本创作一部交响曲。一个月后,他完成了第一乐章。但由于一些客观原因,包括瓦格纳从巴黎移居德累斯顿和最新歌剧计划《漂泊的荷兰人》,首演被推迟。

1844年7月22日,当乐章在德累斯顿首演时,瓦格纳抛弃了多乐章交响构想,大幅度修改总谱,并选定了一个宏大的标题《歌德"浮士德"第一部的序曲》。8年后,李斯特在魏玛执棒指挥其演出时,瓦格纳再次将注意力投向这部作品。同年11月,重新取名为《音诗:孤独的浮士德》。然而,1855年1月,在知晓李斯特完成一部三乐章《浮士德》交响曲后,瓦格纳完全重写了此作品。1855年10月,作品以《浮士德》序曲为名付诸印刷,并附有一段来自《浮士德》第一部(ii. 1566—1571)的题文:

> 神灵虽然寄寓在我胸中,
> 能深深激动我的内心,
> 他主宰我的所有力量,
> 却无力造成外界感应。
> 因此活着对我已成累赘,
> 我渴望死,痛恨生。

浮士德寂寞或孤僻,这普遍存在又模糊不清的特征被瓦格纳抛弃,而转向一个厌世、虚无的主人公。确实,歌德诗剧中,浮士德遵循着这六句令人绝望的诗行,以及一系列越来越厚颜无耻的修饰词。在与梅菲斯特的著名赌约终止前,在诅咒基督教的优秀品质——信仰、希望和耐心时(ii. 1605—1606),它达到顶峰。19世纪50年代早期,由于参加五月起义,瓦格纳流亡瑞士。没有朋友、金钱和职业前景,其挫折与浮士德颇为类似。

正如谱例6.1所示,灰暗气氛在序曲中长久弥漫——并引起自传性联想,它来自作品开始三小节材料所产生的一系列棱角分明的半音动机。m.1,一个小七度突然跳进,随后小节的八度下行更加剧烈,勾勒出一个半减七和弦。第二与第三小节,$^{\flat}$B-A-$^{\sharp}$G的半音下行同样显示了德意志增六和弦的不稳定音色。第三小节,瓦格纳已经开始发展这些相互关联的动机与音色:动机首次在第三小节前半出现时,增六度被转位为减三度;后半部分,减七度与增六度以琶音方式演奏。这些动机和音色闪烁其词,既没有揭示主题,也没有暴露调性,而是为引子不断增加的戏剧性提供了发展势头。m. 31(谱例6.2a),在非常激动的快板标记下,主题和调性同时确立。但是,期盼的意外被令人惊奇的亲缘关系所削弱:主要旋律只不过是 mm. 8—10 第一次所出现的旋律,仅仅扩大节奏时值并移调;它在 mm. 34—36 处的延伸引用了 m. 3 的伴奏音型,只是被节奏放缓和八度替换稍稍遮蔽。回过头看,似乎为引子的部分实际是呈示部的开始。因而,快速段落构成了一个重要的发展阶段。

谱例 6.1　瓦格纳,《浮士德》序曲,mm. 1—9,缩谱　彪罗

谱例 6.2a　瓦格纳,《浮士德》序曲,mm. 31—36,缩谱　彪罗

逾 15 年的时间跨度里,《浮士德》序曲经历了几个不同的类属命名,但从未抛弃奏鸣曲式。虽然瓦格纳创作《浮士德》序曲伊始,正值专注于法国大歌剧之时,但值得强调的是,瓦格纳的作曲更多出自德国交响(即贝多芬)传统,而不是法意歌剧传统。正因如此,他的戏剧构想中,动机优于旋律,有机发展超过形式教条。此外,瓦格纳日益准确的标题聚焦——约 1840 年,《浮士德》第一部的交响曲随即改为序曲;1852 年,成为关于浮士德的音诗;1855 年,变为探索浮士德特殊个性的序曲——使重要的音乐变化不可避免。确实,上述所讨论的慢速段落与快速段落的各因素关系突出了瓦格纳应用于整个序曲的几个作曲技巧,它们消除了奏鸣曲式呈示部、展开部和再现部之间规整的三部性结构关系:

- 动机连续发展
- 主题相互依赖
- 模糊旋律与伴奏
- 主题对位

动机的连续发展给人以势不可挡之感。它虽然不是真正的戏剧或叙事过程,但巧妙抓住浮士德的情状,并使序曲贴近其标题性。一个更为肯定的齐奏式主题(谱例 6.2b)出现在 m. 63,它偏离早前材料的调式,进行半音扩张,但并没有突出个性。简言之,歌德诗剧的浮士德和瓦格纳的序曲给人以受困之感。

谱例 6.2b　瓦格纳,《浮士德》序曲,mm. 63—66,缩谱　彪罗

一段 F 大调的热切旋律飞升两个八度时,释然感到来(谱例 6.3)。然而,它并没有脱离周遭环境。因为旋律是单纯的自然音阶,但伴奏仍充斥着序曲中最具半音化的和声配置——似乎旋律和伴奏在主部主题组和副部主题组之间交换了角色。一个狂热的伴奏音型(主要突出序曲主音 D)将它与下一主题(mm. 167—176)分开,但二者轮廓相同。更为重要的是,m. 118 与 m. 167 之间的主题呼应有助于激起 mm. 19—20 的回忆——这是另一个例证,新的音乐期望令人失望地又让位于已有材料。

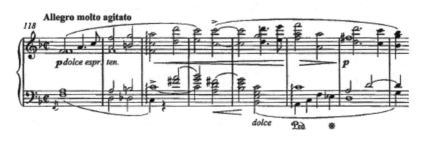

谱例 6.3　瓦格纳,《浮士德》序曲,mm. 118—125,缩谱　彪罗

相互联系的主题连续发展,它也使得再现部的定位产生疑问。m.276 再现 m.31 的主题轮廓和节奏,但是它模糊地栖息于 d 小调和 a 小调之间,夹在管弦乐的中间音区。似乎为了降低这个段落成为真正再现结构点的可能性,瓦格纳在几个不同调上发展它,且没有一个到达主调。m.309,一个真正的属持续出现。m.325,它解决到首次出现在 m.63(谱例 6.2b)的主题。瓦格纳以乐队全部力量来实现主调再现的时刻,指示下行半音动机演奏得尽可能响亮和狂放不羁。随后也有几个印象深刻的半音段落,但是余下部分几乎没有离开 d 小调或 D 大调。同时,呈示部的副部主题以最简短的形式再现。

《浮士德》序曲接近单主题化。但是,这里有一个十九小节的段落(谱例 6.4),几乎完全保持独立。mm.148—153 洋溢着单纯朴素:高声部旋律由琶音和弦构成,洋洋自意,低声部和声响亮地在 F 大三和弦和 $^{b}$B 大三和弦间切换;对位宽松;节奏方整;反复而不是发展产生向前的动力。然而,音乐随后就迥然不同了。m.150"小字二组 d"到"小字三组 d"和 m.152"小字一组 d"到"小字二组 d"轻松的八度大跳让位给 m.154 处一阵阵的曲折半音上行。线条的这种不稳定特征被它支撑的和声所放大,它开始于五度,又被 m.158 的一个减七和弦打断。当德意志增六和弦在此后小节显形,m.164 的八度急剧跳进令人回想起早前相同的和声互动,如谱例 6.1 和 m.31。但是,在半音旋律的语境与和声丰富的其他时刻(尤其是 mm.160—161 和 m.163)中,这两个和弦散发出悲观意涵。更准确地说,它们有助于表达这个段落的"渴求"本质,似乎被给予第二次生命。确实,一些无形的力量将这个旧材料导向新的方向。m.163 的增三和弦就是例证:瓦格纳引导我们的听觉走向 d 小调的解决,但是,通过级进,它反而产生了一个 F 大调 ii-$V_9$-I 的终止式。

这个十九小节的段落转瞬即逝,然而,它代表了作品标题内容发展中的一个重要时刻。表面上,序曲只涉及浮士德。但是,瓦格纳认

谱例 6.4　瓦格纳,《浮士德》序曲,mm. 148—166,缩谱　彪罗

识到,这个焦点戏剧上无法成立。1852 年 12 月 27 日,他给乌里希(Theodor Uhlig)写信之时,《浮士德》序曲仍被构想为一部音诗。就像信中所言:"浮士德是主体,而围绕在他面前的女人只是他渴求的模糊无形的客体。如此,它难以捉摸,不可企及。因此,他绝望,他诅咒所有令人痛苦的漂亮外表,他猛然陷入神秘、疯狂的痛苦之中。"①《浮士德》第二部末尾的"神秘合唱"虽然隐晦,但解释了浮士德的救赎。其中,"永恒女神"促使她向更高的抱负努力。在《浮士德》序曲中,瓦格纳将抱负的代言者与其目标相统一,以致"女性"——有自己的旋律、对位过程与和声语言——在瓦格纳的主角之外保持独立。同时,由于"她"的介入,作品结尾(谱例 6.5)清楚地显现了一个玫瑰

---

① Richard Wagner, *Letters to His Dresden Friends*, trans. J. S. Shedlock (New York: Scribner and Welford, 1890), 300.

般绚丽的前景:通过$V_4^6/Ⅲ\text{-}ⅲ\text{-}Ⅰ$的序进,浮士德从d小调转变为D大调。序曲有许多此类时刻,它们打开了新的标题远景,期待着下一次转变,此乃其中之一。

谱例 6.5　瓦格纳,《浮士德》序曲,mm. 423—447,缩谱　彪罗

《浮士德》序曲的焦点转向"女性",这也言明了瓦格纳整个创作生涯中所热衷的一个主题:拯救,尤其是爱之拯救。19世纪50年代前半期,瓦格纳几乎没有创作新的音乐,而是完成了大量理论著述,如《歌剧与戏剧》(1851)和《尼伯龙根指环》的脚本。不过,后5年,大

量重要的新创作取得进展:1854年9月,完成《莱茵的黄金》;1854年6月至1856年3月,完成全部《女武神》;不久,又转向《齐格弗里德》第一幕与部分第二幕;1857年10月,开始创作《特里斯坦与伊索尔德》。1855年早期,瓦格纳回到作品《浮士德》序曲,加入谱例6.4的段落,修改其他段落,尤其是mm.118—166。规模上,《浮士德》序曲逊色于这些雄心勃勃的戏剧大作。但是,就像汤豪塞(Tannhäuser)、特里斯坦(Tristan)和安福塔斯(Amfortas)一样,其标题人物需要拯救,甚至在浮士德与梅菲斯特的赌约前就是如此。实际上,正是这个主题的强调——1854年,瓦格纳了解叔本华(Arthur Schopenhauer)《作为意志和表象的世界》之后,某种意义上,此类主题在瓦格纳的全部作品就挥之不去了——与来自《浮士德》第一部的题文一同解释了瓦格纳为什么没有描述拯救,而是仅仅暗示它的可能性。由于浮士德犹豫、隐晦的性格①被更好的另一面——自信、憧憬——所消解,因此,《浮士德》序曲最终版本的两阶段音乐发展完全适合从标题角度予以观察。

李斯特支持瓦格纳的《浮士德》序曲——1849年早期,他从瓦格纳那里获得总谱;1852年5月11日,指挥作品成功上演。这反映了李斯特吸收贝多芬和歌德遗产,以精深的文学音乐"装备"魏玛这个公爵小镇的强烈愿望,以及隐藏心中数十年对《浮士德》的特别兴趣。1830年12月,柏辽兹(李斯特《浮士德》交响曲的最终题献者)将歌德的作品——内瓦尔的著名译本——引荐给这位年轻的钢琴家。很快,它成为李斯特最喜爱的作品之一。为《浮士德》创作音乐的念头在心中萦绕十年之后,李斯特开始创作一些声乐作品,并为一部设想中的器乐作品草拟素材。1850年,内瓦尔向李斯特提出,合作一部《浮士德》歌剧的可能性。计划虽从未实施,但是,19世纪50年代早

---

① 埃贡·沃斯(Egon Voss)观察到《浮士德》序曲与贝多芬《科里奥兰》序曲(1807)、《第九交响曲》(1824)、韦伯《魔弹射手》(1821)、柏辽兹《罗密欧与朱丽叶》交响曲(1839)音乐与风格上的几处相似。参见 Voss, *Richard Wagner. Eine Faust Overtüre* (Munich: Wilhelm Fink Verlag, 1982), 5—12。

期,魏玛并不缺少《浮士德》激发的相关创作——李斯特指挥或安排演出了柏辽兹、舒曼和瓦格纳的相关范例。因而,约1854年某时,当李斯特开始集中创作一部《浮士德》交响曲,他可以从大量的音乐样式(包括交响序曲、康塔塔和歌剧)来考量歌德的诗剧,或者至少可以说,受到它们的影响。

李斯特的最终成果首演于1857年,修订版出版于1862年。它显露出几部前辈作品的影响,尤其是早期范例——瓦格纳《浮士德》序曲和柏辽兹《幻想交响曲》。同时,李斯特也大量扩展了这些范本。比如,标题"浮士德交响曲——三幅性格画"表明每个乐章从歌德诗剧的具体角色中获取灵感,从而实现瓦格纳早期交响曲的创作雄心。再如,标题可能暗示,它是三个单独乐章的交响诗的松散串联,但是,重要的动机关联和主题变形创造出贯穿全曲的心理深度和叙事推力,这与柏辽兹的固定乐思或哈罗尔德主题极不相同。甚至,末尾合唱的引入也使听众远离贝多芬《第九交响曲》那个无处不在的"目的论范式"。

李斯特没有为《浮士德》交响曲留下序言来解释他的创作决定。然而,新德意志乐派的支持者波尔(Richard Pohl)写下了一篇交响曲的研究论文,一个世纪以来,其洞见和视野仍无法超越。19世纪50年代,波尔与李斯特交往密切。论文的观点和诠释很可能来自李斯特本人,故而价值甚高。确实,他指出了交响曲大量动机的具体标题(文本栏6.1),更为重要的是,它们在整个作品过程中运作和相互作用的多种方式很可能揭示出,洞见来自作曲家的特有想法。正是在《浮士德》交响曲中,波尔发现了歌德诗剧一个有价值的音乐对应物,他骄傲地判断为"我们最伟大德国诗人的最伟大揭示"。[1]

---

[1] Richard Pohl, "Faust-Symphonie", in *Franz Liszt. Studien und Erinnerungen* (Leipzig: Bernhard Schlicke, 1883), 247—320, at 255.

**文本栏6.1　理查德·波尔的描述:李斯特《浮士德》交响曲第一乐章的浮士德主题**

第一个主要动机——浮士德的核心性格,最简洁的形态。怀疑、悲叹、消沉和叛逆,鄙视世界、科学和自己的追求,内心一片绝望的荒漠。

歌德:ii. 354—371;1064—1067;1554—1561

第二个动机——追求更高知识、伟大行为的冲动;永不停歇的奋斗,内心永不满足;为自由而战。

歌德:ii. 410—413,418;302—303,306—307;1694—1697

第三个动机——未知快乐的痛苦渴望,解除内心折磨的渴求。

歌德:ii. 33—34,39—40,43—44;455—459;1074—1075

第四个动机——爱,上帝与人类的普通之爱。一个极其美丽的动机。

歌德:ii.775—778;1182—1185

第五个动机——自豪,最高智慧的强烈意识。浮士德极度自信,升入人类灵魂的王国。

歌德:ii.109—112;499—500;1224;1784

波尔指出,李斯特成功地将贝多芬动机运作、形式逻辑的抽象实践与歌德人物角色的戏剧需要相融合,因而,他的音乐动机是"具体思想的载体,有时,它们普普通通,但总是最简洁地描绘出选定对象的特征……有时,它们好似具体诗意时刻的回响,表达之深刻,堪比

'言说'"。① 交响曲三个乐章"浮士德""格雷卿"和"梅菲斯特"的动机组织与其说反映了歌德诗剧中的具体场景，不如说是主角浮士德心理状态的切换。确实，交响曲中，格雷卿、梅菲斯特以浮士德的反面路径来呈现自己：前者一颗"忠诚、纯洁的心灵"，后者"否定原则，甚至是一个不合常理的角色"。②

心理上，浮士德被选择所撕裂。第二乐章，他与格雷卿共有动机，即波尔定名的动机三（"痛苦渴望"）和动机四（"上帝和人类之爱"）。随着他们的亲密度加深，动机发展益发丰富和高贵。比如，第三动机在三把大提琴和两把第一小提琴间形成二重奏（mm. 139—163），分声部的长笛、竖琴、第二小提琴的震音像室内乐一样予以伴奏，齐奏木管偶尔的分句式插入，使它更加热情洋溢。格雷卿仍未能满足浮士德不安的灵魂，动机一（b部分）和动机二的片段侵扰着他们的私情。然而，悲痛欲绝的侵袭没有干扰到格雷卿的主题。只是到第三乐章，这些主题与第五主题一起进入了梅菲斯特的领域。这里，已经碎裂的主题被扭曲和拙劣模仿，有些自第一乐章以来就没有再出现。波尔认为，正是梅菲斯特将这些暴行施予浮士德的主题，因为他担心自己的猎物归附格雷卿，进而，归附于《浮士德》第一部末拯救格雷卿精神的上帝。确实，格雷卿的主题未被恶魔般喧闹的谐谑曲所干扰。m. 419，它在 $^bD$ 大调突然进入，埋下希望的种子，逐渐遮蔽梅菲斯特顽固和公然的威慑。

在末尾嘹亮的管弦乐号角之前，李斯特"梅菲斯特"乐章的原初结束即整个交响曲的结束，在C大调上短暂引用格雷卿主题（mm. 678—681）。瓦格纳对此印象深刻，他在自传中写道："如果说李斯特一些诗意构思的高超才能令我心悦诚服的话，那就是《浮士德》交响曲最初的终曲。它雅致、甜美，无需任何刻意尝试，就能完完全全、令人信服地最后一次回忆起格雷卿。"1857年，李斯特修改这个解决方案，增加一个

---

① Pohl,"Faust-Symphonie",355.
② Pohl,"Faust-Symphonie",300 and 307.

逾一百小节的"神秘行板"。男声合唱团唱着"神秘合唱"加入管弦乐队,男高音领唱诗句"永恒女性",旋律来自格雷卿主题的节奏放宽,开始于格雷卿的主调b A 大调。当瓦格纳偶遇这个版本,他大失所望,责难李斯特"引入合唱只是处心积虑地产生一种更加虚浮的效果"。① 瓦格纳是正确的,相比于第一个版本,其效果远远被高估。但是,乐章毕竟仍是"梅菲斯特",李斯特的增补有益于修正我们的理解。就像浮士德是"格雷卿"乐章的一部分,她也是"梅菲斯特"的一部分。一旦梅菲斯特明白,他无法"否定"格雷卿,就只能消失无踪。乐章末尾,格雷卿作为梅菲斯特的否定者昭然若揭:自然音阶的主题、齐奏式的配器、合唱形式(它为李斯特的宗教音乐和瓦格纳《唐豪塞》、《罗恩格林》、后期《帕西法尔》的半宗教合唱所钟爱)。"梅菲斯特"乐章,格雷卿是真正的对手,也是最终的胜利者。因而,李斯特真正绘出了梅菲斯特的"性格画",它也以一个令人信服的标题方式圆满结束《浮士德》交响曲。

## 交响变形(Ⅱ):鲁宾斯坦、梅耶尔

1857 年 9 月 5 日,在作曲家本人执棒下,李斯特《浮士德》交响曲首演于魏玛。作品鸿篇巨制,但首演后并没有引起多大关注。瓦格纳批评了李斯特的错误诗意判断(实际上,《浮士德》交响曲的早期版本与瓦格纳的《浮士德》序曲更一致),稍后,李斯特魏玛圈内的几位成员包括拉夫、彪罗和鲁宾斯坦也认同这一观点。这些成员中,鲁宾斯坦是唯一一位以此为蓝本进行创作的作曲家。年轻时,他可能就熟知米哈伊洛夫(Mikhail Mikhaylov)1848 年的《浮士德》俄译版。然而,鲁宾斯坦将歌德故事进行交响变形的最初构想产生于 1854 年 7 月的一次德国旅行。此时,24 岁的鲁宾斯坦向母亲讲述了这一雄

---

① Richard Wagner, *My Life*, ed. Mary Whittall, trans. Andrew Gray (Cambridge University Press, 1983),537—538。

心勃勃的新交响计划:"第一乐章叫作'浮士德',第二乐章'格雷卿',第三乐章'梅菲斯特',第四乐章'诗人'。题材极好,但很难。"[1]1854年下半年,鲁宾斯坦稳步推进他的《浮士德》交响曲,但未完成。由于销毁了第一乐章外的所有乐章,作品究竟创作了多少已无从得知。10 年后,第一乐章以《浮士德:一幅音乐性格画》(op. 68)为名出版。它与李斯特《浮士德》交响曲(年长的作曲家开始认真创作的时间约比鲁宾斯坦向他母亲谈及此话题的时间早一个月)的一些相同点无可否认,但这部管弦乐作品与瓦格纳的《浮士德》序曲(鲁宾斯坦个人最喜欢的作品)的相似同样强烈,并主要承继了贝多芬《第九交响曲》、门德尔松和盖德(作品题献者)的"莱比锡"流派的风格轮廓。

作品明确开始于主调 $^bB$ 大调,五度音程的特征突出(谱例 6.6)。八小节后,一个圆号独奏接过此动机,随之,$^bB$ 大调上的单簧管独奏和双簧管依次呼应。在它们的相互作用下,音乐转至 $^bA$ 大调。m. 17,引入了一个重要的节奏动机。一些主要的音程与节奏动机对位后,m. 29,单簧管独奏返回。它呈现了一段忧郁的旋律(谱例 6.7),在附点节奏的重压下不断下行。旋律停止处,极快板立即进入,附点音型交给弦乐。乐队停在 $^bB$ 音上,虽然随后的主题材料明显源自谱例 6.6,但和声配置已经动摇了主调 $^bB$ 大调。d 小调似乎是最可能的替入者,不过,mm. 58—61 也被 $^bE$ 大三和弦所支配。到 m. 65,主题才维持在重要的五度音程上,并明白无误地宣告 d 小调为新的主调。

谱例 6.6 鲁宾斯坦,《浮士德》,mm. 1—2,缩谱 霍恩(August Horn)

---

[1] Philip S. Taylor, *Anton Rubinstein: A Life in Music* (Bloomington and Indianapolis: Indiana University Press, 2007), 53.

谱例 6.7 鲁宾斯坦,《浮士德》,mm. 29—34,缩谱 霍恩

<sup>b</sup>B 大调和 d 小调的调性张力——它们的主和弦有两个共同音——不是鲁宾斯坦的创新,它已在贝多芬《第九交响曲》中详尽探索,最著名的当属第四乐章的开篇和弦。甚至,鲁宾斯坦与这位作曲家尤其是这部作品的渊源更多:《浮士德》的开头与贝多芬最后一部

交响曲的末乐章有相同的宣叙性、旋律设计乃至配器;鲁宾斯坦的动机重复技术粗暴有力(如 mm. 386—403),言说令人信服;突然转调时,管弦乐队常常简化至同度。

当然,鲁宾斯坦的《浮士德》也有一些重要方式偏离了贝多芬的范式与实践,许多偏离可能源自作品的标题构思。首先,作品乃通谱体。我们尝试命名为"浮士德"(谱例 6.6)及其变形(谱例 6.8 与 6.9)的主题几乎从未在主调——$^{\flat}$B 大调或 d 小调上再现。相反,它们的调性、音程构成、配器等特性常常被动地回应了一些外部压力。举例来说,谱例 6.9 几乎原封不动地在 m. 187 的 d 小调上再现,似乎标志着再现的提前进入。然而,随后(谱例 6.10),它很快清楚表明,鲁宾斯坦正在呈示浮士德生涯的另一事件,最可能是那令人崩溃的沮丧和即将到来的自杀——mm. 190—198 的下行低音线条和 m. 198 开始变化的属延长伴随$^{\sharp}$C 和 $^{\natural}$C 之间的频繁冲突就是证据。浮士德的计划被 F 大调上的整个铜管声部(mm. 206—212)所阻挠,欢乐的合唱"基督复活了"将浮士德的音乐动机转向他童年的田园时光。确实,这一时刻非常短暂,但效果足够强烈,甚至使浮士德的动机避免在 d 小调上再次出现。

谱例 6.8　鲁宾斯坦,《浮士德》,mm. 45—48,缩谱 霍恩

谱例 6.9 鲁宾斯坦,《浮士德》,mm. 65—68,缩谱 霍恩

谱例 6.10 鲁宾斯坦,《浮士德》,mm. 190—213,缩谱 霍恩①

---

① 这里的小节数遵循总谱,霍恩的缩谱少了 mm. 105—117。

谱例 6.10 （续）

鲁宾斯坦《浮士德》的通谱体性质也涉及另一个宽慰人心的事件：格雷卿的出现。当然，鲁宾斯坦没有在总谱中指明她；由于缺少被毁（或者未创作）的第二乐章，也不可能将她确定为浮士德将来的恋人。就像格雷卿的音乐被引入瓦格纳《浮士德》序曲一样（谱例6.4），鲁宾斯坦的音乐（谱例 6.11）似乎不知来自何处，它在浮士德的音乐世界中未曾出现过：旋律情感饱满、灵活柔软；和声建立于自然音阶，但多姿多彩，比如 m. 364 的半减七和弦；调性平稳；速度中等；独奏双簧管、独奏圆号和弦乐的配器丰富又亲密。不过，与瓦格纳的诠释不同，它们的相互作用不是为了拯救。恰恰相反，当浮士德从短暂的幻想中醒来,他的和声变得自由无缰,只有费尽周折才能发现他在从未出现过的 b 小调上。甚至,无法辨识。至乐章末,浮士德在精神上和动机上已被大大压缩。确实,曾经自负的一系列纯五度,如今以(恶魔般的)三全音呈现(m. 427),助推了只在慢速尾声(mm. 441—457,谱例 6.12 的节选)中得以加剧的悲观。

谱例 6.11　鲁宾斯坦,《浮士德》,mm. 362—369,缩谱 霍恩

谱例 6.12　鲁宾斯坦,《浮士德》,mm. 441—443,缩谱 霍恩

瓦格纳、李斯特、鲁宾斯坦的音乐描述与谢弗(Ary Schefffer)的浮士德画像相当契合(插图 6.1),他缺点明显又引人共鸣,充分捕获了浪漫主义艺术家的困惑。但是,《浮士德》的音乐阐述应当优先男

主角,这也并非必然之事。确实,至少有一位当时的作曲家梅耶尔(Emilie Mayer)在她的《浮士德》序曲(op. 46, 1880 年)中将焦点对准了格雷卿的悲剧。一位女性尝试如此创作壮举,令一位(佚名)批评家震惊,他对梅耶尔作品的沙文主义音乐评论值得全文引录:

> 世界已经颠倒!我们年轻的男性作曲家沉溺于恣意抒情,歌唱春天与爱,而女性作曲家专心致志地将严肃和崇高事件诉诸于音乐总谱。梅耶尔就是这些不折不挠和锐意创新的女士(夫人或少女?)之一,她创作出一部相当不错《浮士德》序曲(op. 46)。不可否认,实际内容方面,作品给人以单调乏味之印象;柔板小引子空洞无物,随后的主题同样毫无实质意义。不过,器乐写作都很好,有时甚至值得赞扬。在这方面,作曲家的创作谨慎而娴熟,写下了切实可行、富有效果的作品。①

插图 6.1 谢弗,《浮士德与那杯毒药》(1852)

评论者没有提到的是,梅耶尔的序曲虽重现了人尽皆知的《浮士德》,但浮士德不是主要对象。相反,她的焦点在于歌德诗剧第一部的后半,常常称之为"格雷卿的悲剧"。正如谱例 6.13 所示,三个主题构成了她的序曲,但真正的主题在接近作品结束时才出现。那里,原来建立于不稳定 b 小调的主题—在凯旋的 B 大调上再现,上方是歌词"她获得救赎"!这个引用改自《浮士德》第一部

---

① Anon., "Kritischer Anhang: Emilie Mayer. Faust-Overture für grosses Orchester, Op. 46. Stettin, Paul Witte," *Misikalisches Wochenblatt* 12, 34 (18 August 1881): 411.

最后的监狱场景,它不仅是一个诗意反思,还是有助于说明梅耶尔主题的一些典型要素。一方面,格雷卿对浮士德的痴迷导致母亲、哥哥瓦伦廷和婴儿的死亡——梅菲斯特(他诱人但危险的旋律来自主题二)精心策划的事件。(在梅耶尔相对保守的和声语境中,m.81 强拍及别处的增七和弦可谓骇人听闻)。另一方面,忏悔的格雷卿信赖上帝的仁慈,尤其在教堂和监狱场景中,它典型地体现在主题三的合唱中。

谱例 6.13　梅耶尔,《浮士德》序曲,主要主题

《浮士德》第一部中唯一获得救赎的人物是格雷卿,同时,梅耶尔对格雷卿"挣扎"的解读可能受到柏林当地实践活动(梅耶尔自 1827 年开始定居柏林)的影响。尤其是,1830—1860 年,柏林合唱学院每年上演拉齐维尔王子(PAntoni Henryk Radziwill)的《浮士德作品集》。这是一部恢弘的作品,包括咏叹调、合唱、音乐剧和其他声乐体裁,并以天使合唱"荣耀,荣耀献给至高无上的上帝!救赎,救赎,救赎"结束。

## 《浮士德》之概览:格雷戈尔、阿尔康

格雷戈尔(Joseph Gregoir)虽非家户喻晓,但也是一位小有名气的作曲家和技艺高超的钢琴家。他与作曲家、大提琴家塞维斯(Adrien François Servais)一起成为了比利时乐派的主要代表。他的大部分钢琴作品受恩师赫尔茨(Henri Herz)的影响,不过,最宏大的作品《浮士德——两个部分的音乐诗歌》(1847年1月27日,作曲家指挥它在安特卫普首演)也触及到贝多芬、肖邦和舒曼的形式与风格创新。

表格6.2 格雷戈尔,《浮士德》,段落与作者描述

| | 第一部分 |
|---|---|
| 1 | 夜(浮士德沉思,陷入忧郁,难以自拔。他召唤恶魔的力量来相助。铃声宣告复活节的到来,天使的合唱在天堂庆祝。) |
| 2 | 队伍离开城镇,农民的舞蹈与歌唱 |
| 3 | 士兵合唱 |
| 4 | 幻想 |
| 5 | 玛格丽特的歌曲 |
| 6 | 欣喜若狂 |
| 7 | "……他爱我" |
| 8 | 爱 |
| 9 | 末日经(上天之怒,降临于你;号角响起,地动山摇;你的躯壳,被火焰唤醒,恐惧地颤动着。) |
| | 第二部分 |
| 10 | 安息日。引入(A)与女巫之舞(B) |
| 11 | 妖魔之舞(嬉闹中,地狱打开大门,浮士德与恶魔为祭品争闹,被拖入地狱。) |
| 12 | 升华 |

格雷戈尔的作品长达12个乐章,分为不等长的两部分(表格6.2)。尽管他没有为钢琴演奏者提供明显的叙事线索,但标题和偶尔的提要清楚地表明,第一部分主要写浮士德与格雷卿(或者是法文称谓的玛格丽特),第二部分写浮士德的救赎。进而,如表格6.3所示,格雷戈尔在作品过程中发展了五个动机,以提供结构和标题统一。第一乐章引入四个。第二、第三乐章在歌德诗剧中部存在,并有实质性音乐,但从属于第一部分的测重点,并促使测重点在第四乐章加速发展。一段长大的引子令人想起舒曼作品《你像一朵花》和《月夜》的柔美,此后,浮士德以标志性的九和弦(动机二)出现。一段G大调到$^\sharp$F大调的痛苦转调后,他开始在中音区以动机四的自然音阶变形。m.24,它在伴奏下剧然升高。余下乐章中,格雷戈尔恰恰发展了这一旋律。尽管丰富的和声配置与宽广的音域压制了它邪恶的本来面目,但动机五毫无先兆的不协和显示出他与玛格丽特(Marguerite)初次交往的尴尬,甚至虚伪。歌德诗剧中,内室里的玛格丽特没有意识到浮士德的注目。确实,第五乐章没有引用主人公的音乐动机,只在$^\sharp$f小调上演奏着无词的"图勒王",其玛祖卡旋律上标着"悲伤的"。没有任何间断,第六乐章在"幻想"调性——$^\flat$A大调上进入。虽然这里没有出现前面的主题,但格雷戈尔的音乐(尤其是丰富多彩的$^\flat$D大调中部)清晰地言及了两位恋人。玛格丽特的快乐溢至第七乐章,一曲圆舞曲以一个属音的颤音开始,令人回想起肖邦$^\flat$A大调圆舞曲(op.42)的开头。他们的关系在第八乐章达到高潮,乐章不仅回到$^\flat$A大调,而且再现了第四乐章mm.23—43。此时,动机四的节奏更方整,情感更充沛,从而进一步强调了玛格丽特对浮士德罪恶习性的净化,进而,实现他的救赎。

  第一部分持续关注浮士德与玛格丽特关系的乐章超过五个,因而,第二部分以三个乐章回答浮士德的命运显得虎头蛇尾——前两个乐章几乎没有涉及他,最后乐章在整个部分中最短。实际上,第十、第十一乐章令人回想起第一部分的两个舞曲乐章(比如,都是快速的双拍子,相似的结构设计),它进一步拉远舞会参与者和主人公的距离。

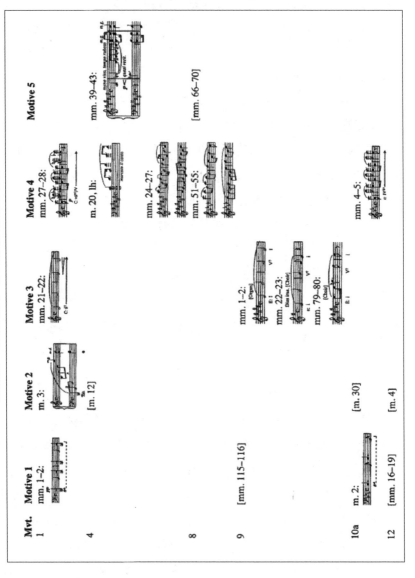

表格6.3 格雷戈尔,《浮士德》的循环动机

同样,第十乐章以早期几个动机的变形开始,充满希望。但是,当女巫之舞正式开始,它们被抛弃了。相反,格雷戈尔的几个超自然效果选自作品外部:"安息日"模仿舒伯特的"年轻的修女"(D. 828);"女巫之舞"从贝多芬"热情"奏鸣曲(op. 57)末乐章选用了音型;"妖魔之舞"几乎原封不动地引用(mm. 62—72)韦伯《魔弹射手》著名"狼谷"场景中制造第二发子弹时的音乐。这些引用本身不是必然不恰当,但此刻,它们打断了已经行之有效的标题内容。确实,根据《浮士德》第二部的结论,第十二乐章浮士德的"升华"合情合理,但它打破了戏剧动作的平衡。格雷戈尔的这种音乐结束方式——顺便提及,浮士德的伟大陪衬梅菲斯特无处可寻——最终在音乐、诗意和戏剧上令人失望。

1886年,在一次《浮士德》的创作回顾中,作曲家和评论家科德(Frederick Corder)猛烈抨击格雷戈尔的音乐诗歌:

> 关于这位作曲家,我们坦言,除了名字,我们一无所知。关于他的作品,如果它们确实类似于他的"浮士德",那么,我们不想了解任何东西。这部奇怪的作品或者说一系列作品,只值得注意它的荒唐可笑——包括十二个片段。它的自命不凡与苍白无力将难以超越。①

评论包括瓦格纳《浮士德》序曲和李斯特《浮士德》交响曲,因此,可以理解,科德将格雷戈尔的钢琴作品评为二流。但是,它既不荒唐可笑,也非自命不凡。至少,考虑到它所面对的观众,就是如此。几乎可以肯定,格雷戈尔的十二个片段没有像那些更值得铭记的同时代人,在同等水平上尝试作出一个崇高的哲学陈述。相反,他的《浮士德》瞄准中产阶层的听众。他们大肆购买乐谱,广泛阅读和频繁谈论文学作品,并时常出席盛行玛祖卡和华尔兹的舞会——格雷戈尔

---

① F. Corder, "The Faust Legend, and Its Musical Treatment by Composers. Ⅵ.", *Musical Times* 27, 520 (1 June 1886): 324—327, at 326.

作品中有两首明确与玛格丽特相关的舞曲。就像第一章里所讨论的,大部分音乐公众喜爱特性小品和情感主题,赫勒、杰尔(Alfred Jaëll)、戈特沙尔克(Louis Moreau Gottschalk)和无数其他作曲家纷纷满足这一需求。格雷戈尔的《浮士德》包含不少此类室内体裁,就像舒曼或李斯特的钢琴套曲一样,它们致力于更为重大的诗意主题、戏剧情景乃至哲学洞见。

以梅菲斯特及其从众为代价,格雷戈尔着重于浮士德与玛格丽特,这也说明德国与法国面对《浮士德》时的巨大文化分歧。前者侧重歌德戏剧的哲学性与恢弘,比如舒曼、李斯特乃至鲁宾斯坦的作品;后者则聚焦于个体与私情。确实,古诺(Charles Gounod)1859 年的歌剧取材于卡雷(Michel Carré)剧本《浮士德与玛格丽特》与歌德《浮士德》第一部的成分一样多(如果说不是更多)。波尔对这部作品轻蔑的评价清晰地概述了这两种方式:"为了使《浮士德》更优雅,古诺采取了如此多的艺术自由,他可以称其为《罗伯特》或《罗密欧》啦!"①

自由规则的例外者是阿尔康(1813—1888),19 世纪最神秘的作曲家之一。就像偶尔出现在音乐会与个人宣言中的音乐与评论一样,他的技术非比寻常,可能只有 19 世纪 30、40 年代的李斯特,以及后来的陶西格与鲁宾斯坦可以与之匹敌。与许多同代人类似,他主要写钢琴作品,出版变奏曲、素描、练习曲、无词歌和精简的性格作品。他也创作多乐章的大型作品,如《奏鸣曲》(op. 33)、《小奏鸣曲》(op. 61)和巨型作品《十二首小调练习曲》(op. 39)。后者包括一个四乐章交响曲、三乐章协奏曲、序曲和明显模仿伊索寓言中动物的变奏曲。然而,正如麦克唐纳德(Hugh Macdonald)所指出的:"阿尔康极度保守,生活习惯、衣着方式和对更早音乐传统的信仰使他隔离于其他音乐家乃至大千世界之外。"②确实,阿尔康的音乐是李斯特、门

---

① Pohl, "Faust-Symphonie", 296. "罗伯特"(Robert)引自梅耶贝尔大歌剧《恶魔罗伯特》的标题人物。
② Hugh Macdonald, *Beethoven's Century*: *Essays on Composers and Themes* (University of Rochester Press, 2008), 57.

德尔松、罗西尼（Gioachino Rossini）和萨蒂的一剂良方。

就像标题所暗示的那样，"准浮士德"——《奏鸣曲》的第二乐章——在浮士德故事的原样描述和基本题材的一般特性之间徘徊。① 前者极易辨识，因为阿尔康指出了两个关键的参与者：一个素歌引用、一组随乐章进行以变形和新面貌出现的动机。"准浮士德"开始于三个动机的一系列进行（表格 6.4）：上下行三度、上下行四度和四个重复的四分音符。这个标题性材料普普通通，其发展很快预示了魔鬼（明确标记）的来临——魔鬼主题将段落 A 的前两个动机倒置。m.57，第一次出现在 #g 小调的主题（段落 C）也令人回想起开头，但继续形成一条怪异、迷人和全新的旋律。m.101，主题在 #G 大调上的胜利变形，充满能量，不顾一切。呈示部最终结束于自信的旋律翱翔（段落 D）。

由于展开部主题间不断加剧的互动冲淡了再现部再现的胜利感，此时，阿尔康开始重写奏鸣曲式的基本叙事。充分理由是：乐章的真正冲突还未开始。m.227，通过四个甜美的和弦（段落 E），阿尔康展现出宇宙之宽广。m.231，天堂与地狱的争斗以一个基于素歌主题"上帝之语"（Verbum supernum prodiens）的赋格开始。m.255，它膨胀为八个各具特色的声部，并在 m.259 上帝的调解下才获得解决。② 赋格主题完全变形在厚重的四声部钢琴织体中，m.275，它开始在明亮的 #F 大调上支持浮士德主题。m.304，经过前述事件，魔鬼主题变得虚弱无力，未能再次引领主题动向。乐章胜利结束，似乎救赎的希冀实现了，就像"上帝之语"倒数第二诗节中所描述的那样：

---

① 1841 年，阿尔康《二重协奏曲》（op.21）的中间乐章"地狱"中，小提琴线条在远关系调 #C 大调上哀叹，钢琴内部释放出浓厚、密集的半音化和声，他将前者置于后者之上，从而捕获"地狱"的痛苦声音。

② 这个主题的宗教仪式源头，参见 Brigitte François-Sappey, "Sonates d'Alkan et de Liszt: Opéras latents", in *D'un opéra à l'autre: Hommage à Jean Mongrédien*, ed. Jean Gribenski *et al*. (Paris: Presses Universitaires de France, 1996), 55—66, at 61.

第六章 补论:浮士德

表格6.4 阿尔康,"准浮士德","人物性格"与音乐

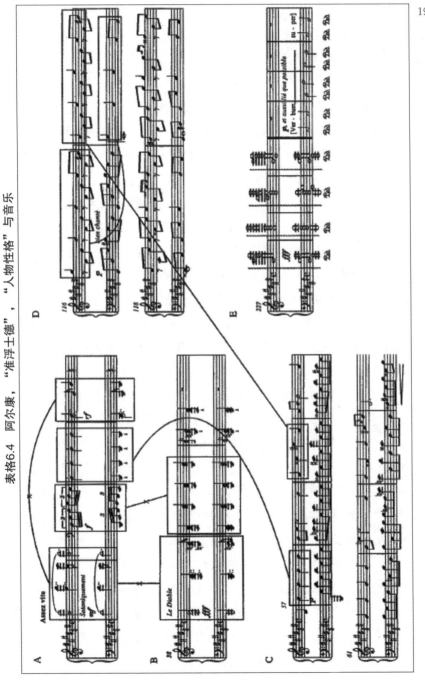

> 哦，救救受难者，
> 他打开了天堂之门，仇恨之战肆虐；
> 赋予我们力量，给予我们帮助吧！

阿尔康"准浮士德"与歌德《浮士德》相同点颇多：否定或颠倒梅菲斯特的指令；浮士德与梅菲斯特的复杂关系；天堂的救赎。同时，主题的抗争、发展与变形内置于奏鸣曲结构之中。但是，最原创的方面可能是演奏者必须成为浮士德。毫无疑问，乐章代表了19世纪钢琴音乐的顶峰之一，要求演奏者近乎超人的耐力、毅力和品质（赋格结束就是例证）。但是，钢琴演奏者还必须在阿尔康的主题中大幅倾注个人性情，因为作曲家的演奏指示很大程度上推动着叙事性。浮士德必须热情地、暴躁地甚至恶魔般地，还要含蓄、绝望、濒临自我毁灭。尽管两个相对的人物——魔鬼与上帝——承担着重要的叙事角色，但是阿尔康把最具标题意蕴的演奏指示留给了浮士德。在此意义上，"准浮士德"融合了柏辽兹的叙事焦点和李斯特（未用文字标出）的交响性格刻画。

这确实恰如其分。因为"准浮士德"又一特征是"标题中的标题"，它属于一部题为"四个时期"的钢琴奏鸣曲，每个乐章对应一个人生十年。开篇乐章以一个柔韧、乐观的肖邦式谐谑曲阐明了处于20至30岁的人。然而，通过一个预示第二乐章开头的主题轮廓结束第一乐章，阿尔康为下一个十年的"准浮士德"植入了不安分的种子。"一个快乐的家庭"（包括蹦蹦跳跳的孩子们）是第三乐章的主题（如果说格雷卿\玛格丽特可以在奏鸣曲某处找到的话，那就是这儿）。奏鸣曲结束于"被傅的普罗米修斯"，彻底的黑暗、阴郁，50余岁的主人公等待着死亡的解脱。不过，他的痛苦更多来自心理，而非身体。当前面三个乐章的动机短暂再现时，它进一步加剧了"我遭受什么样的迫害啊！"——阿尔康引用埃斯库罗斯诗歌的最后一行来强调。最后，奏鸣曲的调性过程反映了这个标题性进程。它的每一乐章调性偏离前一乐章——第一乐章从D大调到B大调；第二乐章

从 $^\#$d 小调到 $^\#$F 大调；第三乐章为 G 大调；第四乐章为 $^\#$g 小调。当主人公回顾一生，横亘在首末乐章的三全音调性关系已不能再远了。

虽然美学倾向保守，依赖传统大型结构，但在标题运用上，阿尔康没有遭遇任何内在障碍。就像李斯特，标题只是出发点，不是早已设定的诠释结论。关于"四个乐章的特定标题，有时……极不寻常的术语"，为了防止潜在的批评，阿尔康解释道：

> 这里，音乐模仿不会困扰我们；音乐仍在较低层面寻求"音乐外"的自圆其说。在我的脑海中，每个乐章对应一个生存的特定时刻，类似一个特别的思考或想象方式。为什么不明确指出呢？演奏者被作曲家的相同观念所激发，同时不丧失自己的个性，但是音乐内容保持不受影响；这一事实必定会加深他对作品的理解。①

将浮士德的传奇转变为一部世界文学名著，歌德为音乐家的跟进打开了大门。尽管这部作品为几部体裁各异的重大创作提供了蓝本，但绝不会阻碍其他创作者和音乐家探索浮士德及其群体的替代品。李斯特的钢琴作品《梅菲斯特圆舞曲》很受欢迎，它就是基于莱瑙（Nikolaus Lenau）的诗歌《浮士德》（1836）。1862 年，作品改编为交响总谱。这里，梅菲斯特与浮士德在一个乡村酒馆寻欢作乐。拉威尔（Maurice Ravel）《夜之幽灵》的第二乐章令人昏昏欲睡，从而捕获了法国诗人贝朗特（Aloysius Bertrand）对《浮士德》的理解。就像阿尔康的奏鸣曲，这些作品都重视钢琴技巧，而将高超技巧与魔鬼相联系已有数个世纪之久。（李斯特《b 小调钢琴奏鸣曲》没有显在标题，但其浮士德式的解读也是源于宗教与世俗相对立的传统。）类似的浪漫主义幻想有助于提升梅菲斯特的知名度，博伊托（Arrigo Boito）的唯一一部歌剧《梅菲斯特》（1868，修订于 1875 年）就是明证。

---

① Ronald Smith, *Alkan: The Music* (London: Kahn & Averill, 1987), 68.

20世纪,对于器乐作曲家而言,歌德的《浮士德》基本失去吸引力。拉赫玛尼诺夫(Sergei Rachmaninov)以此起草了《第一钢琴奏鸣曲》,但关于文学渊源是否公开,他却摇摆不定。1907年5月,他向友人莫洛佐夫(Nikita Morozov)概述其担忧:

> 无疑,奏鸣曲狂热而冗长。我想它需要约45分钟。如此长度乃内容所诱使,它来自一部文学作品(《浮士德》)的三个对比性原型。当然,没有标题指示。尽管开始我认为,如果有标题,奏鸣曲将更明确。甚至,没有人会演奏这部作品,它太难、太长,可能——最重要的是——音乐上也令人疑惑。①

最终,拉赫玛尼诺夫隐匿了标题;考虑到它与瓦格纳、鲁宾斯坦尤其是李斯特作品的类似,这或许可以理解。

20世纪初期,这种与19世纪决裂的强烈愿望也导致了下列作品的产生。布索尼未完成的歌剧《浮士德博士》,基于流传已久的木偶剧;布尔加科夫(Mikhail Bulgakov)的政治煽动小说《大师与玛格丽特》(始于1939年;1966—1967年出版);托马斯·曼(Thomas Mann)1947年的《浮士德博士》,此中,炼丹家浮士德已被序列作曲家莱维库恩(Adrian Leverkühn)所取代,他的毁灭反映了他自己的纳粹德国的毁灭。通过奋斗获得救赎,歌德的乐观诗剧在上一世纪最重要的一些艺术和音乐创作中留下了无法抹去的印记。不过,托马斯·曼和他的同僚们见证了难以想象的暴行,他们已经不再认同这种乐观。

---

① Sergei Bertensson and Jay Leyda, *Sergei Rachmaninoff: A Lifetime in Music* (Bloomington and Indianapolis: Indiana University Press, 2001), 138.

# 第七章 世纪末的标题路径：
# 马勒与施特劳斯

1912年，在论述德奥当代音乐景观时，慕尼黑批评家与理论家路易斯（Rudolf Louis）提出器乐作曲家三大相互竞争的潮流："第一，标题音乐潮流，由柏辽兹与李斯特导向理查德·施特劳斯；第二，与之恰恰相反，由舒曼引领，并通往雷格（Max Reger）；第三，一定程度上居于前两者之间，由马勒引领。"①

对于标题音乐，路易斯为音乐风格分门别类的努力将功亏一篑。施特劳斯-雷格-马勒的三分法试图延伸19世纪50年代的哲学分歧，但正如第五章所言，这在实践中并不完全一致。作曲家常常从一个阵营逃至另一阵营。路易斯将舒曼归为雷格一方，可能隐晦地承认了这一点。与此类似，路易斯提到的当代作曲家中，没有一个（包括刚刚去世的马勒）局限于某一方。甚至施特劳斯，世纪末标题音乐的代言者，关于他的音乐在何种程度上维护了标题音乐，也常常模棱

---

① Rudolf Louis, "On the Tone Poems of Richard Strauss," trans. Susan Gillespie, in *Richard Strauss and His World*, ed. Bryan Gilliam (Princeton University Press, 1992), 305—310, at 306. 参见 Louis, *Die Deutsche Musik der Gegenwart* (Contemporary German Music), 1912.

两可。可能,将世纪末作曲家有效连结的唯一因素是历史"焦虑感"。因为他们的作品一方面要与传统决裂,另一方面又要坚守传统。

## "新德意志乐派"的继承人——施特劳斯

1888 至 1899 年间,施特劳斯创作有 7 部音诗,从而奠定了德国先锋作曲家的领导地位。他的父亲弗朗茨(Franz Strauss)是一位著名的圆号演奏家,在其悉心看护下,施特劳斯畅游于从海顿、莫扎特到门德尔松、舒曼长达一个世纪的德国管弦乐作曲家的"万神殿"中。"新德意志"作曲家们如李斯特和瓦格纳——1865 年,弗朗茨曾不情愿地协助《特里斯坦与伊索尔德》的首演——则不在范围之内。因而,19 世纪 80 年代中期,除了勃拉姆斯的音乐,施特劳斯的作品(包括两部交响曲和四部为独奏与管弦乐队而作的作品)对当代音乐的兴趣相当有限。1885 年,施特劳斯深陷勃拉姆斯的"魔力"之下。虽然施特劳斯对瓦格纳的潜在好感早在 1881 年就已出现,但完全着迷于"新德意志乐派"则始于 1886 年,当他移居迈宁根与彪罗及其赫赫有名的乐队一起工作之时。在那儿,他遇到了李斯特的昔日弟子里特。就像 1898 年左右施特劳斯在一篇自传短笺中所述,正是里特向他引介并详解李斯特、瓦格纳和叔本华,将这位 21 岁的作曲家-指挥家转变为一个坚定的"未来音乐家"。施特劳斯赞誉里特"将我引向独立前行的道路之上"。①

施特劳斯第一次谨慎尝试的标题音乐是《意大利》,该作品见证了里特教导下的创作转向,但在形式上,它仍然强烈依赖于传统交响组曲。确实,约 1888 年,当施特劳斯完成第一部音诗《麦克白》的草稿时,他的创作与思想才达到明确统一。同年,他向彪罗坦言,自长

---

① David Larken, "The First Cycle of Tone Poems," in *The Cambridge Companion to Richard Strauss*, ed. Charles Youmans (Cambridge University Press, 2010), 59—77, at 59—60.

久冷然对待"新德意志乐派"以来,他的热爱之情早已产生:

> 如果你想创作一部情感一致、结构统一的艺术作品,如果作品想给观众一个清晰、确定的印象。那么,创作者所说必须像他脑海中所想一样清晰、确定。唯一可能的途径就是"一个诗意观念"的激发,不论它是否引入为"标题文字"。对于每一个新题材,我认为它为创作相应的新形式提供了一个合理方式。虽然形式的整洁、完美十分困难,但越贴近那个真正的由来……我的艺术思想和情感的准确印象,以及我所完成的作品中风格最独立、意图最明显的是《麦克白》。①

几乎没有器乐作曲家以莎士比亚的《麦克白》为题材,相反,他们倾向于《哈姆雷特》(参见第二章)、《罗密欧与朱丽叶》或者喜剧。一个值得注意的例外来自里特的另一位导师拉夫,1882 年 1 月初,他的《莎士比亚"麦克白"的管弦乐前奏曲》首演于威斯巴登。仅仅 5 个月后,作曲家就去世了。② 19 世纪 80 年代晚期,施特劳斯可能关注到了这部作品。它密集分布有五个各具特色的主题,持续约 12 分钟。虽然拉夫没有为前奏曲留下"标题文字",但是乐谱 7.1 中齐奏主题的无处不在(最后三十五小节未出现)表明它代表了麦克白本人。进而,麦克白(Macbeth)主题频繁与两个截然相反的旋律对话。第一个直接出现在麦克白主题之后的 m. 31,不同的节拍(3\4),长笛、双簧管、大管和圆号提供更加温暖的音色——它可能代表了班柯

---

① 1888 年 8 月 24 的信,参见 Hans von Bülow and Richard Strauss, *Correspondence*, ed. Willi Schuh and Franz Trenner, trans. Anthony Gishford (New York: Boosey & Hawkes Limited, 1955), 82—83.
② 1859 年,皮尔森(Pierson)基于《麦克白》创作了一部迷人的交响诗。但是,在施特劳斯成熟早期,它似乎从音乐地图上消失了。关于皮尔森的作品《麦克白》和《罗密欧与朱丽叶》(1874),参见 Julian Rushton, "Henry Hugo Pierson and Shakespearean Tragedy", in *Europe, Empire, and Spectacle in Nineteenth-Century British Music*, ed. Rachel Cowgill and Julian Rushton (Aldershot: Ashgate, 2006), 77—98.

(Banquo)。第二个来得更晚些,在 m. 71,由精致的木管和低音弦乐演奏。半音运动、曲折轮廓、与班柯材料相反的特征,暗示它代表了麦克白夫人(Lady Macbeth)。最后,谱例 7.2,第二次造访女巫期间(第四幕),一个主题首次出现,它在《管弦乐前奏曲》中间部分迅速被凸显,并且是唯一保持至曲末的主题。其轮廓宽广、信心满满、豪华庄严的特点指向了麦克德夫(Macduff),杀死麦克白的凶手和莎士比亚戏剧的英雄。

谱例 7.1 拉夫,《莎士比亚"麦克白"的管弦乐前奏曲》,mm. 26—29

谱例 7.2 拉夫,《莎士比亚"麦克白"的管弦乐前奏曲》,mm. 192—198

正如表格 7.1 所示,"性格音乐"的三大部分有助于稳固拉夫《麦克白》的结构,并构成人物角色的戏剧与心理发展。三个女巫的预言推动着如此多的戏剧动作。她们出现在 mm. 1—62 和 mm. 169—206,分声部的长笛在旋律小调和半音音阶中上下飞翔,双簧管和单簧管提供以跳动的伴奏,弦乐呈现出交叠的琶音线条和古怪的颤音——这是唤起"鬼怪"的另一种方式。仅仅从非歌剧音乐来看,它回应了柏辽兹、李斯特和圣-桑。引入和伴随麦克白与麦克德夫战斗的音乐同样无处不在。m. 253,速度变为威武的快板,小军鼓独奏进入。m. 260,小号和定音鼓回应了这一战斗请求。九小节后,战斗者进入。简言之,拉夫尝试同时描述心理情状与叙事情节。

表格 7.1　拉夫,《麦克白》,结构与主要主题

| Ⅰ.mm.1—61 | Ⅱ.62—168 | Ⅴ.253—351 |
|---|---|---|
| 1:女巫 | 71:麦克白夫人 | 261:战斗音乐 |
| 26:麦克白(谱例7.1) | 77:好斗的 | 269:麦克白 |
| 31:班柯 | 91:战斗音乐 | 288:麦克德夫,连接(比较 m.241) |
| 36:争斗音乐 | 107:麦克白 | 300:麦克白,碎裂 |
|  | 125:班柯 | 317:麦克德夫,胜利 |
|  |  | 340:升华 |
| Ⅲ.169—206 | Ⅳ.207—252 |  |
| 169:女巫 | 207—218:间奏 |  |
| 188:麦克白 | 218:麦克白夫人 |  |
| 192:麦克德夫(谱例7.2) | 229:好斗的 |  |
|  | 241:连接 |  |

最初,施特劳斯采取的方式可能更接近拉夫的《麦克白》,但在最终版本中,激进的不协和音诗避免了作品的"典型场景",几乎完全集中于作品的同名题材和他的妻子。他将李斯特的主题变形和贝多芬-勃拉姆斯的奏鸣曲式加以修改,绘制出他们各自多疑和疯狂的沉沦之路。幕启,管弦乐在属音上的短暂炫耀后,麦克白——施特劳斯标明在总谱中——以双簧管、单簧管和高声部弦乐的杂技般大跳出现在 m.6。正如谱例 7.3a 所示,主题第一个四小节乐句结束在$^bA$ 音,以 F 小三和弦支持;四小节后,结束于$^bE$ 大三和弦第一转位上的高音 G。直到 m.18,在弦乐和管乐另一个凌厉的上行后,主调 d 小调才确定下来。

谱例 7.3a　施特劳斯,《麦克白》,mm.6—18,麦克白主题

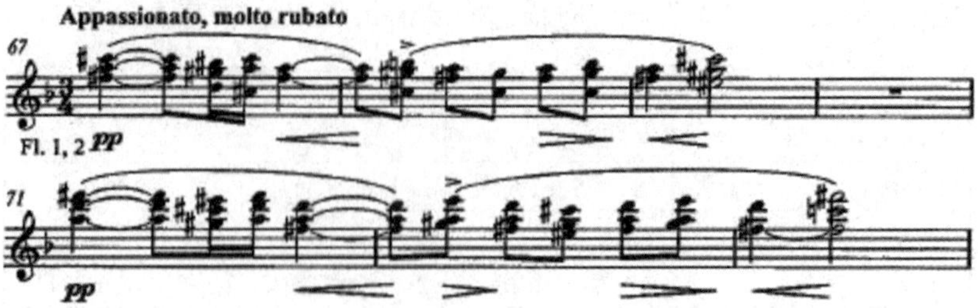

谱例 7.3b　施特劳斯,《麦克白》,mm. 67—73,麦克白夫人主题

　　非自然音的和弦、不规则的节奏反复单元和累积式的配器标志着麦克白这一人物角色已发生内在改变,更为不妙的是,他遭到外部操控。最大的外在压力来自麦克白夫人,它明确指示于 m. 67。为了强调麦克白夫人的轮廓侧影,施特劳斯引用席勒 1801 年译本第一幕第五场Ⅱ.26—31:"快些回来吧,这样我方能将我的想法灌入你的耳朵,用我勇敢的巧舌去将任何阻挡你得到那黄金皇冠的障碍一扫而空。命运和神力已注定了你的加冕。"①

　　麦克白夫人刚刚知悉女巫给她丈夫的预言,就立即决定要他夺取王位,即便他"充斥太多人类善良"(Ⅰ.18)。谱例 7.3b,施特劳斯的麦克白夫人主题简洁而自信,恰如她丈夫主题的枝蔓丛生和犹豫不决。两大角色构成了奏鸣曲式呈示部的主部与副部主题,但他们的发展却被两个毫不相干又相互毗邻的插段所阻挠(mm. 123—259,260—323)。m. 324,当麦克白的主题在主调再现,它已被缩减和零碎化,失去了大部分的乐队支持和早已明确的轻快。他妻子的材料更加碎裂,m. 371,双簧管奏出一个奋力上升的音型,但在 m. 387,仅仅能勉力找到她原初主题的前四个音符。稍后,它完全消退——除了尾声 mm. 515—558 的回顾,音诗集中余下力量根除作

---

① 关于席勒的《麦克白》译文,参见 Wolfgang Ranke, "Shakespeare Translations for Eighteenth-Century Stage Productions in Germany: Different Versions of *Macbeth*," in *European Shakespeares*: *Translating Shakespeare in the Romantic Age*, ed. Dirk Delabastita and Lieven D'hulst (Amsterdam: John Benjamins, 1993), 163—182, esp. 176—177. 中译文引自《麦克白》,陆宜夷译,天津人民出版社,2018 年。

品的标题人物。

毁灭是一个强有力的主题,贯穿于施特劳斯第一组音诗作品中。应该说,《唐璜》最为清晰地体现了这一点。自17世纪中叶以来,唐璜就为作者和受众所钟爱,这导致17世纪30年代直至施特劳斯期间大量剧作和改编的出产。然而,唐璜在音乐中的主流形象是一位流氓,这是他获得的仅有"奖赏"。自1787年莫扎特的《唐·乔瓦尼》以来,已成定论。一个世纪后,当施特劳斯着手于这个题材时,他决定不再仿效李斯特一代人的宠儿——拜伦勋爵的著名叙事诗(1818—1824),而是莱瑙的作品。莱瑙对唐璜(Don Juan)的描述(死后出版)是片段式的、不完整的,这一特征可能引来施特劳斯的喜爱,因为施特劳斯当时正在音诗中努力寻找叙事和性格描述的恰当平衡。此外,尽管莱瑙的唐璜仍有著名的恋人,但是他近乎虚无主义的满不在乎——类似莱瑙的《浮士德》——使其远离莫扎特的启蒙式描绘,而完全置身于晚期的比德迈(如果不是早期近代的话)风尚之中。

为了诠释唐璜的厌世,施特劳斯在总谱扉页节选了三段来自莱瑙的文字:第一段谈论主人公的放荡;第二段讲述他贪得无厌的情欲;第三段概括他的空虚和困惑——"美好的情感风暴催促着我",莱瑙和施特劳斯的唐璜自省道;但是,

> 它已平息,只留沉静。所有欲望和希望已经冬眠;可能,一束闪电从令人鄙夷的高处给我的多情以致命一击,我的世界瞬间荒芜和昏暗。也许并非如此——柴火已尽,炉灶冰冷而漆黑。①

主题上,相较于《麦克白》,施特劳斯对唐璜主题的变形更为深入:第一主题与第二主题如出一辙,前者(mm.1—40)强劲有力,后

---

① Translation by Stanley Applebaum, in Richard Strauss, *Tone Poems*: Series I (New York: Dover, 1979), n. p.

者(mm. 90—148, m. 73 开始,小提琴独奏就已暗示)甜蜜诱人。正是这相反的两大性格使唐璜的功绩,包括在决斗中死亡,得以完全展露。结构上,《唐璜》与《麦克白》都有两个插部,它们辩证地与期待中的展开部(mm. 197—307)共存,并在乐曲末段回忆起这些主题。但是,最终"产品"与奏鸣曲式并不完全相符。确实,由于"英雄主题"的出现,将原初的回旋曲式视为奏鸣曲式颇为恰当,但仍有几个段落无法用两者的结构模式予以充分解释。①

唐璜万念俱灰,抛下武器,任自己中剑而亡。相比而言,《死与净化》的主角坚持不懈,并由此获得回报。《死与净化》虽是施特劳斯两部没有取材于文学作品的音诗中的第一部,但它遵循了一个由施特劳斯本人设计的标题轨迹:一个将死之人,独居陋室,回忆着人生的欢乐与苦难。尽管障碍似乎无止无休,但是深深的渴望使他挣扎,不断抗争。死亡最终来临,他瞥见了"世界的拯救、世界的净化"。作品完成后,施特劳斯委托里特将他的散文式剧本改写为一首诗歌,共四部分,62 行。

音诗向瓦格纳和李斯特表达了敬意。作品标题映射至瓦格纳《特里斯坦与伊索尔德》,其著名的前奏曲原初命名为"爱之死"。同样著名的终场中,伊索尔德(Isolde)在特里斯坦的尸首上唱着"温和与安静",瓦格纳称之为"伊索尔德的净化"。更为根本的层面上,《死与净化》的哲学就是叔本华现象与本体的观念,它展现在影响深远的专著《作为意志和表象的世界》(1818 年,1844 年修订)中。现象大体对应感觉所理解的世界,本体对应不可知或不可见之世界。

---

① 海波科斯基主张回旋曲式与奏鸣曲式结合,参见"Fiery-Pulsed Libertine or Domestic Hero? Strauss's *Don Juan* Reinvestigated", in *Richard Strauss: New Perspectives on the Composer and His Work*, ed. Bryan Gilliam (Durham, NC and London: Duke University Press, 1992), 135—175。穆尔泰莱却主张为双重奏鸣曲式,多乐章的交响曲与单乐章奏鸣曲同时进行。魏玛时期,李斯特将这一结构方式应用于许多作品中。参见 Vande Moortele, *Two-Dimensional Sonata Form: Form and Cycle in Single-movement Instrumental Works by Liszt, Strauss, Schoenberg, and Zemlinksy* (Leuven University Press, 2009), 81—93, esp. 90。

瓦格纳《特里斯坦与伊索尔德》的大量段落——尤其是第二与第三幕——聚焦于现象和本体之间的张力,施特劳斯的《死与净化》似乎相同。如表格7.2所示,尽管音诗采用奏鸣曲式,但重要的结构点出现在现象与本体相互背离之时。在里特的诗歌语境中,本体与那些不合时宜发生的事件相联系。比如,在展开部,mm. 270—325,"悸动"主题粗暴地将垂死之人拽出他的回忆;谱例7.4,一个不同寻常的段落中,现在与过去的运动如此迅速,以致二者本质上同时运行。

表格7.2 施特劳斯,《死与净化》的结构

| 诗 歌 | 小 节 | 结构事件 | 时 间 |
|---|---|---|---|
| Ⅱ.1—14 | mm.1—15:悸动<br>16—20:回忆<br>21—29:悸动<br>30—45:回忆,"童年"<br>46—66 | 引子 | 现在<br>过去<br>现在<br>过去<br>现在 |
| 15—22 | 67:低音单簧管、大管、大提琴、<br>　　低音提琴的咆哮主题<br>96:"决心"<br>121:悸动<br>163—164:"理想"<br>165—185: | 呈示部 | |
| 23—46 | 186:童年<br>206:连接<br>214:童年<br>230:激烈的连接<br>235:盛年期<br>270—271,278,282,287:悸动<br>319,333,354:"理想"<br>—365:连接 | 展开 | 过去<br>?<br>过去<br>?<br>过去<br>过去—现在 |
| 47—54 | 366—395 | 再现部 | 现在 |
| 55—58 | 395—429 | 连接 | |
| 59—62 | 430—499:"理想"和"童年" | 尾声 | 净化:过去—未来 |

谱例 7.4　施特劳斯,《死与净化》,mm. 306—310

向李斯特致敬主要来自施特劳斯对尾声的处理,即完全净化之时。李斯特把《理想》中的这类段落称为"升华",它出现在李斯特的大部分大型器乐作品中,比如《前奏曲》或《"但丁"交响曲》,成为他作曲风格的一个典型特征。① 施特劳斯把 mm. 395—429 处理为一个长大的累积过程,很可能模仿自李斯特的《浮士德》交响曲。后者使施特劳斯"强烈意识到,李斯特是仅有的交响作曲家,他紧随贝多芬,

---

① 较早(可能是最早)使用"升华"这一术语的作品来自杜舍克《法国王后的痛苦》(op. 23,为钢琴而作,出版于 1793 年)第十段和最后段落,某种意义上,它预示了李斯特的用法。

又作出巨大推进。余者皆为胡言乱语,单纯而天真"。① 但是,施特劳斯的"净化"和李斯特的"升华"最大的共同点可能是两个主题的完善过程,拉金(David Larkin)称之为"不间断的目标生成过程"。② 第一个主题有时被称为"理想"主题。它初次出现在 mm. 163—164,到展开部末尾(mm. 319—321,333—335,354—355)忽然在远关系调中冒出,并成为 m. 429 主题最终的完满形态的一个连接基础。第二个主题短暂出现在引子(mm. 30—45)中。m. 186,展开部以其开始。第二个主题与"童年"相联系,那是一段无忧无虑的烂漫时光。(可能,这个特征解释了它在展开部狂暴部分中的相对稳定性。)奏鸣曲式的主体部分,两个主题毫无瓜葛。但在尾声,它们的高度相似揭示了一个共同的动机关联(谱例 7.5)。1895 年,在一封私人信件中,施特劳斯指出它是一个本体意义上的事件,"为了在永恒世界中找寻尘世无法实现的最荣光的尽善尽美,灵魂离开了肉体"。③

谱例 7.5　施特劳斯,《死与净化》,"理想"和"童年"主题的联系

施特劳斯音诗第一阶段的指导原则可用里特为《死与净化》所写诗歌中的四行来概括:"一切似乎皆可变形,并将它塑造为更美好的形态,这是仅有的崇高动力,伴随他一生"(Ⅱ.35—38)。④ 就像李斯

---

① 1890 年 11 月 19 日写给蒂利勒(Ludwig Thuille)的信,参见 Willi Schuh, *Richard Strauss: A Chronicle of the Early Years*, 1864—1898, trans. Mary Whittall (Cambridge University Press, 1982), 209。
② Larkin, "The First Cycle," 76.
③ 写给豪泽格尔(Friedrich von Hausegger)的信,参见 Schuh, *Richard Strauss: A Chronicle*, 180。
④ 译自阿普勒鲍姆(Stanley Applebaum),参见 Strauss, *Tone Poems: Series* Ⅰ, n. p.。

特,施特劳斯赋予他的交响音乐以文学和哲学份量,并诉诸于相应的结构。不过,他对李斯特主题变形的运用仅仅突出在《死与净化》中。实际上,在施特劳斯所喜爱的旋律类型上,瓦格纳是一个更好的范本。他将旋律线条对位式地升华为另一线条,在管弦乐队中产生了一种复杂音乐,并能保持难以置信的持久张力。确实,施特劳斯早期音诗中的音乐-戏剧架构清清楚楚是瓦格纳式的。并且,他在无词的、准歌剧场景方面的探索使歌剧《贡特拉姆》(19世纪90年代前半期,占据了他绝大部分的创作精力)的创作更加游刃有余。

## 马勒与标题交响曲的终结

19世纪90年代,作为先锋的音诗作曲家,施特劳斯声誉日隆。在此背景下,他的朋友与竞争对手马勒创作了《第一交响曲》,并予以大幅度修改。布达佩斯首演(1889年11月20日)到出版的逾9年间,这部作品所采取的各种标题立场使其极具代表性。第一次呈现在匈牙利公众面前时,交响曲是一个五乐章、两大部分的交响诗,没有任何标题"装置"。首演失败使作曲家将其束之高阁,直至1893年早期,他完成了第二、第三和第五乐章的全面修改以及其他两个乐章相对小幅度的改动(布达佩斯版本仅有奇数乐章幸存下来)。1893年10月27日,这一版本首演于汉堡,马勒被聘为城市剧院首席指挥的地方。如今,作品冠名为"'巨人',一部交响形式的音诗"。交响曲的聆听有长长的标题文字相助,不仅提供了两大部分和五个乐章的标题,而且详细描述了第一、第五尤其是第四乐章(文字栏7.1)的事件。如此作品似乎反响颇佳,马勒计划再次演出。1894年6月早期,他指挥作品在魏玛——李斯特"新德意志乐派"的发源地——上演。作品标题文字又有调整,包括置换第五乐章标题为"从地狱到天堂"。(第五章中曾论述,李斯特自己的"但丁交响曲"未能到达天堂,这个标题是否对它进行挑衅性引用尚不清楚。)然而,约两年后的柏林演出，马勒撤下了文字说明、描述性标题和第二乐章"花之乐章"，一个小时长的管弦作品以一个D大调的四乐章交响曲公之于众。

> **文字栏 7.1　马勒《第一交响曲》的标题文字，1893—1894**
>
> "巨人"，一部交响形式的音诗
>
> 第1部分 青春时光，花卉、果实、荆棘
>
> Ⅰ、春日无涯（引子和舒适的快板）。引子描绘了大自然从漫长的冬眠中苏醒。
>
> Ⅱ、花之乐章（行板）。
>
> Ⅲ、满帆前进（谐谑曲）。
>
> 第2部分 "人间喜剧"
>
> Ⅳ、搁浅！（卡洛风格的葬礼进行曲）。后文可以作为这个乐章的一种解释：创作者明显受到《猎人的送葬队伍》的启发。这幅讽刺画取自一本古老的童话书，奥地利的孩子们无人不知。森林里的动物们抬着棺材，为去世的猎人送葬。兔子扛着小旗，跟在一群波西米亚音乐家的后面，猫、蟾蜍、乌鸦等为它们伴奏，牡鹿、鹿、狐狸及森林里的其他飞禽走兽尾随送葬队伍，姿态令人啼笑皆非。此时，作品从一个侧面表达了讽刺、幽默情绪，另一侧面传递出怪诞、沉思的气氛。下一乐章紧随其后。
>
> Ⅴ、来自地狱（强有力的快板）。绝望从一个深深受伤的心灵中突然爆发。
>
> 来源：改写自 Constantin Floros, *Gustav Mahler*: *The Symphonies*, trans. Vernon and Jutta Wicher (Portland, OR: Amadeus Press, 1993), 29—30。

这部交响曲是马勒约1890年前全部作品及其奥地利-德国-匈牙利-波希米亚文化传统的一种概览。第一乐章的呈示部（m. 62起）开始于马勒歌曲"清晨我穿过原野"的器乐改编，它来自1885年包含四首歌曲的声乐套曲《流浪徒工之歌》。"花之乐章"令人回想起一年前马勒为谢菲尔（Joseph Viktor von Scheffel）的叙事诗《萨金根的号手》所创作的配乐。葬礼进行曲的中间段落（m. 83起）与《旅行

者之歌》第四首"我那两只宝贵的蓝眼睛"的最后诗行有重要渊源。《第一交响曲》中的这些标题性运用进一步强化了阿多诺（Theodor Adorno）的观察，"马勒的音乐风格与小说之间的联系纽带是歌曲，它们予交响创作的功用不能沦为……轻率的研究预备"。①

交响曲也充满马勒音乐以外的各种引用。第一乐章引子是"空间安排的移动原则"的器乐戏剧，它以贝多芬《费德里奥》和瓦格纳《特里斯坦与伊索尔德》为特定范本，②马勒将其从歌剧院移至音乐厅。第二乐章以一系列兰德勒舞曲和圆舞曲取代传统的谐谑曲或小步舞曲，因而，它是民间舞曲的荟萃。葬礼进行曲的开头旋律系无处不在的儿童歌曲《马丁兄弟》，m. 39，许多听众已经听到它对波希米亚乡间民谣或犹太乐队的嘲弄式模仿。马勒还援引了"高雅"文化，尤其是 E. T. A. 霍夫曼盛行 70 年之久的小说《卡罗式手法的幻想小品集》——它同时激发了舒曼《幻想曲》(op. 12) 和《克莱斯勒偶记》(op. 16)（参见第三章）的创作灵感，并引来让·保罗为之作序。让·保罗是《西本卡斯》(*Siebenkäs*) 和《泰坦》(*Titan*) 的作者，马勒一度为他的《第一交响曲》借用其标题。为了标题效果，第五乐章征用了德国音乐的几首"高雅"作品，包括李斯特《但丁交响曲》"地狱"乐章的片断、瓦格纳近来的庆典节日剧《帕西法尔》的"圣杯"动机，③以及胜利结束时对亨德尔（George Frideric Handel）《弥赛亚》著名合唱"哈利路亚"的引用。这个主题在交响曲首尾的运用——在第一乐章就像"自然之声"，第五乐章时，以神圣监督和个人解救的美好前景结束（"他将永远主宰"），表明了马勒《第一交响曲》的历史和标题维度，使其不仅在马勒自己的作品中，也在 19 世纪晚期的交响音乐

---

① Theodor Adorno, *Mahler*: *A Musical Physiognomy*, trans. Edmund Jephcott (University of Chicago Press, 1991, orig. 1960), 74.
② Thomas Peattie, "The Expansion of Symphonic Space in Mahler's First Symphony," *Journal of the Royal Musical Association* 136, 1 (2011): 73—96, at 92.
③ 弗洛罗斯指出了李斯特和瓦格纳的引用，参见 Constantin Floros, *Gustav Mahler*: *The Symphonies*, trans. Vernon and Jutta Wicker (Portland, OR: Amadeus Press, 1993), 43—48。

中独树一帜。

葬礼进行曲值得更详细地考察。马勒将其描述为"令人痛心的尖厉讽刺和莽莽撞撞的复调",人们常常赞扬这名副其实;①但它还是属于少数被人忽视的标题交响作品,通过空间或时间,主观地阐明和界定乐章。马勒选择葬礼进行曲,这可能模仿自贝多芬的《"英雄"交响曲》或者《第七交响曲》的小快板乐章,但宗教和世俗因素的极端并置显示其血统可能始于柏辽兹和门德尔松。

正如第三章所述,《哈罗尔德在意大利》第二乐章"朝圣者的行进"中,为了强调他的疏离、冷漠或反英雄主义——这些特征都取自拜伦的叙事诗,柏辽兹围绕主人公哈罗尔德这个固定点建构了一支朝圣队伍。大约同期,门德尔松正忙于他的《"意大利"交响曲》。② 第二乐章是稍快的行板,其戏剧张力依赖于调式和调性系统的并置;或者换言之,宗教和世俗传统的并置。1830—1832年,门德尔松的巡游涉足意大利。与此吻合,一个似乎合理的诠释指向了作曲家对罗马和那不勒斯的印象。一封从罗马发往门德尔松父母的信中,他承认,罗马是一座固守在过去的城市,但它因真实地忠于传统而"非凡、美丽和伟大"。相反,他厌恶那不勒斯。那不勒斯更具活力、多元、世界性,然而,正因此,他不能接受其"多元"。③ m.2 后半部分,门德尔松通过一个活跃的低音进行引用了"游行话题"。因而,他可能试图强调"意大利旅途中两个地理坐标轴的不同氛围"。④

---

① Herbert Killian, *Gustav Mahler in den Erinnerungen von Natalie Bauer-Lechner*, ed. Knud Martner, rev. edn. (Hamburg: Karl Dieter Wagner, 1984), 174.

② 标题"意大利"很受欢迎,它确实是门德尔松构思作品的基础。作曲家去世后出版的作品没有副标题,但 1830 年 11 月,门德尔松曾写道,他时常有一个交响曲的想法,叫"迷人的意大利";1831 年春天,当作品处于成形期,他频繁在通信中提到他的"意大利"交响曲。

③ 1831 年 6 月 6 日的信,参见 Felix Mendelssohn, *Briefe einer Reise durch Deutschland, Italian und die Schweiz*, ed. Peter Sutermeister (Zurich: Max Niehans Verlag, 1958), 160。

④ John Michael Cooper, *Mendelssohn's "Italian" Symphony* (Oxford University Press, 2003), 174.

谱例 7.6　门德尔松，《"意大利"交响曲》，op. 90，Ⅲ，mm. 55—75

坐标轴在一些重要时刻相互交织，最突出处发生在 m. 57（谱例 7.6），调式主题挣脱调性主题的控制，再次肯定了 a 小调，而不是调性主题的 e 小调。不过，这一强有力的进行非常短暂。它未能引出调性主题的充分陈述，仅仅形成相应的乐句。m. 67，双簧管、大管和中提琴努力复现完整的调式主题（低音线条转移到小提琴），但没有持续下去。m. 74，主题的下一次充分呈现来临，那是 D 大调上的调性主题。这一长大段落后(到 m. 86),调式主题最终在主调上出现(m. 96),但再次不完整。它逐渐消退为一个叙述音调 A-$^b$B-A,来自主题伊始之初(mm. 1—2),节奏被增值。①

庆典和庄严占据舒曼《第三交响曲》(op. 97)游行乐章的中心。整体上,它与莱茵河及城镇的"本土色彩"相联系。这一联系赋予了第四乐章以标题生命,舒曼的朋友、同事和第一位传记作家瓦西莱夫斯基(Wilhelm Joseph von Wasielewski)宣称,它直接指向科隆主教晋升为红衣主教。舒曼谈及此事——作曲家从未目睹此事——最相关的文献出现在 1851 年 2 月 6 日。这天,交响曲首演,舒曼在节目单上将乐章称为"一次庄严庆典的性格伴奏"。不过,当年 10 月,舒曼出版总谱时,描述缩减为"庄严的"。

早先的标题被撤销,但"仿古"旋律——明确体现在圆号和长号的合奏中——布满乐章所有的三个部分,舒曼将"游行性格"主要保留在它的巧妙安排中。如表格 7.3 所示,主旋律从未建立一个确定的节奏轮廓:m. 1,它的第一次陈述老套地避免了强拍;m. 24 的对位似乎在 m. 26 找到一个节拍立足点,但为了开始中段,一小节后,它突然碎裂;m. 44,主旋律确实在节奏增值中回来了,但节拍一同转变为 4/2,意味着毫无实质变化。同时,节拍转向 3/2、4/2 妨碍了将乐章划分为 ABA'三部分与尾声的结构唯一性。相反,乐章给人走向一个具体事件的印象——即便只是抽象层面上,它来自 m. 52。在这个节骨点上,丰富、融洽的主调音乐取代了稠密、独立的对位线条;下属-主-属的和声关系突然转向下中音和声;四度音程——纯音程与变化音程——和小二度走向了三度与六度。

---

① 1833 年晚冬,门德尔松完成交响曲。一年后,修订第二、第三、第四乐章。然而,修订没有进入最初版本。也就是说,"1833 版"就是最终版本,也是绝大多数评论所用版本。"1834 版"交响曲的现代编订,参见 Felix Mendelssohn Bartholdy, *Sinfonie A-Dur* ("*Italienische*"), *MWVN* 16, *Fassung* 1834, ed. Thomas Schmidt-Beste (Wiesbaden: Breitkopf & Härtel, 2011)。

表格7.3　舒曼《第三交响曲》第四乐章主要旋律的节拍增值，mm. 1—7、24—27、44—50

《夜间游行》完成于1861年，是李斯特最被低估的管弦乐作品之一，真切的宗教体验是它的主题。作品实际是一部交响诗，文学源头来自莱瑙1836年的诗歌《浮士德》。歌德的故事通过奋斗获得拯救，结局是乐观的（参见第六章）。与此不同，莱瑙的浮士德是一位虚无主义者，他与梅菲斯特游历四方，最终自杀。总谱序言中，李斯特复制了莱瑙第十一同名诗章的整个72行。这里，浮士德偶遇一群圣约翰节前夕虔诚参加游行的人。黑夜沉沉，但森林的活泼生机仍在意料之中。不过，受伤的浮士德只能从欢庆气氛中隐退。

如表格7.4所示，李斯特优先选择莱瑙诗歌的精粹段落，将它们作为作品六大部分的题文（这确与他的交响诗《理想》有几分相似）。前四部分依次确立了对比尖锐的环境：第一部分，标记为悲伤地中速行板，约定俗成地，它是一片夜深人静的浪漫主义不祥森林。这里，徘徊不前的动机几乎没有逃脱半音音程的"食材"，和声与节拍发展殊为新异。第三部分，浮士德首次出现。比较而言，第二部分充满生机。自信的旋律线条和响亮、时常丰满的和声引出同样熟悉的夜莺之声（m. 43起），它将自然的描绘浪漫化，塑造了一个现代生活未曾涉足的理想之洲，从而营造出神秘效果。第四部分，一曲人为的歌调——或者，如李斯特在总谱中所描绘的效果，"就像一阵远处的钟声"——逐渐润透这片繁茂的森林。至此,两个截然相反的景色充分成形。第五部分的游行开始了,并在素歌旋律"我歌颂神秘的圣体"的呈现时达到高潮。起初,英国管领奏,长笛和大管回应。但是,随着更多队伍成员的出现,旋律传递、发展至整个乐队。到 m.296,总谱中仅有两处李斯特要求三倍强奏的第一处,它最为接近偷窥的浮士德。

表格 7.4　李斯特《夜间游行》的诗歌题文

| 段落 | 题　文* | 音　乐 |
| --- | --- | --- |
| 1 | 天空,乌云密布。等一等,听下方的森林,黑夜沉沉。(Ⅱ.1—3) | mm.1—27 |
| 2 | 但是,甜蜜的春风吹着。森林低语,温暖而甜蜜;天空,花团锦簇,翻滚涌动;你能听到所有的生命之源,蠢蠢欲动。哦,亲爱的夜莺,欢叫,歌唱!幸福的曲调穿透每一片树叶!(Ⅱ.3—8) | 28—111 |
| 3 | 浮士德骑马而来,穿过黑夜,沮丧而忧郁,丝毫没有注意神奇而动人的春之讯息。他信步由缰,沿着小道,走向森林边缘。(Ⅱ.13—17) | 112—151 |
| 4 | 森林里,什么光亮如此耀眼?树丛和天空被一缕紫光照亮。什么歌调唱得如此优雅、快乐?似乎可以抚慰人间所有悲痛。遥远、悲伤和忧郁的歌声飘荡着甜蜜情愫,穿过平静的天空。(Ⅱ.25—30) | 152—192 |
| 5 | 节庆的队伍来啦。(Ⅰ.40) | 193—334 |
| 6 | 浮士德再次在黑暗中孑然而立,他疯狂地紧紧抓住自己心爱的骏马,脸深埋鬃毛之中,灼热的泪水流出,从未如此苦涩。(Ⅱ.68—72) | 335—380 |

\* 译自 Mary Angela Hunt, "Franz Liszt: The Mephisto Waltzes" (DMA diss., University of Wisconsin-Madison, 1979), 21—22。

李斯特处理"队伍离去"(摘录在谱例 7.7)娴熟巧妙。近四十小节的过程中,管弦乐音区持续走低,超过了三个八度,速度放慢,力度减弱,乐器逐渐沉默,直到只有中提琴与大提琴还在吟唱素歌。柏辽兹的哈罗尔德对相似事件回应以冷漠。然而,浮士德诉诸于泪水。他十分清楚,自己将永远离开这已经远去的"精神修行"——m.356,它在另一个三倍强奏中爆发,李斯特指示乐队好似"嚎啕大哭"地演

谱例 7.7　李斯特,《夜间游行》,mm. 307—334

奏。在莱瑙《浮士德》早前一个称为"誓言"的重要场景中,一位僧侣给予浮士德机会,请求他放弃自己的道路,皈依教堂。不过,他接受梅菲斯特的诺言,以彰显"真理"。为了证明他的新归属,浮士德断然与上帝决裂。他将圣经付之大火,声称"信仰从未吸引我。

燃烧吧!它的神奇已不再,它的宽慰已逃逸,一切消散在灰烬的斑斑点点中"。①

李斯特挑选的素歌旋律——莱瑙没有在诗歌中指明歌曲名称,为浮士德的行为和思想后果提供了一个完美烘托。旋律在基督圣体节的游行时诵唱,13世纪的歌词讲述了基督在最后的晚餐时的变体。第四节诗以"容忍"结束,即当理智失效,唯有信仰能使真诚的心坚强起来。浮士德为真理放弃了信仰,他只能注目着队伍,痛苦益深。②

门德尔松、舒曼和李斯特的音乐游行展现了许多内在层面的并置,如调式对调性,或者,真实对虚假的庄重,但是,外部对比对于它们独特侧影的塑造也有重大助益。门德尔松《"意大利"交响曲》的末乐章明确标明为一首萨尔塔列洛舞曲,它为交响地图添加了一个新地名,引入了一个既不具体又非优雅的喧闹民间舞曲。A 大调交响曲以同名小调结束,为调式-调性问题提供了一种不同的解决途径。舒曼在第二和第五乐章有意识地抑制民间音乐的运用,但第四乐章的材料突然在末乐章出现(谱例7.8)似乎指出了欢庆方式的不同:一种发生在幽闭恐怖的人造教堂内,另一种则是大自然明朗蓝天下的狂欢。由于它们"通过情感对比合为整体",③李斯特坚持《夜间游行》要先于《乡村酒馆之舞》(通常称为《第一"梅菲斯特"圆舞曲》)演奏。确实,在梅菲斯特恶魔般小提琴的醉酒旋律的驱使下,圆舞曲展现出浮士德为了追求世俗欲望而抛弃生命。

---

① Nikolaus Lenau, *Faust. Ein Gedicht* (Stuttgart and Augsburg: J. G. Cotta'scher Verlag, 1858), 28.

② 1910 年,拉博(Henri Rabaud)的交响诗《夜间游行》也基于李斯特《夜间游行》的同一场景,但比较而言,前者试图同情浮士德而不是鄙夷他。因而,功能上,构成作品三大部分的第二部分——游行更应是浮士德的一种宽慰,而不是他可怕决定的提醒。

③ 1862 年 8 月 29 日写给布伦德尔的信,参见 Franz Liszt, *Briefe*, ed. La Mara, 8 vols. (Leipzig: Breitkopf & Härtel, 1893—1905), II: 25. 值得注意的是,李斯特置换了莱瑙诗歌两个情节的顺序。

谱例 7.8  舒曼,《第三交响曲》,op. 97, V, mm. 99—105

马勒《第一交响曲》的葬礼进行曲与一些传统相衔接,这不是说它没有重要的个性特点。确实,阿多诺对马勒模仿外部世界的结论也适用于他对传统的处理:"马勒音乐唤起自然和景色关联的地方,没有一处以纯粹形式呈现,而是从偏离的对照中给予暗示。"①他对先辈的一个彻底偏离与旋律选用有关。通过选择自成方圆的旋律,他能够建立阶梯式的进入,每一个乐器可以保持各自的特性,同时仍可融入更大的群组———一句话,一种梳理混乱的手段。如果说施温德(Moritz von Schwind)的绘画《动物如何为猎人送葬》(插图 7.1)激发了马勒进行曲的一些灵感,那就是葬礼队伍的参差不齐。与此类似,"马丁兄弟"旋律出现在 m. 3 的倍低音提琴、m. 9 的大管、m. 11 的大提琴、m. 15 的低音大号、m. 17 的 $^{\flat}$B 调单簧管,只在 m. 19 以齐整的两小节为基准进入,最后一次出现在圆号和竖琴的 m. 29 处。

没有参与这一周期的乐器是双簧管。然而,m. 19,由于轮廓、音域、甚至两条旋律的音高一致,其旋律明显源于这首儿歌。m. 113,双簧管旋律和 $^{\flat}$e 小调代替 d 小调的假再现构成了"马丁兄弟"的两大错觉。可以肯定,这些变化是马勒反讽和歪曲喜好的一部分。但是,在游行语境下,错觉也可归因于参与者分离的物理距离———考虑

① Adorno, *Mahler*, 15.

插图 7.1　莫里茨·冯·施德温,《动物如何为猎人送葬》(1850),选自奥托·魏格曼所编《施德温:1265 张插图中的大师作品》(斯图加特与莱比锡:德意志出版社,1906),296。

到施温德图画中没有音乐引导者,这一事件不难理解。如此音乐空间也有助于解释 m. 138 在 d 小调上的重要再现(谱例 7.9)。似乎,

谱例 7.9　马勒,《第一交响曲》,Ⅲ,mm. 135—145

不是每个动物都能够赶上队伍,因为一小节后,指挥者被告知,乐队要"突然加速",并保持长笛、双簧管和单簧管的"严格节奏"。m.145,乐章的开始速度最终复现,"马丁兄弟"的所有剩余旋律成为它的伴奏骨架,先在竖琴、倍低音提琴上,后为定音鼓。甚至,衍生的双簧管旋律已经碎裂。

马勒《第一交响曲》的"话题"因素和技术特征在余下的8部完整交响曲中都能找到,但它们已没有《第一交响曲》那样的标题丰富性。确实,马勒尝试了多种替代方式以传递意义和指导诠释。比如,第二、第三、第四、第八交响曲为各种人声组合配乐,其歌词来自天主教祷告文、歌德《浮士德》、《少年神奇的号角》和马勒自己,从而充分展现了歌曲的重要性。第五、第六、第七交响曲降低了歌曲的作用——《第五交响曲》著名的旋律小柔板除外,也没有补偿明显的音乐外指涉。按照柏辽兹的方式,马勒倾向于将个人体验和哲学深入投射到音乐,导致这些表面为非标题作品的交响曲产生了大量标题诠释(常基于作曲家自己的谈话和信件)。最后,作曲家死后仅13个月,由瓦尔特(Bruno Walter)执棒的《第九交响曲》在维也纳世界首演。因而,批评家将其诠释为马勒的音乐告别辞,应该说,这顺理成章。①

事实仍旧是,19世纪90年代中期以后,马勒从未返回到器乐标题交响曲。他与那些未能理解其意图的批评家艰苦论战,某种程度也解释了其放弃的缘由。但是,理解很可能实现,以致诗歌、文学、绘画和音乐的特定艺术结合注定命运悲惨。确实,马勒《第一交响曲》是这个世纪最后的重要标题交响曲之一。相反,形式更灵活、传统束缚更少的交响诗或音诗继续引人注目,这很大程度归因于19世纪余晖中施特劳斯所引来的第二波浪潮。

---

① 马勒《第十交响曲》没有完成,其草稿显示出标题音乐的复现,令人心生联想。第三乐章标题为"炼狱",末乐章大量涉及妻子——阿尔玛。

## 施特劳斯与"性格作品"的终结

1894年的《贡特拉姆》失败后,施特劳斯直至1901年才回到歌剧创作。世纪末,施特劳斯虽创作了几组歌曲,但他的主要焦点是音诗,其中4部大型作品是多年来的典范之作。这些新近的作品中,施特劳斯尽量避免与李斯特的交响诗发生结构联系,比如变体的奏鸣曲式和"升华"的尾声。实际上,通过回忆性结尾而不是变形的终曲,施特劳斯全然否定了后者。甚至,《蒂尔的恶作剧》结束于"没完没了的恶作剧的升华",以嘲讽这种观念(m.650起)。

与此类似,第一组音诗插段式的展开部继续成长,导致复杂和时常模糊的变奏曲式(《唐·吉诃德》)、回旋曲式(《蒂尔的恶作剧》)和通谱体结构(《查拉图斯特拉如是说》《英雄生涯》)。第二组音诗中,施特劳斯转向自私自利、离经叛道的英雄和滑稽、讽刺的反英雄,进一步将他新近的音诗与李斯特、瓦格纳所倾向的理想主题相区分。实际上,他们的音乐——进而扩展至整个德国交响传统——展现出现今存在于施特劳斯及其前辈大师之间的重大风格和哲学差异:因而,《蒂尔的恶作剧》的m.47将"特里斯坦和弦"移调;或者,《前奏曲》的节拍错觉出现在《查拉图斯特拉如是说》的中间(mm.529—583)。

所有作曲技术也未能幸免。比如,赋格在施特劳斯的音诗《查拉图斯特拉如是说》中第一次真正出现。它没有像门德尔松[①]和李斯

---

[①] 赋格在门德尔松的清唱剧中很常见,也是一些优秀器乐作品的重要特征。如作品三十五号第一首,写于1827年,他的朋友汉斯泰因(August Hanstein)即将去世之时。据R. Larry Todd(*Mendelssohn*:*A Life in Music*,Oxford University Press,2003,172—173)所言:"不断激动的对位代表了舒布林,'疾病进逼,逐渐摧毁患者'。洪亮的八度不断走高,赋格在'舒缓的众赞歌'达到高潮。它是E大调上一段自由而镇静的赞美诗,平滑连贯的运动抚平了崎岖的赋格轮廓。安静的尾声,就像一段虔诚的宗教终曲,作品寂然而终。"

特那样起到象征奋斗的作用，相反，赋格技术沦为"关于科学"的一小段（mm. 201—238），故作姿态的学究仅仅进一步巩固了赋格与当下的毫不相干。甚至，作品副标题"来自尼采的自由创作"表明了传统（依赖于尼采）和创新（某种程度上）之间的冲突，并贯穿于施特劳斯的第二组音诗之中。确实，施特劳斯音诗事业最具开拓性的特征在于"它对各种意义暗示的可能性敞开大门，但并不强求于客观事实"。①

这些作品也敲响了自18世纪最后15年以来标题音乐主要基石——"话题"和"性格"——作品的丧钟。尤其是《蒂尔的恶作剧》和《唐·吉诃德》，音乐描述叙事内容的能力几乎接近电影水平。其中，音响、轮廓和音色共同协作，创造的不是甜蜜的船歌或惯常的军队进行曲，而是堂·吉诃德（Don Quixote）在魔法小船中的航行（变奏八）或者蒂尔（Till Eulenspiegel）生动逼真的行为。标题上，两部作品都没有被命名为"音诗"，这也说明了世纪之交此类体裁的认同危机。

像小妖精（Puck）、彼得鲁什卡（Petrushka）、丑角（Harlequin）一样，自16世纪以来，无赖蒂尔就是北欧文学的一个主角。几乎可以肯定，在口头历史中，这一角色传播得更早。19世纪，他的"英勇事迹"流传有几个版本。在盖斯勒（Paul Geisler）的交响诗《蒂尔的恶作剧》中，他拥抱传统，将蒂尔——根据序言的诗歌题词——描述为一个"无忧无虑且聪明敏锐，巧言令色和大胆求爱，唱歌、斗殴、熏酒、好色"之人。盖斯勒的音乐追随新德意志乐派的技术和哲学。1877年，其第一部交响诗出版。奥夫特尔丁根（Heinrich von Ofterdingen）乃作品题材，这位中世纪著名歌手高度传奇的一生还为瓦格纳的主人公唐豪塞提供了重要素材。他最值得称道的标题作品是1880年关于捕鼠者哈梅林（Hamelin）的传奇和出版于一年后的《蒂尔的恶作剧》，后者题献给"大师李斯特"，以尝试复制其成功，并在北

---

① James Hepokoski, "Framing *Till Eulenspiegel*", *19th-Century Music* 30，1 (2006)：3—43, at 42.

德(一直居住至 1919 年逝世)以外扩大名声。

  盖斯勒的题词段落改自沃尔夫(Julius Wolff)《蒂尔恶作剧的重生：一首无赖之歌》中一段，原文为："无忧无虑且聪明敏锐，青春活力和大胆求爱，熏酒、好色、唱歌、魔法。"作品主要主题(谱例 7.10a)为对称的两个乐句，和声开始令人迷惑，它先指向 d 小调，而不是作品主调 C 大调，使其保留了一丝流浪意味。虽然如此，但盖斯勒用音乐将蒂尔转变为一个没有恶意、比德迈式的享乐主义者。第二主题(m. 18)首次以第一主题的伴奏出现，而后发展为蒂尔主题的重要变奏(谱例 7.10b)。通过这些主题，盖斯勒几乎建立了一个结构明了的新古典奏鸣曲式。同样，为了突出情绪，而不是行为，诗意题文似乎蕴含于相应的音乐之中：mm. 168—176，铜管爆发出老一套的冒失、好斗；mm. 57—73，小提琴独奏了一首轻快的抒情曲；mm. 109—114，第二主题的对位重组歪歪斜斜；mm. 131—145，这是一段田园式的西西里舞曲。所有这些主题及其各种重组的性格下都潜藏着一种戏谑因素，使作品轻松愉快，缺乏传统强加于交响曲及其衍生品的哲学份量。一句话，盖斯勒的蒂尔既不是新德意志乐派的神话英雄，也不是它的反面。

谱例 7.10a  盖斯勒，《蒂尔的恶作剧》，mm. 9—12

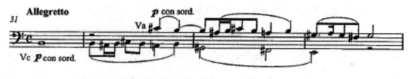

谱例 7.10b　盖斯勒,《蒂尔的恶作剧》,mm. 31—34

知识渊博的音乐批评家和传记作家沃格尔(Bernhard Vogel)也被作品所惑。盖斯勒《哈梅林的捕鼠者》成功之后,沃格尔对其期望变高。他质疑盖斯勒将《蒂尔的恶作剧》称为交响诗的决定,因为交响诗应该有"更强烈的对比,需要更逻辑的发展"。① 相反,沃格尔认为盖斯勒的作品是一系列变奏,没有相互联系的动机组织和变形过程,使音乐在大规模层面达到凝炼统一。最有意思的是,沃格尔含蓄地将蒂尔理解为一个独一无二的德国人物,进而,将交响诗和德国音乐等同起来。因而,盖斯勒使用"贝利尼式"的旋律和意大利表情记号冒犯了作品名义上的体裁和表面的题材:"为什么作曲家总是固执于此……这不清楚。甚至,我们善良的老蒂尔(只会谈论和理解他所挚爱的德国人)也将一脸茫然。"②

尽管盖斯勒的交响诗缺乏好评,但在民间材料的转化应用上,它的设计和接受凸显出作品几大重要考量:

1. 题材的人物描述或叙事常常未定型。以 19 世纪"蒂尔的恶作剧"来说,有沃尔夫的文学作品;西姆洛克(Karl Simrock)的编订卷——突出施罗德(Adolf Schrödter)的精美插图。在沃格尔的评论中,他温情地回忆起 18 世纪中叶的作家盖勒特(Christian Fürchtegott Gellert)的一首短诗,诗中,蒂尔更应是哲学家,而非无赖。

---

① Bernhard Vogel, "Werke für Orchester. Paul Geisler. 'Till Eulenspiegel'……", *Neue Zeitschrift für Musik* 78, 3 and 4 (15 and 22 January 1882): 27—28, 39—40, at 28.
② Vogel, "Werke für Orchester", 40.

2. 这种多元描述也为作曲家如盖斯勒和施特劳斯打开了大门。他们以李斯特①为榜样,混合和改编素材来源,甚至增补自己的叙事内容或人物特征。
3. 民间人物几乎总是构建于一系列多重创作、偶然所得的短文,而不是确定、周详、广博的文学作品,因而,相应的音乐作品倾向于插曲式结构。

盖斯勒小心翼翼地运用这些特征,创造了一个和善的主人公,而施特劳斯予以夸张重塑,塑造了一位完全脱离传统的主角。作品的整个标题如此呈现:《蒂尔的快乐恶作剧,根据老无赖的方式,以回旋歌的形式》。它与沃尔夫"蒂尔重生"的相似性异常清晰,但是,将恶作剧作为作品的哲学和风格指导原则,施特劳斯走得更远。

施特劳斯的第一个"恶作剧"是形成一种未能实现的结构预期。在这部作品中,它指回旋歌,14、15 世纪最复杂的固定结构。然而,施特劳斯的音乐与此结论并不契合,回旋曲式这个更当代但仍老旧的同音异体术语更为贴切。不过,它仍未能解释主题再现的重要段落,后者指向了一个可能的奏鸣曲式(下文讨论)。因而,《蒂尔的恶作剧》提供了这种结构的一些特征,又具有另一种结构的一些特征。那就是,海波科斯基所提出的"奏鸣-回旋曲式的变体"。②

作品结构模糊源于诡计多端的主人公,他的性格分裂为两个主题。第一个主题出现在 m.6 的圆号中,节拍混乱、戏谑的渴盼、杂耍一般;m.46,第二主题由单簧管奏出它最典型的形态。两个主题构成

---

① 卡尔·达尔豪斯写道:"哈姆雷特和浮士德的原型大部分出自莎士比亚和歌德的戏剧作品本身,与此同时,他们已经深入欧洲大众的意识之中。但是,李斯特没有为这些戏剧写音乐,而是创造了这些原型的音乐对等物",参见 Dahlhaus, "Wagner's Place in the History of Music," trans. Alfred Clayton, in *Wagner Handbook*, ed. Ulrich Müller and Peter Wapnewski, trans. and ed. John Deathridge (Cambridge, MA: Harvard University Press, 1992), 99—117, at 110—111.
② Hepokoski, "Framing *Till Eulenspiegel*," 28—37.

段落 mm. 1—111 的主要音乐材料,并可视为奏鸣曲式的呈示部。mm. 112—429,主题远离主调 F 大调,自由翱翔,从而支持了前一推论。m. 429,圆号主题准确再现,但急迫感明显:另一支圆号在 D 大调上拾起主题,第二主题在 m. 443 迅速跃入;仅仅一小节后,乐队其他成员就接过了这一主题。从此处开始,主调仅仅在 m. 500 得到短暂的强烈宣示。与 m. 46 相似的蒂尔第二主题直到 m. 582 才出现,凶恶的铜管、低音管乐与弦乐控制这个段落,似乎蒂尔正在挑战命运。

《蒂尔的恶作剧》是施特劳斯第一部没有包括具体的音乐外指涉的作品,作曲家可能将这种遗漏视为另一种恶作剧。很快,他改变主意,为作品提供了他所有音诗中最详细的标题文字。① m. 75 起,标题文字"推动"蒂尔,使他过早"制造新的恶作剧"。因而,将 mm. 1—111 视为奏鸣曲式呈示部不仅与"标题文字"不符,而且与广博的文学传统相悖。m. 582,蒂尔的第二主题爆发在受审之时。mm. 615—624,他迅速被执行死刑。然而,尾声重现了引子(mm. 1—5)和真真切切的蒂尔第二主题形态(mm. 651—652)。似乎蒂尔,或者说,他所象征的东西,不能被那些制服他的市侩之徒所消灭。施特劳斯制造了最后一曲恶作剧。

蒂尔调皮捣蛋,但在施特劳斯的构思中,他仍然真诚十足、始终如一。施特劳斯第二组音诗中的《堂·吉诃德》是另一个重要喜剧题材,它却不能如此看待。自 17 世纪早期以来,塞万提斯(Cervantes)的《堂·吉诃德》就是芭蕾和喜歌剧的一个创作基础。18 世纪 20 年代后半期,可能,泰勒曼(Georg Philipp Telemann)基于这个任性的英雄写下了第一部标题作品《滑稽的堂·吉诃德》序曲。在传统的两部分法国序曲和七个标题段落中,泰勒曼重现了堂·吉诃德最臭名远扬的行为,包括攻击风车、向达尔西内纳(Dulcinea)的可怜求爱,它也为丑角桑丘(Sancho Panza)、堂·吉诃德信赖的老马和桑丘的

---

① 文字说明对于音乐事件非常关键,参见 Hepokoski,"Framing *Till Eulenspiegel*",13 和 23。

骡马留下大量发挥空间——所有一切通过扭曲属性和滥用"话题"来嘲讽常规。①

泰勒曼主要抓住塞万提斯传说的讽刺因素,回避了他更阴暗但同样突出的主题,即堂·吉诃德精神受损,沉溺于自己错误的幻想之中。19世纪伊始,当年轻的德国作家们越来越注意到堂·吉诃德精神错乱的戏剧内涵时,这一情况得以改善。其中的引领者是蒂克。1799年,他开始了《堂·吉诃德》的著名译本,并模仿西班牙前辈写下许多自己的喜剧。通过披上堂·吉诃德的外衣,蒂克试图"奚落戏剧体系的陈腐和普通观众的庸俗趣味,扼杀期待并打破舞台幻想"。② 确实,《堂·吉诃德》成为那些挣脱启蒙文学陈旧教条者的典范之作。蒂克的同僚施莱格尔(Freidrich Schlegel)从未低估小说的辛辣讽刺,但同时,他敬畏作品完美的特性平衡:"滑稽与严肃,诙谐与诗意。"③换言之,一个真正浪漫天才的产物。

浪漫主义作曲家也为塞万提斯的著作所着迷。1870年,鲁宾斯坦关于《堂·吉诃德》的"音乐性格画"是一篇慎重的音乐幽默短文。管弦乐总谱序言长达一页,将堂·吉诃德介绍为一位梦想家,在"骑士传奇"的影响下,开始三大冒险:(1)驱散一群绵羊(Ⅰ,18);(2)遇到三个农妇,并选择达尔西内纳为真正情人(Ⅱ,10);(3)偶遇一群强盗,遭到殴打(Ⅱ,60—61)。如今,堂·吉诃德在绝望中认识到他的愚蠢,并死去。④

鲁宾斯坦的《堂·吉诃德》副标题为"幽默曲",但其内容却接近悲喜剧。作为一部性格练习曲,堂·吉诃德的主题特征与鲁宾斯坦

---

① 关于泰勒曼戏仿式音乐,包括《滑稽的堂·吉诃德》的讽刺的一个简洁论述,参见 Steven Zohn, *Music for a Mixed Taste: Style, Genre, and Meaning in Telemann's Instrumental Works* (Oxford University Press, 2008), 99—117。
② Gabrielle Bersier, "A Metamorphic Mode of Reflexivity: Parody in Early German Romanticism," in *Parody: Dimensions and Perspectives*, ed. Beate Müller (Amsterdam: Rodopi, 1997), 27—46, at 35.
③ Friedrich Schlegel, *Geschichte der alten und neuen Litteratur*, in *Sämmtliche Werke* (Vienna: Jakob Mayer, 1822), Ⅰ: 106.
④ 标题文字的英译文,参见 Anton Rubinstein, *Autobiography*, trans. Aline Delano (Boston: Little, Brown, and Company, 1890), 154—155。

沉思的浮士德(参见第六章)相同点非常多,从而使堂·吉诃德的挫折和死亡令人悲悯。(比如,作品从C大调开始,以c小调结束,显得非常有效。)不过,鲁宾斯坦处理堂·吉诃德的遭遇时,常常技术原创、效果幽默、标题倾向明显。

一个突出的例子来自堂·吉诃德试图找到一位合适的少女,以将其伟大功绩献给她。m. 149,一段热情的旋律出现在大管上。m. 181,一段洋洋自得的舞曲在一个延长的 $^\sharp$F 减七和弦上开始流动。m. 197(谱例7.11),舞曲旋律以低音弦乐伴奏,在长笛、双簧管和大管上继续。与此同时,热情旋律再次出现在第一小提琴,但是它没有改变以适应舞曲的三拍子,而是坚守原初的二拍子律动。因而,鲁宾斯坦不仅创造了两个分离的性格群体——三个女人与堂·吉诃德,伴奏各异,类似莫扎特《唐璜》第一幕终曲的方式——而且强调了他们最终的不相融。确实,m. 213,场景转变,嘹亮铜管和堂·吉诃德的"旅行"音乐出现,伴随他下一段迷途探寻。

谱例7.11 鲁宾斯坦,《堂·吉诃德》,mm. 197—204

鲁宾斯坦"幽默曲"的呈现模式不是以动机、旋律或和声为主要结构因素,取而代之,它以一个三部性结构(ABA')铺陈。外部段落集中于堂·吉诃德的情感反应,中间段落以具有强烈性格成分的叙述事件连贯而成,如舞蹈、笑声或恶魔——来自塞万提斯的小说。这个非传统结构使旋律的多变成为必然,也导致了支持者(如柴可夫斯基)抱怨作品的插曲感。甚至,鲁宾斯坦的尝试难以使一位当时的评论者信服,他认为,"标题音乐使人濒临精神错乱的边缘"。尽管鲁宾斯坦成功导引了堂·吉诃德的疯狂,但评论者责难中间段落,那里,作曲家的"尝试超越了音乐可以表达的领域"。可以肯定,这是数十年来标题音乐遭人反对的观点之一。但是,这一例子中,讽刺性的主题使鲁宾斯坦的失败结局似乎可以预知:

> 我们不得不说,作品失败了——确实,这是一次最有趣的失败,因为它是一个真正天才的作品。没有人能更成功了,为了寻求新颖,他经历了我们几乎可以称为堂·吉诃德式的冒险和不可能的尝试。鲁宾斯坦不是贝多芬,但是,即便贝多芬尝试这样的一个主题,从真正本质上,他也必将失败。①

根据更早的音乐美学原则,显而易见,鲁宾斯坦尝试表达"无可表达"过头了。很大程度上,施特劳斯回避了表达,而是集中于近乎留声机式的准确描述。随着一系列内在联系紧密的"幻想变奏",施特劳斯遵从了塞万提斯小说(尤其是第一部分)的插曲式结构和主人公的习性。甚至,他的《堂·吉诃德》返回到塞万提斯力图捕捉的文艺复兴的有序和现代混乱之间的裂痕:

> 世界如梦如幻。所有怪异,常常更加多姿多彩、惊心动魄;随之,它被更加高贵的行为准则所启示。世界不再是普通百姓、"现实主义"、当下俗务、个人利益、随意嘲笑和琐碎戏谑,而是出于美感与兴奋,并摒弃实用主义的行为。②

---

① Anonymous, "*Don Quixote*. Musikalisches Characterbild..." *The Monthly Musical Record* 2 (1 March 1872): 40.
② Pier Maria Pasinetti, Introduction to *Don Quixote*, in *The Norton Anthology of World Masterpieces*, gen. ed. Maynard Mack, 5th edn. (New York and London: W. W. Norton, 1987), 1180.

据自我限定和自我陶醉的措辞，施特劳斯的《堂·吉诃德》美丽动人、激动人心。通过一条假意加速的六小节下行旋律线在弦乐上几次摇摇晃晃地进入，鲁宾斯坦描述了堂·吉诃德冲向羊群、驱散羊群的场景。这一描述行为应该可以理解为，它离开了堂·吉诃德的情感状态，和声突然转向$^b$A大调强调了这一点。早前，所有的迹象指向C大调，但是，羊群散开后，堂·吉诃德的主题回到c小调——这清楚表明，他受到短暂遭遇的影响。

然而，施特劳斯将堂·吉诃德的心理剧变交给引子与结束。前者，他专心致志于阅读骑士小说（mm. 1—122）；后者（mm. 688—750），他幡然醒悟，在沉思中度过余日，并死去（mm. 740—745）。因而，施特劳斯重新创作了驱散羊群场景时，堂·吉诃德融入到环境之中。第二变奏（mm. 211—245）标有"好斗的"，开始于三个大提琴独奏，它在D大调上呼吁管弦乐队拿起武器。羊群进入视野，调性转向$^\#$f小调。m. 230（谱例7.12），攻击开始。乐队再次在D大调上英勇宣示，尽管铜管和木管响起紧张的不协和咩咩声，但小提琴的音乐继续保持。谢天谢地，攻击很快结束。这一次，管弦乐队由大提琴和第一小提琴引导，它将变奏的引入部分略加改变，欢庆胜利。

为创造这个生动的著名场景，施特劳斯没有运用传统的性格材料，也没有在大部分变奏（尤其是变奏七至十）中依赖于"话题"或性格先例。变奏七和八展现了施特劳斯精湛技艺的描述广度，前者探索天堂（包括风车），后者探索威尼斯运河。变奏九的结构类似驱散羊群的场景，并像《查拉图斯特拉如是说》一样运用了意图明显的赋格技巧。确实，对于第二组早期音诗中的传统因素，施特劳斯的态度"相互矛盾"。由此，他给听众大量典型的"误读"：变奏三的前半部分突出了堂·吉诃德和桑丘的一系列对话，它按照贝多芬的主题分裂方式发展而成；第五变奏是李斯特器乐宣叙风格的一个过度延伸；下一变奏，当桑丘艰难地明白过来，音乐在五拍子（2＋3）中踉跄前行——极不适宜于一个乡村舞曲音调的拍子；mm. 654—658，当堂·吉诃德被白月骑士打败，随后被迫返家时（第二部分，六十四章),最后一个变奏引用了一个牧歌主题,令人想起罗西尼的《威廉·退尔》序曲,而向音乐的田园传统表达了虚假敬意。

《堂·吉诃德》的叙事结构和描述形式与施特劳斯本世纪最后一部音诗《英雄生涯》完美嵌合。为了说明标题,施特劳斯在总谱中公开了一个我们熟悉的叙事和描述结构:

谱例 7.12 施特劳斯,《堂·吉诃德》,mm. 230—233

270　标题音乐

谱例7.12 （续）

1. 英雄(mm. 1—117)
2. 英雄的对手(mm. 118—191)
3. 英雄的伴侣(mm. 191—369)
4. 英雄的战场(mm. 368—710)
5. 英雄的和平事迹(mm. 711—812)
6. 英雄的隐世和自我实现(mm. 812—926)

对于施特劳斯这个"困扰"于19世纪传统和20世纪创新之间的无与伦比的音诗作曲家,《英雄生涯》是一部意义非凡的"天鹅之歌"。

首先,标题音乐是作为精神情状的描绘,还是叙事情节的重现,它们之间的张力仍在持续。前三部分倾向于前者,第四、第五部分显现了后者,最后一部分就像《堂·吉诃德》的引子和结束,二者兼而有之。同时,它的真正结构也导致了曲式判断的分歧:《英雄生涯》是一部通谱体作品?抑或呈示、冲突和解决的三部性特征暗示了剧烈变化的奏鸣曲式或者一个潜在的多乐章结构?

作品恰当地批评了肆无忌惮的自我主义,但不可否认,自传因素贯穿《英雄生涯》。施特劳斯的新妻子、歌手波林·安娜(Pauline de Ahna)激发了第三部分妖娆、尖厉的小提琴独奏的创作,施特劳斯早前的音乐片段——主要取自其他6部音诗和《贡特拉姆》——滋养第五部分。然而,这种主题"矿藏"不是新鲜之物。实际上,它可追溯到施特劳斯指挥剧目中一些最早的标题作品,尤其是柏辽兹的《幻想交响曲》。最后,虽然英语节目单中,它总是以《英雄生涯》出现,但更准确的译文是《英雄般的生涯》。这个形容词不仅令我们回想起贝多芬、李斯特、鲁宾斯坦(op. 110, 1884)和麦克道维尔的一些英雄性作品,而且在更普遍意义上,追忆起浪漫主义音乐最可贵的哲学叙事和分析隐喻之一——从抗争到胜利。

施特劳斯第一、第二周期的音诗,包括他的《家庭交响曲》(1903)、《阿尔卑斯交响曲》(1915),影响广泛。19世纪后十年和第一次世界大战之间,大量德奥音乐家对这一体裁的涉入便是明证。就像第一章所讨论的,巴托克《柯树特》模仿自《英雄生涯》。勋伯格将《堂·吉诃德》的管弦乐效果扩展至他的交响诗《佩利阿斯和梅丽桑德》(1905),4年后,《五首管弦乐曲》正式形成了承自施特劳斯的"音色旋律"技术。甚至,1913年,"直接对手"——雷格想把路易斯已经过时的书与《来自勃克林的四首音诗》(*Four Tone Poems after Arnold Böcklin* op. 128)联系在一起,它鬼魅的第三乐章"死亡岛"来自同名画作——实际是五幅分开的画。画作同样激起了舒尔茨-比托姆(Heinrich Schulz-Beuthen)、胡贝尔(Hans Huber)和拉赫玛尼诺夫等作曲家创作交响作品的灵感。

然而，施特劳斯在新世纪转向歌剧后，没有作曲家可以取代他成为新德意志乐派标题传统的火炬手。许多来自德奥最重要的音诗要么昙花一现、风格怪异，要么成为更有希望的音乐发展路途中的驿站。取而代之的是，标题音乐的集中产出从欧洲传统文化中心转向外围。那里，西贝柳斯、卡尔沃维奇（Mieczyslaw Karlowicz）、苏克（Josef Suk）和其他人审问这一体裁，迎来标题音乐创作的最后一次爆发。

# 第八章　民族音乐的标题化

## 门德尔松的复合"苏格兰"与李斯特的德式"匈牙利"

1829年8月7日,从苏格兰内部的赫布里群岛一个托伯莫里小镇,门德尔松向家里发出一封信,信中包括将成为《赫布里群岛》序曲的前二十一小节。第二天,他和旅伴克林格曼(Karl Klingemann)找到了芬加尔风洞。这是一个风景如画的地方,因18世纪60年代麦克弗森(James Macpherson)译自古代苏格兰-盖尔游吟诗人奥西恩(Ossian)的"译本"而闻名于世。游览赫布里群岛后,作品创作与修订使门德尔松忙碌了逾5年之久。对于这部他最受景仰的管弦乐作品之一,门德尔松从未给予一个确定的标题:1830年12月11日,作品称为《孤岛序曲》;5天后,变为《赫布里群岛》;1832年5月14日,伦敦爱乐首演时,名为《芬加尔的岛屿》,这也是16个月后伦敦出版双钢琴缩谱时他所认定的标题。然而,在欧洲大陆,同一版本以《芬加尔风洞》问世。1834年6月,管弦乐部分以《赫布里群岛》出现;而1835年4月,总谱公布以《芬加尔风洞》。不过,在门德尔松核准的种种标题中,不变的是,主题远在欧洲潜在听众之外的异域。确实,18世纪晚期和19世纪,几乎无人能如此强烈地吸引读者(与听众):在西方世界的遥远之端(赫布里群岛),在神秘莫测、荒废已久之地(芬加尔风洞),一个早已离世、近乎神话的诗人(奥西恩)将他父亲(芬加尔)的英勇事迹载入史册。

麦克弗森的奥西恩译文出版不久,相应的视觉艺术就出现了。18世纪60、70年代,它率先来自苏格兰、爱尔兰和英国艺术家;约20年后,蔓延至德国和斯堪的纳维亚;最后,来自拿破仑时代的法国。因而,19世纪20年代,当门德尔松开始草拟序曲《赫布里群岛》时,阿比尔高(Nicolai Abildgaard,弗里德里希[Caspar David Friedrich]的老师)、吉尔丁(Thomas Girtin)、热拉尔(François Gérard)、吉罗代(Anne-Louis Girodet)和安格尔(Jean-Auguste-Dominique Ingres)等关于奥西恩的绘画已经盛行于世。考虑到丰富的视觉文化,长久以来,门德尔松的序曲不是作为奥西恩或赫布里群岛的一个音乐再造,而是一个融体裁、历史和风景描绘的混合体,为听众提供各种工具,以创造具有个人意义的奥西恩叙事或系列诗意画面,就不足为奇了。但是,门德尔松可能更进一步:如果说第一主题(m.1起)b小调主三和弦宏伟、有序上升有助于建立昔日奥西恩世界的方方面面,那么,据格雷,D大调的第二主题(m.47)则"记录了观景行为(尽管是一个高度风格化的行为),观赏者不仅凝视眼前景色——风与浪、光与影等万端变化,而且笼罩于一段神秘幻想的历史阴影之下"。① 换句话,门德尔松的序曲《赫布里群岛》没有创造一幅新图景,而是证实和强化了逾两代人沉淀下来的关于奥西恩及其历史-诗意环境的构想。

从门德尔松的德国角度,《赫布里群岛》序曲还可在具体语境中

---

① Thomas S. Grey, "*Fingal's* Cave and Ossian's Dream: Music, Image, and Phantasmagoric Audition," in *The Arts Entwined: Music and Painting in the Nineteenth Century*, ed. Marsha L. Morton and Peter L. Schmunk (New York and London: Garland, 2000), 63—99, at 80.

称为苏格兰音乐,一种想象的异国真实。一方面,序曲开篇的和声进行——b小三和弦、D大三和弦、#f小三和弦——决定了作品的调性结构,一种已被门德尔松的交响前辈们娴熟运用的方式;另一方面,和声进行也象征着异国或神话诗意。正如吉尔巴特(Matthew Gelbart)所指出,门德尔松"在他的苏格兰音乐中始终如一地有序运用这三个结构点,它暗示了一种将苏格兰本土因素转变为德国调性方式的显在抽象——这是门德尔松教育的一部分,并认为,这应该放之四海而皆准"。① 如果门德尔松如此认为的话,那么,除了《赫布里群岛》之外,《第三交响曲》(op. 56,1829—1843)和钢琴《幻想曲》(op. 28,1833)都是苏格兰式的。

民族风格的真正建立取决于外部认定而非内部接受,这意味着,尽管他们对本土音乐的熟知程度无人能比,但颇具讽刺的是,苏格兰、俄罗斯或其他种群的作曲家要想享有欧洲人的成功,他们为一个几乎不可能达到的标准所制约。就像塔鲁斯金(Richard Taruskin)所述,在法-德圈子以外大受欢迎的那些作曲家

> 进退维谷。这个群体身份立刻成为他们具有国际吸引力的工具(因为"质朴"),并且,面对无需标明的"世界主义",它是次级地位的保证。没有异国外衣的作曲家甚至无法达到第二等级,但是,有了它,他们也不能获得更多。然而,现状已是如此,一位作曲家被称为"民族主义者",显然,这是将他从批评和学术经典中排除的一种方式。②

进退维谷如何呈现? 一个复杂的例子是《匈牙利》——李斯特出版的第九部交响诗。这首作品的根源可以远溯至1840年,李斯特回

---

① Matthew Gelbart, *The Invention of "Folk Music" and "Art Music": Emerging Categories from Ossian to Wagner* (Cambridge University Press, 2007), 250.

② Richard Taruskin, "P. I. Tchaikovsky and the Ghetto", in *Defining Russia Musically* (Princeton University Press, 1997), 48.

到离开近 20 年的匈牙利,受到英雄般的欢迎。到访之际,诗人弗勒什马尔蒂(Mihály Vörösamrty)觉得,这是一个民族团结的难得机会,于是写下了"致李斯特"。这首十四行诗请求技艺精湛的钢琴家和志向远大的作曲家为他的祖国创作音乐,音乐里,"宏伟宫殿和粗陋村舍中的居民为勇气和快乐而团结一致"(Ⅱ.23—24)。① 根据诗人,在数个世纪的耐心等待和不幸挫折中,匈牙利正在等待一位领导者,他的艺术真正扎根民族,并与西欧舞台上的作品相媲美。因而,他说道:"现在……艺术在明亮的厅堂游荡,充满灵感的想象赋予了一个新时代;众多思想升腾,民族巨人的双手在行动"(Ⅱ.33—36)。19 世纪 40 年代中期,李斯特收集和改编了许多民间曲调。1846 年,正值这位音乐会钢琴家的声誉顶峰,他给情人的信中写道:有了这些材料,

> 就可以相当好地重新创作那片奇异土地的音乐史诗;有了它们,我成为狂想曲作曲家。6 卷新集子……我刚刚以总称《匈牙利旋律》出版于维也纳……几乎构成了一整套幻想的、半奥西恩(因为歌曲含有已消失的英雄的民族感)和半波希米亚的史诗。②

李斯特明确提到奥西恩,并将爱尔兰游吟诗人和老旧的吉普赛流浪者相提并论,这揭示了一个普遍存在的德国中心论观点,类似门德尔松的作品。同时,李斯特将自己视为现代的匈牙利奥西恩,他"充满灵感的想象赋予了一个新时代"。因而,风格上,李斯特的交响诗《匈牙利》最为兼收并蓄;形式上,也最为模棱两可。其中的两个主

---

① 诗歌原英文引自 Patrick Rucker, "Vörösmarty's Ode to Liszt", *Journal of the American Liszt Society* 20 (December 1986): 42—49。
② 1846 年 10 月 18 日,写给玛丽·达古的信(略有修改),参见 *Correspondence of Franz Liszt and the Comtesse Marie d'Agoult*, ed. And trans. Michael Short (Hillsdale, NY: Pendragon Press, 2013), 395。

题(谱例 8.1 主题一与四)基于李斯特的《匈牙利风格的英雄进行曲》,一首钢琴家衣锦还乡时的钢琴独奏作品。在恰当情景中,主题轮廓听起来,要么没有明确民族倾向(进行曲节奏、周期性分句和自然音阶的和声与旋律),要么匈牙利特征鲜明(持续的附点进行曲节奏或者强调弱拍的三音旋律)。

当李斯特将《英雄进行曲》扩展为《匈牙利》,其扩展与深化明确选用后者的典型特征。几乎所有增加的主题都传达出了匈牙利-吉普赛元素,比如,主题二,旋律凸显的扬抑抑扬格特征反映了匈牙利语言的重音模式;或者主题三,即兴性炫耀以充满情感的增二度为锚。这些添加也将《英雄进行曲》的两个主题标题化。m. 428,当英雄主题四作为一个葬礼进行曲出现时,我们不难听到弗勒什马尔蒂

谱例 8.1　李斯特,《匈牙利》,主要主题

谱例 8.1 （续）

的请求："如果你的歌曲勾起苦难回忆,那么,掩盖其力量：它应该以长笛的声息歌唱,一种苦涩的声音,如秋风卷落叶,轻轻诉说那痛苦和失败"（Ⅱ.49—54）。同样,m.604（主题六）,李斯特引入里茨纳（Jozsef Rizner）广为流传的歌曲《托尔瑙的新娘之舞》作为《匈牙利》的精神升华,这似乎贴合弗勒什马尔蒂的建议："如果你要激发爱国主义,那就拥抱现今,它可在虔诚的回忆中滋养过去,并预示未来"（Ⅱ.61—63）。

灾难重重的 1848 年革命,许多匈牙利政治和文化精英或被处死,或被放逐,国家前途未卜。但是,当李斯特创作《匈牙利》明确回应弗勒什马尔蒂的诗歌时,①他淡化了作品潜在的政治信息。因而,他没有为交响诗提供文字说明或写下描述性文字,并很少上演。甚至,他决定给作品一个拉丁文标题而不是德语或匈牙利标题,将注意力集中于国家文化历史和神话-诗意想象,而不是富有争议的政治现实。恰如"大不列颠"既是这片土地的历史名讳,又是一个虚构的女性神话人物。最为重要的是,德国和匈牙利音乐素材的合作对二者传统的"友好关系"传达出敬意,并予以理想化。

《匈牙利狂想曲》《匈牙利》之类的作品和其他为钢琴或管弦乐所作的优秀标题作品使李斯特深受 19 世纪下半叶的一代作曲家喜爱,他们期待以土生土长的素材为基础,形成音乐的民族风格,包括美国的麦克道维尔、波希米亚的斯美塔那、芬兰的西贝柳斯、挪威的格里格和新俄罗斯乐派。这些潜在的"史诗吟诵者"为交响诗深深吸引,原因有二:与交响曲不同,交响诗没有西欧标题音乐的"批评或学术经典"——换言之,进退维谷没那么尖锐;同时,李斯特标题音乐的理论基础使交响诗成为一个极其灵活的媒介,可以将各种本土音乐、当地叙事和其他素材综合为一个自足结构,并通过层叠的标题联系,投射文化意义,甚至政治行为,从而创造一种身份认同感。下文的论述方式就是,19 世纪后三分之一,一个地区、"流派"和单个作曲家在音乐中如何诗意化本土文化素材。

## 波希米亚

1858 年,斯美塔那写给李斯特的一封信中,他骄傲地自称为"我们艺术方向最狂热的信徒之一,我的言行将支持和践行它的神

---

① 1862 年 11 月 10 日,在写给米哈伊·莫绍尼的一封信中,李斯特透露说:"我相信,交响诗《匈牙利》已经给了弗勒什马尔蒂回答",参见 Franz Liszt, *Briefe aus ungarischen Sammlungen*, 1835—1886, ed. Margit Prahács (Kassel: Bärenreiter, 1966), 113。

圣真理"。① 多年来，斯美塔那直接模仿李斯特新近出版的作品创作了三部交响诗：《理查三世》（莎士比亚）模仿李斯特的《塔索》、《华伦斯坦阵营》（席勒）模仿《玛捷帕》、《领主哈孔》（厄伦施拉格尔，Adam Oehlenschläger）模仿《匈奴之战》，②以示忠诚。此时，斯美塔那已自我流放，旅居瑞典，并没有直面波希米亚音乐。不过，这些"瑞典"交响诗的某些因素指出，斯美塔那是一位潜在的音乐民族主义者。比如，席勒的《华伦斯坦三部曲》完成于1799年，故事发生在"三十年战争"期间的波希米亚，本地人斯美塔那尝试以一个捷克风笛动机(m. 187)和一段更为张扬、过时的波尔卡(m. 354)来表现它。更为重要的是，尽管华伦斯坦被暗杀，但在斯美塔那的音乐版本中，他被神圣升华。这既是个人取向，也具有明显的政治因素；华伦斯坦不仅是一位波希米亚人，来自斯美塔那成长的相同群体；而且，他英勇反抗哈布斯堡皇帝斐迪南二世，19世纪60年代，作为一个爱国榜样为后人所赞颂。

正如斯美塔那交响曲所描述的那样，波希米亚民族主义者也为领主哈孔(Håkon Jarl)反动统治的倾覆而欢欣鼓舞。1864年2月24日，作品在布拉格首演，斯美塔那写下了一段节目说明：

> 长久以来，被奴役的（挪威）人们渴望自由。统治者的残暴彻头彻尾，他的"异教陷阱"环绕着神的光芒，但已失去根基。为了解放被压迫的苦难大众，爱尔兰的国王奥拉夫(Olaf)来了。在基督教十字架的引导下，神父唱着赞美诗，奥拉夫踏入故国。居民欢呼，向解放者致意。异教最后的庇护者——领主哈孔为了获胜，向神献祭自己仅有的儿子，但仍在战斗中倒下。挪威，基督教的十字架凯旋而来。③

---

① 1858年10月24日的信件，参见František Bartoš, ed., *Smetana in Briefen und Erinnerungen*, trans. Alfred Schebek (Prague: Artia, 1954), 60。

② Kenneth Delong, "Hearing His Master's Voice: Smetana's 'Swedish' Symphonic Poems and the Lisztian Models," in *Liszt and His World*, ed. Michael Saffle (Stuyvesant, NY: Pendragon Press, 1998), 295—334。

③ 引自（略有修改）DeLong, "Hearing His Master's Voice", 324。

创作这三部交响诗之后,斯美塔那以《勃兰登堡人在波希米亚》《达利博尔》《李布舍》《被出卖的新嫁娘》振兴捷克歌剧。除了最后一部,其余歌剧皆取材于捷克历史或神话。这一兴趣也被传递至他最经久不衰的器乐作品《我的祖国》中。

六乐章《我的祖国》是"捷克民族复兴"的典范之作,尤其是当我们考虑到斯美塔那异常详尽的文字描述时(文字栏8.1)。"捷克民族复兴"是一个捷克知识分子试图恢复"捷克性"的时代。自16、17世纪政治动乱以来,由于顽强的捷克新教贵族被一个更小的忠于哈布斯堡的德国天主教群体所取代,它就被外用、压制或遗忘。[①] 19世纪早期,捷克复兴者迈出第一步,恢复本土语言。数个世纪以来,它仅仅幸存于乡间农民的口头。19世纪20年代,语言学家和作家格曼(Josef Jungmann)编写了捷克语言的历史、字典,并翻译了意义重大的德国、法国和英国戏剧——出版目的在于为有读写能力、说德语为主的本土民众介绍捷克。斯拉夫民间歌曲的收集紧随其后。同时,1836年,帕拉茨基(František Palacký)发行了关于捷克民族历史的著作(共 6 卷)第一卷,力图"忠于往昔,以史为镜,重拾捷克意识"。[②](注意,帕拉茨基1867年出版的最后一卷结束于1526年哈布斯堡王朝的兴起。)

---

**文字栏8.1　斯美塔那《我的祖国》的标题文字**

Ⅰ.《维谢赫拉德》。竖琴响起,歌手开始歌唱维谢赫拉德发生的故事。光荣、壮丽、比武与战争,最后,它的衰败与荒废。乐章结束于一个哀婉的音符。

Ⅱ.《伏尔塔瓦》。作品描述了整条河流。它发源于两条小溪,一条寒冷,一条温暖。合流后,它流过森林和草地。迷人的乡村,欢庆愉快的节日;

---

① Lonnie R. Johnson, *Central Europe*: *Enemies*, *Neighbors*, *Friends*, 2nd edn. (Oxford University Press, 2002), 90.

② Derek Sayer, *The Coasts of Bohemia*: *A Czech History*, trans. Alena Sayer (Princeton University Press, 1998), 128.

水妖在月光下舞蹈;站在附近的岩石上,可以看见废旧城堡的身影,骄傲地矗立空中。伏尔塔瓦河旋转翻腾,穿过圣约翰险滩,越来越宽,奔向布拉格。它流过维谢赫拉德,汇入易北河,浩浩荡荡地消失在远方。

Ⅲ.《莎尔卡》。这首交响诗不是描述风景,而是莎尔卡(Šárka)的故事。开始,音乐描述了一位愤怒的女孩,她因恋人的不忠,发誓要报复所有男人。远远地就可听到茨季拉德(Ctirad)率领全副武装的男人,前来处罚莎尔卡与反抗的女子。远处,一个女孩(莎尔卡)绑在树上,佯装哭泣,茨季拉德寻声而来。一见到她,他就为其美貌所倾倒。爱情如此炽热,以致为她松绑。她施以事先准备好的迷药,茨季拉德和他的士兵昏睡过去。莎尔卡吹响号角(事先安排的信号),躲藏在岩石附近的女人们急冲而来,消灭了他们。乐章末尾,杀戮的恐怖和莎尔卡的激情、怒火实现了其复仇。

Ⅳ.《来自波希米亚的森林和田野》。这是一幅画。当你目睹波希米亚的无限风光,心中充满感慨。四面八方的歌,欢快又忧伤,回荡在田野与森林。圆号独自描绘着森林,灿烂、肥沃的易北河低地山谷充满欢乐。每个人根据自己的想象画着图画,诗人必须密切关注作品的各个部分,但他面前有无限选择。

Ⅴ.《塔博尔》("你们是上帝的战士")。整个乐章基于这首辉煌的歌曲。毫无疑问,正是在塔博尔城——胡斯的根据地,这部激动人心的赞美诗回响得最为有力和频繁。作品描述了获得胜利的坚强意志和塔博尔人的顽强不屈,交响诗正是结束于此。它难以详尽分析,因为作品表达的是胡斯奋斗的光荣和成就,胡斯勇士坚不可摧的性格。

Ⅵ.《勃兰尼克》。作品开始于前一乐章的结束之处。最终失败后,胡斯英雄在勃兰尼克山中避难,沉沉睡去,他们在等待祖国需要之时。歌曲"你们是上帝的战士"是《塔博尔》的基本动机,这里,它是整首作品的基础。正是基于这个旋律——胡斯合唱,形成了捷克民族的复兴、未来的快乐与光荣。这个胜利的赞美诗以进行曲的形式结束作品,结束整部套曲《我的祖国》。一段短暂的插曲,我们听到一首短小的田园诗。它描述了勃兰尼克地区,一个小牧童吹起曲调,回声又轻悠悠地将它送回。

来源:Brian Large, *Smetana* (New York and Washington: Praeger, 1970), 270, 273, 276—277, 279—280, 282, 284。

《我的祖国》与捷克复兴者有三个共同的兴趣点和关注点：

- **神话**　斯美塔那的《维谢赫拉德》描述了前哈布斯堡时代波希米亚的往昔荣光。音乐上，通过引用早期歌剧《李布舍》的材料，一部波希米亚同名精灵皇后努力建立布拉格城的传奇故事，进一步肯定了这一描述。《莎尔卡》是一个可怕的波希米亚传奇，12世纪早期就有最初记载。《勃兰尼克》谈及10世纪波希米亚公爵瓦茨拉夫一世（Wenceslaus Ⅰ）及其军队的传奇，他们在需要时会从沉睡中苏醒。《维谢赫拉德》涉及布拉格最重要的历史遗迹之一，它所描述的事件之一可能是发生在胡斯战争开始时的维谢赫拉德战斗，但指向并不明确。

- **地域**　五个乐章以具体的波希米亚地点或地标开始。"维谢赫拉德"出现在第一乐章，是古代波希米亚统治者的所在地。"伏尔塔瓦"添加了圣约翰险滩、布拉格和易北河。同样，第四乐章明确赋予波希米亚森林和田野以诗意内容。"塔博尔"以胡斯军队驻扎地命名，位于勃兰尼克东北34.5公里处。实际上，斯美塔那《我的祖国》提到的所有地点是复兴者为这个日渐消瘦的民族所挑选的文化和象征符号。

- **复兴**　当他将结束乐章的胜利进行曲解释为一种大事来临的象征时，斯美塔那没有拐弯抹角。《我的祖国》也是推动"捷克民族复兴"，并使"捷克美好、光明未来"可能实现的各种素材的概览。各个乐章常常独立演奏，但整体上，套曲给予听众更多的诠释自主，而呈现出一种重要的发展感；或者换句话，迫使他掌控诠释。整部交响套曲的前奏《维谢赫拉德》令人强烈地回忆起它曾经是什么。《伏尔塔瓦》非常具体，但在随后《来自波希米亚的森林与田野》的自然之作中，斯美塔那允许"每一个人根据自己的想象画出自己的景色"。下一乐章超越了分析，因为它传递着这个国家真正拥护者的"光荣"、"声誉"、"奋斗"和"无坚不摧的勇气"。

斯美塔那的音乐强化了这些标题联系。在几首无词歌和舞曲中，捷克人民的高贵与决心被赋予极强的表现份量，比如《维谢赫拉德》的主题，《伏尔塔瓦》著名的大调旋律，《伏尔塔瓦》《莎尔卡》和《来自波希米亚的森林与田野》的波尔卡。交响套曲中，呈现理想素材与认清严酷现实之间的持续张力被自然音与变化音的冲突展开得淋漓尽致，比如，《维谢赫拉德》（谱例 8.2）中，游吟诗人的歌曲被维谢赫拉德的毁灭所打断。不过，维谢赫拉德主题是交响套曲的精神所在，它没有泯灭。m.235，一个充满希望的属持续音上，它以疲惫不堪的小调变体返回。

谱例 8.2 斯美塔那，《我的祖国》，I，mm. 208—222，缩谱 绍尔茨（Karel Šolc）

最后两个乐章,斯美塔那扩展了这一效果。乐章采用15世纪的胡斯歌曲《你们是上帝的战士》,它的多利亚调式和爱奥尼亚节拍极易将其与当时的西欧音乐实践相区分。长大的幻想曲《塔博尔》中,战斗般的旋律象征着波希米亚人的坚韧与决心,而《勃兰尼克》将其转变为一个行动起来的激昂呼吁。由此,第一乐章中心主题的引用和向第四乐章田园牧歌的致意构成了斯美塔那对自己祖国所有珍爱的最后一次环视。在类似《我的祖国》的作品中,斯美塔那"运用本土题材——音乐、文学、传说和风景,创造了一个捷克人民的永恒存在"①,成为这一地区随后大部分作曲家的榜样,包括19世纪国际声誉最大的波希米亚作曲家德沃夏克。

与李斯特、瓦格纳的音乐短暂结缘,这可能导致德沃夏克创作了一部交响诗(op. 14,1874)。它的题材来源已经无从知晓,或许,本就不存在。然而,几乎到19世纪末,标题音乐仅仅在德沃夏克的作品中起着边缘作用。一个例外是1883年布拉格国家剧院委约的《胡斯序曲》,作品采用两个捷克古老旋律"圣·瓦茨拉夫"和"你们是上帝的战士",讲述了15世纪胡斯起义的故事。但是,斯美塔那的《塔博尔》和《勃兰尼克》将其视为可以激发同胞民族自豪感的事件,而德沃夏克在遥远、无关政治的往昔中展现它。19世纪80年代初,总称为《自然、生命和爱情》的三部音乐会序曲问世,包括《在自然里》(op. 91)、《狂欢节》(op. 92)、《奥赛罗》(op. 93);同时,少量同期作品如《诗意音画》(op. 85,1889),以及《第九交响曲》"自新大陆"支持标题联系。

1895年春,德沃夏克从美国返回故乡。这一年,德沃夏克开始创作一组包含四首交响诗的作品,标题主义和民族主义才明确合流。作品的文学来源众所周知,即艾尔本(Karel Jaromír Erben)的《民族神话集》。它于1853年出版,遭到严格审查。但是,至世纪末,艾尔本的民间诗歌集仍成为捷克民族认同的一个根本性源头,类似于德

---

① Michael Becherman, "In Search of Czechness in Music", *19th-Century Music* 10, 1 (1986): 61—73, at 67.

国的《格林童话》或者阿法纳西耶夫（Aleksandr Nikolayevich）的俄罗斯民间童话集。

德沃夏克从艾尔本作品集选择了四个故事，与斯美塔那的《莎尔卡》相同，它们偏向于不幸之事，常常涉及极端的暴力、阴森的闯入者和超自然的举动。然而，与斯美塔那遭人鄙夷的情人不同，德沃夏克的所有主人公都是普通人——未指明的少女、国王、巫师、农民等等——没有人展现出特别的波希米亚特征。实际上，《水妖》（op. 107）和《金纺车》（op. 109）的序言引入其他民族传统的类似故事，降低了故事的捷克根基；而《野鸽》（op. 110）的序言在五个分离的段落中呈现故事，则类似于贝多芬《第六交响曲》或柏辽兹《幻想交响曲》。

这些序言出自德沃夏克本人。他可能感觉到，为了避免公众误解，必须提供它们。从这个角度，他的担心与马勒、施特劳斯或其他世纪末标题音乐作曲家努力为听众提供正确的诠释线索没什么两样。德沃夏克写给维也纳评论家希斯菲尔德（Robert Hirschfeld）的信件尚存，它显示，作曲家力图在音乐中紧密跟随故事发展，他非常相信音乐能够传达特定客体和事件，描画角色的情感轨迹，并反映叙事细节和变化。

比如，他对《正午女巫》（op. 108）最后一场的描述详尽至极：

> 正值中午——父亲在祷告，他对所发生的一切毫无察觉（m. 457）。他打开门（m. 463），发现妻子倒在地上，失去知觉。母亲动机再次出现（双簧管，mm. 465—466）。父亲尝试救活她，渐渐地，她开始呼吸（m. 477），恢复了意识。转向 A 大调（m. 481）。音型（mm. 484—486）和突然渐强导向随后的动机（m. 487），孩子死去了，父亲"激动万分"，深陷绝望。女巫消失得无影无踪（m. 498）。①

---

① 改写自 John Clapham, "Dvořák's Unknown Letters on His Symphonic Peoms", *Music & Letters* 56, 3—4 (1975): 277—287, at 284。

德沃夏克的主题运作方式介于勃拉姆斯的发展性变奏和李斯特的主题变形之间。母亲是唯一贯穿整部《正午女巫》的角色,她的情感状态经历了最重大的变化(谱例 8.3)。m. 51,愤怒率先呈现,她奚落孩子是吵闹的小公鸡,冲入一个减七和弦,打破了第一个场景 C 大调的宁静。m. 86,她仍然喋喋不休,但已平静下来,一个更加泰然自若的旋律与和谐愉悦的 a 小调证实了这一点。然而,据德沃夏克,女巫的意外出现后,她历经了"绝望"(mm. 274, 304)、"歇斯底里"(m. 344)、"失去知觉"(m. 402),即丈夫发现她时(m. 465)的状态。苏醒过来时,她跌跌撞撞(m. 484),尝试解释发生了什么;拽住丈夫时,通过她的主题(mm. 487—494),两人皆陷入悲痛时刻;正午女巫离开舞台时,打断了这个主题。

谱例 8.3　德沃夏克,《正午女巫》,母亲主题的变形

德沃夏克的主题变形能够影响人物与事件。《正午女巫》最令人恐惧的时刻来自无辜母亲与孩子的第一场之后,根据德沃夏克的描述,"女巫露面了,她慢慢打开门,走向母亲"(mm. 252—264)。毫无疑问,这是戏剧音乐,风格特征类似威尔第《奥赛罗》第三幕开始处奥赛罗围着苔丝德蒙娜房间著名的蹑手蹑脚。德沃夏克给予女巫进入以异常的音色和规模,加弱音器的弦乐、静态的低音单簧管独奏、潜藏的铜管和定音鼓演奏着摇晃的半音,令人昏昏欲睡;m. 261 开始,节奏增值。甚至,这个动机在《正午女巫》中以各种面貌出现,象征着

场景的推进和女巫的力量。因而,功能上,它是第一场再现部前的短小连接(m. 110),生动描绘了母亲从昏迷中醒来(m. 476),马上告知丈夫这个灾难性的消息。

《正午女巫》的剧场常规、作曲步骤、戏剧结构可以延伸至其他三部艾尔本所引发的交响诗。这些交响作品代表了波希米亚标题音乐的重要贡献,同时,它们描摹的丰富、特有的深度也有助于滋养德沃夏克的歌剧雄心。确实,1899年,当他转向歌剧《魔鬼和凯特》和一年后《水仙女》的创作时,德沃夏克在世纪末交响诗中的巨大投入获得丰厚收益。

## 波士顿六人团

1873年,一篇瓦格纳新近出版的《文集》的评论长文中,美国作曲家、评论家和教育家佩因(John Knowles Paine)感叹道,李斯特、柏辽兹和瓦格纳在追求"诗意"的征途中,完全忽视了巴赫、莫扎特和贝多芬。佩因刚刚就职于哈佛学院,实际上,他已较少关注德国——在此接受了大部分正规教育——音乐的未来方向,而是着眼于祖国音乐的当前状况。佩因认为,"瓦格纳传染病"对德国艺术能否杰出是一种威胁,但也是一个可资利用的机会。于是,他呼吁读者行动起来:"作为热爱艺术的美国人,恢复音乐活力是我们国家的使命。美妙艺术的未来被遮蔽,现在,请允许揭开它。让我们期待吧!"①

应该说,在这一代美国人中,能够完成佩因使命的作曲家屈指可数。受益于佩因的活动、怀特(John Sullivan Dwight)敏锐的社论和批评、1881年创办的波士顿交响乐团,波士顿成为这群作曲家的活动中心,历史学家称之为"波士顿六人团"。他们是富特(Arthur

---

① John Knowles Paine, "The New German School of Music," *The North American Review* 116, 239 (1873): 217—145, at 241 and 245.

Foote)、帕科（Horatio Parker）、比奇（Amy Beach）、查德威克、麦克道维尔和佩因，后四人创作有重要的标题音乐作品。他们的作品表明，美国标题音乐的发展可以分为两个时期：第一时期，从 19 世纪 70 年代晚期（佩因的《当你喜欢它》和《暴风雨》序曲）到 90 年代中期，欧洲模式占主导；第二时期，开始于 19 世纪 90 年代早期，仍受到明白无误的欧洲影响，但主题内容和诗意表达听起来颇似"新世界"，至少，在外国人听来，就是如此。

继佩因之后，麦克道维尔代表了欧洲和美国之间最直接的联系。1876 年，入学巴黎音乐学院。两年后，来到德国，向拉夫学习作曲，数次受教于李斯特，并以欧洲模式创作了逾两打作品。1888 年，回到波士顿时，四部标题交响作品或完成或正在创作之中。第一部题为《哈姆雷特、奥菲莉娅：两首诗歌》，两个乐章，结构令人想起李斯特的人物性格画《浮士德》交响曲。起初，麦克道维尔计划以莎士比亚笔下的男性角色——哈姆雷特、班尼迪克（Benedick）、奥赛罗，可能包括法尔斯塔夫（Falstaff）——创作一部作品，以莎士比亚的女性角色——奥菲莉娅、比阿特丽斯和苔丝狄蒙娜——创作续集。类似地，他的《"罗兰之歌"断想两章》第一乐章突出"撒拉森人"的特征，第二乐章描绘罗兰（Roland）忠诚的未婚妻奥达（Auda）。

《哈姆雷特、奥菲莉娅》直接来自文学作品，这十分罕见，因为麦克道维尔主要吸取当代诗人加工后的神话和传说，构筑他的标题音乐。以《拉米亚》为例，这是他的第三部交响诗，完成于 1888 年，但直至作曲家死后的 1908 年才上演和出版。在简短的序言中，麦克道维尔概述了济慈（John Keats）近 400 行长的同名叙事诗：

拉米亚（Lamia），一位蛇形妖妇。她爱上了里修斯（Lycius），一个年青的科林斯人。为了得到他，她向赫尔墨斯（Hermes）请求。赫尔墨斯应允，将她变为一个美丽的少女。里修斯在森林里遇见了她，被她的爱所迷惑。俩人来到拉米亚施了魔法的宫殿，举行盛大婚礼。但突然，魔法师阿波罗尼（Apollonius)出现了。魔法被揭穿,拉米亚现回蛇形,魔法宫殿消失,里修斯一命呜呼。

就像麦克道维尔所述,这个故事给了他充分的机会在音乐中融入超自然效果、情爱邂逅、爆发的管弦乐全奏和悲痛情绪。不过,就像李斯特和拉夫提供的大部分范本一样,这些手法的出现是为了更好地强调拉米亚遭遇赫尔墨斯、里修斯和阿波罗尼时的情感状态。至少一个世纪以来,增二度音程就是异域风情或差异的外在标志,她的主题也被这一音程赋予了强烈的色彩感。因而,为了更好地吸引里修斯——使自己更像他——她改变自己的旋律,以适应他普通的自然音阶。实际上,麦克道维尔为了强化拉米亚的变形程度,专门以主、属、下属和声支持里修斯的恣意旋律,有意识地夸大调性的稳定性。

当他从两个不同的坐标轴创造其交响画像,麦克道维尔的标题人物就极易成为一位变形者。第一个集中于身体与环境;这里,真正的蛇形"拉米亚"与其变形相对照,随着增二度蔓延至她的旋律而变化。她单独展露给听众的真正形态包括大管和大提琴的开始旋律(谱例 8.4a);mm. 26—53 婉转的长笛旋律;里修斯和拉米亚(mm. 171—182)优雅的田园二重奏之后,开始素材的再现;或者,m. 294,小号分句逐渐传染到其余铜管乐器,并为交响诗最后的悲惨结局做好准备时。然而,当魔力达到顶点,比如婚礼场景,她的增二度呼喊消失了,取而代之以设计好的激情旋律(谱例 8.4b)。

第二个坐标轴是情感描述,它充分吸收了"新德意志乐派"成员的作品范式。麦克道维尔将情感作为自己风格最基本的成分,把音乐称为"无形的语言,一种心灵话语"。① 麦克道维尔对拉米亚的情感描述显示,即便里修斯死去,但她才是真正的牺牲品(实际上,里修

---

① Lawrence Gilman, *Edward MacDowell: A Study* (New York: John Lane Company, 1909), 82.

谱例 8.4a　麦克道维尔,《拉米亚》,mm. 1—5,缩谱　麦克道维尔

谱例 8.4b　麦克道维尔,《拉米亚》,mm. 250—256,缩谱　麦克道维尔

斯的旋律从未动摇其激进节奏,而具有某种支撑意义)。确实,交响诗开始于"神秘的慢板",明显与题材的幻想性质相关。但是,它同样以"悲伤的"情绪演奏。m.26 起,悲伤变为希望,并延续到里修斯出现的场景中。很快,希望转向真挚的情感(m.125,"柔软的"),在乐曲的中心部分,拉米亚达到满足的最高点。婚礼后不久,外在的裂痕开始显现。约 m.308,拉米亚的崩溃来临。m.332,一条独奏单簧管的旋律线大声哭喊("哀伤的"),并进一步被密集排列的增六和弦压制。里修斯的尸体被发现——根据 m.354 管弦乐在 g 小调上的夸张爆发,系麦克道维尔所添加;济慈简单地让他与拉米亚一起消失,但确实不祥地总结道:"事实就是,灾难随后降临。虽然,任凭他们而去,将顺应许多人的心。"(Ⅱ.395—396)

1895 年,麦克道维尔抛弃了交响诗,但此后一生继续创作歌曲、唤起诗意的钢琴音乐(如《第三钢琴奏鸣曲》"挪威人"、《第四钢琴奏鸣曲》"凯尔特人"——每部包括一个诗意题词)和广受欢迎的钢琴小品集。许多美国作曲家加入到后一体裁的创作中,包括比奇。他最早出版的键盘套曲《四首素描》(1892)展示了法国和德国标题钢琴技术如何和平共处。第三首标题为"梦",包括来自雨果诗歌《致朦胧的你》第一行的题词:"你从梦的深处对我说。"甜美的 $^bG$ 大调上,大量三连音以八分音符在宽广的 4/4 拍中进行三度波动。m.3,旋律在属七和弦的音响上成形。m.13,短暂终止于主音。m.22,终止更加肯定。但自此之后,直到 m.71,即乐曲的倒数第二小节,它才明确回到主调。这种和声"模糊技术"运用共同音和邻音,游移于各种调性,所有这些又被另一个扩展自肖邦、李斯特和德彪西的和声语汇所润滑(谱例 8.5)。虽然它的法国联系强烈,但伴奏可追溯至舒伯特著名的《$^bG$ 大调即兴曲》(D899 之 3),而钢琴写法则融入了勃拉姆斯著名的音型和织体。

就像《拉米亚》和《梦》所示,"波士顿六人团"成员的早期作品没有投射出任何清晰的"美国"特征。应该说,它们在风格和美学上与欧洲同类作品别无二致。然而,19 世纪最后 10 年,美国作曲家接受了德

谱例 8.5a　比奇,《四首素描》,"梦",mm. 19—23

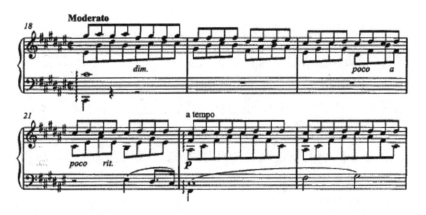

谱例 8.5b　李斯特,《诗与宗教的和谐》,"孤独中上帝的祝福",mm. 18—23

沃夏克(Antonín Dvořák)如何改变这种状况的建议。1892 年末,德沃夏克来到纽约,他明确表示"要在这片充满希望的土地、这个崭新与独立的艺术王国展示'美国'之路,简言之,一种民族音乐风格"。① 德沃

---

① Klaus Döge, "Dvořák, Antonín (Leopold)", in *New Grove Dictionary of Music and Musicians*, gen. ed. Stanley Sadie, 2$^{nd}$ edn., 29 vols. (New York: Macmillan, 2001), Ⅶ:783.

夏克"躬先表率",创作了令人难忘的《F大调弦乐四重奏》、一首长大的《a小调钢琴组曲》和轰动一时的《第九交响曲》"自新大陆",评论家赞扬其巧妙融入了本土——即"美国""黑人"和"印第安人"——音乐与情感。在他永久回到故土波希米亚的两个月前,德沃夏克为《哈珀斯新月刊》撰写了一篇论文,引导美国作曲家应该在自己境内寻求音乐灵感:

> 毫无疑问,最好的音乐种子藏匿于这个伟大国度混杂的所有民族之中。民间音乐就像一朵稀有而可爱的花朵,生长于肆虐的野草之中。众人走过,他人践踏以足。在被发现之前,它将枯萎,只有具有洞察精神的人视其高于一切。事实就是,没有人利用它,这并不证明它毫无价值。①

至少在一开始,祖国乡村是麦克道维尔创作的激发因素,其方式与著名的波希米亚人无异。德沃夏克的文章在《哈珀斯新月刊》露面的同年,麦克道维尔完成了第二部管弦乐组曲,副标题为"印第安人"。作品五个乐章,引用贝克(Theodor Baker)1882年《北美蛮族音乐》(此书在德沃夏克的美国期间也为其提供素材)中的美国本土音乐,将类属浪漫主义的主题转变为富有想象的美国体验。然而,德沃夏克乃局外人,麦克道维尔认为其"美国音乐"并非货真价实:"欧洲思想和成见强加于我们,美国需要从这个几乎百依百顺的桎梏中完全解放出来。波希米亚人裁剪出黑人外衣,所谓的民族主义伪装对于我们毫无益处。"②麦克道维尔不假思索地为许多后期钢琴音乐冠名,标题令人联想起美国地域和风俗,但仅仅少数包括真正的美国本土音乐。两股潮流皆可在十乐章的钢琴套曲《新英格兰田园诗》(op. 62)中找到,其"印第安田园诗"具有如下的

---

① Antonín Dvořák, "Music in America", *Harper's New Monthly Magazine* 90, 537 (February 1895): 429—434, at 433.
② Gilman, *Edward MacDowell*, 85.

诗意题文:"火焰飘忽,形只影单,她编织着硕大的串串念珠。远处,长笛呜咽,淡淡忧伤,划过夏夜。"名义上,这是一首美国本土作品,但是,麦克道维尔创作一条旋律,从一本曲集中借用另一条旋律,将朦胧的美国乡愁和柔和的法国印象主义都包裹在一个明确跨越大西洋的风格中。

德沃夏克的地位确保其美国同僚将认真对待他的艰巨任务。如果说麦克道维尔最终反对他,那么,比奇则是调整了这一任务的重心:"我们北美",1893年,她写道,

> 更可能深受古老英国、苏格兰或爱尔兰歌曲的影响。这些歌典与文学一同继承自我们的祖先。我们的民族被长期奴役,音乐表达深深根植于环境制约下那令人心碎的不幸。相比于前者,北美受到这部分歌曲的影响要小得多。似乎,予我而言,为了充分运用某个民族的民歌,使之成为音乐创作的素材,创作者应该是歌曲选择地的民众之一,或者至少成长于此。[1]

比奇认为,美国风格形成于共同的艺术、传统与联系,这直接滋养了她的《"盖尔"交响曲》。1893年12月29、30日,德沃夏克《"自新大陆"交响曲》在波士顿首演。此后一个月内,比奇开始创作这部作品。时间表非常重要,因为德沃夏克的交响曲深深印在比奇的脑海中。但是,她痛惜它"仅仅表现了黑人性格和生命中和平、阳光的一面,而不是他们苦楚、心酸、被奴役的时刻"。[2] 因而,除地域范围有限之外,《"盖尔"交响曲》吸取旋律的年代和情感跨度非常宽广。所有焦点集中于一个民族的经历、快乐和挫折,这些在听众易于辨

---

[1] H. H. A. Beach, "American Music. Dr. Antonin Dvorak Expresses Some Radical Opinions", *Boston Herald* (28 May 1893).

[2] Adrienne Fried Block, *Amy Beach*, *Passionate Victorian: The Life and Work of an American Composer*, 1867—1944 (Oxford University Press, 1998), 88.

识的本国器乐歌调中鲜活起来。于是,第三乐章中,高贵的哀叹在精致的管弦乐音色中咏唱,比如,m. 20,大提琴独奏"盖尔摇篮曲",独奏小提琴予以进一步戏剧性对位。应该说,与德沃夏克《"自新大陆"交响曲》相比,这一乐章是最伟大的不同。不久,整个乐章的性格改变。m. 40,独奏弦乐赋予的悲痛个性让位给木管与铜管的爆发,浮夸又满怀希望。另一部交响诗中,同样的奋斗感横跨大西洋,回响起霍尔摩斯(Augusta Holmès)的《爱尔兰》(1885)。后者,作曲家的爱尔兰血脉及当时的政治起义汇成交响诗的豪迈反抗和谨慎的乐观主义。

  另一种探索和展示美国的方式出现在查德威克的《交响素描》中。作品历经十年艰辛,完成于1904年。实际上,除了名字之外,它就是一部四乐章的标题交响曲,以麦克道维尔提倡但从未实现的反欧洲风格,成功描绘了美国形象。第一乐章"狂欢"就是一个恰当的例子。乐章前的两个诗节似乎在鼓励略显平庸、老旧的管弦乐传统音响与活泼、包容的乡镇军乐队之间的友好共存:"苍白的长笛和双簧管"挨着"一个短号和手鼓",前者的"暗淡音调"混合后者"最温暖的红与绿"和"紫罗兰与五月""描绘了我的狂欢"!

  诚如其言,乐章是音色和能量的一个迸发。查德威克的管弦乐几乎与施特劳斯的一样精致,但他给铜管和打击乐的特别关注使他的大型合奏更适合乡镇广场而不是音乐厅。极具感染力的开头在复拍子中疾冲,但前两个小节,查德威克已经暗示了主题的三拍子潜能。确实,这种节奏运作不仅凸显了炫耀特性,同时也在一个原本结构方正的乐章中起着润滑连接的作用。谱例8.6展示了第一主题的结束和第二主题的开始。尽管管弦乐完全终止于A大调,并立即休止了两个四分音符,但通过将主导的复拍子(6/4)转向三拍子(3/2),它已经为第二主题的节拍做好准备。相似的节拍顺畅连接发生在mm. 126—127,第一主题向第四主题第一次呈现转折时。此间,音乐虽被缩减时值,但突出的重音给第一主题的复拍子一种节拍冗余的印象。

谱例 8.6　查德威克,《交响素描》,"狂欢",mm. 21—23,弦乐部分

　　查德威克的节拍效果在贝多芬、舒曼和勃拉姆斯的音乐中已有著名先例,但他的结构感在欧洲当时的音乐中并不典型。表格 8.1 显示了乐章如何呈现出一个奏鸣曲式:三个主题的呈示部,调性各异,随后的展开部在属调引入一个新主题。再现部开始于主调,但调性解决一直推迟到尾声中"新主题"的出现。不过,这一模式问题不少。比如,再现部中第二主题不见踪影。实际上,第二主题的单独出现被查德威克限定在展开部中。甚至,呈示部和再现部中的第三主题都出现在远关系调中,和第四主题一样,它们到尾声才找到主调。

表格 8.1　查德威克,《交响素描》"狂欢"的结构

| 段落 | 呈示部 | 展开部 | | | | | | | |
|---|---|---|---|---|---|---|---|---|---|
| 小节 | 1 | 29 | 59 | 97 | 111 | 127 | 146 | 153 | |
| 调性 | A | #c | C | V/#C | #c | E | E | | |
| 主题 | 1 | 2 | 3 | 连接 | 1 | 4 | 2 | 连接 | |
| 段落 | 再现部 | 尾声 | | | | | | | |
| 小节 | 158 | | 187 | 225 | 239 | 255 | | 275 | 316 |
| 调性 | A | F | V/#F | #f | A | | | A | A |
| 主题 | 1 | 3 | 连接 | 1 | 4 | | | 3 | 1 |

"狂欢"乐章的另一种结构选择是二部曲式,因为两部分长度基本相当。不过,第一部分转向了属调,而第二部分不典型地回到主调。而且,从主题角度,第二主题只存在于第一部分,造成它与第二部分的不平衡。简言之,"狂欢"乐章没有提供一个恰当的结构答案,至少,从欧洲"曲式学"来看,它就是如此。《交响素描》的末乐章"一首流浪的歌谣"清楚地表明了查德威克有意模糊传统结构。毕竟,这是一个赞颂美国"反英雄"的乐章,就像序言所述:"流浪者与铁路,旧的陶土管和酒,受伤的脑壳和昏暗的眼睛,'狂欢月'来啦!"

紧随《交响素描》,查德威克创作了四部交响诗。每部交响诗都面临着结构、调性安排、动机变形和旋律发展的技术问题,并以多种方式回应着它们宽泛、多样的素材来源,包括神话、诗歌以及雕塑。可以肯定,作品如《塔姆·奥尚特》(1914—1915,主题关涉英裔凯尔特人,定将受到麦克道维尔和比奇的赞许)反映了 20 世纪最初 10 年里查德威克的波士顿同僚们所理解的美国体验。但是,只有《交响素描》一开始就遵循"我所理解的美国风格"[1]的原则。确实,新世纪前 20 年里,美国人如莱夫勒(Charles Martin Loeffler)、哈德利(Henry Hadley)和格里菲斯(Charles Griffes)继续创作着重要的标题音乐

---

[1] Hon-Yun Lang, "Nationality versus Universality: The Identity of George W. Chadwick's Symphonic Poems", *American Music* 21, 1 (2003): 1—44, at 26.

作品,这些作品仍然打下了强烈的欧洲印记,包括施特劳斯和德彪西的影响。但是,通过一个标题"过滤器",美国音乐应该如何推进,查德威克的特定理解在战争年间走向艺术成熟的下两代作曲家中发扬光大,他们包括格什温(George Gershwin)、格罗菲(Ferde Grofé)和帕科最杰出的学生艾夫斯。

## 西贝柳斯

正值西方世界面临战争灾难之时,西贝柳斯受帕科邀请,来到东海岸举行音乐会。1914年6月4日,他的音诗《海洋女神》在诺福克的康涅狄格首演。这部被低估的作品将两个主题逐渐变形,由木管引入,经过海洋中的三次循环,其浪涛形成于D大调,在d小调和F大调达到顶峰,停止于D大调。确实,标题表明,它聚焦于来自希腊和罗马神话的水中仙女,但这里几乎没有戏剧作品中的结构发展。相反,通过唤起浪漫时期的崇高和赞美令人敬畏的自然力量,西贝柳斯的柔和音色与精致对位,尤其是管弦乐队的低音部分,将水的嬉戏戏剧化。它与德彪西10年前《大海》中的尝试并无二致,或许,《海洋女神》就是西贝柳斯的回应。至少,作品既没有明显的民族主义诉求,也没有支持8年前纽玛茨(Rosa Newmarch)所提出的"(西贝柳斯)民族精神的回响"(这解释了"早期作品中的诸多神秘与野蛮")。①

的确,西贝柳斯的早期作品产生于祖国历史转折时期。他主要在说瑞典语的芬兰受教育,但在柏林和维也纳有两次重要的学习经历。19世纪90年代,通过一部最古老的神话传说作品《卡勒瓦拉》,西贝柳斯欣然接受了芬兰语言。《卡勒瓦拉》早已是略长于西贝柳斯

---

① Rosa Newmarch, *Jean Sibelius: A Finnish Composer* (Leipzig: Breitkopf & Härtel, 1906), 10.

的同僚卡亚努斯（Robert Kajanus）的一个重要素材来源，其两部《"芬兰"狂想曲》和交响诗《艾诺》《库勒沃的葬礼进行曲》早在 80 年代就已问世。西贝柳斯早期重要的"芬兰"管弦作品《库勒沃》是一部标题合唱交响曲，基于《卡勒瓦拉》中同名主角的悲惨生活而创作，作品受到卡亚努斯的影响非常明显。随后，西贝柳斯深入研究了李斯特、瓦格纳、布鲁克纳（Anton Bruckner）和同时代的俄罗斯人，并在几部音诗和组曲中达到高潮。约 1900 年，他因音诗《芬兰颂》而举世闻名。

自 1808 年以来，芬兰处于俄罗斯的控制之下，但帝国允许它有高度的政治自主权。然而，1899 年 2 月，这种关系改变了。沙皇尼古拉斯二世（Nicholas Ⅱ）开启了一项"俄罗斯化"运动，俄罗斯的制度、货币、语言、宗教和兵役被强加给芬兰人。1899 年末，西贝柳斯为一组反映芬兰动荡历史的生动画面（共 6 场）写下了一段半个多小时的音乐，包括信仰基督教（第二场）和俄罗斯 18 世纪早期的入侵（第四场）。最后一场标题为"芬兰觉醒"，展示了仍被压迫但充满希望的国家准备跨入现代。展出后不久，因用于批评近来的审查制度，西贝柳斯把"芬兰觉醒"的材料改写为《芬兰颂》。

《芬兰颂》是 19 世纪战斗乐曲的另一种再创造（参见第一章）。可以肯定，这里清晰描述了敌人，而音乐的胜利者——为了与激发交响诗创作的场景精神相一致——并没有像经历觉醒那样"获胜"。与此类似，《芬兰颂》避免了传统的交响结构，代之以"一种调性和结构的构建过程"。① 比如，主调 $^b$A 大调虽在前面段落中短暂到达（如 m. 129），但直到乐曲末尾才被巩固下来（m. 209）。自《勒敏凯能的归来》（1896）以来，"晶化过程"就是西贝柳斯风格的一个标志，著名的赞美诗也是通过这一过程逐渐"醒来"。如谱例 8.7 所示，mm. 24—29，它的轮廓在木管中显现，但是旋律明确终止于 f

---

① James Hepokoski, *"Finlandia Awakens"*, in *The Cambridge Companion to Sibelius*, ed. Daniel M. Grimley (Cambridge University Press, 2004), 81—94, at 82.

小调。m. 100，一个更加确定的形态和战斗性格出现，但它位于一个连接句的语境中。m. 132，赞美诗最终问世——还是在木管上。虽然第二部分仍留有些许 f 小调（m. 147），然而，在最后的升华中，♭A 大调占据了所有空间。旋律变形过程——反映了芬兰觉醒的叙事过程——被材料的连续陈述所加固，换言之，在其下一真身现身后，赞美诗的此前版本就不再出现。承继贝多芬中期的英雄抗争、李斯特《匈牙利》的民族主义呈现和施特劳斯《死与净化》的自我意识，《芬兰颂》同时显现出诸多标题维度。

谱例 8.7　西贝柳斯,《芬兰颂》,mm. 24—38,缩谱　西贝柳斯

　　《芬兰颂》全然没有芬兰旋律或其他本土"强化物"，但是作为芬兰斗争和西贝柳斯狂热民族主义最可靠的音乐文献，它的不朽成就令其他芬兰题材的标题音乐黯然失色（不包括那些非芬兰或更具国际性题材的音乐）。尤其值得注意的是，芬兰民族史诗《卡勒瓦拉》为作曲家的许多作品提供素材，包括 19 世纪 90 年代中期的《勒敏凯能组曲》（共 4 首）；《波赫约拉的女儿》（1906）；《自然之魂》，1913 年为女高音和管弦乐队所作的音诗；《塔皮奥拉》（1926），最后一首完整的管弦乐作品。虽然《萨加》（1892）没有引用具体素材，但其所饱含的"新原始主义音乐语言是西贝柳斯早期'史诗'叙

述的一个标志"。① 甚至,音诗采用一种史诗般的言说模式,将奏鸣曲式和两个主题组(各自开始于 m. 96 与 m. 202)②的分节式陈述混合在一起。结尾,作品选择$^b$e 小调作为最终调性,取代前面主导调性 c 小调和$^b$E 大调,从而增添了一种强烈的忧郁因素。这一特征延续至 1895 年的《森林仙女》,一部基于里德伯(Viktor Rydberg)的同名诗歌而创作的作品。作品中,一位森林仙女在一些无耻小矮人的帮助下,诱惑一个名叫比约恩(Björn)的过路者。结果,他失去灵魂,永远困在了"来世"。

《勒敏凯能组曲》有时也称为《民间故事组曲》,它将西贝柳斯的民间模式和交响雄心结合起来。1896 年 4 月 13 日,作品首演于赫尔辛基,四个乐章如下:

1. 勒敏凯能(Lemminkäinen)和少女们(基于《卡勒瓦拉》第 29 首诗)
2. 勒敏凯能在图奥内拉(第 14 首)
3. 图奥内拉的天鹅(第 14 首)
4. 勒敏凯能的归来(第 30 首)③

《图奥内拉的天鹅》第一版序言可能是西贝柳斯的德国出版商所写,以帮助国外听众适应这部芬兰传奇。序言仅仅触及场景表面,英雄勒敏凯能为了获得最美少女(巫后路易的女儿)而追逐神圣的天鹅:

---

① Daniel M. Grimley, "The Tone Poems: Genre, Landscape and Structural Perspective", in *The Cambridge Companion to Sibelius*, 95—116, at 97.
② 西贝柳斯《夜骑与日出》(1908)的结构类似,据作曲家,这里的音诗题材是,"一个普通男子的内心体验。他独自骑行,穿过幽暗森林。有时欣喜于独处大自然,有时又畏惧寂静或打破寂静的奇怪声音。破晓,内心没有充满过度的担忧,而是感恩与快乐"。顺便提及,西贝柳斯担心,标题可能导致听众认为,"它反映了拉夫时期更古老的浪漫主义"。参见 Rosa Newmarch, *Jean Sibelius* (Boston, MA: C. C. Birchard Co., 1939), 68。
③ 首演后不久,所有乐章被修改。最后两个乐章出版于 1901 年,前两个乐章直到 1954 年才出版。西贝柳斯可能改变了内部乐章的顺序,即谐谑曲在第三乐章,以更好地反映传统交响曲的轮廓。同时,只有第一、第二、第六交响曲遵守这一模式。

"芬兰神话中的地狱,死亡王国图奥内拉环绕着一条宽阔的河流,河水暗黑,汹涌奔流。图奥内拉的天鹅唱着歌,漂浮其上,庄严高贵。"

乐章开始和结束于 a 小调,阴郁凄冷从分声部的弦乐升腾而起。一支英国管刺穿迷雾,在一系列非功能的共同音和邻音和弦中(谱例8.8)流畅但不安地游走。确实,无法预料的和声轨迹、英国管进入的不协调与管弦乐队的起起伏伏构成了一种失去方向、超凡脱俗的听觉体验。因而,m.65,当乐队的整个音色改变(渐强),竖琴、低音鼓和定音鼓在光辉的 C 大调上出现时,场景瞬间凸显而出。然而,m.69,它彻底退却,取代以先前同样的凄冷素材。这一短暂时刻是否代

谱例 8.8 西贝柳斯,《图奥内拉的天鹅》,mm.1—22,缩谱与分析

表天鹅(严格意义上,它在《卡勒瓦拉》中没有出现)或者勒敏凯能(m.75开始的挽歌使他成为可能的对象)的惊鸿一现,已在其次。相反,西贝柳斯的主要兴趣在于赋予景色及其代表的心理与情感以生命活力。因而,创造图奥内拉阴郁凄冷的各种手法在他的许多后期标题或非标题管弦乐作品中突然出现,就不足为怪了。

冒着混淆隐喻的风险,前面章节讨论的大部分音乐也许可以称为纯粹的标题音乐,因为它在一个闭合的指涉系统(包括文字、音乐,偶尔是图画)中运行。但是,当一部标题音乐作品充满"非世界性"的指涉时——描述一座当地城堡、重述一段地区传说、运用一段农民旋律,那么结果就会很快偏向民族性(如果不是民族主义的话)。因而,至少从德国中心论的角度,它仍然宣示了另一种"进退维谷"。即便贝多芬《第一"拉祖莫夫斯基"弦乐四重奏》(op.59,no.1)末乐章明确强调了一个"俄罗斯主题",而柴可夫斯基《第二交响曲》对其渊源三缄其口,但后者与前者相比,它的民族信息或者民族主义、帝国主义就不易听见或不会令人信服吗?① 这不仅仅是"进退维谷"在起作用,而是一个双重标准:核心作曲家像贝多芬和门德尔松可以为特定时间或具体效果采用民族风格,而边缘作曲家似乎无法享有同样的权利。至于那些中间者,像李斯特,就容易被误解或曲解。

确实,民族风格和流派的验明正身或许有害,它极易掩盖其他探索和分析途径。尽管西贝柳斯有大量非民族性的音乐作品,但毫无疑问,他被称为民族作曲家。类似情况的作曲家也是如此,如格里格或卡尔沃维奇。从一个特定流派的流传角度,斯美塔那和德沃夏克深刻影响着20世纪早期脱颖而出的捷克作曲家。但是,运用相同标准分析苏克、雅那切克(Leoš Janáček)或诺瓦克(Vítězslav Novák)的标题音乐将会误入歧途。无疑,苏克的巨型标题套曲——《童话故事》(1900)、《夏季传说》(1909)和5部《来自捷克历史的交响诗》

---

① 顺便说起,《第二交响曲》的口语化标题"小俄罗斯",轻蔑地暗示了它对乌克兰民间曲调的运用,而不是俄罗斯民间曲调。

(1917)——要么袭击中庸的世界性立场,要么有意识地挑战本土标题圣像,如《我的祖国》。① 雅那切克幻想性的《塔拉斯·布尔巴》表面上吸取乌克兰-俄罗斯作家果戈里(Nikolai Gogol)的小说,但实质上,它与其他两部交响诗严重曲解了它们的文学摹本。实际上,曲解也有助于解释 19 世纪最后十年的法国,它的作曲家们步调一致、充满热情和雄心壮志地试图努力创造一个内在统一的民族音乐流派。

---

① 诺瓦克的音乐同样是双向的。管弦作品,比如《在塔特拉山》(op. 26)和《托曼与木精灵》(op. 40),都来自 20 世纪的第一个十年,明显扩展了他的捷克前辈尤其是德沃夏克的交响曲途径。然而,钢琴套曲《潘》(op. 43,1910)和音诗《永恒的愿望》(1905)受德彪西的影响非常强烈。后者的创作基于安徒生(Hans Christian Andersen)《没有画的画册》,出版时,作曲家将其原原本本地作为序言:"一片平静——月亮说——水像纯净的空气一样透明。我漂浮其上,海面深处,奇特的植物有 6 英尺长,像花园中的大树,向我奔来。植物之上,鱼儿遨游。高空中,一队野天鹅在飞翔。一只已精疲力尽,愈沉愈低:它的眼睛盯着轻快的大篷车,越来越远;翅膀极力张开,像平静空气中的一个肥皂泡,下沉;它停在水面,回头,埋在两翼间,安静地像一朵白莲花,开在平静的印第安海。微风吹来,抚动明亮的海面,就像灿烂的阳光;巨浪滚动,天鹅昂起头,闪亮的海水流过,像蓝色火焰,没过胸脯和背部。曙光点亮了红云,天鹅精神焕发地飞起。不论轻快的大篷车去向哪里,它飞向升起的太阳,飞向蓝色的城堡。但它孤独地飞行,胸中满是渴望,孤独地飞过蓝色的、气泡汩汩的海洋!"参见 Hans Christian Andersen, *A Picture-Book without Pictures*; *And Other Stories*, trans. Mary Howitt (New York:C. S. Francis & Co., 1848), 113—114。

# 第九章 "高卢艺术"

1870年7月19日,拿破仑三世(Napoleon Ⅲ)领导下的法兰西第二帝国向普鲁士王国及其同盟国宣战。近十年来,两大集团的冲突急剧升级。法国疆域已保持数个世纪未变,如今,它越来越担忧普鲁士开疆扩土的野心,尤其是1866年普鲁士在短暂的奥地利-普鲁士战争中获胜之后。如此征兆,拿破仑三世还是认为,普鲁士之战应该迅速、坚决。不过,1870年9月1日,拿破仑三世在色当之战中战败并被俘,他的统治、帝国和下一代法国军队征服欧洲大陆的任何希望都终结了。战斗仍持续至第二年,但普鲁士在色当的获胜为1871年1月的德意志统一铺平了道路。对法国而言,讽刺是辛辣的:1806年,拿破仑一世的军事行动摧毁了德意志第一帝国;两代之后,拿破仑三世的错误判断催生了德意志第二帝国的建立。

许多法国作曲家也为另一个德国威胁忧心不已:日益高涨的瓦格纳歌剧潮流。1861年3月,瓦格纳亲自监制的歌剧《唐豪塞》在巴黎歌剧院演出失败;1869年,大歌剧《黎恩济》在抒情剧院的演出结局好不了多少。虽说这两部歌剧几乎不能代表瓦格纳新近的进展(尤其是《特里斯坦与伊索尔德》),但却足以在法国植入瓦格纳主义的种子。19世纪余下的时光里,其"嫩叶新枝"几乎扼杀了每一部法国新歌剧。最为要紧的是,1869年柏辽兹的离世意味着法国不再有重要的管弦乐作曲家。

许多法国作曲家察觉到,随着法国被普鲁士击败,艺术的内在空虚和音乐的外部威胁加剧了。因而,德意志帝国诞生后5周,杜帕克、圣-桑、弗兰克、马斯内(Jules Massenet)和其他6位法国音乐家计划成立一个"民族音乐协会"。尽管该组织采用的座右铭为"高卢艺术",但它并不主动排外,就像章程序言中所清晰表述的那样:

> 协会旨在促进所有严肃音乐作品的创作和推广,竭尽所能鼓励和发现所有音乐努力,不论何种形式,只要它们揭示了作曲家高尚的艺术志趣。所有成员亲如兄弟,完全抛弃个人利益,坚定信念,全心全意相互帮助。每一个成员在各自领域行动起来,为他们所选择和理解的作品研究及演出而努力。①

对于民族音乐协会的成员而言,法国曾经是"严肃音乐"的家园,吕利(Jean-Baptiste Lully)、拉莫(Jean-Philippe Rameau)、格鲁克的歌剧或者尚博尼埃(Jacques Champion de Chambonnières,1602—1672)、库普兰(François Couperin,1668—1733)的键盘音乐就是明证。然而,1789年法国大革命后,它为外国人所控制,包括巴黎音乐学院的院长凯鲁比尼(Luigi Cherubini)、巴黎歌剧院的梅耶贝尔(Giacomo Meyerbeer)和意大利歌剧院的罗西尼。甚至,最著名的钢琴家如李斯特、塔尔贝格(Sigismond Thalberg)和肖邦都来自国外。

因而,一个新的法国音乐流派的创立意味着——地域和历史上——要跳出前两代国内的音乐实践。但是,法国严肃音乐真正区

---

① 译文略有改动,参见 Michael Strasser, "ARS GALLCA: The Société Nationale de Musique and Its Role in French Musical Life, 1871—1891" (PhD diss., University of Illinois at Urbana-Champaign, 1998), 136—137。

别于横跨莱茵河上的竞争对手的方式应该是饱含17、18世纪清晰、节制和有序的先进音乐体裁、技术和理论。这些特征的确切内涵持续变化,富有争议,然而,它们引导着法国歌曲、歌剧、轻歌剧、配乐、芭蕾舞曲、钢琴独奏音乐和管弦作品的重要进步。尤其是此时的交响诗,受到了精心培育。在法国文化自省之际,它不再像初次出现时那样令人意外。确实,正如琼斯(Timothy Jones)所述,它

> 呈现了一个相对空白的石板,作曲家可以篆刻法国器乐的新品种。由于强调戏剧事件、器乐色彩和非规范结构,交响诗为作曲家提供了一个机会,去吸收与法国舞台音乐相联系的多彩管弦风格。尤其重要的是,文学或戏剧标题的要求,无疑对作曲家想象力的释放具有双向影响。①

交响诗的新颖、法国历史上对戏剧音乐的着迷和第三共和国的稳定——从1870年持续至1940年,自旧政体垮台后,这段时间是法国最长的稳定时期——为标题音乐的繁荣创造了一个理想环境。在此背景下,圣-桑、弗兰克、德彪西、霍尔摩斯、丹第(Vincent d'Indy)、拉威尔和其他作曲家创作出了许多优秀范例。20世纪前20年里,这些作曲家的标题音乐作品深刻影响了一代美国作曲家,包括格里菲斯、安泰尔(George Antheil)、艾夫斯和科普兰(Aaron Copland)。如前所述,他们试图彻底取代德国式的美国音乐。

## 圣-桑与交响诗

19世纪60、70年代,就像瓦格纳的舞台作品,李斯特交响诗在法

---

① Timothy Jones, "Nineteenth-Century Orchestral and Chamber Music", in *French Music since Berlioz*, ed. Richard Langham Smith and Caroline Potter (Aldershot: Ashgate, 2006), 53—89, at 76.

国的激烈争论也远超实际所闻。一个推崇李斯特的重要法国音乐家是圣-桑。1878年3月18日,他在巴黎的意大利剧院组织了一场李斯特管弦乐和合唱的音乐会。3个月前的魏玛,李斯特使圣-桑的歌剧《参孙与达丽拉》上演变为可能。一定程度上,这一音乐会是为了回报它。不过,李斯特的"债务"可回溯至10年前,圣-桑偶然读到李斯特交响诗双钢琴改编版之时。圣-桑的立场逆乎潮流,他认为作曲家李斯特优于钢琴家李斯特,宣称交响诗的"辉煌与影响将成就其不朽之名,当时间抹去这位当世最伟大钢琴家的鲜艳痕迹时,荣誉薄上将篆刻他解放器乐的名字"。回顾李斯特1878年以来所有音乐会的节目说明,圣-桑惊诧于"表达的真实和强烈,李斯特确实无与伦比。他的音乐可以说话,为了避免听见说出的文字,你不得不给耳朵塞上偏见的棉絮。不幸的是,它时时入耳。他的音乐描述了那些无法描述之物"。①

### 文字栏9.1 圣-桑交响诗的序言
#### 法厄同
　　法厄同的父亲太阳神允许他在天空中驾驶战车,但笨拙的双手将战马引入迷途。熊熊燃烧的战车脱离轨道,转向地球。整个宇宙即将毁于烈火,于是,宙斯(Jupiter)用闪电将鲁莽的法厄同击落。

#### 翁法勒的纺车
　　交响诗的主题是女性诱惑、弱者战胜强者的胜利奋斗。纺车只是一个"假借物",意义仅在于作品的韵律和引诱。
　　那些寻求细节者可能会感兴趣,总谱排练号J,赫拉克勒斯因无法打破镣铐而恼苦;总谱排练号L,翁法勒(Omphale)嘲讽英雄的徒劳无功。

#### 赫拉克勒斯的青年时代
　　神话解释说,当赫拉克勒斯来到世界,面前敞开着两条道路:快乐与美德。
　　无视妖女和狂乱者的引诱,英雄专心于奋进和战斗之路。此后,通过深渊的火焰,他窥见了奖赏——"不朽"。

---

① Camille Saint-Saëns, *On Music and Musicians*, ed. and trans. Roger Nichols (Oxford University Press, 2008), 89 and 96.

### 死之舞

咕咕，咕咕，咕咕，死神来了。
它的脚跟敲打着墓碑，
死神在深夜弹奏一首舞曲，
用它的小提琴，咕咕，咕咕，咕咕。
寒风呼啸，黑夜沉沉，
菩提树呜咽，
白色骷髅走向阴影，
偌大的裹尸布中，它们蹦蹦跳跳。
咕咕，咕咕，咕咕，每个人摇摆舞动，欣喜若狂，
舞蹈者的骨骼，咔嚓作响。
…… ……
…… ……
看！突然，它们离开舞圈，
东推西撞，四处逃散。鸡叫了。

  19世纪50至60年代间，圣-桑写下了几部传统体裁的管弦乐作品，包括7部交响曲——只有$^b$E大调《第一交响曲》出版于1855年——和一部长大的音乐会序曲。后者以罗马勇士斯巴达克斯（Spartacus）为题材，并获得了1863年圣-塞西尔协会的奖励。然而，70年代，他基本抛弃了这些体裁，成为率先拥抱交响诗的法国作曲家之一。根据题材（文字栏9.1），圣-桑的四部管弦乐作品证实了他对李斯特热情洋溢的评价，它们与老作曲家迄今出版的12部交响诗有诸多共同点：喜爱英雄题材；尊崇古典文学；主角与对手之间的强烈冲突。然而，圣-桑标题音乐的文学内容远不及李斯特那样直截了当，他从不以第一人称叙述。如果说序言中有一些标题内容的话，也仅仅人物简介、戏剧语境和寓意，几乎没有具体情节受到关注。即便《翁法勒的纺车》序言中指出了赫拉克勒斯的努力和翁法勒的嘲讽，也是为了引导读者或听众尽可能不要混淆第一部交响诗的真正要点。确实，正如1899年3月6日的一封信中所重申：

原则上,我不赞同音乐作品讲述故事。《死之舞》中有死亡的恐惧和讽刺,《翁法勒的纺车》中有引诱,《法厄同》中有骄傲,《赫拉克勒斯的青年时代》中有英雄气概和感官愉悦之间的挣扎……如果这里没有情感表达,那么,作品除了是囿于形式雕琢和美学观念的纯粹音乐,我不认为它还有什么意义。①

通过娴熟的形式建构表达情感和思想发生在《法厄同》中。圣-桑没有透露作品的文学渊源,但它可能是奥维德的《变形记》。卷一末尾揭示,阿波罗是法厄同真正的父亲。卷二,他遇到太阳神,太阳神允诺满足他任何愿望。法厄同选择驾驶阿波罗的战车,父亲百般劝阻,希望儿子改变主意,但他还是拿起了缰绳。旅程在满怀希望中开始,但法厄同毫无经验,战车脱离了轨道。宙斯被迫干预,抢先一击,法厄同从天庭跌入波河。赫斯帕里得斯女神拖出他的尸体,隆重埋葬。阿波罗被夺去刚刚发现的儿子,降暗黑于世界,不情愿地登战车而去。

《法厄同》序言中,圣-桑仅仅涉及奥维德漫长叙事(433 行)的一小部分。然而,音乐更为详尽。的确,法厄同的骄傲得以充分呈现。一条旋律在 m.45 的小号和长号上首先出现(谱例 9.1),虽略显犹豫,却英勇无比。法厄同驾车一周后,旋律变形开始了。音乐轮廓周期反复,暗示出一道沟渠(谱例 9.2),不幸的是,年轻的驱车者无法控制。作品结束时,主题第三次乔装而来,曾经得意洋洋的自然音阶形态已被目的明确的音程变化所取代,法厄同的故事滑向悲剧。

谱例 9.1　圣-桑,《法厄同》,mm. 45—60

---

① Jones, "Nineteenth-Century Orchestral and Chamber Music", 78.

谱例 9.2　圣-桑,《法厄同》,mm. 175—182,缩谱　本菲尔德(A. Benfeld)

确实,圣-桑赋予交响诗同名英雄的庄严程度与约两个世纪前吕利处理同一题材时没有什么不同。比如,圣-桑决定摧毁"跌下天台"的法厄同,不仅戏剧效果强烈,而且准确反映奥维德所述:

> 法厄同,火焰烧着了他的赤金般的头发,头朝下栽了下去,拖着一条长尾在空中陨落,就像晴空中似落未落、摇摇欲坠的星。远离故乡、在天的另一方的厄里达诺斯河(波河)收容了他,洗净了他余烟未熄的脸。①

《法厄同》的空间性也有助于准确指出拥挤人群的出现,他们远远看见法厄同令人恐惧的驾驶行为。正如谱例 9.3 所示,圆号在"大地"上呈现一个情感饱满的主题,而赤裸裸的八度远在其上,一闪而过。圆号主题非常优美,但这一段落(mm. 123—174)的戏剧性完全依赖于小提琴声部起起落落的音高。法厄同的轻率威胁到天庭与大

---

① Ovid, *Metamorphoses*, ed. E. J. Kenney, trans. A. D. Melville (Oxford University Press, 1986), 34. 中译文引自奥维德,《变形记》,杨周翰译,人民文学出版社,1958 年。

地,圣-桑试图在交响诗中同时抓住二者。

谱例 9.3　圣-桑,《法厄同》,mm. 123—136,缩谱　本菲尔德

可能是李斯特激发了这种构思。1872 年,圣-桑匿名发表了一篇李斯特交响诗的评论。文中,他如是赞美《玛捷帕》:

> 作品中间给人一种广袤无垠的印象。烈马和骑者窜入无边无际的草原,宽阔辽远、星星点点,令他目不暇接、眼神游离。此时的管弦乐效果令人惊异。弦乐细分至极致,在它们音域的高高低低中,各种细碎声响,团团簇簇,纷沓而至。①

---

① Lynne Johnson, "Franz Liszt and Camille Saint-Saëns: Friendship, Mutual Support, and Influence" (PhD diss., University of Hawaii, 2009), 206. 评论最初发表于 La Renaissance Littéraure et artistique 1, 36 (28 December 1872): 285—286。

可以肯定,圣-桑正在引用谱例4.5,它的第一、第二小提琴各自分成三个声部,中提琴和大提琴声部各分为两个。就像拜伦不遗余力地捕捉玛捷帕周遭晕眩、模糊的景色细节一样,奥维德也假借法厄同的驾车厄运来穿越大千世界。因而,奥维德的读者遇到无数市镇,听闻尼罗河退回至未知的原初,知悉撒哈拉沙漠如何变为一个广阔的荒凉之地。

**表格 9.1　圣-桑,《法厄同》,空间结构**

|  |  |  |
|---|---|---|
|  | 111：上升,V/ᵇE<br>123：观看者(谱例9.3),ᵇE<br>175：法厄同(谱例9.2),ᵇE<br>197：马与法厄同,C—X<br>227：法厄同,低音碎裂<br>249：宙斯的击毁,ᵇE |  |
| 1—4：引子,ᵇE—G<br>5：马,C—V/G<br>45：马,法厄同(谱例9.1),G—F—B—V/C<br>79：马,C<br>95：法厄同,ᵇE |  |  |
|  |  | 249：坠落,ᵇE—V/C<br>265：仙女(≈观看者),C<br>277：法厄同,哀悼(谱例9.4),C |

诚然,与法厄同的故事相比,这些细节居于其次。但是,圣-桑精心营造出它们的清晰结构。如表格 9.1 所示,《法厄同》是一个通谱体作品,高度变化与调性一同,创造出重要的诠释路标。mm. 1—4,简短的引子通过和弦进行ᵇE 大三和弦-E 减三和弦-E 小三和弦-G 大三和弦勾画出和声紧张的来临,持续音 G 也暗示了 C 大调的属延长。(每一小节第四拍上的弗里几亚、多利亚和增音程的利底亚音阶

进一步模糊了这个段落的意图。)当它们离开奥林匹斯山,骏马猛烈撞击出一个扬抑抑格的动机,它模仿自柏辽兹《浮士德的谴责》的"奔向深渊"。不久,它们优雅地转向 G 大调,以吻合驾驶者。然而,这个转瞬即逝的时刻仅仅在 G 大调实质性的出现一次。此后,$^bE$ 大调(法厄同,他的同情者)和 C 大调(骏马)的冲突占据舞台中心。同样,法厄同的主题不断碎裂,自然音阶被破坏。尤其,m. 227,主题后半的出现毫无方向性,它在大管、大号和低音弦乐的$^bD$ 和 B 之间病怏怏地晃动。m. 249,宙斯给予一击,法厄同开始坠落。圣-桑将观看者的主题转为收集法厄同尸首的女仙主题,法厄同的主题最后一次庄严呈现。m. 283 的增六度、m. 286 的增三属和弦和 m. 290 下行的自然小调音阶(谱例 9.4)共同抵触着结束处明确的 C 大调,圣-桑似乎在回应奥维德的结局,没有人从法厄同的死亡受益。

谱例 9.4　圣-桑,《法厄同》,mm. 277—293,缩谱　本菲尔德

《死之舞》创作于 1874 年 10 月，出版于一年之后。为了激活这个陈旧的浪漫主义"超自然"主题，作品运用了一系列迥然不同的策略。一定程度上，圣-桑的作品模仿了李斯特《第一梅菲斯特圆舞曲》和柏辽兹《幻想交响曲》，反过来，它又启发了之后莱夫勒(《恶魔》，1901；改编自一首早期的同名歌曲)和哈德利(《路西法》[Lucifer]，1910)的魔鬼题材交响诗。但是，作品成功很大程度上源于音乐的万千姿态和音乐外的指涉，比如"魔鬼三全音"、竖琴的 12 次教堂丧钟、失调的小提琴独奏、单簧管模仿鸡鸣和木琴的出现——所有这些以当时最流行的社交舞圆舞曲呈现。不过，从诗歌到歌曲、交响诗的转变也表明，《死之舞》是圣-桑所赞同的高滔派信条"为艺术而艺术"的完美例证。

交响诗大部分基于一首歌曲《死之舞》，作品乃圣-桑 1872 年为卡扎里(Henri Cazalis)的新近诗歌《平等、友爱》而写。卡扎里想象，深夜的一片空地，12 次钟声，死神来临，它在小提琴上奏起一首舞曲。骷髅很快加入，就像一对"淫荡的夫妇"。当舞蹈更加热烈时，卡扎里揭示，二者来自不同的社会阶层：她，一个贵妇人；他，一个镇里的无名之辈。但是，俩人并不介意。就像卡扎里快乐地宣称："哦！穷人们，一个多么美妙的夜晚！死亡和平等万岁！"(Ⅱ.27—28)

圣-桑将卡扎里的整首诗歌写成歌曲，但在交响诗中，他的处理更为不同。序言有卡扎里诗歌的 1—10 行，随后是两行省略号，并以第 25(稍有更改)、26 行诗结束。换言之，由于省略部分与交响诗的建构及标题目标无关，因而，圣-桑要么期望听众填充主要讲述"淫荡夫妇"的省略诗行，要么删除它们。至少，他否定了管弦作品的政治寓意和可能的虚无主义思想，而这是卡扎里希望传达的东西——诗歌写于 1871 年巴黎公社浩劫刚刚发生之后。也就是说，死是伟大的制衡力量。从这个角度，圣-桑的《死之舞》虽不乏艺术性，但严肃性远远不够。确实，为了弥补删减，作曲家以新创作的材料填平了诗歌原初的分节部分，并加强其主题发展，交响诗的容量增加了逾 340 小节或者说百分之七十。最后结果是一个扩展的性格作品，似乎伪装为"死亡象征",却从未失去其嘲讽语调。(圣-桑 1886 年的《动物狂欢节》第十二乐章"化石"通过对《死之舞》的引用,进一步夸大了这些嘲讽成分。)

19 世纪 70 年代的法国,圣-桑不愿在交响诗中融入政治和道德份量,但我们不能因此而责难它的创新。相反,通过回顾 17、18 世纪的先贤模范,重新恢复音乐表达媒介的直接与敏锐,圣-桑将自己的主要角色定位为一个法兰西第三共和国时期拯救法国传统——当前,狂热的瓦格纳主义过度繁荣,在其威胁下,法国传统岌岌可危——的作曲家。

## 弗兰克与他的"团伙"

圣-桑作为民族协会共同创始人的身份和作曲创新,使他成为波普战争之后 10 年间法国音乐复兴的最权威人士和最重要标志之一。然而,19 世纪 80 年代早期,这一地位受到一大群协会成员的挑战,他们认为法国音乐正陷入一种老套的地方主义。1881 年夏天,这些音乐家领导了一场巨大的政变,选举弗兰克、丹第、福雷(Gabriel Fauré)、杜帕克、伯纳德(Emile Bernard)和拉斯库(Antoine Lascoux)为协会执行委员会。一年后,肖松(Ernest Chausson)和伯努瓦(Camille Benoît)入选,取代了丹第和杜帕克的空缺。然后,这个群体静待时机。直到 1886 年,他们草率驱离共同创始人布辛(Romain Bussine),修改了协会条例,允许外国作曲家的作品上演。改变可谓天翻地覆、影响深远;圣-桑无法认同民族协会支持非民族者的悖论,彻底与这个群体切断关系;数月间,两位共同创始人的离去使"弗兰克团伙"的力量得以巩固。"弗兰克团伙"期望弗兰克成为他们的音乐指引者,其名字在 1890 年弗兰克死后将继续鲜活。

自 19 世纪 40 年代早期以来,弗兰克在多种体裁的创作和钢琴、管风琴的演奏上非常活跃。但是,直至 70 年代早期,被聘为巴黎音乐学院管风琴教授前，弗兰克没有一位著名的追随者。此后20余年，他创作了如今的著名大型作品，包括清唱剧《八福》、《d小调交响曲》、钢琴《前奏曲，圣咏与赋格》和三部影响颇大的室内乐作品。此时的履历中还包括5部交响诗，这使他与圣-桑一同成为19世纪后三分之一法国此类体裁最重要的提供者。

关于结构与戏剧，弗兰克的交响诗遵循圣-桑主张和践行的观念：

> 按照李斯特的结构形式，交响诗常常是一个不同乐章的集合，它们源于最初的乐思，彼此依赖，相互联系，形成一个作品……为了获得最大可能的变化，李斯特通常选择一个音乐短语，以节奏技术予以变形，由此表达差异极大的情感。①

然而，重要的不同确实存在。为了给予某些永恒特性，圣-桑采用古典文学或非政治的当代诗歌。弗兰克则转向当代诗人如雨果、莱尔（Leconte de Lisle），《灵魂》来自神秘的"西卡尔"（S. Sicard），也可能是富尔康（Louis de Fourcand）；《可憎的猎人》的诗歌渊源是布格尔的叙事诗《荒野猎人》，虽出版于1786年，但它仍是整个19世纪故事讲述者的主要题材。其次，弗兰克在表格9.2中将每一部作品都描述为交响诗，或者"诗歌交响曲"，如《赎罪》，但是《神灵》中一个华丽的钢琴持续独奏部分或者《灵魂》中四声部的合唱冲击着被称为"交响"作品的边界。最后，弗兰克的和声语言受瓦格纳、李斯特和勃拉姆斯的影响，较之圣-桑，更为半音化，这使他提升了表情强度——如《可憎的猎人》的超自然、《神灵》（种族编码）的恐怖或者《灵魂》中的性欲，其方式在法国绝大多数当代作曲家的管弦乐作品中似乎未有先例。

---

① Camille Saint-Saëns, "Liszt", in *Harmonie et mélodies*, 2nd edn. (Paris: Calmann Levy, 1885), 155—172, at 163—164.

表格 9.2　弗兰克的交响诗

| 标　题 | 创作/首演/出版时间 | 题材来源 | 配　器 |
|---|---|---|---|
| 山间所闻 | 1847/1987/— | 雨果 | 管弦乐 |
| 赎　罪 | 1871—1872/1873/1872 修订 1874/1875/1875 | 布劳(E. Blau) | 管弦乐,女高音,女声合唱,说话者 |
| 风　神 | 1875—1876/1877 * /1893 | 莱尔 | 管弦乐 |
| 可憎的猎人 | 1882/1883 * /1884 | 布格尔《荒野猎人》 | 管弦乐 |
| 神　灵 | 1883—1884/1885 * /1893 | 雨果 | 管弦乐,钢琴独奏 |
| 灵　魂 | 1887—1888/1888 * /1903 | 西卡尔;富尔康? | 管弦乐,混声合唱 |

＊表示民族音乐协会首演

　　雨果的诗歌众多,《神灵》(可自由地译为"鬼怪"或"妖精")来自1829年的《东方诗集》,以声音为主要题材。作品中,从静默到刺耳再回到静默的周期反映了邪恶神灵试图引发末日之战,最后时刻,惊恐的叙述者求助穆罕默德(Muhammad),阻止了决战的发生。对于《东方诗集》而言,《神灵》中毁灭的搁浅极不寻常。就像与众不同的诗歌结构,仅仅 15 个诗节,各有 8 行,按弗兰克的学生丹第所称谓的"菱形"组织而成。①

　　如表格 9.3 所示,雨果创造了一个毫无方向、分割清晰的诗意多普勒效应。前 8 个诗节,每行音节数量逐次增加,余下 7 个诗节,则逐次缩减。交响诗开头(谱例 9.5a),弗兰克以精致的音乐模拟对应。钢琴独奏极具个性,开始进入后不久就予以实质性发展(谱例 9.5b)。丹第坚称,弗兰克的作品既不是雨果诗歌的"音乐改编",也

---

① Richard B. Grant, "Sequence and Theme in Victor Hugo's *Les Orientales*", *Proceedings of the Modern Language Association* 94，5 (1979)：894—908.

与它"没有紧密联系"。① m.347 的新主题出现在新的 b 小调上,其调性稳定令人诧异,且以"极强"演奏——整个总谱中最强的力度标记,这另有所指。实际,这段音乐不仅恰如其分地对应第八诗节所述"地狱喊叫""哭泣声与呜咽声"和"可怕的人群",而且,m.357(谱例9.6)的钢琴恰恰对应雨果的第九诗节。诗节如下:

表格 9.3 雨果,"神灵",结构与内容

| 诗节 | 1 | 2 | 3 | 4 | 5 | 6 | 7 | 8 |
|---|---|---|---|---|---|---|---|---|
| 音节 | 2 | 3 | 4 | 5 | 6 | 7 | 8 | 9 |
| 内容 | 沉默 | 声音响起 | | | 神灵来临 | 神灵到达 | 丑陋生灵的描述 | 即将到来的毁灭 |
| 诗节 | 9 | 10 | 11 | 12 | 13 | 14 | 15 | |
| 音节 | 8 | 7 | 6 | 5 | 4 | 3 | 2 | |
| 内容 | 请求神圣的先知 | 神灵撤退 | 神灵消失 | | 回声 | 沉默 | | |

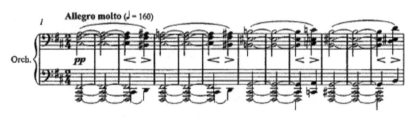

谱例 9.5a 弗兰克,《神灵》,mm.1—12

谱例 9.5b 弗兰克,《神灵》,mm.135—138

---

① Vincent d'Indy, *César Franck*, trans. Rosa Newmarch (London and New York: John Lane, 1910), 163.

谱例 9.6　弗兰克,《神灵》,mm. 353—360

先知,如果你挽救我 / 从这些黑暗恶魔中,/ 我将低头,接受洗涤 / 完成你的神圣仪式。/ 在永远忠诚的大门 / 让他们的呼吸徒然,/ 让那不死者的爪子 / 徒劳刮抓暗黑窗格。①

同样,弗兰克指示钢琴家"哀求但带有焦虑和一点激动"地演奏情感饱满、近乎祈祷的旋律。确实,这个段落中,睡意绵绵的四小节低音线仍在管弦乐内部威慑,神灵的存在依旧强烈。m. 368,开始材料在主调再现(节奏有变形),恶魔特征开始退去。m. 409,它完全消失。

---

① 译文来自 Jacques Barzun, *An Essay on French Verse：For Readers of English Poetry* (New York：New Directions Books, 1991), 128—135, at 133。

## 器乐叙事曲的挑战

　　以音乐描述和唤起故事情景,《法厄同》《死之舞》和《神灵》展现了法国标题音乐作曲家比德国同僚更大的灵活性。尤其是弗兰克为莱尔诗歌"风神"创作的"法国式"器乐作品,其非叙事性、营造气氛的特点表明,他可能乐于扩展这种灵活性。1877年5月13日,当它在民族音乐协会的音乐会上首演时,反响良好。但是,1882年2月,再次演出却惨淡收场。此时,离弗兰克《可憎的猎人》最后收笔恰好8个月。弗兰克仍不能自居复兴交响诗体裁之功,因为他的学生①在此方面的努力几乎比他早10年:1875年,杜帕克基于伯格著名的叙事诗《丽诺尔》创作了一部交响诗;3年后,丹第基于乌兰德(Ludwog Uhland)《哈拉尔德》创作了一部"交响传奇"《魔法森林》;最后,弗兰克主义者对19世纪之交德国叙事诗的兴趣,在此时最经久不衰的管弦乐作品之一杜卡(Paul Dukas)《魔法师的学徒》中达到顶峰。

　　叙事诗相当长,似乎是标题音乐作曲家理想的素材来源。李斯特、塔尔贝格、格里格、福雷、德彪西、比奇、莱尼克(Carl Reinicke)、亨特塞和戈特沙尔克都为19世纪钢琴叙事曲贡献了不朽范例,但没有人公开一个可靠的诗歌来源。19世纪40年代早期,人们将肖邦四首钢琴叙事曲中第一、第二首(op. 25, op. 38)与密兹凯维茨(Adam Mickiewicz)的诗歌相联系,虽然肖邦保持沉默,但这导致评论者不是从这两首而是肖邦的全部四首叙事诗中听出了"波兰性"。彪罗(op. 11)和勃拉姆斯钢琴叙事曲(op. 10)的标题基础似乎更为牢固,

---

① 弗兰克的学生包括杜帕克、科卡尔(Arthur Coquard)、凯恩(Alfred Cahen)、卡斯蒂隆(Alexis de Castillon)、丹第、肖松、伯努瓦、福尔摩斯、布雷维尔(Pierre de Bréville)、塞尔(Louis de Serres)、罗帕茨、博尔德(Charles Bordes)、菲梅(Dynam-Victor Fumet)、皮埃内(Gabried Pierné)、图内米尔(Charles Tounemire)、瓦伊(Paul de Wailly)、拉扎里(Sylvio Lazza)和勒克(Guikkaume Lekeu)。虽然法国的瓦格纳主义盛行,但夏布里埃(Chabrier)和杜卡不是弗兰克的学生。

不过,与前者(节选有雨果《内在的声音》两行诗)相联系的沉思性诗歌和后者的紧凑挑战着体裁的叙事追求。实际上,这个世纪仅仅有少量钢琴作品有资格称为完完全全的音乐叙事曲,比如,库拉克(Theodor Kullak)的《丽诺尔》(op. 81, 1853)或陶西格的《幽灵船》(op. 1, 1860,参见第五章)。因而,在法兰西第三共和国早年,弗兰克和他的两个学生的三部管弦乐叙事曲代表了一个微小但一致的努力,为勃勃生机的法国标题音乐传统作出了真正的新贡献。

《可憎的猎人》的一个突出特征就是减少了布格尔诗歌的多余角色。布格尔如是叙述:太阳初升,伯爵遇见众所周知的"善天使"与"恶天使"。善天使请求伯爵回去,恶天使则煽动其自负,力劝其继续。权衡之后,伯爵意识到他与邪恶同伴志趣相投,逐坚持狩猎。沿途,他断然拒绝一位贫穷劳动者的恳求,他的猎狗尽情享用一位焦躁农夫的上等母牛,他嘲笑宣扬忏悔的隐士。突然,两位同伴离开了,他发现自己孤身一人。上方("雷声")一个声音宣判,伯爵将永远被地狱鬼怪追逐。此后,布格尔在最后诗节指出,类似的虔诚者与罪人仍能在森林的夜晚听到来自伯爵的声响。

除了"一个阴郁、冷酷的声音"和伯爵,弗兰克剔除了序言中所有相关的骑马者、叙述者、劳动者、农夫和隐士:

> 星期天早晨,远处回荡着快乐的钟声和人群虔诚的歌声……亵渎神明啊!野蛮的莱茵伯爵已经吹响了猎号。
>
> 嘿!嘿!捕猎者冲过田地、荒野和草地,——"停下来,伯爵,我请求你;听听虔诚的歌声"。——不!嘿!嘿!——"停下来,伯爵,我乞求你,小心一点"。——不,骑马者像旋风一样冲过。
>
> 突然,伯爵孑然一人。马儿拒绝前行,伯爵吹起号角,却不再响起……一个幽暗、冷酷的声音诅咒:"遭天谴的人",它喊道,"永远被地狱鬼怪所追逐"!
>
> 然后,火焰从四面八方喷出……伯爵被一群魔鬼追赶,恐惧得发疯,越逃越快:白天越过地狱,夜晚穿过天空。

268　　伯爵自我毁灭般的傲慢与顽固体现在一个干脆、节奏鲜明的四小节主题中,它在每一小节强拍回到主和弦,但却明显突出了两个调性上不稳定的音色(Ⅵ、♭ⅶ)。为替代它们,弗兰克创造了一个请求动机——它展示了弗兰克典型的小节结构特点(谱例9.7)——试图动摇伯爵。弗兰克交响诗的第二部分(mm.77—231)就以这两种声音的交织为主要特征,通过典型的李斯特式模进,从g小调转至b小调,主题对位化并置代替了阶段性展开——一个与瓦格纳主导动机相近的应用方式。m.203,伯爵在传统的英雄主义和胜利的调性♭E大调上被宣示,但伯爵主题与自称为调解人的主题之间的叙述距离变小,缓和了这种宣示。m.223,回到g小调时,伯爵发现自己被抛弃了。m.232,低音鼓及一小节后的钹随之出现,由此导致m.248处一个更为戏剧性的迷失。弗兰克指示圆号塞住管口,产生一种怪异音色,以模仿伯爵突然失控的乐器。

谱例9.7　弗兰克,《可憎的猎人》,mm.129—136

如表格9.4所示,《可憎的猎人》是一部半叙事曲,共四个部分,其中两部分试图接近布格尔的叙事。第二部分与第四部分都以戏仿式或讽刺性变形记录了被诅咒的伯爵穿过乡间,类似于李斯特《浮士德》交响曲第三乐章(参见第六章论述)。然而,第一、第三部分则主要为气氛烘托。前者强调伯爵周遭环境的田园性格和人们的虔诚,通过"田园"长短节奏和圆号短长格的对比,使之陷入更大的慰藉氛围之中。后者运用模仿(如韦伯的《魔弹射手》和柏辽兹的《幻想交响曲》),创造出森林的凶险和不祥。

表格9.4　弗兰克,《可憎的猎人》的结构

| 段落Ⅰ:田园 | Ⅱ:空旷乡间 | Ⅲ:幽闭森林 | Ⅳ:追逐 |
| --- | --- | --- | --- |
| mm.1—76 | 77—231 | 232—272 | 273—311 | 312—542 |
| 主题引入,G<br>1:狩猎<br>17,37:田园<br>33:教堂钟声 | 77:伯爵主题,g | 232:低音鼓,钹 | 273—309:<br>无明显旋律的模进;<br>开头圆号动机的变形<br>273:b<br>285:d<br>292:f | 312—542:<br>开头圆号动机的继续变形;<br>段落Ⅲ波浪音型的发展;<br>半音运动为主 |
| 49:<br>三个主题并置 | 114:伯爵,全奏,g | 248:"塞住"圆号 | 310:♯f | 336:伯爵,变形,持续音G |
| 61:田园主题的发展 | 129:请求主题,♭E-f | 249:伯爵,碎片化,ⅶ/d—ⅶ/b | | 392,400;450,458:田园,在低音弦乐上碎片化 |
| 69:田园,极强 | 140:伯爵+纷乱的小提琴,b<br>177:伯爵,b—D<br>192:请求,G—a<br>203—223:伯爵—请求<br>203:♭E—♯c<br>211:F—b<br>223:伯爵,g 478:钟声 | | | |

19世纪，布格尔的叙事诗广受欢迎，这也有助于说明杜帕克的器乐创作《丽诺尔》(1875)。杜帕克处理原始题材远没有基本同期的拉夫《第五交响曲》第三部分（参见第五章）那样具体与全面。拉夫花费一个乐章挖掘不幸夫妇的关系，此后集中着墨于丽诺尔荒野骑奔的疯狂情景，而杜帕克将其作为记录丽诺尔愈来愈深的情感痛苦的依托。确实，通过自我牺牲的爱，杜帕克将布格尔的故事转变为一个完完全全的瓦格纳式拯救传说，从而掩盖了丽诺尔亵渎神明的行为后果。总谱的文字说明暗示了这一方式：

> 丽诺尔的未婚夫威廉死于战事，她哀伤不已。突然，他的幽灵出现了，骑着一匹黑马，掠走丽诺尔。他们匆匆而去，快如暴风雨。"哦！亡灵跟随着我们，亲爱的，你怕吗？""不"，她答道，"但让他们安静下来"。尖叫的魂灵继续纠缠。午夜时分，骑马者与骏马化为乌有。丽诺尔死了。①

瓦格纳式的主题被杜帕克的音乐语言所强化。就像《特里斯坦与伊索尔德》，情感在上方弦乐声部爆发，音区、力度和半音化程度逐渐走高，速度加快显得急不可耐（谱例9.8）。此外，始于m.42的骑奔在m.54真正开始向前运动，它与瓦格纳"飞行的女武神"极其相似。后者是《女武神》第三幕的前奏曲，至少对于19世纪70年代初期的杜帕克和他的同僚来说，它构成了瓦格纳最现代且最先进的描述性音乐的一部分。

杜帕克的音乐语汇受惠于瓦格纳，弗兰克次之——比如mm.76—77和mm.112—113中起伏的成对和弦，但《丽诺尔》的结构设计则更多地指向李斯特和圣-桑。如表格9.5所示，"特里斯坦"材料的安排类似一个奏鸣曲式。呈示部，两个主题在近关系调G大调和

---

① 文字说明译自法文第一版。19世纪90年代中期，由莱比锡哈特公司出版，因此，也包括一个德文说明。德文文本常在法文后，并额外引用了布格尔的叙事诗，具体指第145—148和309—316行。杜帕克是否建议或认可这个增补材料尚不清楚。

b小调上引入,第三个主题#c小调出现在展开部。作品第二部分,尽管第二、第三主题没有回到主调,但所有三个主题依次再现。

然而,奏鸣曲式不是孤立的运作,它明显受到慢速插部的影响。比如,第一插部可看作奏鸣曲式的引子,第二插部可作为展开部的真正开始。同样,前三个插部的调性区域与奏鸣曲式三个主要主题的调性G大调、B大调/b小调、E大调/#c小调紧密相连。同时,插部也削弱了奏鸣曲式的结构完整性。比如,由于第二主题未能找到明确的调性,m.173第三主题的部分出现模糊了再现部。实际上,交响诗似乎与段落划分相背,而是走向更强的综合性。在奏鸣曲式的范围内,m.199之后的部分可能被解释为尾声,但实际上,它是杜帕

谱例9.8 杜帕克,《丽诺尔》,mm.21—33,缩谱 圣-桑

谱例9.8 （续）

克作品中情感和叙事世界合并的开始。比如，主调在 m. 274 处才到达，调性也背离至 g 小调，这无疑是因为主题三的存在不断加剧。在大管和长号的掌控下，它在 m. 257 的变形获得了一种葬礼特性。杜帕克《丽诺尔》中叙事和精神架构的瓦解构成了他对著名题材令人信服的原创性解读。

如同杜帕克《丽诺尔》，丹第的《魔法森林》（完成于1878年）也采用了一首德国叙事诗——乌兰特（Ludwig Uhland）作于 1811 年。诗中，英雄进入一个超自然世界，再也没有回来。丹第的作品中，骑士哈拉尔德（Harald）和同伴们在一次战役胜利后策马返家。森林开始骚动，突然，他们遭到精灵的引诱。除了勇敢的哈拉尔德，所有人都被精灵的美貌所倾倒。为了逃离"蛮荒森林",哈拉尔德停下来休息。当取下头盔饮用岩边山泉时,口渴难耐的哈拉尔德被石化,沉沉睡去,直至今日。①

表格 9.5　杜帕克,《丽诺尔》的结构

| | |
|---|---|
| 1—41:持续的行板 | 引入 |
| | 呈示部 |
| | 54:Ⅰ,G |
| | 69:Ⅱ,b |
| 86—104:更宽广地,E | 展开部 |
| | 124:Ⅲ,♯c-X |
| | 再现部 |
| | 146:Ⅰ,G |
| 163—188:更宽广地,B | |
| 173:Ⅲ | |
| | 189:Ⅱ,X |
| | 尾声/展开部Ⅱ |
| | 199:Ⅲ,e-X |
| 223—228:更宽广地,G-Ⅲ,g | |
| —229—256:原速(248—257):Ⅴ/G) | |
| 综合 | |
| 256—282:行板-更慢板-柔板 | |
| Ⅲ,g,材料来自持续的行板 | |

丹第决定为他的交响传奇取名《魔法森林》,而不是《哈拉尔德》,这表明作曲家的主要焦点在环境,而不是人物角色。他对于后者的处理揭示,丹第过度依赖传统,而非发展传统。一个例证是哈拉尔德的主题(谱例 9.9),其轮廓、节奏和配器类似于圣-桑《法厄同》的同

谱例 9.9　丹第,《魔法森林》,mm. 145—151

---

① 英译版参见 Ludwig Uhland, *The Poems*, trans. Alexander Platt (Leipzig: Friedrich Volckmar, 1848), 358—360。

274

谱例9.10 丹第,《魔法森林》,mm. 283—298

名题材。甚至,作品最后第三部分的主题变形描述了哈拉尔德陷入梦境的过程,映射了阿波罗那位自负儿子的厄运——也包括音乐。不过,令人钦佩的是,丹第在前人基础上成功添加了浪漫主义普遍存在的森林音响。前人的实践已有,韦伯的《魔弹射手》、柏辽兹的《幻想交响曲》和瓦格纳《齐格弗里德》第二幕的"森林细语"(1876 年,丹第在拜罗伊特见证其首演)。精灵在《魔法森林》中部被引入,此时,丹第将管弦乐分为几个室内乐式的合奏组。谱例 9.10 提供了一块丰富多彩的调色板,闪烁的第一小提琴,拨奏的竖琴,加上一个独奏的圆号和长笛。有限的音域——乐器没有超过大三度的跳进——赋予段落以昏昏欲睡的特性。mm. 295—297,弦乐三重奏从下方汩汩而出,顷刻将其打断,暗示了被压抑的力量因哈拉尔德和他的骑士同伴而释放。在《魔法森林》中,丹第对于材料的处理并不均衡,但是管弦乐的细腻敏锐将在后来更成熟的作品中"收益红利",这些作品以自然场所或地理区域为灵感,包括《法国山歌交响曲》(1886)、《山中夏日》(1905)、《海滨之诗》(1921)和《地中海之画》(1926)。

## 音乐描绘的再现? 德彪西与拉威尔

反思世纪之交交响诗和管弦乐幻想曲的发展历史,丹第提出了三大流派:(1)柏辽兹流派;(2)俄罗斯流派;(3)弗兰克流派。柏辽兹引领"交响诗的复兴",不仅影响器乐音乐,而且影响(瓦格纳式的)歌剧。继柏辽兹之后,李斯特、圣-桑、夏庞蒂埃(Gustave Charpentier)(《意大利印象》,1892 年出版),尤其是德彪西,他们的描述性音乐"明显提升了……交响诗体裁"。①

就像李斯特,德彪西作品风格的形成主要通过钢琴及稍后的管

---

① Vincent d'Indy, *Cours de compositon musicale*, ed. Auguste Sérieyx, 3 vols. (Paris: Durand, 1903—1951), Ⅱ:321.

弦乐。尽管丹第尝试将这位同行的音乐归类于源自柏辽兹的法国光荣传统,但是关于音乐标题,德彪西自己仍然深陷矛盾之中。这一立场来自他对一切传统(如交响曲)、学院(弗兰克流派)或狂热(瓦格纳主义)之流更为普遍的鄙夷。三个例证如下:

- 1890年,德彪西结识马拉美(Stéphane Mallarmé);1892年,他开始定期参加马拉美的"星期二沙龙"。这位象征主义诗人鼓励年轻的艺术家为他的"牧神午后"(1876年)创作音乐,1894年,德彪西完成此曲。马拉美的田园诗描摹了一位半梦半醒的牧神,他不能清醒地察觉梦与现实的差异。德彪西直接将感觉的界限模糊掉,以三个对比鲜明的支撑和弦呈现著名的长笛旋律:m. 11的D大七和弦、m. 21的 #C小七和弦第一转位和m. 26的E九和弦。《前奏曲》所有110小节发展和再现了这个主题(与马拉美的诗歌行数完全吻合)。1894年12月,作品在民族音乐协会的音乐会上首演。不久,德彪西在一段文字说明中强调,《前奏曲》构成了诗歌"真正自由的阐释",而"不是有意综合它"。①
- 1903年,德彪西向他的出版商描述了一个标题为"大海"的交响作品计划,这一作品包括三个乐章:Ⅰ."恶岛边美丽的大海",标题来自1893年莫克莱(Camille Mauclair)的一个小故事;Ⅱ."浪的游戏";Ⅲ."狂风使大海舞蹈"。两年后作品首演时,仅仅第二乐章的标题原封不动。如今,第一乐章为一个非文学标题"海上——从黎明到正午"。第三乐章突出了风与浪的对话,而不是舞蹈。尽管三个乐章性格各异,但《大海》没有被视为一部交响曲或交响诗,而是三乐章的"交响素描"。最后,作曲家坚持,出版总谱封面须为葛饰北斋(Katsushika Hokusai)的《神奈川的巨浪》(图9.1)。

---

① 德彪西完整的法文短评,参见 Arthur Wenk, *Claude Debussy and the Poets* (Berkeley and Los Angeles: University of California Press, 1976), 152. 马拉美的诗歌译文,参见 pp. 307—310。

插图 9.1　葛饰北斋,《神奈川的巨浪》

- 不足 10 年后,德彪西出版两集钢琴前奏曲。24 首作品皆有标题,比如"沉没的教堂""亚麻色头发的少女""水妖"和"焰火"。但是,与通常位置不同,德彪西忍而不发,直至终止线,标题才出现,以表明一首作品的诠释或者至少是标题诠释只能开始于音乐结束之后。确实,德彪西似乎欣喜于全部标题事项的模糊。他在第一集第二首前奏曲结束时附以"薄纱",它或指"面纱",或为"帆蓬"——宽大而透明,或者神秘而模糊?两大形象皆为象征主义者所钟爱:面纱令人想起东方与古希腊的异域女子,而帆蓬则可唤起大海和海上航行之意象。

确实,约 30 年的职业生涯中,德彪西的风格历经重大变化。19 世纪 80 年代,他是一位热情和坚定的瓦格纳主义者;约 1900 年,他抛弃了这位拜罗伊特的圣哲;生命的最后年岁,他战斗般地献身于"法国音乐"(参见第一章)。然而,整个职业生涯始终未变的是,他推崇音乐表达的深刻个人化:"我栖息于想象的世界",1908 年的一次访谈中,他透露说:"它被我的幽密环境所暗示的东西而不是外部影响所推动……当我深入搜寻自己内心深处,我找到了一种雅致的快乐。如果说我有一些原创性的话,那么它只能如此而来。"①

自个人风格形成后,德彪西的音乐通常与印象主义绘画(如莫奈[Claude Monet])或象征主义诗歌(如马拉美)相联系。确实,他的言辞强调了前一流派对周遭环境所要求的私密和后者所珍视的神秘。这些立场都包含在一次贝多芬《"田园"交响曲》和李斯特《玛捷帕》的音乐会评论中。他抱怨"《'田园'交响曲》广受欢迎是因为人与自然之间存在着普遍误解",并继续说道,准确模仿潺潺小溪和啾啾小鸟相当荒谬:"森林的神秘能通过丈量树的高度来表达吗?难道不是它的深邃搅动了你的想象吗?"相反,由于《玛捷帕》情感状态的间接,德彪西更为宽容,"最后,风暴般的情感肆虐全曲,我们完全被其俘虏,以致不假思索、心满意足地接受了它"。②

尽管德彪西与拉威尔绘制出两条差别颇大的音乐道路,但德彪西力主毫无保留地接受它,这正是抵近拉威尔最伟大和最显在标题作品《夜之幽灵》的一条恰当之路。三乐章钢琴独奏作品的标题来自贝朗特的同名诗集——出版于诗人死后的 1842 年,但基本不为人知,直到它出现在波德莱尔(Charles Baudelaire)死后出版的散文诗集《巴黎的忧郁》(1869)的序言中,才引起读者注意。19 世纪余下时光里,《夜之幽灵》的声誉与日俱增,尤其在象征主义诗人中,比如马拉美,他认为他与贝朗特具有相似精神。

《夜之幽灵》中,拉威尔试图"以音符言说诗人文字所述"。③ 贝朗特诗集吸引拉威尔之处部分源于角色的变化万千,尤其是它们显现强烈模糊感和渗透给读者疑惑感的方式。"水妖"是拉威尔第一乐章的素材来源,贝朗特通过描绘"模模糊糊的和谐"、"阴郁月光照亮"

---

① Richard Langham Smith, ed. and trans., *Debussy on Music* (New York: Alfred A. Knopf, 1977), 233.
② Claude Debussy, "Beethoven," in *Monsieur Croche the Dilettante Hater*, trans. B. N. Langdon Davier, published in *Three Classics in the Aesthetic of Music* (New York: Dover, 1962), 38—39.
③ Stelio Dubbiosi, "The Piano Music of Maurice Ravel" (PhD diss., New York University, 1967), 78.

的窗户、"汩汩作响"的流水,赋予长久以来属于欧洲民间传说的人物角色以哥特式风格。当贝朗特从前三段水妖叙述转为第四段向叙述者叙述,换句话说,即此时客观性的主体成为主观性的客体时,读者视角被进一步歪斜。并且,当这个新的主体在第五段和最后一段开始以第一人称叙述时,除了"我爱一个凡间女人"之外,并无故事背景或语境。确实,当场景结束于水妖逃逸时,如果说故事已经完结,那么这将是一个十足的"大话",欺骗已根植于乐章的基因之中。

拉威尔把《夜之幽灵》称为"三首超级炫技的浪漫诗歌",显然,这是对李斯特1852年"超级练习曲"的清晰映射(参见第四章)。二者相比,《夜之幽灵》的炫技性没有那样夸张,但这种映射表明,他希望标题三部曲代表钢琴技巧的一个新阶段。外部乐章最为艰深,比如,"水妖"的一大挑战是平衡,伴奏——贝朗特的"阴郁月光"或"汩汩流水"?——极端活跃,变化频繁,常常冒犯旋律(谱例9.11)。高度亢奋的"幻影"描述了一位顽皮的妖精,除了名字,它实际是托卡塔。快速重复和连续琶音需要非同一般的敏锐技巧,而不规则的乐句停顿和开始使材料很难掌控。换一种角度,拉威尔将熟悉的神秘与奇异标题化,就像贝朗特"幻影"中的叙述者以一个讽刺性句子开始前三行的每一句:"多少次……"。

谱例9.11 拉威尔,《夜之幽灵》,"水妖",mm. 80—82

确实,《夜之幽灵》也代表了标题思想的一个新阶段。绝大部分标题作品将主观体验的单个视角作为其美学基础,而《夜之幽灵》尝试同时"玩弄"多个视角。这一方式在非叙述的第二乐章"绞刑架"表现最为突出。来自歌德《浮士德》的一句引文:"我在这绞架的周围看见什么在摆动?"①这或勾起回忆,或唤起诗意灵感。于是,贝朗特的诗歌开始了:

啊!我听见的,是夜间寒风的呼啸?抑或是吊死者在绞架上的咽气?

是蟋蟀蜷伏在青苔和不结果实的常青藤里的歌唱?——树林子怀着怜惜之意披上这青苔和常春藤。

是行猎的苍蝇在耳边吹起号角?——耳朵对围猎的呼号竟置若罔闻。

是金龟子颤飞的嘶叫?——它竟在他的秃顶上摘取一缕带血的头发。

抑或是一只蜘蛛正在那被勒的脖子上绣半尺薄纱聊作领带?

那是地平线下某座城楼叮当的钟声,还有夕阳染红的吊死者的骨架。②

固定音型(短长短长短)的八度$^b$B音一直保持在钢琴的中间音区,钟声在此间无处不在。联系到乐章的六个降号和 mm. 3—5、mm. 8—9 强拍上对$^b$E音的强调,功能上,钟声音高应构成主音、中音或属音音响。不过,拉威尔避免了所有三者,而选择聚焦于更丰富

---

① 贝朗特的引用来自《浮士德》第一部分"夜,旷野"场景的第一行:"那些人围着刑场干什么?"

② Louis "Aloysius" Bertrand's Gaspard de la Nuit: Fantasies in the Manner of Rembrandt and Callot, ed. and trans. John T. Wright, 2$^{nd}$ edn. (Lanham, MD: University Press of America, 1994), 123. 中译文引自《夜之卡斯帕尔》,黄建华译,花城出版社,2004年。

的音响效果，其中，它作为九度音、十一度音甚至十三度音削弱了主音的倾向性。实际上，许多这类音响，尤其是开篇（谱例9.12），缺少三音，以致至少在局部，它们给人一种主调属音与副调属音复合堆叠的印象。m.6，一段短小旋律以突出的$^bF$音引入，不仅进一步腐蚀主音为$^bE$的可能，也压缩了$^bG$为主音的选项。简言之，拉威尔以一群音响暗示一个特定调高或调性中心，但从未专注于它。

谱例9.12　拉威尔，《夜之幽灵》，"绞刑架"，mm.1—7

贝朗特的诗歌也是如此。叙述者不想承认自己听到什么，因此，他捏造一系列愈来愈令人难以置信的声音，徒劳无益地尝试缓解自己不断加剧的恐惧。拉威尔引入"绞刑架"开篇的钟声固定音型来揭示结局——蟋蟀、苍蝇、甲虫或蜘蛛都不可靠。不过，正因为钟声架构整个乐章，并可以合理地被视为其"主题"，结构和标题内容才有实质性的发展。"绞刑架"混合了否定、偏执、堕落的性格和音型，绘制出一个缓慢陷入疯狂的过程。当在更为活跃的两个外部乐章中考量时，它进一步获得表情力度。其中，情欲、矛盾、嘲讽和自我怀疑有助于实现《夜之幽灵》的长远目标——碎裂叙述者和听众的主体性。

第一次世界大战后，法国或其他国家新的标题音乐创作绝没有停息。然而,一场19世纪方式和思想观念的强烈抵制弥漫在整个艺术之中,这意味着越来越多的音乐家不再创作——至少不再公开创作——标题作品。斯特拉文斯基是这一变革的标志。早期作品如《幻想谐谑曲》和《焰火》(都创作于1908年)沿袭名气稍逊的当代作曲家如里亚多夫(Anatoly Lyadov)或斯克里亚宾的范例,扩展了19世纪晚期的俄罗斯标题音乐传统。战前巴黎,作为俄罗斯芭蕾舞团的作曲家,斯特拉文斯基创作了三部杰作——《火鸟》《彼得鲁什卡》《春之祭》。文字、音乐和动作的混合说明,20世纪早期作曲家齐心协力,努力提高芭蕾舞剧的诗意地位,杜卡的"诗篇舞蹈"《仙女》,1911)、德彪西(《游戏》,1912)和拉威尔的"交响舞剧"《达夫尼斯与克洛埃》(1912)就是明证。然而,下一个十年,斯特拉文斯基抛弃了这种特殊标题风格,转向"新古典主义"。此时的作品(如《八重奏》)绝不可解释为"富有情感的",而是"基于自足客观要素的音乐作品"。① 战争期间,重要作曲家如巴托克、兴德米特(Paul Hindemith)和勋伯格作出类似的方向调整。毫无疑问,这将美学潮流转向客观、表面无情感的音乐。于是,前一世纪典型的音乐潮流——标题音乐——的传统大门被关闭。

## 延伸阅读

### 引 言

Albright, Daniel. *Panaesthetics*: *On the Unity and Diversity of the Arts*. New Haven and London: Yale University Press, 2014.

Bonds, Mark Evan. *Absolute Music*: *The History of an Idea*. Oxford University Press, 2014.

Brown, A. Peter. *The Symphonic Repertoire*. 5 vols. Bloomington and Indi-

---

① Stephen Walsh, *Stravinsky*: *A Creative Spring*: *France and Russia*, 1882—1934 (Berkeley and Los Angeles: University of California Press, 1999), 354.

anapolis: Indiana University Press, 2002— .

Casler, Lawrence. *Symphonic Program Music and Its Literary Sources*. 2 vols. Lewiston, NY: Edwin Mellen Press, 2001.

Fink, Monika. *Musik nach Bildern: Programmbezogenes Komponieren im 19. und 20. Jahrhundert*. Innsbruck: Helbling, 1988.

Hepokoski, James, and Warren Darcy. *Elements of Sonata Theory: Norms, Types, and Deformations in the Late-Eighteenth-Century Sonata*. Oxford University Press, 2006.

Kivy, Peter. *Antithetical Arts: On the Ancient Quarrel Between Literature and Music*. Oxford University Press, 2009.

Klauwell, Otto. *Geschichte der Programmusik von ihren Anfängen bis zur Gegenwart*. Leipzig: Breitkopf & Härtel, 1910; repr. Wiesbaden, 1968.

Petersen, Peter. *Programmusik: Studien zu Begriff und Geschichte einer umstrittenen Gattung*. Laaber-Verlag, 1983.

Bobinson, Jenefer. *Deeper Than Reason: Emotion and Its Role in Literature, Music and Art*. Oxford University Press, 2007.

# 第一章

Arnold, Ben. *Music and War: A Research and Information Guide*. New York: Garland, 1993.

Bonds, Mark Evan. *Wordless Rhetoric: Musical Form and the Metaphor of the Oration*. Cambridge, MA: Harvard University Press, 1991.

Dickensheets, Janice. "The Topical Vocabulary of the Nineteenth Century." *Journal of Musicological Research* 31, 2—3(2012): 97—137.

Feldman, Martha. "Music and the Order of the Passions." In *Representing the Passions: Histories, Bodies, Visions*, ed. Richard Meyer, 37—67. Los Angeles: Getty Publications, 2003.

Frigyesi, Judit. *Béla Bartók and Turn-of-the-Century Budapest*. Berkeley and Los Angeles: University of California Press, 1998.

Hatten, Robert S. *Interpreting Musical Gestures, Topics, and Tropes: Mozart, Beethoven, Schubert*. Bloomington and Indianapolis: Indiana University

Press, 2004.

Loughridge, Deirdre. "Magnified Vision, Mediated Listening and the 'Point of Audition' of Early Romanticism." *Eighteenth-Century Music* 10, 2(2013): 179—211.

Mathew, Nicholas. *Political Beethoven*. Cambridge University Press, 2013.

Mirka, Danuta, ed., *The Oxford Handbook of Topic Theory*. Oxford University Press, 2014. and Kofi Aganwu, ed., *Communication in Eighteenth-Century Music*. Cambridge University Press, 2008.

Monelle, Raymond. *The Musical Topic: Hunt, Military and Pastoral*. Bloomington and Indianapolis: Indiana University Press, 2006.

Morrow, Mary Sue. *German Music Criticism in the Late Eighteenth Century: Aesthetic Issue in Instrumental Music*. Cambridge University Press, 1977.

Watkins, Glenn. *Proof Through the Night: Music and the Great War*. Berkeley and Los Angeles: University of California Press, 2003.

## 第二章

Allen, Aaron S. "Symphonic Pastorals." *Green Letters: Studies in Ecocriticism* 15, 1(2011): 22—42.

Bonds, Mark Evan. *After Beethoven: Imperatives of Originality in the Symphony*. Cambridge, MA: Harvard University Press, 1996.

——*Music as Thought: Listening to the Symphony in the Age of Beethoven*. Princeton University Press, 2006.

Botstiber, Hugo. *Geschichte der Ouvertüre und der freien Orchesterformen*. Leipzig: Breitkopf & Härtel, 1913.

Grey, Thomas S. "Wagner, the Overture, and the Aesthetics of Musical Form." $19^{th}$-Century Music 12, 1(1988): 3—22.

Guyer, Paul. "Mendelssohn's Theory of Mixed Sentiments." In *Moses Mendelssohn's Metaphysics and Aesthetics*, ed. Reinier Munk, 259—278. Dordrecht: Springer, 2011.

Schmalfeldt, Janet. *In the Process of Becoming: Analytic and Philosophical Perspectives on Form in Early Nineteenth-Century Music*. Oxford University Press, 2011.

Steinkämper, Claudia. *Melusine—vom Schlangenweib zur "Beauté mit dem Fischschwanz": Geschichte einer Literarischen Aneignung*. Göttingen: Vandenhoek & Ruprecht, 2007.

## 第三章

Brittan, Francesca. "Berlioz and the Pathological Fantastic: Melancholy, Monomania, and Romantic Autobiography." *19th-Century Music* 29, 3(2006): 211—239.

Colas, Damien. "Berlioz, Carpani et la question le l'imitation en musique." In *Berlioz: Textes et contextes*, ed. Joël-Marie Fauquet, Catherine Massip, and Cécile Reynaud, 221—239. Paris: Société francaise de musicologie, 2001.

Holoman, D. Kern. *A Musical Biography of the Creative Genius of the Romantic Era*. Cambridge, MA: Harvard University Press, 1989.

——*The Société des Concerts du Conservatoire*, 1828—1967. Berkeley and Los Angeles: University of California Press, 2004. 相应网站: hector. ucdavis. edu/sdc.

Johnson, James H. *Listening in Paris: A Cultural History*. Berkeley and Los Angeles: University of California Press, 1995.

Kelley, Thomas Forrest. *First Nights: Five Musical Premieres*. New Haven and London: Yale University Press, 2000.

Newcomb, Anthony. "Once More Between Absolute and Program Music: Schumann's Second Symphony." *19th-Century Music* 7, 3(1984): 233—250.

——"Schumann and Late Eighteenth-Century Narrative Strategies." *19th-Century Music* 11, 2(1987): 164—174.

——"Schumann and the Marketplace: From Butterflies to Hausmusik." In *Nineteenth-Century Piano Music*, ed. R. Larry Todd, 258—315. New York: Schirmer, 1990.

Plantinga, Leon B. *Schumann as Critic*. New Haven and London: Yale University Press, 1967.

Rosen, Charles. *The Romantic Generation*. Cambridge, MA: Harvard University Press, 1995.

Thorslev Jr., Peter L. *The Byronic Hero: Types and Prototypes*. Minneapolis: University of Minnesota Press, 1962.

## 第四章

Bertagnolli, Paul A. "Amanuensis or Author: The Liszt-Raff Collaboration Revisited." *19th-Century Music* 26, 1(2002): 23—51.

——*Prometheus in Music: Representations of the Myth in the Romantic Era*. Aldershot: Ashgate, 2007.

Bonner, Andrew. "Liszt's *Les Prélude* and *Les Quatre Élément*: A Reinvestigation." *19th-Century Music* 10, 2(1986): 95—107.

Gibbs, Christopher H. and Dana Gooley, eds. "Franz *Liszt and His World*." Princeton University Press, 2006.

Hall-Swadley, Janita R., ed. And trans. *The Collected Writings of Franz Liszt*. 7 vols. Lanham, MD: Scarecrow Press, 2011— .

Hamilton, Kenneth, ed. *The Cambridge Companion to Liszt*. Cambridge University Press, 2005.

Hoeckner, Bertold. *Programming the Absolute: Nineteenth-Century German Music and the Hermeneutics of the Moment*. Princeton University Press, 2002.

Huschke, Wolfram. *Musik im klassischen und nachklassischen Weimar*, 1756—1861. Weimar: Böhlau, 1982.

Kirby, F. E. "The German Program Symphony in the Nineteenth Century (to 1914)." In *A Compendium of American Musicology: Essays in Honor of John F. Ohl*, ed. Enrique Alberto Arias et al., 195—211. Evanston, IL: Northwestern University Press, 2001.

Micznik, Vera. "The Absolute Limitations of Programme Music: The Case of Liszt's 'Die Ideale'." *Music & Letters* 80, 2(1999): 207—240.

Walker, Alan. *Franz Liszt: The Weimar Years*, 1848—1861. New York: Knopf, 1989.

## 第五章

Altenberg, Detlef, ed. *Liszt und die Neudeutsche Schule*. Laaber-Verlag, 2006.

Bevier, Carol Sue. "The Program Symphonies of Joseph Joachim Raff." PhD diss., University of North Texas, 1982.

Dahlhaus, Carl. "Wagner and Program Music." *Studies in Romanticism* 9, 1(1970): 3—20.

Deaville, James. "The Controversy Surrounding Liszt's Conception of Programme Music." In *Nineteenth-Century Music: Selected Proceeding of the Tenth International Conference*, ed. Jim Samson and Bennett Zon, 98—124. Aldershot: Ashgate, 2002.

Dömling, Wolfgang. "Reuniting the Arts: Notes on the History of an Idea." *19$^{th}$-Century Music* 18, 1(1994): 3—9.

Grey, Thomas S, "Metaphorical Models in Nineteenth-Century Criticism: Image, Narrative, and Idea." In *Music and Text: Critical Inquires*, ed. Steven Paul Scher, 93—117. Cambridge University Press, 1992.

Grimes, Nicole. "A Critical Inferno? Hoplit, Hanslick and Liszt's *Dante Symphony*." *Journal of the Society for Musicology in Ireland* 7 (2011—2012): 3—22.

Gur, Golan. "Music and 'Weltanschauung': Franz Brendel and the Claims of Universal History." *Music & Letter* 93, 3(2012): 1—24.

Karnes, kevin. *Music, Criticism, and the Challenge of History: Shaping Modern Musical Thought in Late Nineteenth-Century Vienna*. Oxford University Press, 2008.

Stasov, Vladimir Vasilevich. *Selected Essays on Music*, trans. Florence Jonas. London: Barrie & Rockliff, 1968.

Taruskin, Richard. *On Russian Music*, Berkeley and Los Angeles: University of California Press, 2009.

Trippett, David. "*Aprés une lesture de Liszt*: Virtuosity and Werktreue in the 'Dante' Sonata." *19th-Century Music* 32, 1(2008): 52—93.

## 第六章

Butler, Elizabeth M. *The Fortunes of Faust*. Cambridge University Press, 1952.

Fitzsimmons, Lorna. *Lives of Faust: The Faust Theme in Literature and Music*. New York: Walter de Gruyter, 2008.

Grim, William E. *The Faust Legend in Music and Literature*. Lewiston, NY: Edwin Mellen Press, 1988.

Hamilton, Kenneth. *Liszt, Sonata in B Minor*. Cambridge University Press, 1996.

——"Wagner and Liszt: Elective Affinities." In *Richard Wagner and His World*, ed. Thomas S. Grey, 27—64. Princeton University Press, 2009.

Larkin, David. "A Tale of Two *Fausts*: An Examination of Reciprocal Influence in the Responses of Liszt and Wagner to Goethe's *Faust*." In *Music and Literature in German Romanticism*, ed. Siobhán Donovan and Robin Elliott, 87—104. Rochester, NY: Camden House, 2004.

Sand, George. *The Seven Strings of the Lyre*, trans. and introduced by George A. Kennedy. Chapel Hill, NC: University of North Carolina Press, 1989.

Schulte, Hans, John Noyes, and Pia Kleber, eds. *Goethe's "Faust": Theatre of Modernity*. Cambridge University Press, 2011.

Scott, Derek B. *From the Erotic to the Demonic: On Critical Musicology*. Oxford University Press, 2003.

## 第七章

Brosche, Günter. "Musical Quotation and Allusion in the Works of Richard Strauss." In *The Cambridge Companion to Richard Strauss*, ed. Charles Youmans, 213—225. Cambridge University Press, 2010.

Floros, Constantin. *Verschwiegene Programmusik*. Vienna: Verlag der Österreichische Akademie der Wissenschaft, 1982.

Johnson, Julian. *Mahler's Voices: Expression and Irony in the Songs and Symphonies*. Oxford University Press, 2009.

Mandel, Oscar, ed. *The Theatre of Don Juan: A Collection of Plays and Views*, 1630—1963. Lincoln and London: University of Nebraska Press, 1963.

Monahan, Seth. "'I have tried to capture you...': Rethinking the 'Alma' Theme from Mahler's Sixth Symphony." *Journal of the American Musicological Society* 64, 1 (2011): 119—178.

Schneider, Mathieu. "Kunskritik and Tonmalerei in the Tone Poems of Richard Strauss." In *Sonic Transformations of Literary Texts: From Program Music to Musical Ekphrasis*, ed. Siglind Bruhn, 173—202. Hillsdale, NY: Pendragon Press, 2008.

Todd, R. Larry. "Strauss before Liszt and Wagner: Some Observations." In *Richard Strauss: New Perspectives on the Composer and His Work*, ed. Bryan Gilliam, 3—40. Durham, NC and London: Duke University Press, 1992.

Tunbridge, Laura. *Schumann's Late Style*. Cambridge University Press, 2007.

Youmans, Charles. *Richard Strauss's Orchestral Music and the German Intellectual Tradition: The Philosophical Roots of Musical Modernism*. Bloomington and Indianapolis: Indiana University Press, 2005.

## 第八章

Bloom, Harold. *A Map of Misreading*, 2nd edn. Oxford University Press, 2003.

Faucett, Bill F. *George Whitefield Chadwick: The Life and Music of the Pride of New England*. Boston: Northeastern University Press, 2012.

Gaskill, Howard, ed. *The Reception of Ossian in Europe*. London: Theommes Continuum, 2004.

Grimley, Daniel M. *Grieg: Music, Landscape and Norwegian Identity*. Woodbridge: Boydell Press, 2006.

Loya, Shay. *Liszt's Transcultural Modernism and the Hungarian-Gypsy Tradition*. University of Rochester Press, 2011.

MacDonald, Hugh. "Narrative in Janáček's Symphonic Poems." In *Janáček Studies*, ed. Paul Wingfield, 36—55. Cambridge University Press, 1999.

Macura, Vladimír. "Problems and Paradoxes of the National Revival." In *Bohemia in History*, ed. Mikuláš Teich, 182—197. Cambridge University Press, 1998.

Mikusi, Balasz. "Mendelssohn's 'Scottish' Tonality?" *19th-Century Music* 29, 3 (2006): 240—260.

Pisani, Michael. *Imagining Native America in Music*. New Haven: Yale University Press, 2005.

Tawaststjerna, Erik. *Sibelius*, trans. Robert Layton. 3 vols. Berkeley and Los Angeles: University of California Press, 1976.

Tick, Judith, ed. *Music in the USA: A Documentary Companion*. Oxford University Press, 2008.

Zychowicz, James. "Mieczyslaw Karlowicz, the New Symphony, and His Innovative Symphonic Style." In *European Fin-de-siécle and Polish Modernism: The Music of Mieczyslaw Karlowicz*, ed. Luca Sala, 289—308. Bologna: Ut Orpheus Edizioni, 2010.

## 第九章

Abbate, Carolyn. *Unsung Voices: Opera and Musical Narrative in the Nineteenth Century*. Pricenton University Press, 1996.

Bellman, Jonathan. *Chopin's Polish Ballade: Op. 38 as Narrative of Martyrdom*. Oxford University Press, 2009.

Deruchie, Andrew. *The French Symphony at the Fin de Siécle: Style, Culture, and the Symphonic Tradition*. University of Rochester Press, 2013.

Gelbart, Matthew. "Layers of Representation in Nineteenth-Century Genres: The Case of One Brahms Ballade." In *Representation in Western Music*, ed. Joshua S. Walden, 13—32. Cambridge University Press, 2013.

Kaminsky, Peter. "Ravel's Approach to Formal Processes: Comparisons and Contexts." In *Ravel Unmasked: New Perspectives on the Music*, ed. Kaminsky, 85—110. University of Rochester Press, 2011.

Pasler, Jann. *Composing the Citizen: Music as Public Utility in Third Republic France*. Berkeley and Los Angeles: University of California Press, 2009.

Stove, R. J. *César Frank: His Life and Times*. Lanham, MD: Scarecrow Press, 2012.

Whitesell, Lloyd. "Erotic Ambiguity in Ravel's Music." In *Ravel Studies*, ed. Deborah Mawer, 74—91. Cambridge University Press, 2010.

# 索　引

Abildgaard, Nicolai 尼古拉斯·阿尔比高 227

Absolute music 纯音乐 281

Adorno, Theodor 西奥多·阿多诺 205, 212

Aeschylus 埃斯库罗斯 113, 193

Afanasyev, Aleksandr Nikolayevich 亚历山大·尼古拉耶维奇·阿法纳西耶夫 237

Agawu, V. kofi 科菲·阿嘎乌 12

Agoult, Marie d' 玛丽·达古 112

Ahna, Pauline de 玻琳·安娜 224

Akexabder Ⅲ, Tsar of Russia 亚历山大三世,俄国沙皇 30

Alkan, Charles- Valentin 查尔斯·瓦伦丁·阿尔康 10, 161, 190

　　*Douze études dans les tons mineurs*《十二首小调练习曲》(op. 39) 190

　　Grand Duo Concertante《二重协奏曲》(op. 21) 295

　　Programmatic orientation of 标题方向 193

　　Sonata, ("The Four Ages")《奏鸣曲》("四个时期")(op. 33) 193

　　Ⅱ. "Quasi-Fausi" "准浮士德" 190—192

　　Ⅲ. "Prometheus Bound" "被傅的普罗米修斯" 193

　　Sonatina《小奏鸣曲》(op. 61) 190

Altenburg, Detlef 德特勒夫·阿尔滕堡 101

Andersen, Hans Christian 汉斯·克里斯蒂安·安徒生

　　*A Picture-Book without Pictures*《没有画的画册》300—301

Antheil, George 乔治·安泰尔 255

Arezzo, Guido d' 圭多·阿雷佐 131

Arras, Jean d' 让·阿拉斯 64

Attila the Hun 匈牙利阿提拉 125, 126

Autran, Joseph 约瑟夫·奥特朗 108

Bach, Carl Philipp Emanuel 巴赫 10

　　Symphony in D major《D 大调交响曲》(Wq 1831/1) 18

索 引 349

Bach, Johann Sebastian 约翰·塞巴斯蒂安·巴赫 58, 99, 104, 135, 138, 239
Baker, Theodor 西奥多·贝克
    *Über die Musik der Nordamerikanischen Wilden*《北美蛮族音乐》244
Balarirev, Mily 巴拉基列夫 126, 153, 160
    *Islamey*《伊斯拉美》156
    Overture no. 2 on Russian Themes《基于俄罗斯主题的第二序曲》153
    Later programmatic titles for 晚期标题 156—157
    *Tamara*《塔玛拉》154—156
Ballad (ballade) 叙事曲 265—273
Ballandche, Pierre-Simon 皮埃尔-西蒙·巴朗什
    *Essais de palingénésie sociale*《社会再生论》112
Ballets Russes 俄罗斯芭蕾舞团 280
Bargiel, Woldemar 沃尔德玛·巴吉尔 136
Bartók, Béla 贝拉·巴托克 24, 280
    *Kossuth*《柯树特》30—32, 34, 224
Baudelaire, Charles 查尔斯·波德莱尔
    *Le spleen de Paris*《巴黎的忧郁》277
Baudissin, Count Wolf von 康特·沃尔夫·范·包狄辛 50
Beach, Amy 艾米·比奇 240, 248, 266
    *Four Sketches*《四首素描》(op. 15)
    "Dreaming" "梦" 242—244
    on American music 关于美国音乐 245
    Symphony in E minor ("Gaelic")《e 小调交响曲"盖尔"》(op. 32) 245
    use of folk material in 运用民间素材 245
Beethoven, Ludwig van 路德维希·范·贝多芬 10, 56, 58, 68, 82, 84, 104, 135, 137, 138, 142, 151, 154, 160, 166, 173, 185, 220, 222, 239, 247, 250

*An die ferne Geliebte*《致远方的爱人》(op. 98) 91
    作为作品范式 24, 43, 57, 82—83, 135—136
*Coriolan* Overture《科里奥兰》序曲(op. 62) 43—45, 57, 295
*Die Geschöpfe des Prometheus*《普罗米修斯的生民》(op. 43) 36
*Egmont* Overture《爱格蒙特》序曲(op. 84) 45—49, 54
*Fidelio*《费德里奥》(op. 72) 41, 205
    Overture to《费德里奥》序曲 43
*Leonoré* Overture no. 1《莱昂诺拉》第一序曲(op. 138) 43
*Leonoré* Overture no. 2《莱昂诺拉》第二序曲(op. 72a) 42
*Leonoré* Overture no. 3《莱昂诺拉》第三序曲(op. 72b) 42—43
*Missa solemnis*《庄严弥撒》(op. 123) 37
"Namensfeier" ("Name-Day") Overture《命名日》序曲(op. 115) 40—41
Overtures 序曲 39—49
Piano Concerto no. 3 in C minor《c 小调第三钢琴协奏曲》(op. 37) 70
Piano Sonata no. 8 in C minor ("Pathétique")《c 小调第八钢琴奏鸣曲"悲怆"》(op. 13) 36
Piano Sonata no. 13 in $^b$E major《$^b$E 大调第十三钢琴奏鸣曲》(op. 27, no. 1) 129
Piano Sonata no. 17 in D minor ("Tempest")《d 小调第十七钢琴奏鸣曲"暴风雨"》(op. 31, no. 2) 284
Piano Sonata no. 21 in C major ("Waldstein")《C 大调第二十一钢琴奏鸣曲"华尔斯坦"》(op. 53) 42, 60
Piano Sonata no. 23 in F minor ("Appassionata")《f 小调第二十三钢琴奏鸣曲"热情"》(op. 57) 60, 189, 284
Piano Sonata no. 26 in $^b$E major ("Les adieux")《$^b$e 小调第二十六钢琴奏鸣

曲"告别"》（op. 81a）36

Piano Sonata no. 30 in $^b$A major《$^b$A 大调第三十钢琴奏鸣曲》（op. 110）88

Piano Trio in D major ("Ghost")《D 大调钢琴三重奏"鬼魂"》（op. 70, no. 1）284

Programmatic ambivalence of 标题的矛盾 49

String Quartet no. 7 in F major ("Razumovsky")《F 大调第七弦乐四重奏"拉祖莫夫斯基"》（op. 59, no. 1）252

Symphony no. 1 in C major《C 大调第一交响曲》（op. 21）82

Symphony no. 2 in D major《D 大调第二交响曲》（op. 36）82

Symphony no. 3 in $^b$E major ("Eroica")《$^b$E 大调第三交响曲"英雄"》（op. 55）36, 51, 53, 60, 70, 82, 205, 224

Symphony no. 4 in $^b$B major《$^b$B 大调第四交响曲》（op. 60）82

Symphony no. 5 in C minor《C 小调第五交响曲》（op. 67）2, 28, 47, 70, 82, 149

 "fate" motive in"命运"动机 60

Symphony no. 6 in F major ("Pastoral")《F 大调第六交响曲"田园"》（op. 68）36, 70, 143, 237

 Berlioz on 柏辽兹与之相关 82—83

 Debussy on 德彪西与之相关 277

Symphony no. 7 in A major《A 大调第七交响曲》（op. 92）51, 70, 82, 205

Symphony no. 9 in D minor《d 小调第九交响曲》（op. 125）37, 58, 82, 107, 110, 134, 149, 174, 178, 281, 295

Violin Concerto in D major《D 大调小提琴协奏曲》（op. 61）70

 Violin Sonata no. 5 in F major ("Spring")《F 大调第五小提琴奏鸣曲"春天"》（op. 24）36

Wellingtons Sieg《威灵顿的胜利》（op. 91）23—24, 28, 29, 126

Benoit, Camille 卡米尔·伯努瓦 262

Berlioz, Hector 赫克托·柏辽兹 2, 3, 51, 68, 69—84, 100, 129, 154, 161, 173, 195, 197, 214, 239, 253, 273

 as "Musician of the Future" "未来音乐家" 135

 as critic 批评家 81—84

  "On Imitation in Music" "论音乐的模仿" 83—84

  of Beethoven's symphonies 贝多芬交响曲 82—83

 La damnation de Faust《浮士德的谴责》80, 81, 260

 L'enfance du Christ《基督的童年》81

 Harold en Italie《哈罗尔德在意大利》76—79, 80, 83, 89, 206

 Huit scènes de Faust《浮士德的八个场景》166

 King Lear Overture《李尔王》序曲

 Marche funèbre pour la dernière scène d'Hamlet《哈姆雷特最后一幕的葬礼进行曲》51

 on musical representation 音乐表现 83—84

 Le retour à la vie《回到生活》74

 Roméo et Juliette《罗密欧与朱丽叶》80—81, 83, 84, 287, 295

 Symphonie fantastique 19, 70—76, 80, 89, 150, 159, 174, 224, 237, 260, 268, 273

  Fétis's criticism of 费蒂斯的评论 75

  Mendelssohn's criticism of 门德尔松的评论 75—76

  Schumann's criticism of 舒曼的评论 85, 98

 Les Troyens《特洛伊人》81

Bernard, Émile 埃米尔·伯纳德 262

Bertrand, Aloysius 阿洛伊修斯·贝朗特

 Gaspard de la nuit《夜之幽灵》193, 277, 278—279, 280

Bierce, Ambrose 安布罗斯·比尔斯
　"An Occurrence at Owl Creek Bridge"
　《鹰溪桥上》63
Boecklin, Arnold 阿诺德·勃克林
　*Die Toteninsel*《死亡岛》224
Boehe, Ernst 恩斯特·波厄
　*Aus Odysseus' Fahrten*《奥德修斯的旅行》20—21
Boito, Arrigo 阿里戈·博伊托
　*Mefistofele*《梅菲斯特》194
Bonds, Mark Evan 马克·艾文·邦兹 79
Borodin, Aleksandr 亚历山大·鲍罗丁 153
　*Prince Igor*《伊戈尔大公》154, 157
　Symphony no. 2 in B minor《b 小调第二交响曲》157
The Boston Six 波士顿六人团 247—248
Boulanger, Lili 莉莉·布朗格 161
Brahms, Johannes 约翰·勃拉姆斯 3, 10, 52, 136, 145, 151, 195, 238, 244, 247, 263
　*Ballades*《叙事曲》(op. 10) 267
　"Paganini" Variations《"帕格尼尼"变奏曲》(op. 35) 139
　Variations《变奏曲》(op. 9) 90
Brendel, Franz 弗朗兹·布伦德尔 136, 144, 289
Bronsart von Schellendorff, Hans 汉斯·布朗萨特·范·舍林多夫 139
Brown, Jane K. 简·布朗 164
Bruckner, Anton 安东·布鲁克纳 249
"Bruder Martin" ("Frère Jacques") 马丁兄弟 205, 212—213
Brunetti, Gaetano 加埃塔诺·布鲁内蒂
　Symphony no. 33 in C minor ("The Maniac")《c 小调第三十三交响曲》("疯子") 286
Bulgakov, Mikhail 米哈伊尔·布尔加科夫
　*Master and Margarita*《大师与玛格丽特》194

Bülow, Hans von 汉斯·冯·彪罗 139, 151, 178, 196
　Ballade in #C minor《#c 小调叙事曲》(op. 11) 267
　*Nirwana*《消亡》46—148
　relationship with New German School 与新德意志乐派的关系 147—148
Bürger, Gottfried August 戈特弗里德·奥古斯丁·布格尔 50
　*Der wilde Jäger*《荒野猎人》263, 267
　*Lenore*《丽诺尔》53, 148, 269
Busoni, Ferruccio 费鲁乔·布索尼 161
　*Doktor Faust*《浮士德博士》194
Bussine, Romain 罗曼·布辛 262
Byrd, William 威廉·伯德
　*My Ladye Nevells Booke of Virginal Music*
　"The Battell"《内维尔夫人曲集》, "战斗" 21
Byron, George Gordon (Lord) 乔治·戈登·拜伦 161
　*Cain*《该隐》147
　*Childe Harold's Pilgrimage*《恰尔德·哈罗尔德游记》12, 76, 123
　*Don Juan*《唐璜》199
　*Lament of Tasso*《塔索的哀叹》120
　*Manfred*《曼弗雷德》69, 143
　*Mazeppa*《玛捷帕》114—115, 259
　*Prometheus*《普罗米修斯》113

Carpani, Giuseppe 朱塞佩·卡帕尼 83
Carré, Michel 米歇尔·卡雷
　*Faust et Marguerite*《浮士德与玛格丽特》190
Casler, Lawrence 劳伦斯·卡斯勒 4
Cazalis, Henri 亨利·卡扎里
　"Egalité, Fraternité"《平等、友爱》261—262
Cervantes, Miguel de 米格尔·塞万提斯
　*Don Quixote*《堂·吉诃德》218
　modernity of 现代性 221
　reception of 接受 219

Tieck's translation of 蒂克的翻译 219
Chadwick, George Whitefield 乔治·怀特菲尔德·查德威克 240
　　*Aphrodite*《阿弗洛狄忒》142
　　*Symphonic Sketches*《交响素描》245—247
　　　　formal ambivalence of 结构模糊 247
　　　　Metric modulation in 节拍转变 246—247
　　*Tam O'Shanter*《塔姆·奥尚特》247
Chambonnières, Jacques Champion de 雅克·钱皮翁·尚博尼埃 254
　　character piece 性格小品 10—12, 86, 215
　　and the salon 沙龙 189
　　ballad (ballade) 叙事曲 265—273
　　battle piece 战斗曲 21—36, 249
　　procession 队伍 205—213, 297
　　songs without words 无词歌 87
Charles XII, King of Sweden 查理十二世, 瑞典国王 114
Charpentier, Gustave 古斯塔夫·夏庞蒂埃
　　*Impressions d'Italie*《意大利印象》275
Chateaubriand, François-René de 弗朗索瓦-雷内·夏多布里昂 71
Chausson, Ernest 欧内斯特·肖松 262
Cherubini, Luigi 路易吉·凯鲁比尼 39, 254
Chopin, Frédéric 弗雷德里克·肖邦 100, 103, 185, 243, 254
　　Ballade no. 1 in G minor《g 小调第一叙事曲》(op. 25) 266—267
　　Ballade no. 2 in F major,《F 大调第二叙事曲》(op. 38) 266—267
　　Variations on Mozart's "Là ci darem la mano"《莫扎特"请伸出你的玉手"主题变奏曲》(op. 2) 84—85
　　Waltz in $^b$A major《$^b$A 大调圆舞曲》(op. 42) 187
Cocteau, Jean 让·科克托 1

Collin, Heinrich Joseph von 海因克斯·约瑟夫·范·科林
　　*Coriolan*《科里奥兰》43—45
Conradi, August 奥古斯特·康拉丁 108
Cornelius, Peter 彼得·科尼利厄斯 138, 143, 151
Couperin, François 弗朗索瓦·库普兰 34, 254
　　*Pièces de clavecin*《羽管键琴作品集》10
Cui, César 凯撒·居伊 153
Czech National Revival 捷克民族复兴 233, 235
Czerny, Carl 卡尔·车尔尼 117

Dahlhaus, Carl 卡尔·达尔豪斯 1, 298
Dante (Alighieri) 但丁（阿利吉耶里）
　　*Divine Comedy*《神曲》82, 129—131, 291
Daquin, Louis-Claude 路易斯·克劳德·达坎 34
Dargomizhsky, Aleksandr 亚历山大·达尔戈梅斯基
　　*The Stone Guest*《石客》157
Daverio, John 约翰·达佛里欧 84
Dawison, Bogumil 博古米尔·道尔森 53
Debussy, Claude 克劳德·德彪西 24, 126, 157, 243, 248, 255, 266, 275—277, 300, 302
　　as critic 批评家 277
　　*Berceuse héroïque*《英雄摇篮曲》34
　　disdain for musical labels 鄙夷音乐标签 277
　　*En blanc et noir*《白键与黑键》34—36
　　*Jeux*《游戏》280
　　*La mer*《大海》248
　　compositional history of 作曲历史 275
　　"Noël pour les enfants qui n'ont plus de maison"《圣诞节里无家可归的孩子们》34
　　on musical imagination 关于音乐想象 276—277
　　*Prélude à l'après-midi d'un faune*《牧神

午后》275

Preludes 前奏曲 34，275—276

　　programmatic ambivalence of 标题模糊 275—276

Des Knaben Wunderhorn，《少年神奇的号角》，163

Diaghilev，Sergei 谢尔盖·贾吉列夫 1

"Dies Irae" 末日经 74，165

Dittersdorf，Carl Ditters von 卡尔·冯·迪特斯多夫 127

　　Il combattimento dell'umane passioni《人类情感的角逐》21

　　"Ovid" Symphonies 奥维德交响曲 7，12—21

　　　　No. 4 in F major《F 大调第四交响曲》13—18

　　　　No. 5 in D major《D 大调第五交响曲》18

Dohnányi，Ernö 艾尔诺·多哈尼

　　Symphony in D minor《d 小调交响曲》31

Draeseke，Felix 费利克斯·德莱塞克 138，139，146，150

　　Fata morgana《海市蜃楼》(op. 13) 4

Dukas，Paul 保罗·杜卡

　　L'apprenti sorcier《魔法师的学徒》266

　　La péri《仙女》280

Duparc，Henri 亨利·杜帕克 253，262

　　Lénore《丽诺尔》269—272

　　　　parallel forms in 平行结构 271—272

　　　　program for 标题 270，301—302

Dussek，Jan Ladislav 扬·杜舍克

　　The Sufferings of the Queen of France《法国王后的痛苦》(op. 23) 296

Dvořák，Antonín 安东尼·德沃夏克 252，300

　　and American music 美国音乐 244—245

　　Čert a Káča (The Devil and Kate)《魔鬼与凯特》239

　　Das goldene Spinnrad《金纺车》(op. 109) 237

　　"Husitská" Overture《胡斯序曲》237

　　Die Mittagshexe，《正午女巫》(op. 108) 238—239

　　　　theatricality of 戏剧性 239

　　Nature，Life，and Love《自然、生命和爱情》(op. 91—93) 237

　　Poetické nálady (Poetic Mood Pictures)《诗意音画》(op. 85) 237

　　programmatic prefaces of 标题序言 237—238

　　Rusalka《水仙女》239

　　String Quartet no. 12 in F major ("American")《F 大调第十二弦乐四重奏》("美国") (op. 96) 244

　　Symphony no. 9 in E minor ("From the New World")《e 小调第九交响曲》("自新大陆") 237，244，245

　　Die Waldtaube《野鸽》(op. 110) 237

　　Der Wassermann《水妖》(op. 107) 237

Dwight，John Sullivan 约翰·怀特 240

Eberl，Anton 安东·埃贝尔 284

Eckermann，Johann Peter 约翰·艾克曼 164

Erben，Karel Jaromír 卡雷尔·艾尔本

　　Kytice z pověti národních (A Garland of National Myths)《民族神话集》237

Erkel，Ferenc 费伦茨·艾凯尔 32

Eschenburg，Johann Joachim 约翰·埃申堡 50

Fauré，Gabreil 加布里埃尔·福雷 262，266

Fétis，François-Joseph 弗朗切斯科-约瑟夫·费蒂斯 75

Fibich，Zdeněk 兹德涅克·费比希

　　Bouře《风暴》142

Field，John 约翰·菲尔德 103

Foote，Arthur 亚瑟·富特 240

Fourcand, Louis de 路易斯·福尔康 263
Francis Ⅰ, Emperor of Austria 弗朗茨一世,奥地利皇帝 40
Francis Ⅱ, Holy Roman Emperor 弗朗茨二世,神圣罗马皇帝。参见奥地利皇帝,弗朗茨一世。
Franck, César 塞萨尔·弗兰克 253, 255, 262—268
 *Les béatitudes*《八福》263
 *Le chasseur maudit*《可憎的猎人》263, 267—268
  Program for 标题 267
 *Les djinns*《神灵》4, 263
 *Les éolides*《风神》265—266
 *Prélude, choral et fugue*《前奏曲,圣咏与赋格》263
 programmatic style of 标题风格 263
 *Psyché*《灵魂》263
 *Rédemption*《赎罪》263
 students of 学生 262—263, 301
 Symphony in D minor《d 小调交响曲》263
Franz, Robert 罗伯特·弗朗茨 103
Freiligrath, Ferdinand 斐迪南·弗莱利格拉特
 "Hamlet" "哈姆雷特" 285
Friedrich, Caspar David 大卫·弗里德里希 227
Gade, Niels 尼尔斯·盖德 6, 178
 *Hamlet* Overture《哈姆雷特》序曲(op. 37) 54
Geisler, Paul 保罗·盖斯勒
 *Der Rattenfänger von Hameln*《哈梅林的捕鼠者》217
 *Till Eulenspiegel*《蒂尔的恶作剧》215—217
 criticism of 批评 217
Gelbart, Matthew 马太·吉尔巴特 228
Gellert, Christian Fürchtegott 克里斯蒂安·盖勒特 217
Genelli, Giovanni 乔瓦尼·杰内利 130

Gérard, François 弗朗索瓦·热拉尔 227
Gershwin, George 乔治·格什温 248
Girodet, Anne-Louis 安妮-路易斯·吉罗代 227
Girtin, Thomas 托马斯·吉尔丁 227
Glazunov, Aleksandr 亚历山大·格拉祖诺夫 157
 *Stenka Razine*《斯坚卡·拉辛》159, 294
Glinka, Mikhail 米哈伊·格林卡 154, 160
 importance for New Russian School 对新俄罗斯乐派的重要性 153
 *Kamarinskaya*《卡玛林斯卡亚》153
 *A Life for the Tsar*《沙皇的一生》152
 *Ruslan and Lyudmila*《鲁斯兰与柳德米拉》152
Gluck, Christoph Willibald (Ritter von) 克里斯多夫·格鲁克 102, 137, 254
 *Alceste*《阿尔采斯特》39
 *Orfeo ed Euridice*《奥菲欧与尤丽迪茜》111—112, 134
Goethe, Johann Wolfgang von 约翰·沃尔冈夫·范·歌德 50, 53, 64, 99
 *Egmont*《爱格蒙特》45—46, 47
 *Faust*《浮士德》6, 69, 129, 151, 161—194, 214, 302
  central themes of 中心主题 163—165
  compositional history of 作曲历史 163
  instrumental music on 器乐音乐 167—190
  Mikhaylov's translation of 米哈伊洛夫的翻译 178
  music in 165—166
  Nerval's translation of 内瓦尔的翻译 70, 173
 "Glückliche Fahrt"《幸福的航行》59
 *Hermann und Dorothea*《赫尔曼与窦绿苔》, 90
 "Meeresstille"《风平浪静》59
 *Prometheus*《普罗米修斯》113

*Torquato Tasso*《托尔夸托·塔索》120, 122—123

*Wilhelm Meisters Lehrjahre*《威廉·迈斯特的学习时代》50

Gogol, Nikolai 尼古拉·果戈里 252

Gottschalk, Louis Moreau 路易斯·戈特沙尔克 189, 266

Gounod, Charles 查尔斯·古诺
 *Faust*《浮士德》190

Gregoir, Joseph 约瑟夫·格雷戈尔
 *Faust（d'aprés Goethe）*《浮士德》（据歌德）185—190
  audience for 听众 189
  criticism of 评论 189

Grey, Thomas 托马斯·格雷 56, 63, 66, 228

Grieg, Edvard 爱德华·格里格 231, 252, 266
 *Lyriske stykker（Lyric Pieces）*《抒情作品集》10

Griffes, Charles 查尔斯·格里菲斯 248, 255

Grillparzer, Franz 弗朗兹·格里尔帕策 64
 *Des Meeres und der Liebe Wellen*《大海与爱的波澜》97

Grimm, Julius Otto 尤里乌斯·格林 145

*Grimm's Fairy Tale*《格林童话》237

Grofé, Ferde 费尔德·格罗菲 248

Guizot, François 弗朗索瓦·基佐 50

Gutenberg, Johannes 约翰·古腾堡 64

Habeneck, François-Antoine 弗朗索瓦-安托万·阿伯内克 70, 76

Hadley, Henry 亨利·哈德利 248
 *Lucifer*《路西法》261

Handel, George Frideric, 乔治·亨德尔 135
 *Messiah*《弥赛亚》205

Hanslick, Eduard 爱德华·汉斯立克 1, 28, 151
 as critic 作为批评家
  of Liszt's *Les Préludes* 李斯特《前奏曲》109—110
  of Spohr's Fourth Symphony 施波尔《第四交响曲》28
  of the New German School 新德意志乐派 138
 *Vom Musikalisch-Schönen*,《论音乐的美》137—138

Hauptmann, Moritz 莫里茨·霍普曼 151

Haydn, Joseph 约瑟夫·海顿 58, 138, 142, 151
 as programmatic composer 作为标题作曲家 8
 *The Creation*《创世纪》83
 *Die sieben letzten Worte unseres Erlösers am Kreuze*《耶稣的临终七言》7
 Symphony no. 100 in G major（"Military"）《G 大调第一百交响曲》（"军队"）9

Heine, Heinrich 海因里希·海涅 100

Heller, Stephen 斯蒂芬·赫勒 93, 189

Henselt, Adolf von 阿道夫·亨特塞 266
 *12 Études caractéristiques*《十二首性格练习曲》（op. 2）10—11
  No. 6, "Si oiseau étais, à toi je volerais"第六首"如果我是一只小鸟，我将飞向你"11

Hepokoski, James 詹姆斯·海波科斯基 2, 47, 218

Herder, Johann Gottfried 约翰·赫尔德 49, 99
 *Der entfesselte Prometheus*《被解放的普罗米修斯》113—114

Herz, Henri 亨利·赫尔茨 185

Hesiod 赫西奥德 113
 *Theogony*《神谱》113

Hindemith, Paul 保罗·亨德米特 280

Hirschfeld, Robert 罗伯特·希斯菲尔德 238

*Historia von D. Johann Fausten*《浮士德

的历史》161—162
Hoffmann, E. T. A. 霍夫曼 1, 49, 71, 90, 93
   *Fantasiestücke in Callot's Manier*《卡罗式手法的幻想小品集》88, 205
Hokusai, Katsushika 葛饰北斋
   *The Great Wave off Kanagawa*《神奈川的巨浪》275
Holmès, Augusta 奥古斯塔·霍尔摩斯 255
   *Irlande*《爱尔兰》245
Homer 荷马 161
   *Iliad*《伊里亚特》82
Honegger, Arthur 亚瑟·奥涅格
   *Symphonie liturgique*《礼拜交响曲》107
Huber, Hans 汉斯·胡贝尔 224
Hugo, Victor 维克多·雨果 100, 263
   "A celle qui est voilée" "致朦胧的你" 243
   "Après une lecture de Dante" "但丁读后感" 129—130
   "Ce qu'on entend sur la montagne" "山间所闻" 105—106
   *Cromwell*《克伦威尔》50
   "Les djinns"《神灵》263—265
   *Mary Tudor*《玛丽·都铎》50
   *Les Orientales*《东方诗集》117
   *Voix intèrieures*《内在的声音》267
Hummel, Johann Nepomuk 约翰·胡梅尔 58, 99

d'Indy, Vincent 文森特·丹第 255, 262
   as analyst of Franck's music 作为弗兰克音乐的分析者 264
   *Diptyqye méditerranéen*《地中海之画》273
   *La forêt enchantée*《魔法森林》272—273
   Environmental depiction in 环境描绘 273
   *Jour d'été à la montagne*《山中夏日》273
   on program music 标题音乐 273—275
   *Le poème des rivages*《海滨之诗》273
   *Symphonie sur un chant montagnard francais*《法国山歌交响曲》273
Ingres, Jean-Auguste-Dominique 让·安格尔 228
Ives, Charles 查尔斯·艾夫斯 33, 248, 255

Jaëll, Alfred 阿尔弗雷德·杰尔 189
Janáček, Leoš 莱奥什·雅那切克
   *Taras Bulba*《塔拉斯·布尔巴》252
Janequin, Clément 克罗门蒂·雅内坎
   *La bataille*《战争》21
Jean Paul 让·保罗 91, 92
   *Flegeljahre*《少不更事的年岁》91, 92
   *Siebenkäs*《西本卡斯》205
   *Titan*《泰坦》205
Joachim, Joseph 约瑟夫·约阿希姆 139, 145—146
   *Hamlet* Overture《哈姆雷特》序曲(op. 4) 51—53
Jones, Timothy 蒂莫西·琼斯 254
Jungmann, Josef 约瑟夫·格曼 233

Kajanus, Robert 罗伯特·卡亚努斯
   *Aino*《艾诺》248
   *Kullervo's Funeral March*《库勒沃的葬礼进行曲》248
   *Kalevala, The*《卡勒瓦拉》248—249, 250, 251
Karl August, Grand Duke of Saxe-Weimar-Eisenach 萨克森-魏玛-爱森纳赫大公, 卡尔·奥古斯丁, 101
Karlowicz, Mieczyslaw 米奇斯瓦夫·卡尔沃维奇 225, 252
Kaulbach, Wilhelm von 威廉·考尔巴赫 125
Keats, John 约翰·济慈
   "Lamia" "拉米亚" 240, 242
Klingemann, Karl 卡尔·克林格曼 227

Koch, Heinrich Christoph 海因里希·科赫 12, 21
　　on programmatic symphonies 关于标题交响曲 7—8
Koczwara, František 弗朗齐歇克·科契瓦拉
　　*The Battle of Prague*《布拉格之战》22—23
Köhler, Louis 路易斯·科勒 111
Kossuth, Lajos 拉约什·柯树特 31
Koussevitzky, Serge 塞奇·库塞维斯基 34
Kramer, Lawrence 劳伦斯·克雷默 63
Kreutzer, Conradin 康拉丁·克勒策
　　*Melusine*《梅露辛娜》64
Kuhnau, Johann 约翰·库瑙
　　"Biblical" Sonata no. 1 in C major《"圣经"C 大调第一奏鸣曲》21
Kullak, Theodor 西奥多·库拉克
　　*Lenore*《丽诺尔》(op. 81) 267

Lamartine, Alphonse de 阿方斯·拉马丁
　　"Bénédiction de Dieu dans la solitude" "孤独中上帝的祝福" 132
　　"Les Préludes" "前奏曲" 108—109
Lascoux, Antoine 安托万·拉斯库 262
Leikin, Anatole 阿纳托尔·莱克 108
Lenau, Nikolaus 尼古拉斯·莱瑙
　　*Don Juan*《唐璜》199
　　*Faust*《浮士德》193, 208, 211
Lermontov, Mikhail 米哈伊尔·列尔曼托夫
　　"Tamara" "塔玛拉" 154
Lessing, Gotthold Ephraim 戈特霍尔德·莱辛 49
Lisle, Leconte de 勒孔特·莱尔 263
　　"Les éolide" ("The Eolides") "风神" 266
Liszt, Franz 弗朗兹·李斯特 2, 3, 13, 20, 24, 32, 52, 68, 75, 76, 81, 99—127, 154, 161, 189, 190, 193, 194, 195, 196, 197, 214, 215, 217, 222, 238, 239, 240, 241, 243, 249, 254, 263, 266, 271, 275
　　*Album d'un voyageur* (*Ablum of a Traveler*)《旅行者札记》100—101
　　and thematic transformation 主题变形 156
　　*Années de pélerinage*《旅行岁月》99
　　　"Au bord d'une source"《泉水旁》12
　　　"Au lac de Wallenstadt"《瓦伦斯坦湖上》11
　　　"Dante" Sonata "但丁" 奏鸣曲 129, 201
　　　"Sposalizio" "婚礼" 124
　　　"Vallée d'Obermann" "奥伯曼山谷" 123
　　as critic 作为批评家
　　　*Berliaoz und seine "Harold Symphonie"*《柏辽兹和它的"哈罗尔德"交响曲》103—104
　　　of Schumann's piano music 舒曼的钢琴音乐 103
　　　on the overture 关于序曲 102—103
　　as Hungarian composer 作为匈牙利作曲家 229
　　*Ce qu'on entend sur la montagne*《山间所闻》105—107
　　*Consolations*《安慰》10
　　"Dante" Symphony "但丁交响曲" 99, 114, 125, 129—135, 138, 204, 205
　　　compositional plans for 作曲计划 132
　　　form of 形式 131
　　　programmatic contrasts in 标题对比 132—134
　　　relation to Dante's *Divine Comedy* 与但丁《神曲》的关系 129—131
　　　tritone in 三全音 131—132
　　　whole-tone scale in 全音音阶 134
　　*Don Sanche*《唐桑奇》103
　　*Faust* Symphony《浮士德》交响曲 99, 114, 138, 149, 159, 173—177,

201，240，268
    compositional history of 作曲历史173，177
    Pohl's analysis of 波尔的分析 174—177
    Wagner's impression of 瓦格纳的印象 177
Festklänge《节日之声》127
Hamlet《哈姆雷特》53—54
Harmonies poétique et religieuses（1835）《诗和宗教的和谐》108
Harmonies poétique et religieuses（1853）《诗和宗教的和谐》99
    "Bénédiction de Dieu dans la solitude""孤独中上帝的祝福"132
Héroïde funèbre《英雄的葬礼》,127
Heroischer Marsch in ungarischem Stil,《匈牙利风格的英雄进行曲》229
Historische ungarische Bildnisse《匈牙利历史画像》124
Hungaria 匈牙利 31，159，229—231，250，299
    Hungarian music in 匈牙利音乐 229—230
    title of 标题 230—231
"Hungarian" Rhapsodies《匈牙利狂想曲》31，231
    No. 2 in ♯C minor, ♯c 小调第二首 32
Hunnenschlacht《匈奴之战》114，125—127，232
Die Ideale《理想》201，208
Mazeppa《玛捷帕》114—119，232
    Compositional history of 作曲历史 117—118
    Debussy on 德彪西 227
    Saint-Saëns on 圣-桑 258—259
"Mephisto" Waltz"梅菲斯特"圆舞曲 159，193，212，260
    musical reception in France 法国的音乐接受 255
Der nächtliche Zug《夜间游行》208—211，212
Orpheus《奥菲欧》111—112
    debt to Ballanche in 受巴朗什影响 112
    relation to Gluck's Orfeo ed Euridice 与格鲁克《奥菲欧与尤丽迪茜》的关联 111—112
"Paganini" Études"帕格尼尼练习曲"99
Piano Sonata in B minor《b 小调钢琴奏鸣曲》99，114，129，193
Les Préludes《前奏曲》108—111，120，129，131，149，201，215
    compositonal history of 作曲历史 108
    form of 结构 110—111
    programmatic use of fugue by 赋格的标题运用 134
Prometheus《普罗米修斯》114，120
St. François de Paule "Marchant sur les Flots"《保罗的圣弗朗西斯在水上行走》124
students of 学生 139—150
support of Wagner by 瓦格纳的支持 101—103,173
Tasso《塔索》119—123，232
    historical anachronism in 不合时宜 121—122
Totentanz《死之舞》159
"Transcendental" Études 超级演技练习曲 99，277
    No. 7,"Eroica"第七首"英雄"224
use of archetypes by 原型运用 298
use of plainchant by 素歌运用 132—134，209，211
Venezia e Napoli《威尼斯与拿波里》121
Von der Wiege bis zum Grabe《从摇篮到坟墓》124
Lockwood, Lewis 刘易斯·洛克伍德 49
Loeffler, Charles Martin 查尔斯·莱夫勒 248
    La villanelle du diable《恶魔》260

Loewe, Carl 卡尔·洛伊
    *Mazeppa*《玛捷帕》(op. 27)115—116
Logier, Johann Bernhard 约翰·拉吉耶
    *The Battle of Trafalgar*《特拉法加战争》22
Louis, Rudolf 鲁道夫·路易斯 195
Lully, Jean-Baptiste 琼·吕利 254
    *Phaéton*《法厄同》258
Luther, Martin 马丁·路德 102
    *Ein' feste Burg ist unser Gott*《上帝是我们坚固的堡垒》63
Lyadov, Anatoly 阿纳托利·里亚多夫 280

Macdonald, Hugh 休·麦克唐纳德 190
MacDowell, Edward 爱德华·麦克道维尔 231, 240—245, 248
    criticism of Dvořák 244—245
    *Hamlet*, *Ophelia*: *Zwei Gedichte*《哈姆雷特、奥菲莉娅：两首诗歌》(op. 22)56, 240
    *Lamia*《拉米亚》(op. 29)240—242
    *New England Idyls*《新英格兰田园诗》(op. 62)244
    Piano Sonata no. 2 in G minor (*Sonata Eroica*)《g小调第二钢琴奏鸣曲》(英雄奏鸣曲)224
    Piano Sonata no. 3 in D minor ("Norse")《d小调第三钢琴奏鸣曲》("挪威人")242
    Piano Sonata no. 4 in E minor ("Keltic")《e小调第四钢琴奏鸣曲》("凯尔特人")242
    Suite no. 2 ("Indian")《第二组曲》("印第安人")244
    *Two Fragments after the Song of Roland*,《"罗兰之歌"断想两章》240
    use of "American" music by "美国"音乐的运用 244—245
Macpherson, James 詹姆斯·麦克弗森 227

"Magnificat" "圣母颂歌" 132—134
Mahler, Gustav 古斯塔夫·马勒 161
    *Des Knaben Wunderhorn*《少年神奇的号角》, 214
    *Lieder eines fahrenden Gesellen*,《旅行者之歌》
        "Die zwei blauen Augen von meinem Schatz" "我那两只宝贵的蓝眼睛" 205
        "Ging heut' Morgens über's Feld" "清晨我穿过原野" 204
    program music of 标题音乐 214
    Symphony no. 1 in D major ("Titan")《D大调第一交响曲》("泰坦")203—205
        compositional history of 作曲历史 203—204
        Ⅲ. Feierlich und gemessen, ohne zu schleppen (funeral march) 庄重而威严, 不缓慢 (葬礼进行曲) 212—213
        musical references beyond Mahler's music 马勒以外的音乐引用 205
        use of earlier compositional materail in 早期音乐材料的运用 204—205
    Symphony no. 2 in C minor ("Resurrection")《c小调第二交响曲》("复活")214
    Symphony no. 3 in D《d小调第三交响曲》, 214
    Symphony no. 4 in G major《G大调第四交响曲》214
    Symphony no. 5《第五交响曲》214
    Symphony no. 6 in A minor ("Tragic")《a小调第六交响曲》("悲剧")214
    Symphony no. 7《第七交响曲》214
    Symphony no. 8 in $^b$E major《$^b$E大调第八交响曲》214
    Symphony no. 9《第九交响曲》214
    Symphony no. 10 (incomplete)《第十交响曲》(未完成)298
Mallarmé, Stéphane 史蒂芬·马拉美 277

"L' Après-midi d' un faune"《牧神午后》275

Mälzel, Johann Nepomuk 约翰·梅泽尔 23

Mann, Thomas 托马斯·曼
　　Doktor Faustus《浮士德博士》194

Manso, Giovan Battista 乔瓦尼·曼森 120

Marais, Marin 马兰·马雷
　　"Le Tableau de l' Opération de la Taille"《膀胱结石手术》3

Marlowe, Christopher 克里斯多夫·马洛
　　The Tragical History of the Life and Death of Dr. Faustus《浮士德的生死悲剧》162

Marx, Adolf Bernhard 阿道夫·马克斯 58, 148
　　Moses《摩西》58
　　　sonata theory of 奏鸣曲式理论 67
　　Ueber Malerei in der Tonkunst《论音乐描绘》58—59

Massenet, Jules 朱尔斯·马斯内 253

Mauclair, Camille 卡米尔·莫克莱 275

Mayer, Emilie 艾米丽·梅耶尔
　　Faust Overture《浮士德》序曲（op. 46）181—184
　　　criticism of 评论 182

Mazepa（Mazeppa）, Ivan 伊万·玛捷帕 114

McClay, Susan 苏姗·麦克拉蕊 2

Melnikov, Pavel 帕维尔·梅尔尼科夫
　　In the Forests《在森林》294

Mendelssohn, Fanny 芬妮·门德尔松 58

Mendelssohn, Felix 费利克斯·门德尔松 3, 52, 56—67, 93, 100, 104, 135, 138, 145, 148, 154, 178, 190, 215
　　6 Preludes and Fugues《六首前奏曲与赋格》（op. 35）
　　　programmatic use of fugue in 赋格的标题运用 298
　　criticism of Berlioz's Symphonie fantas-tique 柏辽兹《幻想交响曲》的评论 75—76
　　Die erste Walpurgisnacht《女妖五朔节》, op. 60, 159
　　Fantasy《幻想曲》（op. 28）228
　　"Frage""问题", 285
　　"Hebrides" Overture《赫布里群岛》（op. 26）63, 156, 227—228
　　　as musical landscape painting 作为音乐风景画 228
　　　as "Scottish" music 作为"苏格兰"音乐 228
　　　compositional history of 作曲历史 227
　　Lieder ohne Worte《无词歌》10, 81
　　Meeresstille und glückliche Fahrt《寂静的海和幸福的航行》（op. 27）58—63
　　　connection of poems in 诗歌联系 61—62
　　　use of motive in 动机运用 60—61
　　A Midsummer Night's Dream Overture《仲夏夜之梦》（op. 21）56—57, 63
　　Octet《八重奏》（op. 20）63
　　　on musical expression 关于音乐表达 62, 81
　　Overture to The Fairy Tale of the Beautiful Melusine《神话传说：美丽的梅露辛娜》序曲（op. 32）67
　　　form and gender in 形式与性别 67
　　　literary sources for 文学来源 64
　　Piano Sonata in E major《E大调钢琴奏鸣曲》（op. 6）63
　　String Quartet no. 1 in $^b$E major《$^b$E大调第一弦乐四重奏》（op. 12）63
　　String Quartet no. 2 in A minor《a小调第二弦乐四重奏》（op. 13）63
　　Symphony no. 2 in $^b$B major（"Lobgesang"）《$^b$B大调第二交响曲》（"颂赞歌"）64, 150

索  引  361

Symphony no. 3 in A minor ("Scottish")《a 小调第三交响曲》("苏格兰")(op. 56)228
Symphony no. 4 in A major ("Italian")《A 大调第四交响曲》("意大利")149, 211
  Ⅱ. Andante con moto, 206
  title of 标题 297
Symphony no. 5 in D major ("Reformation")《D 大调第五交响曲》("宗教改革")63—64, 150
Meyerbeer, Giacomo 贾科莫·梅耶贝尔 254
  Robert le diable《恶魔罗勃》295
Mickiewicz, Adam 亚当·密兹凯维茨 267
Mihalovich, Ödön 厄登·米哈洛维奇 32, 151
Moelling, Theodore 西奥多·莫宁
  Battle of Richmond《里士满之战》23
Monet, Claude 克劳德·莫奈 277
Moore, Thomas 托马斯·摩尔 71
Morozov, Nikita 尼基塔·莫洛佐夫 194
Moscheles, Ignaz 伊格纳茨·莫谢莱斯
  12 "Characteristic" Studies《十二首"性格"练习曲》(op. 95)86
Mosonyi, Mihály 米哈伊·莫绍尼 32, 299
Mozart, Wolfgang Amadeus 沃尔冈夫·莫扎特 39, 74, 102, 103, 138, 239
  Don Giovanni《唐璜》K527, 199, 220
  Requiem《安魂曲》K626, 51
  String Quartet no. 17 in $^b$B major ("Hunt")《$^b$B 大调第十七弦乐四重奏》("狩猎")K458, 9
Musaeus (Grammaticus) 穆赛奥斯 (格拉玛提库斯) 97
Musorgsky, Modest 莫杰斯特·穆索尔斯基 126, 153
  Boris Godunov《鲍里斯·戈杜诺夫》154

Night on Bald Mountain《荒山之夜》
  1867 Version (St. John's Night on Bald Mountain) 1867 年版《荒山上的圣约翰节之夜》157—158
  1886 Version 1886 年版 158—159
  program for 标题 159
Napoleon, Bonaparte 波拿巴·拿破仑 23, 30, 41, 253
Napoleon Ⅲ 拿破仑三世 253
Nattiez, Jean-Jacques 让·雅克·纳蒂埃 2
Nerval, Gérard de 杰勒德·内瓦尔 70, 173
New German School 新德意志乐派 3, 5, 196, 204, 214, 215, 242
  as model 作为榜样 152
  compositional principles of 作曲原则 150
  criticism by 评论 138
  criticism of 评论 144—145
  definition 定义 136
New Russian School 新俄罗斯乐派 152—160, 231
  as modeled on New German School 模仿新德意志乐派 153
  characteristics of 典型特征 153—154
  criticism from abroad of 来自国外的评论 159—160
Nicholas Ⅱ, Tsar of Russia 俄国沙皇,尼古拉斯二世 249
Niecks, Frederick 弗雷德里克·尼克斯 4
Nietzsche, Friedrich 弗雷德里希·尼采 215
Novák, Vítězslav 维杰斯拉夫·诺瓦克 252
  In the Tatras《在塔特拉山》(op. 26)300
  Pan《盘子》(op. 43)300
  Toman and the Wood Nymph《托曼和木精灵》(op. 40)300
  Von ewiger Sehnsucht,《永恒的愿望》(op. 33)300

Oehlenschläger, Adam 亚当·厄伦施拉格尔 232
Ofterdingen, Heinrich von 海因里希·奥夫特尔丁根 215
Orrey, Leslie 莱斯利·奥雷里 4
Ossian 奥西恩 227—228, 229
Ovid 奥维德 161
 *Metamorphoses*《变形记》12, 257, 258, 259

Paganini, Niccolò 尼科洛·帕格尼尼 80
Paine, John Knowles 约翰·佩因 240
 as advocate of American music 美国音乐的提倡者 239
 *As You Like It Overture*《当你喜欢它》序曲 240
 *The Tempest* Overture《暴风雨》序曲 142, 240
Palacký, František 弗朗齐什科·帕拉茨基 233
"Pange lingua gloriosi corporis mysterium" "我歌颂神秘的圣体" 209, 211
"Pange lingua gloriosi proelium certaminis" "我歌颂那圣战" 126
Parker, Horatio 霍雷肖·帕科 240, 248
Peter the Great, Tsar of Russia 伟大的彼得俄国沙皇 114
Pfeiffer, Carl 卡尔·法伊弗
 "Die Weihe der Töne" "声音的奉献" 24—28
Pierson, Henry Hugo 亨利·皮尔森
 *Macbeth*《麦克白》296
 *Romeo and Juliet*《罗密欧与朱丽叶》296
Plutarch 普鲁塔克
 *Parallel Lives*《对传》43, 284
Pohl, Richard 理查德·波尔 138
 as critic
  of Gounod's *Faust* 古诺《浮士德》的评论者 190
  of Liszt's *Faust* Symphony 李斯特《浮士德》交响曲的评论者 174—177
Program music. 标题音乐; *See also* individual composer entries 另可参每位作曲家的条目
 after First World War 第一次世界大战之后 280
 before Beethoven 贝多芬之前 3, 7—9, 12—21
 controversy over 争议 75—76, 85, 98, 103—104, 109—110, 138, 150—151, 159—160, 174—177, 214—215, 254—255, 258—259, 277
 features of 特征 2, 9—12
 folk material and 民间素材 30, 67, 152—160, 205, 211, 217, 245
 narrative in 叙事 2, 265—273
 national music and 民族音乐 252
 overture and 序曲 43
 painting and 绘画 4, 58—59, 124—127, 228
 titles in 标题 21

De Quincey, Thomas 托马斯·昆西 71

Rabaud, Henri 亨利·拉博
 *La precession nocturne*《夜间游行》297
Rachmaninov, Sergei 谢尔盖·拉赫玛尼诺夫 224
 Piano Sonata no. 1 in D minor《d小调第一钢琴奏鸣曲》(op. 28)
  aborted Faustian program for 夭折的浮士德标题
Radziwill, Prince Antoni Henryk 普林斯·拉齐维尔
 *Faust Compositionen*《浮士德作品集》184
Raff, Joachim 约阿希姆·拉夫 6, 139, 148—150, 178, 240, 241
 *Ein' feste Burg ist unser Gott* Overture《上帝是我们坚固的堡垒》序曲 (op. 127) 150
 *Orchestral-Prelude to Shakespeare's*

"*Macbeth*"《莎士比亚"麦克白"的管弦乐前奏曲》196—198
  program music of 标题音乐 148
  Symphony no. 3 in F major ("Im Walde")《F 大调第三交响曲》("在林中")148
  Symphony no. 5 in E major (*Lenore*)《E 大调第五交响曲》(丽诺尔) 148—150, 269
Rameau, Jean-Philippe 让-菲利普·拉莫 34, 254
Raphael 拉斐尔 124
Ratner, Leonard G. 伦纳德·拉特纳 9
Ravel, Maurice 莫里斯·拉威尔 33, 157, 255
  *Daphnis et Chloé*《达夫尼斯与克洛埃》, 280
  *Gaspard de la nuit*《夜之幽灵》193, 277—280
  subject-object confusion in 主客体混淆 278—280
  Piano Trio in A minor《a 小调钢琴三重奏》4
Reger, Max 马克斯·雷格 195
  *Vier Tondichtungen nach Arnold Böcklin*,《来自勃克林的四首音诗》(op. 128) 224
Reichardt, Johann Friedrich, 约翰·赖夏特, 58
Reiman, Erika 埃里卡·雷曼 91
Reinicke, Carl 卡尔·莱尼克 266
Rellstab, Ludwig 路德维格·雷尔斯塔伯 92
Respighi, Ottorino 奥托里诺·雷斯庇基 157
Richter, Jean Paul. 让·保罗·里希特；参见 Jean Paul 让·保罗
Rietz, Julius 尤里乌斯·里茨
  "Hero und Leander" Overture"赫洛和利安德"序曲 (op. 11) 97—98
Rimsky-Korsakov, Nikolai 尼古拉·里姆斯基-科萨科夫 153, 156
  *Antar*《安塔尔》154
  as editor of New Russian Music 新俄罗斯音乐的编辑 157—159
  *Sadko*《萨德珂》156
  Symphony no. 2《第二交响曲》154
Ringoltingen, Thüring von 蒂林·兰戈廷根 64
Ritter, Alexander 亚历山大·里特 112, 139, 143, 196
Ritter, Carl 卡尔·里特
  *Ein Leben im Tode*《一个消亡的生命》146
Rizner, Jozsef 约瑟夫·里茨纳
  *The Bridal Dance of Tolna*《托尔瑙的新娘之舞》230
Rodgers, Stephen 斯蒂芬·罗杰斯 75
Ropartz, Guy 盖伊·罗帕茨
  Symphony no. 3 in E major《E 大调第三交响曲》107
Rosetti, Antonio 安东尼奥·罗塞蒂
  *Telemachus* Symphony《忒勒马科斯》交响曲 7, 8
Rossini, Gioachino 焦阿基诺·罗西尼 58, 102, 142, 190, 254
  *Guillaume Tell* Overture《威廉·退尔》序曲 222
  *Otello*《奥赛罗》291
Rubinstein, Anton 安东·鲁宾斯坦 190, 194
  *Don Quixote*《堂·吉诃德》219—220, 221
  criticism of 评论, 220
  unorthodox structure of 非传统结构 220
  *Eroïca*,《英雄》(op. 110) 224
  "*Faust.*" *Ein musikalisches Charakterbild*《浮士德：一副音乐性格画》(op. 68) 178—181
  compositional history of 作曲历史 178

debt to Beethoven's Ninth Symphony in 贝多芬《第九交响曲》的影响 179
through-composition of 通谱体 179—181
*Ivan the Terrible*（Ivan IV）《恐怖的伊凡》（伊凡四世）293
on Russian music 关于俄罗斯音乐 152—153
Symphony no. 2 in C major（"Ocean"）《C大调第二交响曲》（"海洋"）（op. 42）154，156
ST. Elisabeth of Hungary 匈牙利的圣伊丽莎白 102
Saint-Saëns, Camille 卡米尔·圣-桑 3，20，151，197，253，255—263，271，275
*Africa*《非洲》（op. 89）29
*Carnival of the Animals*《动物狂欢节》262
*Danse macabre*《死之舞》（op. 40）159，260—262，265
programmatic depoliticization in 标题的非政治化 261—262
"Danse macabre"（song）"死之舞"（歌曲）261
*Havanaise*《哈巴涅拉》（op. 83）29
on Berlioz 关于柏辽兹 69
on Liszt 关于李斯特 255，258—259
*Orient et Occident*《东方与西方》（op. 25）29
*Phaéton*《法厄同》（op. 39）257—260，265，273，
formal clarity of 清晰的结构 259—260
Piano Concerto no. 5 in F major（"Egyptian"）《F大调第五钢琴协奏曲》（"埃及"）29
programmatic orientation of 标题方向 257
*Le rouet d'Omphle*《翁法勒的纺车》（op. 31）257，282

*Samson et Dalila*《参孙与达丽拉》（op. 47）255
*Suite Algérienne*《阿尔及利亚组曲》（op. 60）29
Symphony no. 1 in $^{b}$E major《$^{b}$E大调第一交响曲》（op. 2）255
Samson, Jim 吉姆·萨姆森 117
Satie, Erik 埃里克·萨蒂 190
*Parade*《游行》1
Schaeffer, Julius 尤里乌斯·舍费尔 134，136
*Songs Without Words*《无词歌》（op. 4）87
Scheffel, Joseph Viktor von 约瑟夫·谢菲尔
*Der Trompeter von Säkkingen*《萨金根的号手》204
Scheffer, Ary 阿里·谢弗 181
Schiller, Friedrich 弗里德里希·席勒 50，53，59，82，99
*Die Braut von Messina*《墨西拿的新娘》90
"Der Flüchtling" "难民" 12
*Wallenstein*《华伦斯坦》232
Schindler, Anton 安东·申德勒 2
Schlegel, August Wilhelm 奥古斯丁·施莱格尔 50，54
Schlegel, Friedrich 弗里德里希·施莱格尔 92，93，219，284
Schnittke, Alfred 阿尔弗雷德·施尼特凯 161
Schoenberg, Arnold 阿诺德·勋伯格 33，280
*Fünf Orchesterstücke*《五首管弦乐曲》224
*Pelleas und Melisande*《佩利阿斯与梅丽桑德》224
Scholz, Bernhard 伯恩哈德·舒尔茨 145
Schopenhauer, Arthur 亚瑟·叔本华 146，196
*Die Welt als Wille und Vorstellung*《作

# 索　引

为意志和表象的世界》173，200
Schrödter, Adolf 阿道尔夫·施罗德 217
Schubert, Franz 弗朗茨·舒伯特 161, 166
　"Gretchen am Spinnrade""纺车旁的格雷卿"(D118)165
　Impromptu in $^b$G major《$^b$G 大调即兴曲》(D899, no. 3)244
　"Die junge Nonne""年轻的修女"(D828)189
　"Meeresstille""风平浪静"(D216)59
Schulz-Beuthen, Heinrich 海因里希·舒尔茨-比托姆 224
Schumann, Clara 克拉拉·舒曼 93, 103, 145
　as inspiration for Robert Schumann's music 作为罗伯特·舒曼的音乐灵感 90
　*Quatre pièces caractéristiques*《四首性格曲》(op. 5)90
　*Soirées musicales*《音乐晚会》(op. 6)93
Schumann, Robert 罗伯特·舒曼 3, 51, 67, 68, 69—70, 104, 135, 145, 148, 161, 173, 185, 189, 195, 247
　"Abegg" Variations《"阿贝格"变奏曲》(op. 1)90, 92
　as critic 作为评论家 26, 84—88
　　of Berlioz's *Symphonie fantastique* 柏辽兹的《幻想交响曲》85, 98
　　of Chopin's Variations on Mozart's "Là ci darem la mano" 肖邦《莫扎特"伸出你的玉手"主题变奏曲》
　　of Moscheles's 12 "Characteristic" Studies 莫谢莱斯的十二首"性格"练习曲
　　of Rietz's "Hero und Leander" Overture 里茨的《赫洛和利安德》序曲 97—98
　　of Schaeffer's *Songs Without Words* 舍费尔的《无词歌》87
　　of Spohr's Fourth Symphony 施波尔的《第四交响曲》86—87
　　of the "Music of the Future""未来音乐"135—136
　*Carnaval*,《狂欢节》(op. 9)
　　"Florestan""弗罗列斯坦"91
　*Davidsbündlertänze*《大卫同盟曲集》(op. 6)90, 93—97
　　as composed by Florestan and Eusebius 弗罗列斯坦与埃塞比乌斯所创作 93
　　progressive tonality of 调性过程 95—97
　　"Du bist wie eine Blume""你像一朵花"(op. 25, no. 24)186
　*Fantasiestücke*《幻想小品集》(op. 12)205
　　No. 5, "In der Nacht""在夜晚"97
　Fantasy in C major《C 大调幻想曲》(op. 17)91
　*Hamlet* sketches《哈姆雷特》的草稿 51
　Impromptus 即兴曲(op. 5)90
　*Julius Caesar* Overture《尤里乌斯·凯撒》序曲(op. 128)51
　*Kreisleriana*《克莱斯勒偶记》(op. 16)89, 205
　"Mondnacht""月夜"(op. 39, no. 5)186
　*Novelletten*,《新事曲》(op. 21)90
　*Papillons*《蝴蝶》(op. 2)92
　*Das Paradies und die Peri*《天堂与仙子》(op. 50)88
　Piano Sonata no. 1 in $^\#$F minor《$^\#$f 小调第一钢琴奏鸣曲》(op. 11)88, 90
　Symphony in G minor ("Zwickau")《g 小调交响曲》("茨维考")(WoO 29)88
　Symphony no. 3 in $^b$E major《$^b$E 大调第三交响曲》(op. 97)206—208, 211—212
Schwind, Moritz von 莫里斯·施温德
　*Wie die Tiere den Jäger begraben*《动物如何为猎人送葬》212—213

Scott, Walter 瓦尔特・斯科特 71
Seaton, Douglass 道格拉斯・西顿 63
Seebach, Marie 玛丽・泽巴赫 53
Senkovsky, Osip 奥西普・森科夫斯基 154
Servais, Adrein François 阿德约・塞维斯 185
Seyfried, Ignaz von 伊格纳茨・赛弗里德 283
Shakespeare, Willian 威廉・莎士比亚 161, 240
 *A Midsummer Night's Dream*《仲夏夜之梦》82
 *Coriolanus*《科里奥兰纳斯》43, 284
 *Hamlet*《哈姆雷特》6, 49—55, 69, 70, 82, 196
  A. W. Schelegel's translation of 施莱格尔的译本 54
  Bürger's translation of 布格尔的译本 50
  instrumental music on 器乐音乐 51—55
 *Julius Caesar*《尤里乌斯・凯撒》90
 *Macbeth*《麦克白》6, 196, 198—199
  Schiller's translation of 席勒的译本 50, 198
 *Othello*《奥赛罗》82
 *Richard* Ⅲ《理查三世》232
 Romantic cult of 浪漫崇拜 49—51
 *Romeo and Juliet*《罗密欧与朱丽叶》82, 196
  Goethe's translation of 歌德的译本 50
 *The Tempest*《暴风雨》74
 *Twelfth Night*《第十二夜》82
Shelley, Mary 玛丽・雪莱
 *Frankenstein; or, The Modern Prometheus*《弗兰肯斯坦》或者《现代普罗米修斯》113
Sibelius, Jean 让・西贝柳斯 125, 225, 231, 248—252
 *Aallottaret（The Oceanides）*《海洋女神》, 248
 as national composer 作为民族作曲家 252
 *Finlandia*《芬兰颂》157, 248—252
  as political metaphor 政治隐喻 249—250
  compositional history of 作曲历史 249
 *Kullervo*《库勒沃》248
 *Lemminkäinen's Suite*《勒敏凯能组曲》250—252
  compositional history of 300
 *Lemminkäinen's Return*《勒敏凯能的归来》249
 *The Swan of Tuonela*《图奥内拉的天鹅》250—252
  preface to 序言 251
 *Luonnotar*《自然之魂》250
 *Nightride and Sunrise*《夜骑与日出》300
 *Pohjola's Daughter*《波赫约拉的女儿》250
 *En Saga（A Saga）*《萨加》, 250
 *Skogsraet（The Wood Nymph）*《森林仙女》
 *Tapiola*《塔皮奥拉》250
Simrock, Karl 卡尔・西姆洛克 217
Skryabin, Aleksandr 亚历山大・斯克里亚宾 280
Smetana, Bedřich 贝德里赫・斯美塔那 4, 231, 252
 *The Bartered Bride*《被出卖的新嫁娘》233
 *The Brandenburgers in Bohemia*《勃兰登堡人在波希米亚》233
 *Dalibor*《达利博尔》233
 *Hakon Jarl*《领主哈孔》232—233
 *Libuše*《李布舍》233
 Liszt as model for 榜样李斯特 232
 *Má vlast*《我的祖国》233—237, 252
  and the Czech National Revival 捷克

民族复兴 235—237
program for 标题 233—234
Richard Ⅲ《理查三世》232
Wallenstein's Lager,《华伦斯坦阵营》232
Smithson, Harriet, 哈里特·史密逊 70
Société Natinale de Musique (National Society of Music) 民族音乐协会 3, 253—254, 262—263
Souchay, Marc André 马克·苏谢 81
Spies, Johann 约翰·施皮斯 161
Spohr, Louis 路易斯·施波尔 24, 58, 135
 Faust《浮士德》68
 Symphony no. 4 in F major ("Die Weihe der Töne")《F 大调第四交响曲》("声音的奉献")24—28, 86—87
  as misreading of poetic source 诗意来源的误读 26—27
  Hanslick's criticism of 汉斯立克的评论 28
 Symphony no. 6 in G major《G 大调第六交响曲》(op. 116)25
 Symphony no. 7 in C major《C 大调第七交响曲》(op. 121)25, 107
 Symphony no. 9 in B minor《b 小调第九交响曲》(op. 143)25
Stansov, Vladimir 弗拉基米尔·斯塔索夫 153
Steinle, Eduard Jakob von 爱德华·斯坦勒 124
Strachwitz, Moritz von 莫里斯·斯特拉赫维茨 139
Strauss, Franz 弗朗茨·施特劳斯 195
Strauss, Richard 理查德·施特劳斯 2, 24, 127, 139, 144, 195—203, 248
 Eine Alpensinfonie《阿尔卑斯山交响曲》224
 Also sprach Zarathustra《查拉图斯特拉如是说》31, 107, 214, 221
  fugue in 赋格 215
  and the New German School 新德意志乐派 196, 201, 214
 Aus Italien《意大利》196
  compositional independence of 作品的独立性 214—215
  depictive virtuosity of 描述的精湛技艺 221—222
 Don Juan《唐·璜》199—200
 Don Quixote《堂·吉诃德》111, 214, 220—222, 224
 Guntram《贡特拉姆》203, 214
 Ein Heldenleben《英雄生涯》31, 215, 223—224
  autobiographical content in 自传性内容 224
 Macbeth《麦克白》196, 198—199, 200
 Symphonia Domestica《家庭交响曲》224
 Till Eulenspiegel《蒂尔的恶作剧》214, 217—218
  formal ambiguity of 结构的模糊 217—218
  program for 标题 218
 Tod und Verklärung《死与净化》200—203, 250
  debt to Wagner in 瓦格纳的影响 200—201
  Lisztian apotheosis of 李斯特式的神化
Stravinsky, Igor 伊戈尔·斯特拉文斯基 33, 157, 161
 Feu d'artifice《焰火》280
 The Firebird《火鸟》280
 Octet《八重奏》280
 on expression in music 音乐的表达 1, 280
 Petrushka《彼得鲁什卡》280
 The Rite of Spring《春之祭》160, 280
 Scherzo fantastique《幻想谐谑曲》280
Suk, Josef 约瑟夫·苏克 225
 Pohádka (Fair Tale)《童话故事》252
 Pohádka léta (Summer's Tale)《夏季

传说》252
Symphonic Poems from Czech History
《来自捷克历史的交响诗》252
Symphonic poem 交响诗
  definition of 定义 103，263
  in France 在法国 254—255
  overture and 序曲 39，102—103

Taneyev, Aleksandr, 亚历山大·塔涅耶夫
  *Hamlet* Overture,《哈姆雷特》序曲(op. 31)56
Taruskin, Richard, 理查德·塔鲁斯金，228
Tasso, Torquato, 托尔夸托·塔索
  *Gerusalemme liberata*,《被解放的耶路撒冷》,120
Tausig, Carl 卡尔·陶西格 139—143，190
  *Das Geisterschiff*《幽灵船》139—143，267
  planned programmatic compositions by 标题作品的设计 143
  *Tägliche Studien*《每日练习曲》139
Taylor, Benedict 本尼迪克特·泰勒 64
Tchaikovsky, Pyotr Ilyich 彼得·柴可夫斯基 24，220
  "1812" Overture《1812 序曲》(op. 49) 30
  *Eugene Onegin*《叶甫根尼·奥涅金》154
  *Hamlet* Overture-Fantasy《哈姆雷特幻想序曲》(op. 67a)56
  Symphony no. 2 in C minor ("Little Russian")《c 小调第二交响曲》("小俄罗斯")252
  Symphony no. 4 in F minor《f 小调第四交响曲》(op. 36)281
Telemann, Georg Philipp 乔治·泰勒曼
  *Ouverture Burlesque de Quixotte*《滑稽的唐·吉诃德》序曲 218—219

Thalberg, Sigismond 西吉斯蒙德·塔尔贝格 254，266
Tieck, Ludwig 路德维格·蒂克 50，64，219
Todd, R. Larry 拉里·托德 63
topic(topos)话题 215
  as interpretive cue 作为诠释线索 12
  definition of 定义 9
  types of 类型 9，10，11，22，41，102，121—122，142，260
Tourneur, Pierre Le 皮埃尔·图尔尼尔 50
Traini, Francesco 弗朗切斯科·特拉伊尼
  *Triumph of Death*《死亡凯歌》124
Turner, J. M. W. 特纳 77

Uhland, Ludwig, 路德维格·乌兰特
  *Harald*《哈拉尔德》272—273
Uhlig, Theodor 西奥多·乌里希 172

Vande Moortele, Steven 斯蒂芬·范德·摩迪尼 296
"Verbum supernum prodiens" "上帝之语" 192
Verdi, Giuseppe 朱塞佩·威尔第
  *Otello*《奥赛罗》239
Viardot-Garcia, Pauline 波林·维多-加西亚 103
Villon, François 弗朗索瓦·维庸
  "Ballade contre les ennemis de la France" "抗击法国的敌人"34
Virgil 维吉尔 82
  *Aeneid*《埃涅伊德》81
Vivaldi, Antonio 安东尼奥·维瓦尔第 142
  *Le quattro stagioni*《四季》3
Vogel, Bernhard 伯恩哈德·沃格尔 217
Voltaire 伏尔泰
  *Histoire de Charles* XII, *Roi de Suède*《查理十二史》114
Vörösmarty, Mihály 米哈伊·弗勒什马

尔蒂

"To Franz Liszt""致李斯特"229,230

Wagner, Cosima 柯西玛·瓦格纳 121,
147

Wagner, Richard 理查德·瓦格纳 49,
51,99,113,129,173,194,196,
215,239,249,263,268,281

 and the music drama 乐剧 136—137

 *Art and Revolution*《艺术与革命》136

 *The Artwork of the Future*《未来的艺
术品》136

 as critic 作为评论家

  of Berlioz's *Roméo et Juliette* 柏辽兹
的《罗密欧与朱丽叶》287

  of Liszt's *Faust* Symphony 李斯特的
《浮士德》交响曲 177

 as "Musician of the Future" 作为"未来
的音乐家"135

 as threat to French music 法国音乐的
威胁 253

 *Faust* Overture《浮士德》序曲 167—
173,174,178

  compositional history of 作曲历史 167

  formal ambiguity of 结构模糊 167—170

  redemptive love in 爱的救赎 171—173

 *Der fliegende Holländer*《漂泊的荷兰
人》142,167

 *Lohengrin*《罗恩格林》102,120,149,
177

 *Die Meistersinger von Nürnberg*《纽伦
堡的名歌手》147

  on the overture 关于序曲 39,43

 *Opera and Drama*《歌剧与戏剧》137,173

 *Parsifal*《帕西法尔》177,205

 *Rienzi*《黎恩齐》253

 *Der Ring des Nibelungen*《尼伯龙指
环》81

  compositional history of 作曲历史 173

 *Die Walküre*《女武神》

  "Walkürenritt""飞行的女武神"271

 *Siegfried*《齐格弗里德》

  "Waldesrauschen""森林细语"273

 *Tannhäuser*《唐豪塞》101—102,106,
177,253

 *Tristan und Isolde*《特里斯坦与伊索尔
德》81,139,147,173,195,200,
205,215,253,270

Walter, Bruno 布鲁诺·瓦尔特 214

Wasielewski, Wilhelm Joseph von 威廉·
瓦西莱夫斯基 206

Weber, Carl Maria von 卡尔·韦伯 10,
39,58,74

 *Der Freischütz*《魔弹射手》51,67,
189,268,273,295

Weldon, Peter 彼得·威尔登

 *The Battle of Baylen*《贝伦之战》23

Wellington, Arthur, Duke of 亚瑟·威灵
顿公爵 23

Wenseslaus I, Duke of Bohemia 波希米
亚公爵瓦茨拉夫一世 235

Wheeldon, Marianne 玛丽安·威尔顿 34

Wieck, Clara 克拉拉·维克;参见 Schu-
mann, Clara 见克拉拉·舒曼

Wieland, Christoph Martin 克里斯多夫·
维兰德 50

Wilms, Johann Wilhelm 约翰·威尔姆斯

 *Die Schlacht von Waterloo*《滑铁卢战
役》23

Wolf, Hugo 胡戈·沃尔夫 150—151

 as advocate for Liszt 李斯特的推崇者,
150—151

 *Penthesilea*《潘特希里亚》151

Wolf, Julius 尤里乌斯·沃尔夫

 *Till Eulenspiegel redivivus: Ein
Schelmlied*《蒂尔恶作剧的重生：一首
无赖之歌》216

Zichy, Mihály 米哈伊·齐奇

 *Du berceau jusq'au cercueil*《从摇篮到
坟墓》4,124

图书在版编目(CIP)数据

标题音乐 / (美)乔纳森·克雷格尔著; 孙胜华译.
--上海:华东师范大学出版社,2023
(六点音乐译丛)
ISBN 978-7-5760-4287-0

Ⅰ.①标… Ⅱ.①乔… ②孙… Ⅲ.①音乐评论
Ⅳ.①J605

中国国家版本馆 CIP 数据核字(2023)第 232245 号

华东师范大学出版社六点分社
企划人 倪为国

六点音乐译丛
## 标题音乐

| | |
|---|---|
| 主　　编 | 杨燕迪 |
| 著　　者 | (美)乔纳森·克雷格尔 |
| 译　　者 | 孙胜华 |
| 责任编辑 | 徐海晴 |
| 责任校对 | 王　旭 |
| 封面设计 | 刘怡霖 |

| | |
|---|---|
| 出版发行 | 华东师范大学出版社 |
| 社　　址 | 上海市中山北路 3663 号 邮编　200062 |
| 网　　址 | www.ecnupress.com.cn |
| 电　　话 | 021-60821666　行政传真　021-62572105 |
| 客服电话 | 021-62865537 |
| 门市(邮购)电话 | 021-62869887 |
| 地　　址 | 上海市中山北路 3663 号华东师范大学校内先锋路口 |
| 网　　店 | http://hdsdcbs.tmall.com |

| | |
|---|---|
| 印 刷 者 | 上海盛隆印务有限公司 |
| 开　　本 | 787×1092　1/32 |
| 印　　张 | 25.5 |
| 字　　数 | 230 千字 |
| 版　　次 | 2024 年 1 月第 1 版 |
| 印　　次 | 2024 年 1 月第 1 次 |
| 书　　号 | ISBN 978-7-5760-4287-0 |
| 定　　价 | 78.00 元 |
| 出版人 | 王　焰 |

(如发现本版图书有印订质量问题,请寄回本社客服中心调换或电话 021-62865537 联系)

This is a Simplified Chinese Translation of the following title published by Cambridge University Press:
Program Music
by Jonathan Kregor
ISBN-13:9781107657250

Copyright © Jonathan Kregor 2015

This Simplified Chinese Translation for the People's Republic of China (excluding Hong Kong, Macau and Taiwan) is published by arrangement with the Press Syndicate of the University of Cambridge, Cambridge, United Kingdom.

© Cambridge University Press and East China Normal University Press Ltd, 2023
This Simplified Chinese Translation is authorized for sale in the People's Republic of China (excluding Hong Kong, Macau and Taiwan) only. Unauthorized export of this Simplified Chinese Translation is a violation of the Copyright Act. No part of this publication may be reproduced or distributed by any means, or stored in a database or retrieval system, without the prior written permission of Cambridge University Press and East China Normal University Press Ltd.

此版本仅限在中华人民共和国境内(不包括香港、澳门特别行政区及台湾省)销售。
本书封面贴有 Cambridge University Press 防伪标签,无标签者不得销售。
上海市版权局著作权合同登记　图字:09 - 2017 - 507 号